Axel Windolf · Roger Büdeler

Pyrenäen 3

Katalanische Pyrenäen und Andorra

64 ausgewählte Tal-, Seen- und Höhenwanderungen

ROTHER
BERGVERLAG

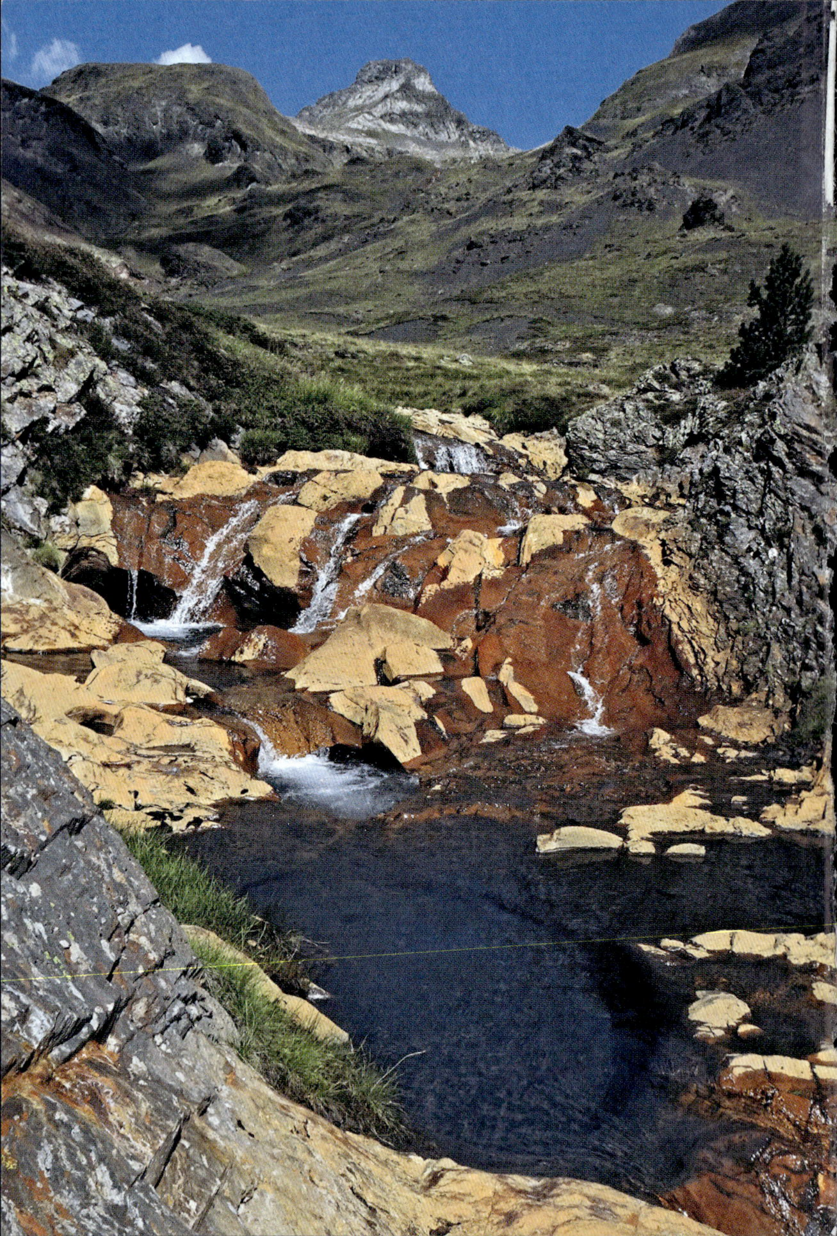

VORWORT

Die katalanischen Pyrenäen sind eine äußerst vielgestaltige Bergregion. Hinter der oberflächlichen Gebietsabgrenzung verbirgt sich eine Reihe eigenständiger Berg- und Tallandschaften mit großem Formenreichtum. Zackige Granittürme über glitzernden Seen und grünen Weiden, steile Kalkfelsfronten mit karstigen Rücken, bunte Erosionsflanken und waldige Bergketten mit eingelagerten wilden Konglomeratmassiven – dies sind Beispiele für die abwechslungsreichen Landschaften, in die dieses Buch die Wanderer möglichst tief und intensiv eindringen lassen möchte.

Der vorliegende Band 3 der Pyrenäen-Wanderführer schließt östlich an die spanischen Zentralpyrenäen (Band 1) an. Er beginnt mit dem niederschlagsreichen, nach Frankreich entwässernden Val d'Aran, das von glatten Schieferbergen umgeben ist. Östlich und südlich schließen sich die trockeneren, von Kiefernwäldern und zackigen Granitbergen geprägten, seenreichen Gebiete des Nationalparks »Aigüestortes i Estany de St. Maurici«, des Naturparks l'Alt Pirineu und Andorras an. Östlich der noch fast 3000 m hohen Núria-Berge, in denen ein Gesteinsgemisch zu teils weichen, teils bizarren Bergformen führt, fallen die Pyrenäen schnell auf Mittelgebirgsniveau ab und laufen in den mediterran geprägten waldigen Höhenzügen der Albera aus, die Inhalt des Rother-Wanderführers »Costa Brava« sind.

Eine Sonderstellung nimmt, südlich von Andorra, der ganz aus Kalkgestein bestehende, einseitig steil abbrechende Höhenzug der Serra del Cadí ein, der sich in der Serra de Moixeró fortsetzt. Der neu aufgenommene Abschnitt über die katalanischen Vorpyrenäen führt in die südlich vorgelagerten, niedrigeren, waldreichen, von interessanten Felsformationen, bunten Erosionslandschaften und Durchbruchstälern geprägten Gebiete, die sich für Frühjahr und Herbst sowie für unsichere Wetterphasen als Alternative anbieten.

Die Touren dieses Buches umfassen Teile des berühmten GR 11 sowie des anspruchsvolleren Pyrenäenhöhenwegs. Ein Highlight ist die 9-tägige Hüttentour »Carros de Foc« durch den Nationalpark »Aigüestortes i Estany de St. Maurici«. Dieser Wanderführer soll den Wanderern zudem einen leichten und direkten Zugang auch zu weniger bekannten, oft nur auf Onlinekarten verzeichneten, lokalen Routen bieten und sie mithilfe der vielen Vorschläge für Tourenerweiterungen und -modifikationen auch zu eigenständiger, fantasievoller Erkundung der zumeist übersichtlichen und ungefährlichen Wandergebiete animieren.

Kiefersfelden, Frühjahr 2024

Axel Windolf

Am Eth Unhòla unterhalb des Tuc de Parros (Tour 4). Im Hintergrund der Tuc de Maubèrme.

INHALTSVERZEICHNIS

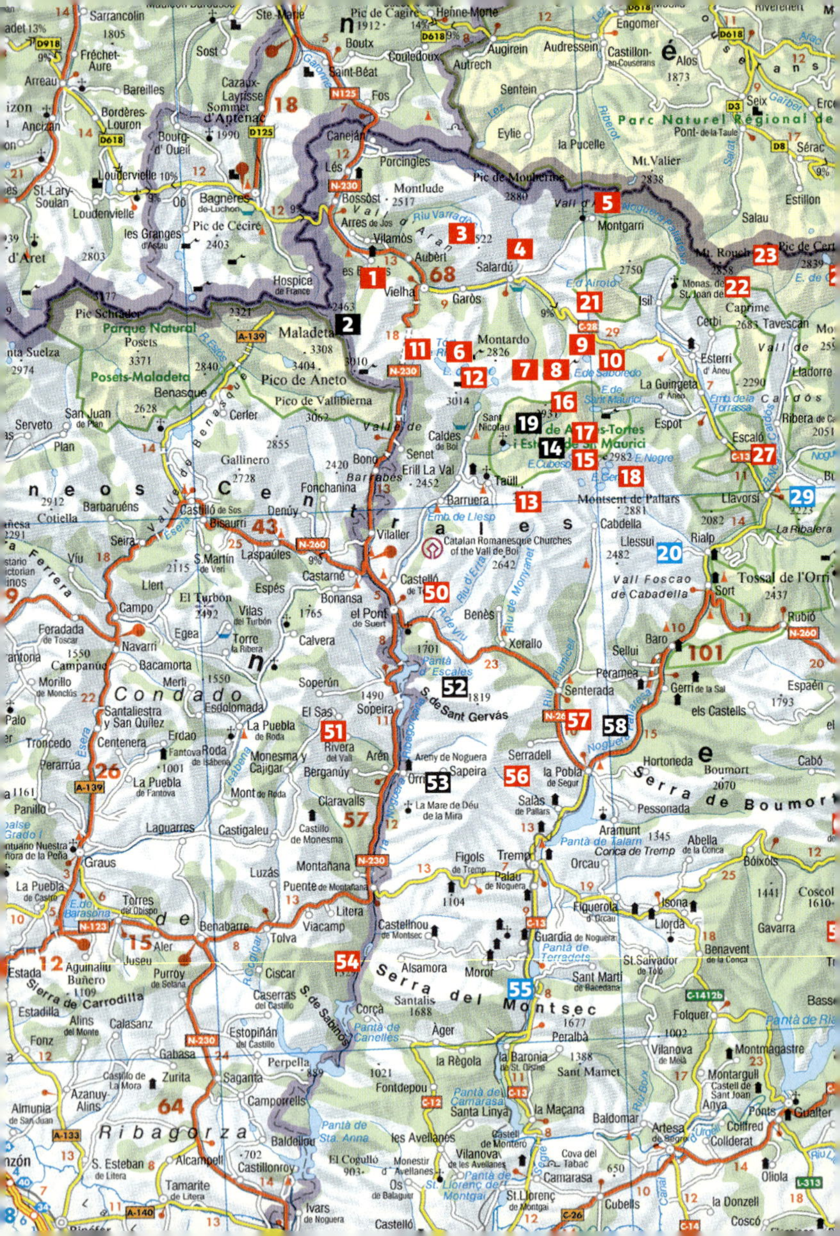

Sarrancolin
Ste-Marie
Pic de Cagire
Henne-Morte
Engomer
Arreau
Bareilles
Sost
Boutx
Couledoux
Augirein
Audressein
Castillon-en-Couserans
Alos
Saint-Béat
Fos
Autrech
Sentein
Seix
Cazaux-Layrisse
Sommet d'Antenac
Bordères-Louron
Ancizan
Bourg-d'Oueil
Canejan
Porcingles
Eylie
la Pucelle
Parc Naturel Régional de
Pont-de-la-Taule
Sérac
Loudervielle
Lés
Mt. Valier
St-Lary-Soulan
Loudenvielle
Bagnères-de-Luchon
Bossòst
Montlude
Pic de Mouherme
Estillon
Salau
les Granges d'Astau
Pic de Cécire
Arres de Jos
Vilamòs
Riu Varrado
Montgarri
Aubèrt
Salardú
Mt. Roufh
Pic de Certe
Hospice de France
Vielha
Garòs
E. d'Airoto
Monas. de St. Joan de
Isil
Caprime
Tavescan
Pic Schrader
Parque Natural Posets
Maladeta
Cerbi
Vall de
Posets
Montardo
Esterri d'Àneu
Lladorre
Posets-Maladeta
Benasque
Pico de Aneto
E. de Saboredo
La Guingueta d'Àneu
Pico de Vallibierna
E. de Sant Maurici
Emb. de la Torrassa
Cardós
San Juan de Plan
Cerler
Sant Nicolau
Caldes de Boí
Espot
Ribera de Cardós
Serveto
Plan
Gallinero
Bono
Senet
Aigüestortes i Estany de Sant Maurici
Escaló
Barrabés
Erill La Val
E. Cubesol
E. Negre
Fonchanina
Taüll
Barruera
Montsent de Pallars
Llavorsí
Castilló de Sos
Denúy
Emb. de Llesp
Cabdella
Cotiella
Barbaruéns
Bisaurri
Vilaller
Catalan Romanesque Churches of the Vall de Boí
La Ribalera
Seira
Laspaúles
Llessui
Rialp
S.Martín de Veri
Vall Foscao de Cabadella
Tossal de l'Orri
Llert
Espés
Castarné
Castelló de Tor
Sort
El Turbón
Vilas del Turbón
Bonansa
el Pont de Suert
Benès
Rubió
Campo
Torre la Ribera
Xerallo
Baro
Feradada de Toscar
Navarri
Egea
Calvera
Sellui
Campanué
Bacamorta
Pantà d'Escales
Peramea
Espaén
Morillo de Monclús
Merli
Soperún
Senterada
Gerri de la Sal
Condado
Esdolomada
Sopeira
S. de Sant Gervás
els Castells
Santaliestra y San Quílez
El Sas
La Puebla de Roda
Troncedo
Centenera
Erdao
Rivera del Vall
Arén
Areny de Noguera
Serradell
Hortoneda
Cabó
Perarrúa
Fantova
Roda de Isábena
Monesma y Cajigar
Berganúy
Orrí
Sapeira
la Pobla de Segur
Boumort
La Puebla de Fantova
Mont de Roda
Claravalls
La Mare de Déu de la Mira
Salàs de Pallars
Serra de Boumort
Pessonada
Panillo
Laguarres
Castigaleu
Castillo de Monesma
Aramunt
Abella de la Conca
Graus
Montañana
Figols de Tremp
Tremp
Pantà de Talarn
Conca de Tremp
Orcau
Bóixols
Luzás
Puente de Montañana
Palau de Noguera
La Puebla de Castro
Torres del Obispo
Figuerola d'Orcau
Isona
Coscol
E. de Barasona
Benabarre
Litera
Llorda
Gavarra
Aler
Tolva
Viacamp
Castellnou de Montsec
Guardia de Noguera
Pantà de Terradets
Benavent de la Conca
Estada
Aguinaliu
Buñero
Juseu
Purroy de Solana
Ciscar
Alsamora
Moror
St.Salvador de Toló
Sant Martí de Barcedana
Serra del Montsec
Sierra de Carrodilla
Caserras del Castillo
Santalis
S. de Sabinós
Estadilla
Corçà
Folquer
Alins del Monte
Calasanz
Pantà de Canelles
Àger
Peralba
Fonz
Estopiñán del Castillo
Vilanova de Meià
Montmagastre
Gabasa
Perpella
la Règola
la Baronia de St. Oisme
Sant Mamet
Castillo de La Mora
Zurita
Saganta
Fontdepou
Montargull
Azanuy-Alins
Camporrells
Pantà del Camarasa
Santa Linya
la Maçana
Anya
Almunia de San Juan
Baldomar
Artesa de Segre
Gualter
Ribagorza
Pantà de Sta. Anna
les Avellanes
Castell de Montero
Vilanova de les Avellanes
Colldelrat
Baldellou
Cova del Tabac
S. Esteban de Litera
Alcampell
El Cogulló
Monestir d'Avellanes
Camarasa
Oliola
Castillonroy
Os de Balaguer
Tamarite de Litera
St. Llorenç de Montgai
Cubells
Ivars de Noguera
la Donzell
Castelló
Coscó

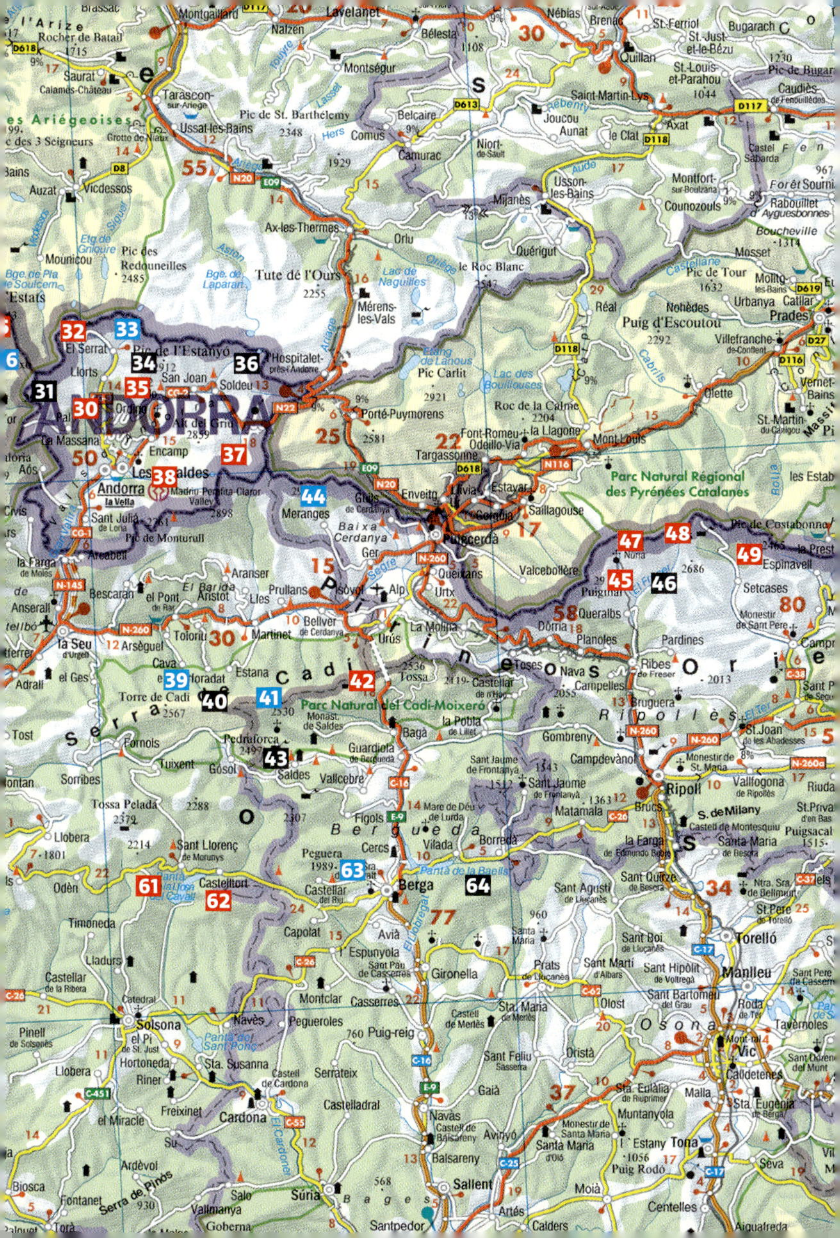
ANDORRA
Andorra la Vella
Les Escaldes
Encamp
La Massana
Ordino
Canillo
Soldeu
El Serrat
Llorts
Sant Julià de Lòria
Pic de l'Estanyó
Pic de Monturuil
Valley
Madriu-Perafita-Claror
Aós
Arcabell
Pas de la Casa
l'Hospitalet-près-l'Andorre
Porté-Puymorens
Pic Carlit
Lac de Lanous
Lac des Bouillouses
Font-Romeu
Odeillo-Via
Targassonne
Enveitg
Llívia
Estavar
Saillagouse
Puigcerdà
Baixa Cerdanya
Ger
Alp
Urús
Bellver de Cerdanya
Prullans
Martinet
Toloriu
Arsèguel
La Seu d'Urgell
Adrall
el Ges
Anserall
Bescaran
el Pont de Bar
La Farga de Moles
Aranser
Llés
Queixans
Urtx
Valcebollère
La Molina
Tosses
Tossa
Castellar de n'Hug
Planoles
Dòrria
Queralbs
Núria
Puigmal
Pic de Costabona
Espinavell
Setcases
Pardines
Ribes de Freser
Campelles
Nava
Bruguera
Ripollès
Serra del Cadí
Parc Natural del Cadí-Moixeró
Pedraforca
Saldes
Gósol
Tuixent
Fornols
Sorribes
Tossa Pelada
Llobera
Sant Llorenç de Morunys
Odèn
Castellort
Guardiola de Berguedà
Bagà
la Pobla de Lillet
Gombreny
Campdevànol
Ripoll
Sant Joan de les Abadesses
Vallfogona de Ripollès
S. de Milany
Castell de Montesquiu
Santa Maria de Besora
Sant Quirze de Besora
Torelló
Manlleu
Vic
Calldetenes
Sta. Eugènia de Berga
Tona
Seva
Centelles
Aiguafreda
Osona
Berguedà
Vallcebre
Figols
Cercs
Borredà
Vilada
Pantà de la Baells
Berga
Peguera
Castellar del Riu
Capolat
Avià
Espunyola
Gironella
Casserres
Montclar
Peguerolles
Puig-reig
Solsona
Olius
Navès
Sta. Susanna
Cardona
Riner
Freixinet
el Miracle
Serrateix
Castelladral
Navàs
Avinyó
Balsareny
Sallent
Artés
Santpedor
Súria
Bages
Serra de Pinós
Calders
Moià
Santa Maria d'Oló
Muntanyola
Puig Rodó
Estany
Malla
Prats de Lluçanès
Sant Martí d'Albars
Sant Boi de Lluçanès
Sant Agustí de Lluçanès
Olost
Oristà
Sant Feliu Sasserra
Gaià
Montgaillard
Lavelanet
Bélesta
Montségur
Nalzen
Tarascon-sur-Ariège
Ussat-les-Bains
Pic de St. Barthélemy
Comus
Camurac
Belcaire
Niort-de-Sault
Saurat
Vicdessos
Auzat
Ax-les-Thermes
Orlu
Mérens-les-Vals
Tute de l'Ours
Pic des Redouneilles
Mounicou
Quillan
St-Ferriol
Bugarach
St-Louis-et-Parahou
Axat
Caudiès-de-Fenouillèdes
Saint-Martin-Lys
Joucou
Aunat
le Clat
Usson-les-Bains
Mijanès
Quérigut
le Roc Blanc
Montfort-sur-Boulzane
Counozouls
Puig d'Escoutou
Mosset
Pic de Tour
Molitg-les-Bains
Urbanya
Catllar
Prades
Villefranche-de-Conflent
Nohèdes
Réal
Olette
Mont-Louis
La Llagonne
Roc de la Calme
Vernet-les-Bains
Parc Natural Régional des Pyrénées Catalanes

TOP-TOUREN

Tuc de Armèros
Zu den schwarzen Schieferbergen im Nordwesten Kataloniens. Viel einsame Landschaft, blaue Seen, runde Bergformen, karg bewachsene Hänge, ein top Aussichtsberg und die Möglichkeit der Tourenerweiterung zu einer aufgelassenen Mine *(Tour 3, 6.15 h)*.

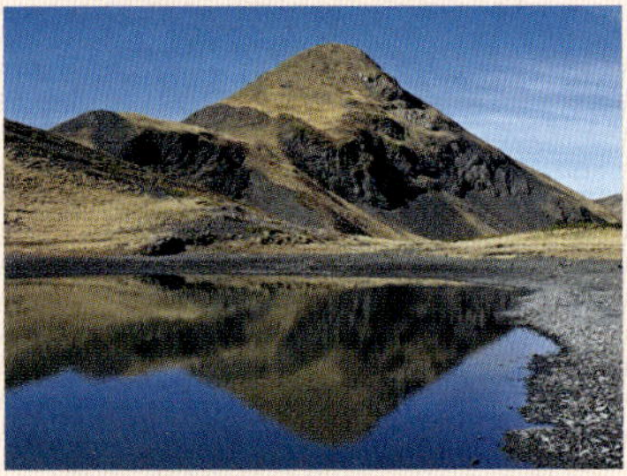

Runde durch den Circ de Colomèrs
Ein Dutzend der 200 Karseen des Nationalparks in einem steinernen Amphitheater. Das »Land der Seen« auf kleinem Raum *(Tour 7, 4.15 h)*!

Refugi und Pic de Saboredo
Durch das weitläufige, liebliche Val de Ruda zur schönen Seenplatte rund um das Refugi und auf den wilden Zackenkamm an der Grenze zum Nationalpark, ganz ohne Kletterei *(Tour 8, 6.15 h)*!

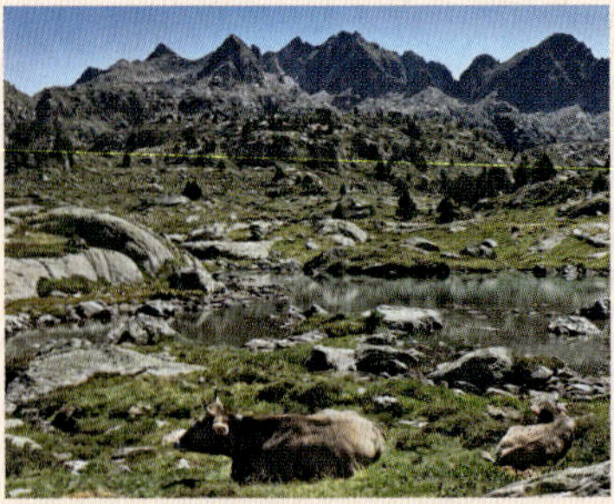

Pic dels Feixants
Die zwei schönsten Täler am Stausee Sant Maurici, im Herzen des Nationalparks, trennt ein grüner Pass. Der einsame Aussichtsgipfel darüber ist nicht der höchste, aber hoch genug für eine herrliche Aussicht *(Tour 17, 5.15 h)*.

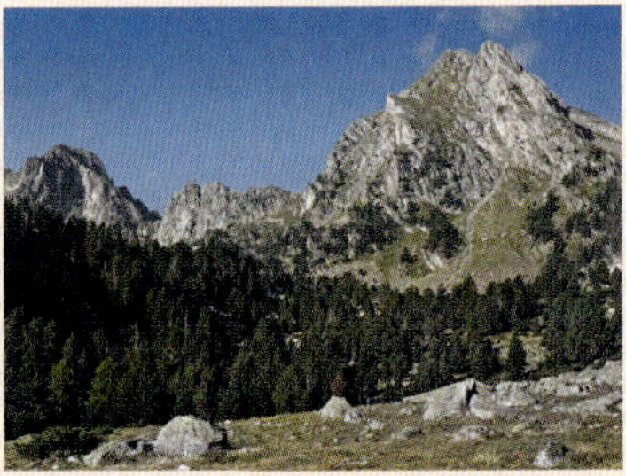

Sechs-Dörfer-Tour
Kurzweilige Wanderung an der Südabdachung der Nationalparkberge durch eine schöne Natur- und Kulturlandschaft *(Tour 20, 4.00 h)*.

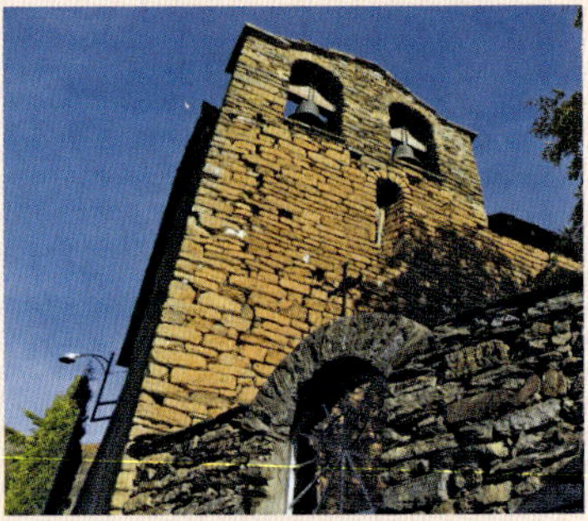

Estanys de Romedo
In die einsame Stein- und Seenwelt des oberen Cardós-Tals. Der rauschende Riu de Romedo mit seinen Wasserfällen und grünblauen Becken ist der krönende Abschluss *(Tour 24, 6.15 h)*.

Vall del Madriu
Natur pur im schönsten Tal Andorras. Schön genug, um auf demselben Weg hinein- und herauszuwandern. Für Ambitionierte gibt es als Zugabe eine einsame Runde über eine eigentümliche Hochebene *(Tour 38, 7.00 h).*

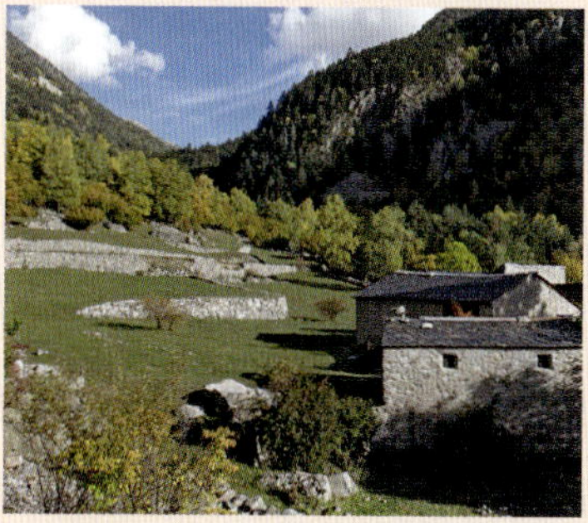

Vulturó
Schwierige, anstrengende, mit Eindrücken vollgepackte Tour für erfahrene Bergsteiger. Vom alten Dorf über Almwiesen und durch Märchenwald, über steile Felsklippen und Rinnen bis zum Abfahren im Geröll ist so ziemlich alles geboten, was eine kurzweilige Bergtour ausmacht. Der Einsatz von Kraft und Mut lohnt sich gewiss *(Tour 40, 9.00 h)!*

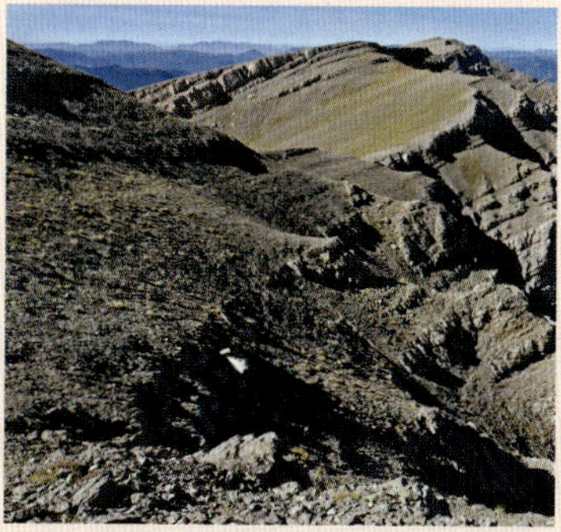

Gorgues del Freser und Camí dels Enginyers
Abwechlsungsreiche Rundtour im Núria-Gebiet, mit drei ganz unterschiedlichen Teilen: Aufstieg auf einem alten Almweg, Höhenweg durch eine wilde Felswelt und Abstieg oberhalb der el-Freser-Schlucht, wo einsame Bachstellen locken *(Tour 46, 7.45 h).*

Serra de Sant Honorat
Spannende Wege, exponierte Kapellen und atemberaubende Ausblicke in dem kleinen Konglomeratfelsgebiet bei Oliana *(Tour 59, 5.15 h).*

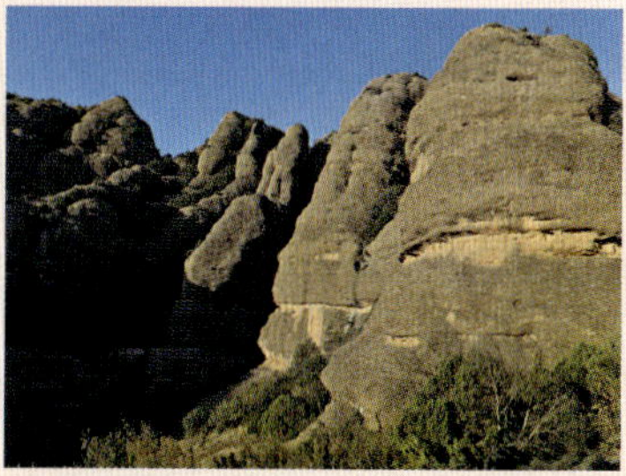

Salga Aguda
In die Serra de Picancel, das wenig bekannte Konglomeratgebirge bei Berga. Als Kontrast zu seinen wilden Tälern und Felskämmen steht auch der Besuch von zwei ganz unterschiedlichen Kirchen auf dem Programm *(Tour 64, 5.30 h).*

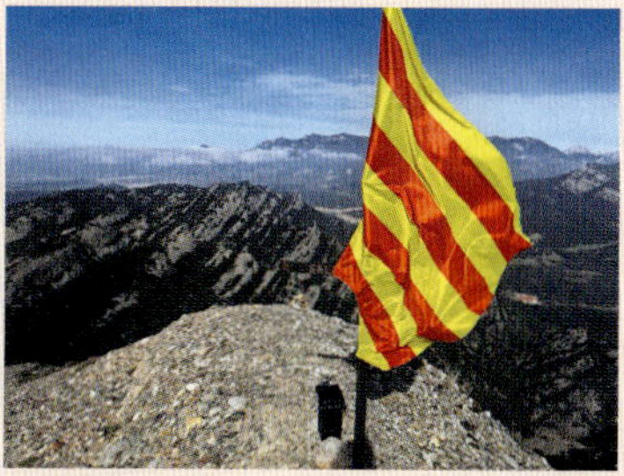

WICHTIGE HINWEISE FÜR UNTERWEGS

Anforderungen

Die jeweils an die Wanderer gestellten Anforderungen hängen von der Beschaffenheit der Wege, aber auch von den konkreten objektiven und subjektiven Bedingungen am Tourentag ab. So sehr sich der Zustand der Wege, die Eigenarten des Geländes, die Wetterbedingungen und Wegmarkierungen von Mal zu Mal unterscheiden, so bedingt aussagekräftig sind allgemeine Schwierigkeitsbewertungen von Touren. Eine unpassierbare Zufahrt, zerstörte Stege über Wildbäche, verschüttete Steinmännchen, Wind- oder Schneebruch, Wetterstürze etc. gehören zu den Herausforderungen, mit denen Wanderer konfrontiert sein können und je nach Fitness, Erfahrung und Übung besser oder schlechter zurechtkommen. Um unangenehmen oder gefährlichen Situationen so weit wie möglich schon im Vorfeld zu begegnen, empfiehlt es sich, insbesondere nach Unwettern Informationen über den Zustand der Wege bei den zuständigen Tourismusämtern und Bergsportagenturen einzuholen und den lokalen Wetterbericht zu verfolgen.

Unter den Kletterwänden der Agulles d'Amitges bei Schauerwetter (Tour 16).

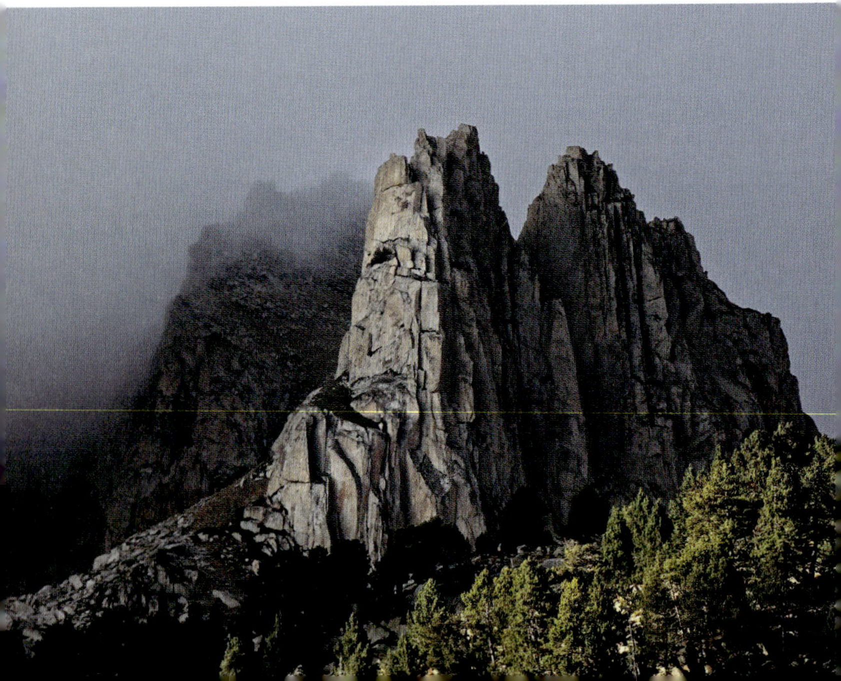

Um dennoch Anhaltspunkte über das Anforderungsniveau der Touren zu geben, und damit Hinweise für den Abgleich mit den subjektiven Fähigkeiten wie Kondition, Erfahrung und Technik, wird die hier verwendete Schwierigkeitsskala farblich in drei Kategorien unterteilt: leicht – mittel – schwierig. Diese nach spezifischen Anforderungen differenzierten Grade sollen so gut wie möglich das objektive Anforderungsprofil einer Tour abbilden. Dabei ist zu berücksichtigen, dass sich die Bewertung aus dem Gesamtbild einer Tour ergibt, also Merkmalen wie Länge, Steilheit, Wegqualität, Ausgesetztheit, technischen Schwierigkeiten. Auf die spezifischen An- bzw. Herausforderungen jeder Tour wird im Infoblock unter »Anforderungen« eigens verwiesen. Die Schwierigkeitskategorien erklären sich wie folgt:

SCHWIERIGKEITSKATEGORIEN

■ = Leicht

Kürzere, teilweise aber auch längere Wanderungen auf deutlichen Wegen und Pfaden bzw. im gut überschaubaren Gelände. Kräftige Steigetappen über kurze und auch über etwas längere Strecken können vorkommen. Teilweise ist Trittsicherheit im einfachen Berggelände erforderlich. Die zu überwindenden Höhenmeter verteilen sich auf eine längere Strecke, sodass im Regelfall mit einer durchschnittlich mäßigen Steigung zu rechnen ist. Diese Wanderungen sind oft auch für Kinder gut geeignet.

■ = Mittel

Routen, die erhöhte Ansprüche an Kraft und Kondition stellen. Starke und länger anhaltende Steigungen und/oder auch größere Höhenunterschiede sind zu bewältigen. Streckenweise verlaufen Wege durch steiles Gelände, Geröllhänge oder Blockfelder. Ausgesetzte Abschnitte und leichte Passagen mit Kraxelei, d. h. Steigen unter Zuhilfenahme der Hände, sind eingeschlossen. Auf sie wird im Tourentext eigens hingewiesen. Bergerfahrung, gute Trittsicherheit und Orientierungsvermögen werden vorausgesetzt. Bezüglich der technischen Anforderungen entspricht »mittel« auf der SAC-Wanderskala dem Grad T2 bis T3.

■ = Schwierig

Aufgrund von Zeitdauer, Höhendifferenz und Gelände konditionell sehr anspruchsvolle und anstrengende Touren, die teilweise durch einsame Gegenden führen. Steile und lange Aufstiege, ausgesetzte Wegpartien, schmale Gratetappen und Kletterpassagen bis Schwierigkeit II stellen an die Wanderer hohe Ansprüche an Ausdauer, Trittsicherheit, Schwindelfreiheit und Bergerfahrung. Auch die Orientierung im weglosen oder komplexen Gelände ist erforderlich. Hinsichtlich der technischen Anforderungen entspricht »schwierig« auf der SAC-Wanderskala dem Grad T3 bis T4, oder (im Fall von Kletterei im Grad II) T5.

Kinder

Touren, die als für Kinder geeignet eingestuft sind, sollten Kinder ab einem Alter von 7–10 Jahren im Hinblick auf Kondition und motorische Fähigkeiten bewältigen können. Genauso wie bei Erwachsenen gibt es unter Kindern allerdings große Unterschiede. Dazu kommt noch ein weiterer wichtiger Faktor: die Motivation. Diese ist am besten, wenn mehrere Kinder unterwegs sind, kann aber schlagartig auf langweiligen Wegen, bei Hunger oder Durst, bei großer Hitze oder Regen verlorengehen.
Die im vorliegenden Buch für Kinder empfohlenen Touren gehören zu den kürzeren, enthalten oft ein wenig Kraxelei, sind aber nicht gefährlich. Einzelne längere Touren wurden als für Kinder geeignet eingestuft, weil sie abgekürzt werden können und trotzdem spannend bleiben. Vor einer Tour mit Kindern sollten unbedingt die Zufahrts-, Weg- und Wetterbedingungen geprüft werden.

Wegenetz

In der Regel sind die katalanischen Wanderwege gut ausgebaut, problemlos zu finden und gefahrlos zu begehen. Im Vergleich zu den alpinen Wegen ist im Hinblick auf die Wegqualität die Bandbreite aber viel größer. Ein gut markierter Weitwanderweg kann aus groben, rutschigen Steinblöcken bestehen, die das Fortkommen erschweren und verlangsamen, ein unmarkierter Pfad kann sich mit guten Tritten im Gras zwischen Felsen durchschlängeln und ein angenehmes und schnelles Gehen ermöglichen.
Mit einer Wegpflege und -markierung, wie sie Wanderern in den Alpen geboten wird, können die katalanischen Pyrenäen nicht mithalten.
Immer mehr Routen werden systematisch markiert und beschildert. Dennoch warten nicht nur selten begangene Wege mitunter mit einer lückenhaften Markierung auf. Auch auf den vielbegangenen Weitwanderwegen

GPS-TRACKS UND KOORDINATEN DER AUSGANGSPUNKTE

Auf **gps.rother.de** stehen zu diesem Wanderführer GPS-Tracks und die Koordinaten der Ausgangspunkte zum kostenlosen Download bereit. Dieser QR-Code führt direkt zum Download.
6. Auflage, Passwort: **430906ehw**
Die GPS-Tracks können in die **Rother App** importiert werden. In der App kann man unterwegs stets sehen, wo man gerade ist und wo es langgeht. Anleitungen dazu: rother.de/gps
Trotz sorgfältiger Prüfung können wir Fehler und zwischenzeitliche Veränderungen nicht ausschließen. Verlassen Sie sich für die Orientierung niemals einzig und allein auf die GPS-Daten, sondern beurteilen Sie die Verhältnisse vor Ort.

SYMBOLE

Symbole im Tourenkopf

- mit Bahn/Bus erreichbar
- Einkehrmöglichkeit
- für Kinder geeignet

Symbole im Höhenprofil

- Ort mit Einkehrmöglichkeit
- Einkehrmöglichkeit, bewirtschaftete Hütte
- unbewirtschaftete Hütte, Notunterstand
- Parkplatz
- Gipfel
- Kirche, Kapelle
- Rastplatz
- Aussichtsplatz
- Quelle (Karte: blauer Punkt)
- Wasserfall
- Auf-/Abfahrt mit Seilbahn
- Sattel, Passübergang
- Brücke

kann es, wenn auch selten, vorkommen, dass vorübergehend die klaren Wegzeichen ausfallen.

Häufige Folge davon ist das Ausfransen der Wege. Wenn sich Wege ohne Beschilderung aufteilen, sind Gelassenheit und Geduld ratsam. Wer eine offensichtlich gut begangene Spur weiterverfolgt, liegt meist nicht falsch und trifft irgendwann wieder auf eine Markierung. Bauchgefühl und Orientierungssinn sind gefragt, im Zweifelsfall kann auch ein Blick auf Karte oder GPS-Gerät weiterhelfen.

Ein Großteil der in diesem Wanderführer vorgestellten Routen verläuft auf gut angelegten, gepflegten und ausreichend markierten Wanderwegen: Die Weitwanderwege (GR – »Sendero de Gran Recorrido«) inklusive ihrer Varianten sind rot-weiß, die kürzeren Wanderwege mit einer Länge von 10 bis 50 km (PR – »Sendero de Pequeño Reccorrido«) gelbweiß bzw. gelb gekennzeichnet.

Zusätzlich gibt es noch ein in Qualität und Quantität lokal sehr unterschiedliches Netz aus Wegen ohne Farbmarkierungen oder Beschilderungen, die vorwiegend auf Onlinekarten verzeichnet sind. Diese Wege

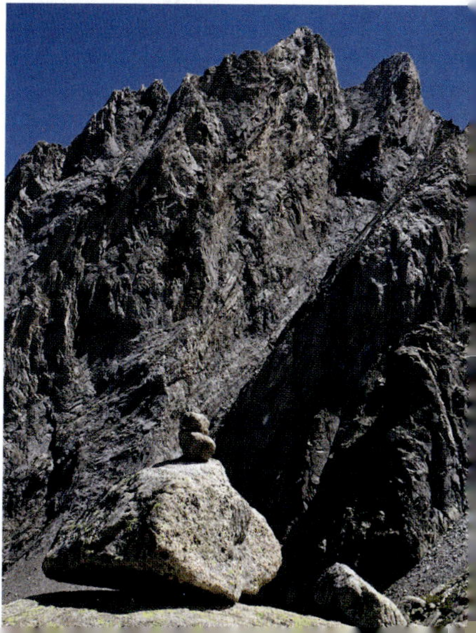

Halb natürlicher Steinmann unter dem Malh des Pois (Tour 2).

Der Umwelt zuliebe ...

Auch beim Wandern hinterlassen wir einen ökologischen Fußabdruck, aber im Einklang mit der Natur unterwegs zu sein, ist gar nicht so schwer!

VORBEREITUNG UND ANFAHRT

- Sich vorab informieren, worauf in Bezug auf Natur und Umwelt in der jeweiligen Wanderregion besonders zu achten ist.
- Soweit möglich mit Bahn und Bus anreisen, Wander- und Rufbusse nutzen.
- Ist eine Anfahrt mit dem Auto nötig, Fahrgemeinschaften bilden.
- Bei weiten Anfahrten Mehrtagestouren planen oder von einem Quartier vor Ort aus mehrere Touren absolvieren.
- Flugreisen möglichst reduzieren und durch Beiträge zu Klimaschutzprojekten kompensieren.

KLEIDUNG UND AUSRÜSTUNG

- Beim Kauf von Outdoor-Kleidung auf umweltfreundliche und faire Herstellung achten und Kleidungsstücke möglichst viele Jahre nutzen.
- Ausrüstung kann man eventuell auch gebraucht kaufen oder ausleihen.
- Reparieren statt neu kaufen.

VERPFLEGUNG

- Beim Einkauf Bio-Ware, regionale und saisonale Erzeugnisse bevorzugen.
- Hütten und Gasthäuser auswählen, die regionale Produkte verwenden.
- Auf Einwegflaschen und Plastikverpackungen verzichten, stattdessen wiederverwendbare Trinkflaschen und Brotzeitboxen benutzen.

ÜBERNACHTUNG

- Bei lokalen Anbietern buchen, damit Menschen vor Ort profitieren.
- Auf Hütten und in anderen Unterkünften Strom und Wasser sparen.

UNTERWEGS

- Wege benutzen und Abkürzer vermeiden.
- Sperrungen von Wegen und Schutzgebieten respektieren.
- Keine Blumen pflücken und keine Pflanzen entnehmen.
- Waldbrandgefahr beachten.
- Müll wieder mit nach Hause nehmen und dort entsorgen.
- Toilettengänge in freier Natur möglichst vermeiden.
- Lärm vermeiden.
- Hunde an die Leine nehmen.

ROTHER
BERGVERLAG

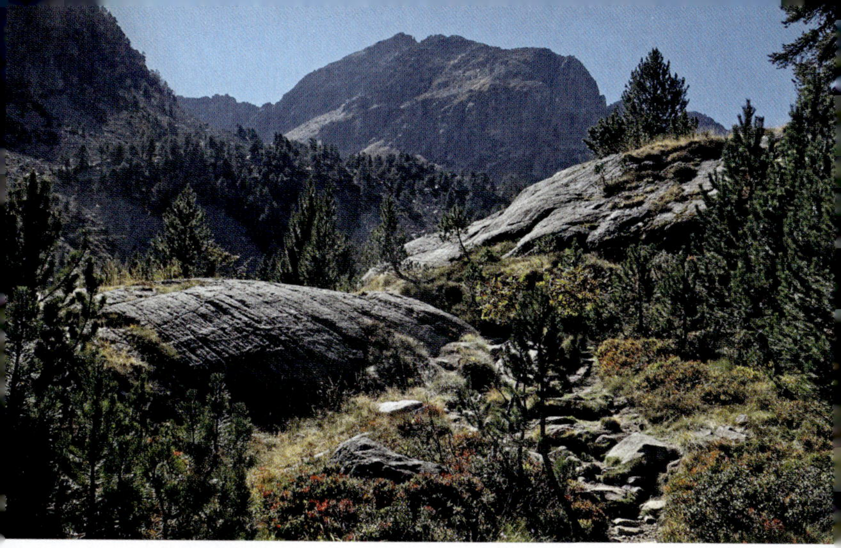

Weg ins Vall de Gerber (Tour 9).

können oft begangen und gut erkennbar sein, können aber auch aus einem kaum sichtbaren Trampelpfad bestehen. Gelegentlich ist das Vorhandensein eines »Weges« nur an Steinmännern erkennbar.
Steinmänner sind sehr hilfreich, weil oft an unübersichtlichen oder zweifelhaften Stellen postiert. Sie sind aber auch mit Unsicherheiten behaftet. Ihr Vorkommen und ihre Position hängen stark von der Verfügbarkeit von Steinen und von der subjektiven Einschätzung ihrer Erbauer ab.
Der vorliegende Wanderführer hat es sich zum Ziel gesetzt, Wanderer auf dem »Steinmann-Wegenetz« auch in unbekannte, einsame Gebiete zu führen, was in erster Linie im Rahmen der vorgeschlagenen Varianten bzw. Tourenerweiterungen geschieht. Viele Varianten erfordern erhöhte Wachsamkeit, weil neben Steinmännern auch die vorhandenen Wegspuren und die Geländebeschaffenheit beachtet werden müssen. Weniger gutes Orientierungsvermögen kann zumindest teilweise durch die Verwendung eines GPS-Geräts ausgeglichen werden.

Weitwanderwege

Der zwischen Mittelmeer und Atlantik in den spanischen Pyrenäen verlaufende, durchgehend rot-weiß markierte GR 11 ist in der Regel sehr gut angelegt und gepflegt (beschrieben im Rother Wanderführer »Pyrenäen – GR 11«). In idealer Kombination von Tal- und Höhenwegen durchquert er die landschaftlich schönsten Gegenden und Ortschaften zumeist im Vorfeld des Pyrenäenhauptkamms. Die einzelnen Wanderetappen sind so bemessen, dass bis auf wenige Ausnahmen jeweils bewirtschaftete Hütten oder Unterkünfte am Weg bequem erreicht werden. Der GR 11 richtet sich an erfahrene Bergwanderer und erfordert im Sommer unter normalen Umständen keine Spezialausrüstung wie etwa Steigeisen oder Eispickel. Vielfach führen Wegabschnitte lediglich bis in mittlere Höhen und nur äußerst selten auf Gipfel, sodass der GR 11 bzw. einzelne Abschnitte oft schon früh und noch spät in der Saison begehbar sind. Sehr interessant sind auch seine zahlreichen Varianten (z. B. GR 11.20), auf denen sich ein Gebiet intensiver erwandern lässt.

Der ARP (»Alta Ruta Pirenaica«) – in den französischen Pyrenäen HRP (»Haute Randonnée Pyrénéenne«) – ist ein attraktiver Hochgebirgsweg, der mit zum Teil ausgedehnten Etappen auf beiden Seiten des Zentralmassivs verläuft und erfahrenen Bergwanderern vorbehalten ist. Mitunter muss unwegsames und exponiertes Gelände bis in Höhen von knapp an die 3000 m passiert werden. Infos zum GR 11 und zum ARP finden sich auf travesiapirenaica.com unter »Transpirenaicias«.

Zunehmend ausgebaut werden in Katalonien die gelb-weiß markierten PR-Wege, die lokale Wandergebiete erschließen. Inzwischen ist ein umfangreiches Wegenetz entstanden, das sich als schöne Ergänzung des GR anbietet.

Tipps für Weitwanderer

Im gesamten Wandergebiet herausragend ist die 9-tägige Hüttenrundwanderung »Carros de Foc« durch den Nationalpark »Aigüestortes i Estany de Sant Maurici« (Tour 19). Auf ihr wird die ganze Vielfalt dieser mit ihren zahllosen Seen einzigartigen Bergregion erschlossen. Dazu kommen die auf jeder Etappe sich bietenden Wegvarianten und Gipfelbesteigungen, durch die diese Rundtour zu einem intensiven und spannenden Wandererlebnis erweitert werden kann. Die einzelnen Abschnitte sind zeitlich und

Refugi de Saboredo (Touren 8 und 19).

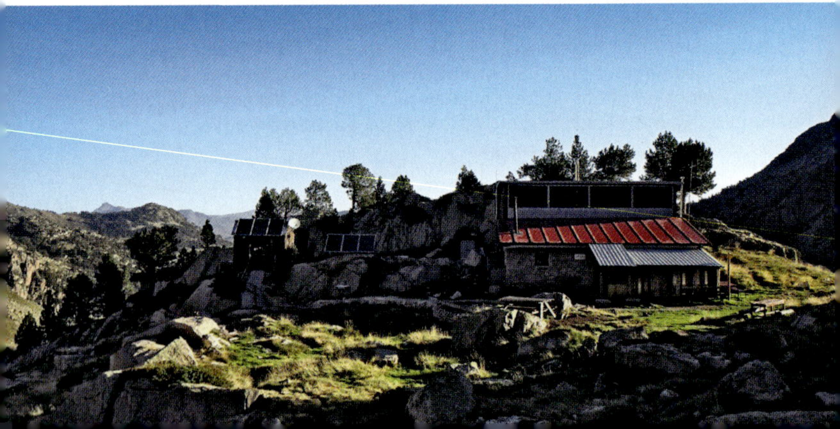

technisch so ausgelegt, dass sie von Wanderern mit guter Kondition und Bergerfahrung bequem und problemlos zu bewältigen sind. Information auf carrosdefoc.com (auch auf Englisch und Französisch).

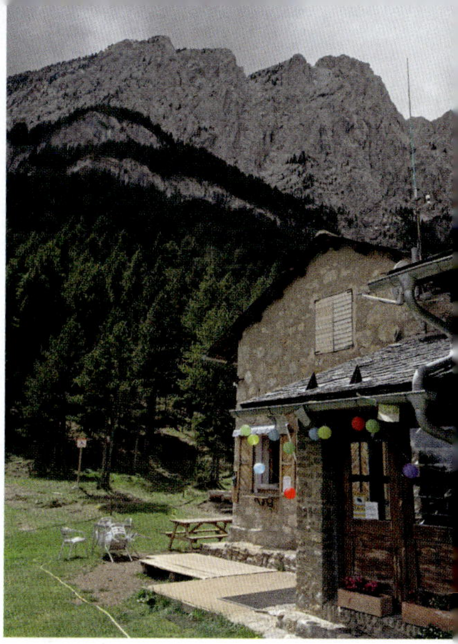

Refugi Lluís Estasen (Tour 43).

Gefahren

Gipfelanstiege und Touren im Hochgebirgsbereich führen in der Regel durch anspruchsvolles Gelände, in dem mit ausgesetzten Wegen, steilen Geröllhängen und Felsblockverhau zu rechnen ist. Trittsicherheit und Erfahrung sind hierbei unerlässlich. Die Querung von Wildbächen ohne Steg oder Brücke und ohne Berg- bzw. Trekkingstöcke kann besonders zu Zeiten der Schneeschmelze heikel werden.
Im Zweifelsfall sollte man lieber barfuß queren, wenn Wassertiefe und Strömung dies zulassen. Von rutschigen und wackeligen Steinen sowie nassem Holz und Wurzeln gehen Verletzungsgefahren aus. In steilen Rinnen besteht stellenweise Steinschlaggefahr, ausgelöst vor allem durch andere Wanderer. In steilem Gelände wird Steinschlag aber auch von Gämsen verursacht.
Rasche Wetterverschlechterungen mit Nebel, Wind, Regen (oder Schnee!) bringen besonders ungenügend ausgerüstete, zu spät aufgebrochene Wanderer in Bedrängnis.
Vor allem in den ausgedehnten Kiefernplantagen der Vorpyrenäen können die Kiefernprozessionsspinner, die in den Nadelbäumen große Kokons anlegen, für Mensch und Tier zur Gefahr werden, speziell zwischen Januar und April, wenn die Raupen auf Wanderschaft sind.
Die Pyrenäen sind nicht frei von Giftschlangen. Zu erwähnen sind die Aspisviper und die nordiberische Kreuzotter.

Wetter

Die katalanischen Pyrenäen sind im Vergleich zu den französischen wetterbegünstigt. Tiefhängende Wolken sind seltener. Die Niederschläge bei Westwind-Wetter fallen geringer aus. Längere Schlechtwetterperioden sind auf beiden Seiten der Pyrenäen ohnehin die Seltenheit.
Generell ist das Wetter in den Sommermonaten wegen des dominanten Azorenhochs relativ stabil, insbesondere morgens und bis über Mittag. In

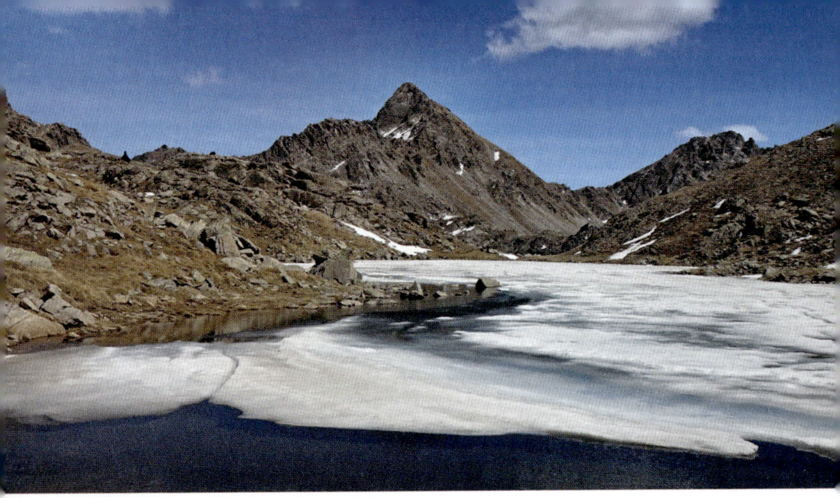

Estany Petit de Saburò. Je nach Winter sind Seen auch im Mai noch zugefroren (Tour 15).

den restlichen Jahreszeiten sind Tiefdruckwetterlagen häufiger, aber auch mehrwöchige Schönwetterphasen sind möglich. In den Wintermonaten bilden sich bei solchen Wetterlagen allerdings in den Niederungen der Vorpyrenäen gerne Dunst und (Hoch-)Nebel aus.
Wanderer sollten im Hinterkopf haben, dass rasche Wetterwechsel mit markanten Temperaturstürzen, Hagel, Schnee, Nebel und starkem Wind auch im »sonnigen Süden« der Pyrenäen vorkommen und entsprechende Ausrüstung erfordern. Sorgfältige Planung der Tour, Wetterinformation und früher Aufbruch sind der beste Schutz vor gefährlichen Überraschungen. Sommerliche Gewitter am Nachmittag, die aus zunehmender Quellbewölkung hervorgehen, sind generell häufig. Vom Hauptkamm isolierte Bergzüge und -massive wie die Serra del Cadí oder der Nationalpark »Aigüestortes i Sant Maurici« bilden durch ihre Lage und Höhe lokale Gewitter-Anziehungspunkte. Diese Gewitter sind aber häufig nur kurz, führen zu keiner stärkeren Abkühlung, und es lockert danach oft wieder auf.

Ausrüstung

Die übliche Wanderausrüstung – solides, hohes Schuhwerk (Bergstiefel) und funktionelle Bekleidung – ist auf allen Touren angebracht. Sie sollte genug Komfort bei Hitze bieten und gleichzeitig sicher gegen Regen, Kälte und Wind schützen. Im Sommer ist ein ausreichender Sonnenschutz dringend geraten. Wanderstöcke sind im steilen und unwegsamen Gelände eine große Hilfe, auch bei Bachdurchquerungen. Bei einzelnen Touren bzw. an ihren Gefahrenstellen ist die Benutzung eines Helmes zu empfehlen. Darauf wird in den Tourenbeschreibungen extra hingewiesen. Nach kalten Nächten können auf Altschneefeldern Grödel von Vorteil sein, ebenso in den winterlichen Vorpyrenäen, wenn Wege durch schattseitige Hänge führen. Besonderes Augenmerk gilt – vor allem bei langen Touren und im Hochgebirge – ausreichendem Wasser- und Essensvorrat, auch wenn eine bewirtschaftete Hütte am Weg liegt. Wenn nicht auf ein zuverlässiges GPS-System zurückgegriffen wird, gehören gute Landkarten unbedingt ins Wandergepäck!

Tourenauswahl

Am Vorabend einer geplanten Tour lohnt es, sich diese Fragen zu stellen:
Wie wird das Wetter? An heißen sonnigen Tage sind Routen ideal, die einen hohen Startpunkt haben oder im unteren Teil durch (nordseitigen) Wald führen. Bei bewölktem oder bedecktem Wetter sind Wanderungen in niedrigeren Regionen, bei denen eine Fernsicht nicht so wichtig ist, passend. Auch wenn es Neuschnee gegeben hat, sollte man je nach Schneegrenze hohe und schwierige Touren meiden. Zu einer sommerlich-dunstigen Wetterperiode passt nicht unbedingt der Top-Aussichtsgipfel. Wenn eine Wetterverschlechterung während des Tages droht, sollte eine kürzere Route ausgesucht und früh gestartet werden.
Passt meine Tour zur Jahreszeit? Im Frühjahr und späten Herbst ist es nicht sinnvoll, sich auf Hochebenen durch Schnee zu kämpfen (Ausnahme: Schneeschuhbenutzung). Wanderungen in niedrigeren Regionen oder in schneefreien Südhängen machen in diesen Zeiten mehr Spaß, vom Frühjahrsblühen und von schönen Herbstfarben ganz abgesehen.
Passt meine Tour zur Kondition und zum bergsteigerischen Können aller Teilnehmer? Falls Unterschiede bestehen: Gibt es eine Hütte, einen anderen geschützten Wartepunkt oder einen Alternativweg für Teilnehmer, die auf Teile der Tour verzichten wollen?

Karten

Wer von der digitalen Welt unabhängig sein möchte, der findet für die katalanischen Pyrenäen und Andorra ein großes Angebot an Wanderkarten. Auch wenn in manchen Touristenzentren Karten zu bekommen sind, wird man die Wunschkarte doch besser noch von zu Hause aus online bestellen. Zwischen den angebotenen Kartenserien gibt es kaum Qualitätsunterschiede. Um zumindest teilweise einen Vorteil

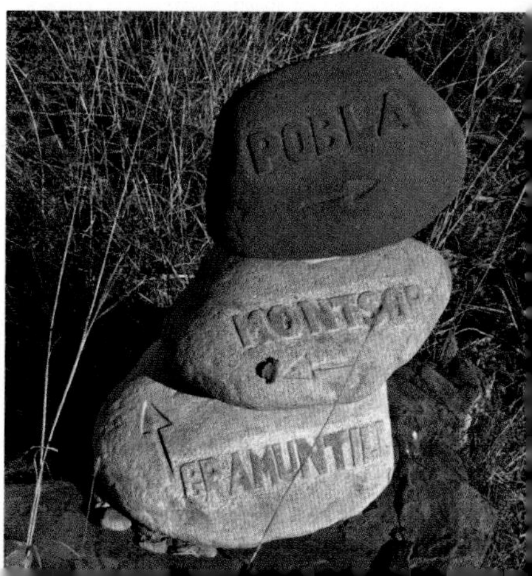

»Komfort-Wegweiser« (Tour 57).

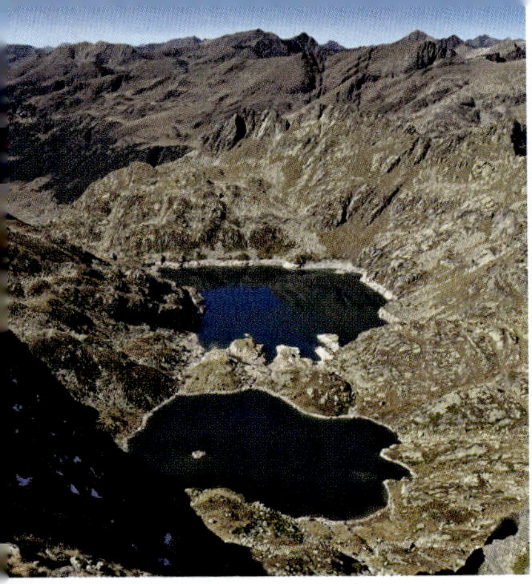

Die Seen nahe dem Refugi de Juclar in Andorra (Tour 36).

gegenüber den Onlinekarten zu haben, sind die Maßstäbe von 1:25.000 oder 1:30.000 zu empfehlen. Letztendlich ergänzen sich analoge und digitale Karten. Bei mapfox.de ist der Weg zur passenden analogen Karte am einfachsten.
Die Kartenserie Editorial Alpina deckt die Tourengebiete am Pyrenäenhauptkamm und in den östlichen Vorpyrenäen in Maßstäben von 1:15.000 bis 1:50.000, zum Großteil in 1:25.000 ab. Die Serie Editorial Piolet bietet Karten von ausgesuchten Wandergebieten in Katalonien, das ICGC (Institut Cartogràfic i Geològic de Catalunya) deckt in unterschiedlichen Maßstäben die ganze Region lückenlos ab. Weitere Anbieter haben nur ein kleines Angebot oder keine großen Maßstäbe.
Die Höhenangaben in den Karten verschiedener Verlage weichen mitunter voneinander ab. Gravierender sind aber die Differenzen bei Ortsnamen sowie Gebiets- und Gipfelbezeichnungen, bei denen jeder Verlag seine eigenen Quellen zu haben scheint. Die Tendenz zur möglichst authentischen Abbildung auch kleinster Lokaldialekte bzw. traditioneller Namen kann sprachlich ungeübten Wanderern den Umgang mit der Karte schwer machen. In den Tourenkärtchen dieses Wanderführers wird überwiegend auf die Bezeichnungen der am weitesten verbreiteten Karten von Editorial Alpina zurückgegriffen.

Gehzeiten

Die Zeitangaben in diesem Wanderführer verstehen sich als reine Gehzeiten, ohne Rast- und Fotopausen. Bei der Bemessung der Gehzeiten wird von 15 Min. pro Kilometer (ebener) Gehstrecke plus 20 Min. pro 100 Höhenmeter (Hm) Anstieg ausgegangen. Routen mit schwieriger Wegfindung und anspruchsvollem Gelände werden großzügiger bemessen. Die Zeitangaben können immer nur annähernd die tatsächliche Dauer der Tour darstellen. Wie viel Zeit individuell für eine Wanderung gebraucht wird, hängt von verschiedenen subjektiven Faktoren und den örtlichen Verhältnissen ab, die in der Zeitberechnung nicht erfassbar sind.

Refugis (Schutzhütten)

Im katalanischen Wandergebiet gibt es zahlreiche gut gelegene Hütten, die zumeist von Bergvereinen verwaltet werden. Sie sind in der Regel von

Juni bis September durchgehend geöffnet und bewirtschaftet, im Mai und Oktober je nach Schnee- und Wetterlage nur an Wochenenden. Da die meisten Hütten in der Hochsaison erfahrungsgemäß sehr stark belegt sind, sollten Übernachtungen grundsätzlich immer und rechtzeitig angemeldet werden, d. h. mindestens zwei Tage vor der geplanten Übernachtung. Dies muss über die zentrale Reservierungsstelle erfolgen: lacentralderefugis.com (nur auf Katalanisch und Spanisch) oder refusonline.com (auch auf Englisch).

Außerhalb der Sommersaison stehen den Wanderern in den dann unbewachten Hütten in der Regel freie Übernachtungsplätze in geringerer Zahl zur Verfügung. Dies gilt auch in den Wintermonaten für Skitourengeher und Schneeschuhwanderer. Für Verpflegung und die Ausrüstung für die Übernachtung muss in diesem Fall selbst gesorgt werden. Das Gleiche gilt für die zahlreichen unbewirtschafteten kleinen Refugis (Steinhütten oder Biwakschachteln). Wie viele Plätze jeweils vorhanden sind, kann in den Tourismusämtern und Bergvereinen abgefragt werden.

Andorra verfügt über eine große Zahl an recht komfortabel ausgestatteten Hütten, meist auf Selbstversorgungsbasis. Information:

- mediambient.ad/medi-natural/llista-de-refugis-d-andorra
- visitandorra.com/en/sleeping/mountain-huts-in-andorra

Anfahrt

Bei fast allen Touren ist man auf das eigene Fahrzeug angewiesen. In Andorra bestehen zwar Busverbindungen mit dichtem Fahrplan in den Haupttälern, aber es gibt kein Angebot für Wanderer, das die Seitentäler bedient. Lediglich für Tour 31 könnte man den Bus nach Arinsal benutzen.

Das Refugi d'Ulldeter fungiert im Winter auch als Skihütte (Tour 48).

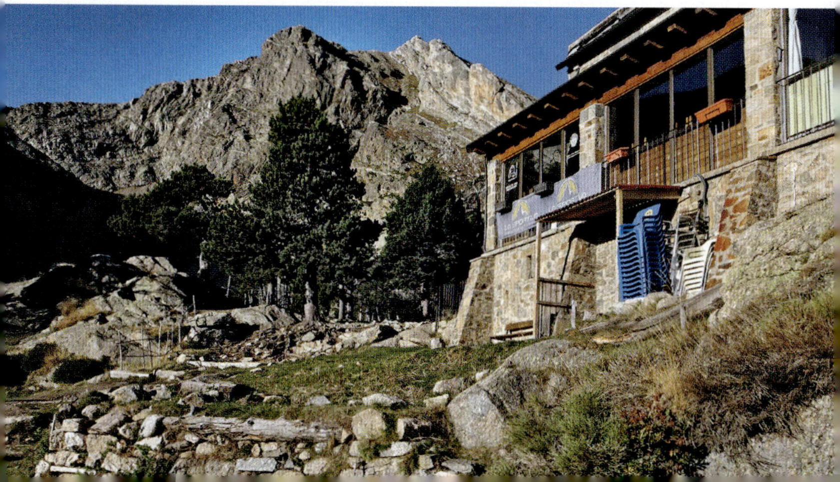

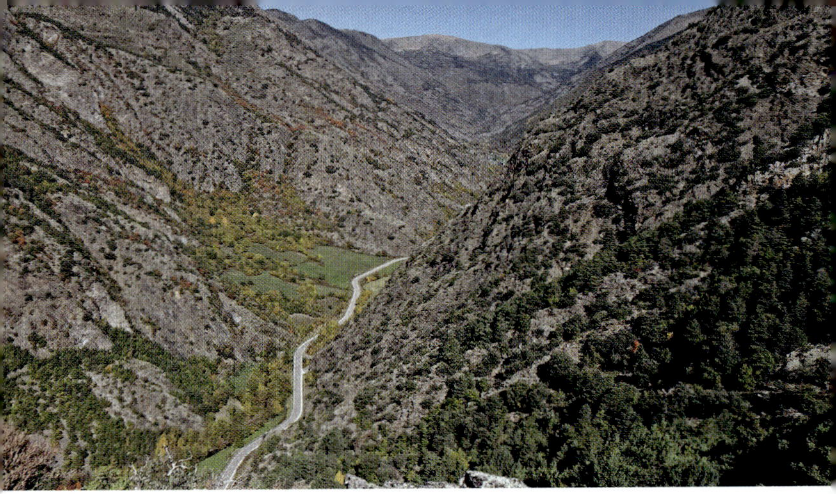

Bereits die Anreise ins Vall Ferrera ist ein einsames Bergerlebnis.

In Katalonien verkehren Busse – mit sehr eingeschränktem Fahrplan – nur zwischen den größeren Orten der Haupttäler. Sie spielen also für die Anfahrt zu den Ausgangspunkten der in diesem Buch beschriebenen Touren kaum eine Rolle. Ausnahme: Tour 27. Infos über ÖPNV-Verbindungen erhält man bei rome2rio.com.

Im Núria-Gebiet sollte auf jeden Fall die Benutzung der Zahnradbahn (Cremallera) eingeplant werden. Ohne nennenswerte zusätzliche Kosten kann sie schon im Talort Ribes de Freser bestiegen werden (und nicht erst in Queralbs). Zwischen Ripoll und Ribes de Freser besteht eine engmaschige Busverbindung. Die Bahnlinie R3 hält auf der Fahrt von Barcelona über Vic und Ripoll nach Puigcerdà auch in Ribes de Freser.

Kleinere Gebirgstäler sind oft durch gute Straßen an die Haupttäler angeschlossen, dennoch sind Ausgangspunkte mitunter nur auf (längeren) Pisten bzw. Fahrwegen unterschiedlichen Zustands erreichbar. Streckenweise muss man mit tiefen Rinnen, größeren Schlaglöchern und grobsteinigem Belag rechnen. In der Regel aber sind die angegebenen Fahrwege mit einem nicht zu tief liegenden Pkw sowie Geduld und Vorsicht passierbar. Lokale Unwetter können die Befahrbarkeit einer Straße kurzfristig stark beeinträchtigen. Als Alternative zum Auto bietet sich für viele Schotterpisten das (E-)Mountainbike an.

Wer es bequem haben möchte, kann sich an verschiedenen Orten von (Allrad-)Taxis zum Ausgangspunkt bringen und abholen lassen. Auskunft geben die Tourismusämter. Oft erhält man die nötigen Informationen auch über den Taxi-Service an den Taxi-Haltepunkten oder in den Bars der Umgebung. In folgenden Gebieten werden Anfahrtshilfen angeboten:

Val d'Aran

- **Refugi dera Restanca:** Auffahrt mit dem Taxi bis zur Pontet de Rius, 1647 m, möglich. Entweder ab Arties (vom Parkplatz am östlichen Ortsende) oder vom Parkplatz an der Pònt deth Ressèc, 1395 m (7 km südlich von Arties). Dieser Parkplatz kann ganzjährig mit dem eigenen Fahrzeug angefahren werden.
- **Refugi de Colomèrs:** Auffahrt mit dem Taxi bis zum Abzweig des Refugi-Wanderwegs, 1966 m, möglich. Taxi-Buchung ab dem Talort Salardú telefonisch oder online über taxivalledearan.com. Mit dem eigenen Fahrzeug kann in der Nebensaison der Parkplatz am Hotel Banhs de Tredòs, 1760 m, angefahren werden. In der Hauptsaison wird die Auffahrt reguliert.

Nationalpark »Aigüestortes i Estany de Sant Maurici«

Die Zufahrt in den Nationalpark und in bestimmte Randzonen ist generell verboten. Es verkehren regelmäßig (Allrad-)Taxis, mit denen sich die Wegstrecken zu Fuß ins Kerngebiet des Nationalparks erübrigen:

- **Aigüestortes-Region:** Taxis verkehren im Sommer von 8 bis 19 Uhr, sonst von 9 bis 18 Uhr zwischen Boí (Dorfplatz) und dem Planell d'Aigüestortes, 1820 m. Infos auf vallboi.cat und taxisvalldeboi.com. Das eigene Fahrzeug muss am Eingang zum Vall de Sant Nicolau, 1380 m, abgestellt werden. Der dortige Parkplatz La Molina ist an Sommerwochenenden und in der Ferienzeit vormittags schnell gefüllt, sodass die Zufahrt gesperrt wird. Ersatzparkplatz de la Farga am Beginn der Betonstraße. Nach den zuletzt gültigen Regelungen ist Fahrradfahren nur bis zum Planell d'Aigüestortes erlaubt, aber keinesfalls weiter. Fahrräder können in Barruera und in El Pont de Suert ausgeliehen werden.
- **Estany de St. Maurici-Region:** Startpunkt der Taxi-Zubringerdienste ist Espot (Ortseingang), Zielpunkte sind die Seen St. Maurici und Ratera sowie die Refugis d'Amitges und J. M. Blanc. Es sind Einfach-, Bring- und Abholfahrten sowie Exkursionen mit Pausen möglich. Infos: taxisespot.com (auch auf Englisch). Ab Espot ist die Anfahrt bis zum 3,5 km entfernten Parkplatz an der Prat de Pierró, 1650 m, erlaubt. Wenn die Kapazität von 240 Pkws überschritten ist, wird die Zufahrt gesperrt. Vom Parkplatz lässt sich der Estany de St. Maurici, 1915 m, auf der Asphaltstraße mit dem Fahrrad oder zu Fuß auf dem beschilderten Talweg (GR 11) in ca. 1.15 Std. (270 Hm Aufstieg) erreichen.

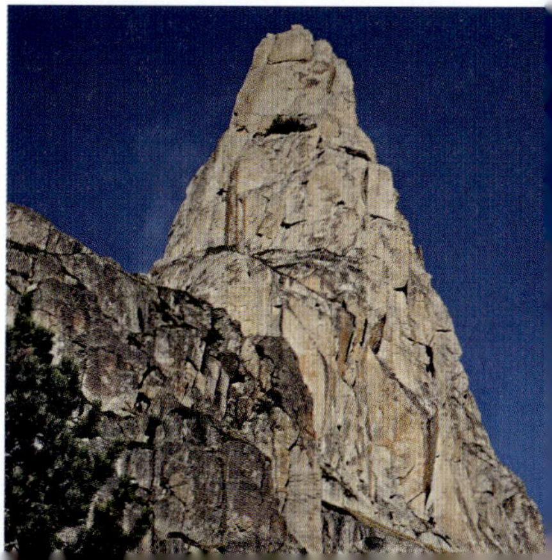

Ein Turm der Agulles d'Amitges, Wahrzeichen des Nationalparks (Touren 16 und 19).

Vall Ferrera

- Die Anfahrt von Àreu erfolgt auf einer gut 10 km langen und recht holprigen Piste bis zum Parkplatz La Molinassa. Der schlechte Zustand der Piste verlangt Geduld und vorsichtige Fahrweise. Mit einem geländegängigen Auto lässt sie sich problemlos bewältigen, ist aber auch mit einem nicht zu tief liegenden Pkw machbar. In der Ferienzeit und an bestimmten Wochenenden in der Hochsaison ist die Piste kostenpflichtig und der Parkplatz muss online (areupicadestats.com; auch auf Englisch und Französisch) gebucht werden. Im Hotel Vall Ferrera in Àreu lassen sich Allrad-Taxis für die Hin- und Rückfahrt organisieren. Dort oder im Refugi de Vallferrera ist der aktuelle Zustand der Piste zu erfragen.

Vall de Núria

- Auf der Strecke Ribes de Freser–Queralbs–Santuari de Núria verkehrt eine Zahnradbahn (»Cremallera«). Ihr relativ eng getakteter Fahrplan ist in Hoch- und Nebensaison unterteilt. Die aktuellen Fahrzeiten lassen sich online abfragen auf valldenuria.com unter der Rubrik »Cremallera« (auch auf Englisch und Französisch), Telefonauskunft: +34 932 041 041.

Naturschutz

Bitte beachten Sie auf jeder Wanderung die allgemein gültigen Verhaltensregeln zum Schutz der Gebirgswelt. Abfallentsorgung, Lärmvermeidung, Schutz der Tier- und Pflanzenwelt sowie Einhaltung der ausgewiesenen Wanderwege und -pfade stehen dabei an erster Stelle. Hunde sind in den National- und Naturparks erlaubt, es besteht jedoch strikte Leinenpflicht. Zum Schutz von Weidevieh und Wildtieren dürfen sie keinesfalls frei herumlaufen. Bitte erkundigen Sie sich vor jeder Wanderung bei den zuständigen Tourismusämtern, in denen Informationsbroschüren über die gebotenen Verhaltensweisen zum Erhalt der sensiblen Bergwelt erhältlich sind.

Besondere Reglements gelten im Nationalpark »Aigüestortes i Estany de Sant Maurici« sowie im »Parc Natural de l'Alt Pirineu« und »Parc Natural del Cadí-Moixeró«. Am Ausgangspunkt vieler Wanderrouten und an den Parkgrenzen informieren auch Tafeln über die einzelnen Schutzvorschriften und Verhaltensregeln.

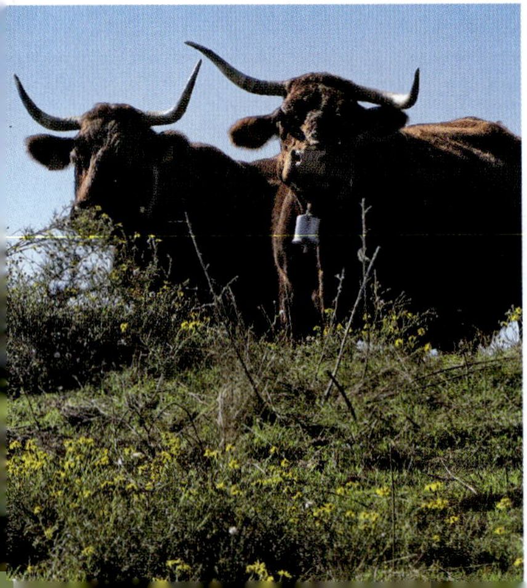

Die Kühe auf den zaunlosen Almen sind gutartig, wenn sie nicht gestresst werden.

BEWIRTSCHAFTETE HÜTTEN (REFUGIS/REFUGIOS)

Allgemeine Information
Reservierungen für die katalanischen Refugis müssen über die zentrale Reservierungsstelle vorgenommen werden: online über refusonline.com oder telefonisch: Tel. +34 973 641 681. Oder ebenfalls online über die Seite lacentralderefugis.com. Diese Seite bietet auch einen guten Überblick über alle Hütten mit nützlichen Daten.
Im Folgenden sind die Refugis aufgelistet, die für die Touren dieses Wanderführers eine Rolle spielen:

Val d'Aran
– Ref. dera Artiga de Lin, 1470 m: (28 Pl.), Tel. +34 662 594 444, artigadelin.com
– Ref. dera Restanca, 2010 m: (80 Pl.), Tel. +34 608 036 559, lacentralderefugis.com
– Ref. de Colomèrs, 2135 m: (60 Pl.), Tel. +34 973 253 008, lacentralderefugis.com
– Ref. de Saboredo, 2310 m: (21 Pl.), Tel. +34 651 517 259 und 973 090 914, refusaboredo.com
– Ref. Montgarri, 1648 m: (35 Pl.), Tel. +34 639 494 546, refugimontgarri.com

Parc Nacional d'Aigüestortes i Estany de Sant Maurici
– Ref. Ventosa i Calvell, 2220 m: (70 Pl.), Tel. +34 973 297 090, refugiventosa.com
– Ref. de Conangles, 1555 m: (36 Pl.), Tel. 696 649 871, lacentralderefugis.com
– Ref. d'Amitges, 2365 m: (74 Pl.), Tel. +34 973 250 109 und +34 973 989 234, amitges.com
– Ref. E. Mallafré, 1890 m: (34 Pl.), Tel. +34 973 250 118, feec.cat unter »Fem muntanya – Refugis«
– Ref. J. M. Blanc, 2318 m: (60 Pl.), Tel. +34 973 250 108, jmblanc.com
– Ref. Colomina, 2420 m: (40 Pl.), Tel. +34 973 252 000, feec.cat unter »Fem muntanya – Refugis«
– Ref. d'Estany Llong, 1985 m: (49 Pl.), Tel. +34 973 299 545, lacentralderefugis.com
– Ref. del Gerdar, 1500 m: (26 Pl.), Tel. +34 619 044 476, refugidelgerdar.com

Parc Natural de l'Alt Pirineu
– Ref. de Certascan, 2240 m: (40 Pl.) Tel. +34 973 641 681, refugicertascan.cat
– Ref. de Vallferrera, 1940 m: (60 Pl.), Tel. +34 669 532 513, feec.cat unter »Fem muntanya – Refugis«

Andorra
– Ref. de Comapedrosa, 2260 m: (48 Pl.), Tel. +376 376 327 955, refugicomapedrosa.ad
– Ref. de Sorteny, 1965 m: (50 Pl.), Tel. +376 376 846 446, refugisorteny.com
– Ref. de Juclar, 2310 m: (43 Pl.), Tel. +376 376 678 145, refugidejuclar.com
– Ref. de l'Illa, 2488 m: (50 Pl.), Tel. +376 376 775 776, refugidelilla.ad

Cerdanya und Naturpark »Cadí-Moixeró«
– Ref. de Malniu, 2138 m: (54 Pl.), Tel. +34 616 855 5 35 und 972 197 558, refugimalniu.com
– Ref. Lluís Estasen, 1675 m: (87 Pl.), Tel. +34 608 315 312, refugipedraforca.com

Vall de Núria
– Ref. de Coma de Vaca (»Manelic«), 1995 m: (44 Pl.), Tel. +34 649 229 012 und 872 987 098, comadevaca.com
– Ref. d'Ulldeter, 2220 m, (57 Pl.), Tel. +34 619 514 159 oder +34 972 192 004, ulldeter.es

Vorpyrenäen
– Albergue de Montfalcó, 770 m: (46 Pl.), Tel. +34 974 562 043, alberguemontfalco.com

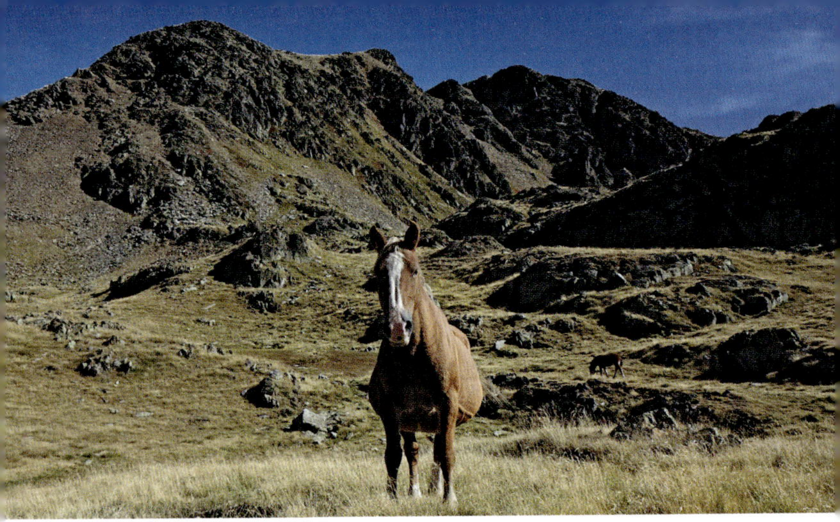

Pferde und Kühe dürfen bis weit in den Spätherbst auf der Hochweide bleiben.

Telefon

Ländervorwahl Spanien +34; Andorra +376.

Fremdenverkehrsbüros

- **Val d'Aran:** Oficina de Turisme de Vielha, C/ Sarriulèra 10, 25530 Vielha; Tel. +34 973 640 110, visitvaldaran.com
- **Vall de Boí/Aigüestortes:** Oficina de Turisme de la Vall de Boí, Passeig Sant Feliu 43, 25527 Barruera, Tel. +34 973 694 000, vallboi.cat
- **Alt Pirineu:** Oficina de Turisme del Pallars Sobirà, Camí de la Cabenera s/n, 25560 Sort, Tel. +34 973 621 002, turisme.pallarssobira.cat Consorci Turisme de les Valls d'Aneu, Carrer Major 6, 25580 Esterri d'Àneu, Tel. +34 973 626 568, turismevallsdaneu.com
- **Andorra:** Sindicat d'Iniciativa-Oficina de Turisme: C/ Doctor Vilanova s/n, Andorra la Vella; Tel. +376 820 214, turisme.ad und visitandorra.com
- **La Seu d'Urgell:** Oficina de Turisme de La Seu, Carrer Major 8, 25700 La Seu dUrgell, Tel. +34 973 351 511, turismeseu.com
- **Cerdanya:** Oficina de Turisme de la Cerdanya, Carretera N-260, km 179-180, 17520 Puigcerdá, Tel. +34 972 140 665, cerdanya.org und cerdanyaonline.com
- **Núria:** Oficina de Turisme de la Vall de Ribes, Carretera Bruguera 2, 17534 Ribes de Freser, Tel. +34 972 727 728, vallderibes.cat und valldenuria.cat
- **Vorpyrenäen:** Oficina de Turisme El Pont de Suert, Avinguda de Victoriano Munoz 22, 25530 El Pont de Suert, Tel. +34 973 690 640, visitaelpontdesuert.com

Oficina de Turisme del Pallars Jussà, Passeig del Vall 13, 25620 Tremp, Tel. +34 973 653 470, pallarsjussa.net
Oficina de Turisme de La Pobla de Segur, Plaça del Ferrocarril, 25500 La Pobla de Segur, Tel. +34 973 680 257, lapobladesegur.cat
Oficina de Turisme, Avda. de Barcelona 81, 25790 Oliana, Tel. +34 973 47 03 39, camidelpirineu.cat
Oficina de Turisme de la Vall de Lord, 25282 St. Llorenç de Morunys, lavalldelord.com
Patronat de Turisme de Terres de Lleida: Rambla Ferran 18, 25007 Lleida; Tel. +34 973 245 408, aralleida.cat
Oficina de Turisme de Berga, Carrer dels Àngels 7, 08600 Berga, Tel. +34 938 211 384, turismeberga.cat

Wander- und Bergvereine

- FEEC (Federació d'Entitats Excursionistes de Catalunya), Tel. +34 934 120 777, feec.cat
- CEC (Centre Excursionista de Catalunya), Tel. +34 933 152 311, cec.cat
- FAM (Federació Andorrana de Muntanyisme), Tel. +376 867 444, fam.ad

Bergrettung

Notfälle allgemein unter Tel. 112 melden. Rettungseinsätze im Gebirge werden durchgeführt von den Spezialkräften der Guardia Civil (GREIM), Tel. 062 oder den Bombers (Feuerwehr), Tel. 085 (Andorra: Tel. 118). Auch die Mossos d'Esquadra (Polizei) nehmen Notrufe entgegen: Tel. 088 (Andorra: Tel. 110).

Refugi de Certascan (Tour 24).

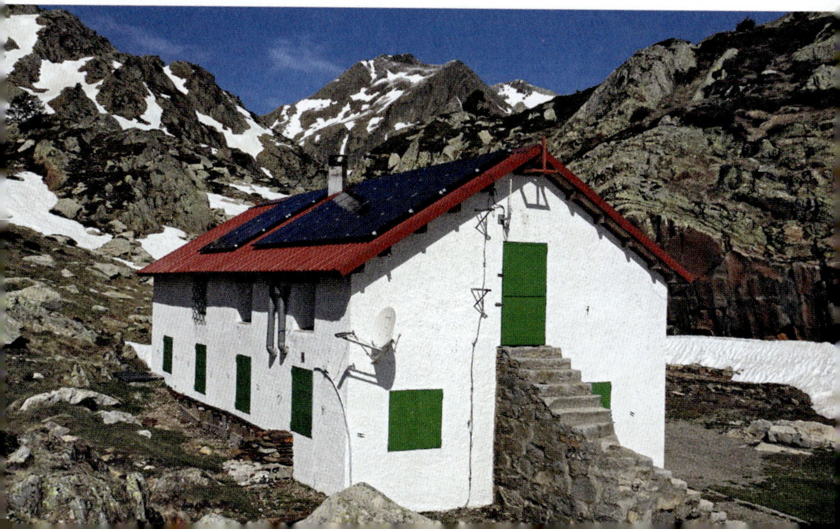

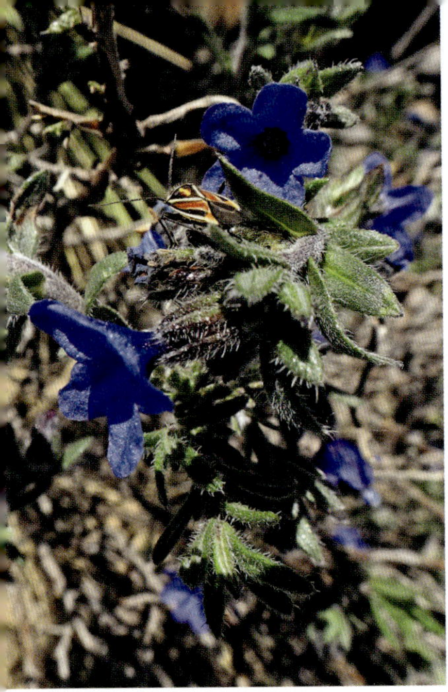

Strauchiger Steinsame.

Camping und freies Zelten

Campingplätze unterschiedlicher Standards gibt es zahlreich, sie sind gewöhnlich von Juni bis Sept. geöffnet, einige auch ganzjährig.
Im »Parc Nacional d'Aigüestortes i Estany de St. Maurici« ist Zelten grundsätzlich verboten, im »Parc Natural del Cadí–Moixeró« nur an ausgewiesenen Stellen und mit Erlaubnis der betreffenden Gemeindeverwaltung.

Ferien, Feiertage und Feste

In den katalanischen Schulferien von Ende Juni bis Anfang September muss mit sehr starker Belegung der Campingplätze und bewirtschafteten Berghütten gerechnet werden, aber auch Anfahrtswege und Parkplätze können überfüllt sein. Desweiteren ist die Karwoche (»Semana Santa«) eine traditionelle Ferienwoche. Dorffeste aus allen möglichen Anlässen gibt es wie Sand am Meer. Jedes Dorf und jeder Ort veranstalten eigene Festtage mit Essen, Musik und Tanz. In den Tourismusämtern sind entsprechende Veranstaltungskalender erhältlich.

Geschäftszeiten

Läden öffnen in der Regel Montag bis Samstag zwischen 10 und 14 Uhr sowie 17 und 20 Uhr. Bäckereien haben gewöhnlich auch am Sonntagvormittag auf.

Reisezeit

Im katalanischen Hochgebirge sind die Monate Juli, August und September die besten Wandermonate. Bei meistens stabilem Wetter herrschen in den Höhen über 2000 m angenehme Temperaturen. Die Landschaft und die Seen sind schneefrei. Bei Hitze sorgen Bäche und Seen für Abkühlung. Um der Mittagshitze und Gewittern zuvorzukommen, ist ein früher Tourenstart zu empfehlen, insbesondere (neben anderen Aspekten) auch in der Ferienzeit. April, Mai und Juni sind die Blühmonate. Hochgebirgstouren können je nach den winterlichen Schneemengen in dieser Zeit jedoch noch stark beeinträchtigt sein. Auf manchen Bergseen hält sich bis in den Juni eine Schnee- oder

Eisdecke. Je nach Großwetterlage kann der Oktober auch in den hohen Bergen noch sehr angenehme Wanderbedingungen bieten. Schräges Licht, klare Luft und Herbstfarben sorgen für besondere Stimmungen.
Für die niedrigeren Berge und die Vorpyrenäen sind Frühjahr und Herbst die ideale Zeit. Im Sommer kann es allerdings bei einer (seltenen) feuchten Nordwest-Wetterlage, bei der die Berge des Hauptkammes viele Wolken und Niederschlag abbekommen, sinnvoll sein, die dann begünstigten südlicheren Regionen aufzusuchen.
Auch im Winter sind, je nach Wetter- und Schneebedingungen, Wanderungen in den Vorpyrenäen – bei faszinierendem Licht – möglich. Auch wenn die Berghänge anziehend schneefrei aussehen, sollte man für nordseitige harte Schneefelder kleine Grödel mitführen.

Wettervorhersage

Die Touristenämter informieren über das Bergwetter; exakte Vorhersagen gibt es in der Regel für drei Tage. Der staatliche Wetterdienst der »Agencia Estatal de Meteorología« ist zu erreichen auf www.aemet.es. Relativ genaue Wettervorhersagen auf Deutsch inklusive Regenradar bietet die Seite wetteronline.de.

Ein Meer von Osterglocken im Circ de Colomèrs (Tour 7).

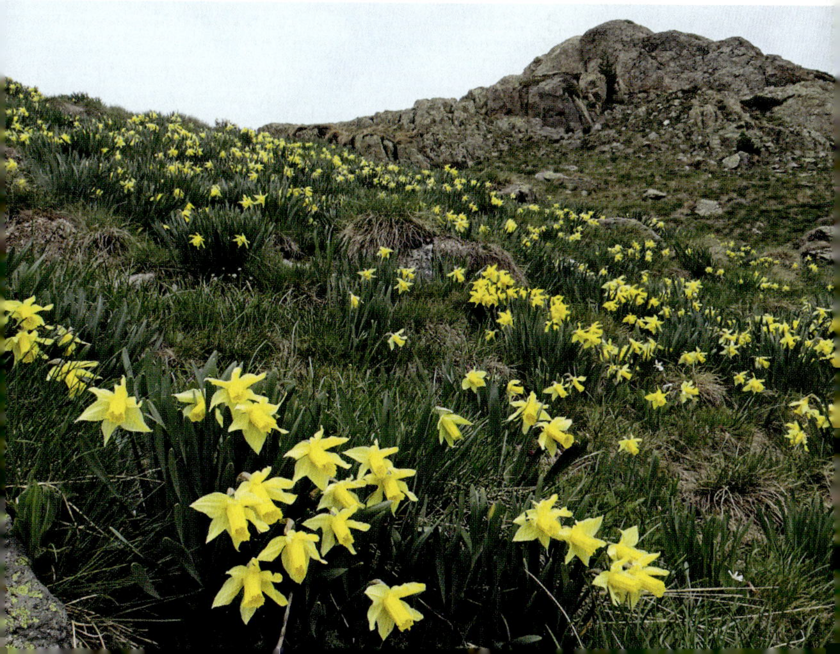

WANDERN IN DEN SPANISCHEN OSTPYRENÄEN

Geografie

So richtig abgrenzen lassen sich die spanischen Ostpyrenäen vom Zentralmassiv nicht. Dieser Wanderführer umfasst den zur Autonomen Gemeinschaft Katalonien gehörenden Teil der Pyrenäen, der östlich des gewaltigen Maladeta-Massivs mit dem weit nach Norden ausufernden Val d'Aran beginnt. Im Süden grenzt der im Hauptkamm der Pyrenäen liegende Nationalpark »Aigüestortes i Estany de Sant Maurici« an, östlich der Noguera Pallaresa verzweigen sich die Sacktäler von Cardós und Ferrera unter dem Massiv der Pica d'Estats, die mit 3143 m den höchsten Gipfel des katalanischen Gebirgszugs bildet.

Politisch nimmt das Prinzipat d'Andorra (dt. Fürstentum Andorra) zwar eine Sonderstellung ein, seine Gebirge gehören aber der pyrenäischen Zentralachse an. Geologisch jüngeren Ursprungs sind die Serra del Cadí, die durch einen tektonischen Graben zwischen Seu d'Urgell und Puigcerdà vom andorranischen Hauptkamm getrennt ist, sowie das große Gebiet der südlich vorgelagerten, von West nach Ost verlaufenden Höhenzüge, die kaum noch 2000 m hoch sind.

Jenseits der großen Senke von Puigcerdà und Font-Romeu erheben sich die Pyrenäen um das Vall de Núria noch einmal knapp an die 3000 m und fallen nach dem Pic de Costabona rasch auf mittlere Höhen ab. Das Gebirge verliert hier bereits deutlich an hochalpinem Charakter.

Flora

Entsprechend der Ausrichtung der Täler und der Gebirgshöhen dominiert in den einzelnen Bergregionen eine recht unterschiedliche Vegetation. Waldkiefer, Hakenkiefer und Tanne sind die hauptsächlichen Vertreter der Nadelhölzer; bei den Laubbäumen überwiegen Buche und Eiche, bisweilen begegnet man auch Feldahorn. In den trockenen Hängen des Vorgebirges sind die immergrünen, gegen Waldbrand resistenten Steineichen die hauptsächliche Baumart. Sie gedeihen aber auch in Regionen des Hauptgebirges bis über 1500 m Höhe. Im Unterwuchs finden sich Buchsbaum, Wacholder, Heidelbeere, Heidekraut und Alpenrose, die in den Granitgebieten oftmals wuchert.

Die Vielfalt und bisweilen große Dichte an Blumen ist enorm und kann hier nur angedeutet werden. Neben endemischen Arten wie dem Pyrenäen-Felsenteller (auch Ramondie, bot. *Ramonda myconi*) wachsen Krokus, Türkenbund- und Hundszahnlilie, Pyrenäen-Hahnenfuß, Arnika, Eisenhut, Weiße Narzisse, Fingerhut, Pyrenäen-Baldrian (bot. *Valeriana pyrenaica*) und diverse Enzian-, Primel- und Steinbrecharten. Hinsichtlich der Blumenvielfalt einmalig ist das geschützte Vall de Sorteny im andorranischen Ordino-Tal. In dem relativ kleinen Talgebiet wachsen über 100 verschiedene Arten, die sich je nach Jahreszeit wie ein Farbteppich über die Hänge legen.

Tierwelt

Typisch mediterrane Tierarten gibt es in den katalanischen Pyrenäen nur sehr wenige. Unter den Säugetieren ist die Gämse in den Hochgebirgsregionen zahlreich verbreitet, daneben sind auch Murmeltiere zu beobachten. Reh und Rothirsch sind selten, nehmen aber langsam wieder zu. In vielen Wäldern kann man mit Glück auch auf Baummarder treffen. Unter den Amphibien ist der Pyrenäen-Gebirgsmolch endemisch. Die Reptilien sind vertreten durch die gelbgrüne Zornnatter, gelegentlich auch die Aspisviper, und diverse Echsenarten. In den zahlreichen, aber oft nährstoffarmen Gewässern leben Forelle, Hundsbarbe und Elritze. Recht vielfältig dagegen sind die Vogelarten. Bei den Raubvögeln, die in den steilen Felswänden und tiefen Tälern gute Lebensbedingungen finden, dominieren Gänse- und Bartgeier sowie Stein- und Schlangenadler. Aus der breiten Palette der anderen Vogelarten seien erwähnt: Auer- und Rebhuhn, Mauerläufer, Ringdrossel, Wasseramsel, Fichtenkreuzschnabel, Steinrötel, Zitronengirlitz, die beiden lautstarken Alpendohle und Alpenkrähe und nicht zuletzt der im restlichen Spanien sehr seltene Schwarzspecht. Er ist das Symbol des »Cadí-Moixeró«-Naturparks.

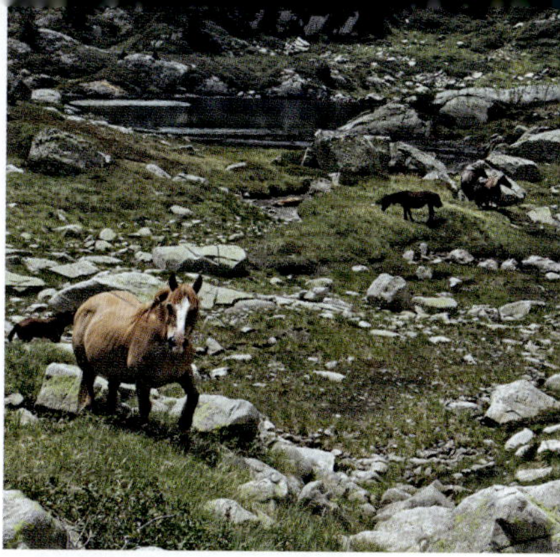

Auf weitläufigen Almen weiden vielerorts neben Kühen auch Pferde.

Nationalpark und Naturreservate

Im Wandergebiet stehen drei Regionen unter besonderem Naturschutz. Es handelt sich um den 1955 gegründeten »Parc Nacional d'Aigüestortes i Estany de Sanat Maurici« mit einem Kernbereich von über 14.000 ha, der von einem Randgebiet (»zona periférica«) umgeben ist, in dem abgestufte Schutzbestimmungen wie Zufahrtsbeschränkungen gelten. Im Jahr 1983 wurde auf einer Fläche von mehr als 41.000 ha der »Parc Natural del Cadí-Moixeró« gegründet, dessen geschütztes Gebiet sich vom Hauptkamm der Pyrenäen deutlich absetzt. Seit 2003 ist mit knapp 80.000 ha der »Parc Natural de l'Alt Pirineu« eingerichtet, der sich zwischen dem Val d'Aran im Westen und Andorra im Osten ausdehnt und im Süden weit in die Vorpyrenäen reicht.

Alle Gebiete unterliegen strengen Schutzvorschriften, über die in den Informationsstellen informiert wird. Diese organisieren auch thematische Ausstellungen und geben Auskunft über alle sportlichen Aktivitäten und organisierten Veranstaltungen.

Weitere Informationen: parcsnaturals.gencat.cat

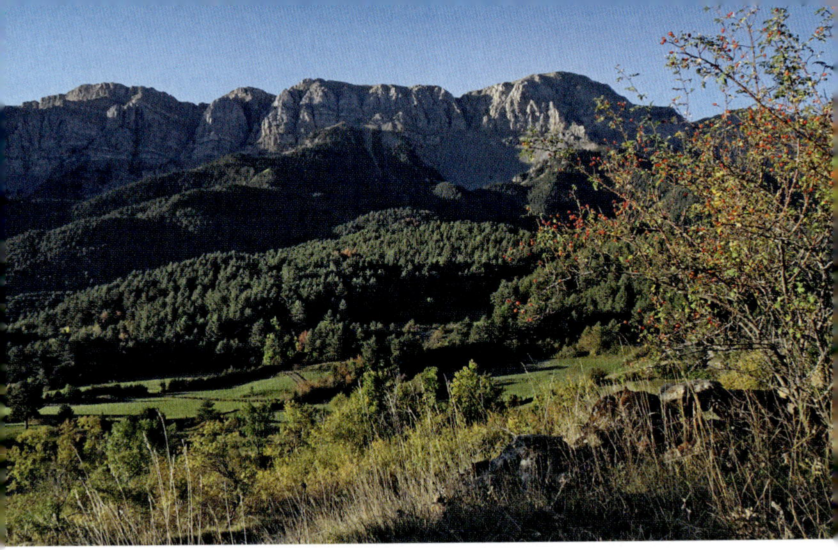

Am Ausgangspunkt von Tour 40 unter den Nordwänden der Serra del Cadí.

PARC NACIONAL D'AIGÜESTORTES I ESTANY DE ST. MAURICI

Der Nationalpark bietet neben kleineren Informationsstellen zwei Hauptbüros in Boí und Espot an:
Ca de Simamet: C/ de les Graieres 2, 25528 Boí. Tel. +34 973 696 189.
Casa del Parc: C/ de Sant Maurici 5, 25597 Espot. Tel. +34 973 624 036.
parcsnaturals.gencat.cat

PARC NATURAL DE L'ALT PIRINEU

Die Informationsstelle des Naturparks ist in Llavorsí, C / de la Riba, 1; Tel. +34 973 622 335.
Für beide Naturparks gibt es auch das Centre de Visitants dels Parcs Naturals de l'Alt Pirineu i del Cadí-Moixeró: Avda. Valls d'Andorra 33, 25700 La Seu d'Urgell, Tel. +34 973 360 954.

PARC NATURAL DEL CADÍ-MOIXERÓ

Die Informationsstelle der Parkverwaltung befindet sich in Bagà: Carrer de la Vinya 1, 08695 Bagà. Tel. 938 244 151.
Daneben gibt es eine lokale Informationsstelle in Bellver de Cerdanya (Camí Talló 5-23, Tel. +34 973 510 802)

NATURSPORT IN DEN KATALANISCHEN PYRENÄEN

Canyoning
Die Gelegenheiten zur Ausübung des nassen Bergsports sind sehr zahlreich. Die schönsten Schluchten befinden sich in den vorpyrenäischen Regionen, darunter Klassiker wie Barranc de l'Infern, Viu de Llevata, Gorgas de Gavarra, Gorga de St. Aniol und Gorgas de Núria. In den Orten der größeren Täler gibt es zahlreiche Veranstalter für geführte Touren.

Klettern
Attraktive Kletterrouten bis in höchste Schwierigkeitsgrade finden sich in allen Regionen, vorweg in den von Kalk- und Konglomeratfels dominierten Vorpyrenäen. Eine gute Übersicht über die Gebiete für Sportkletterer gibt thecrag.com. Informationen sind auch bei örtlichen Sportveranstaltern, Bergführern und Tourismusbüros erhältlich. Die Seite klettersteig.de listet 54 Klettersteige auf, 14 davon in Andorra, und gibt Hinweise zum Charakter und Zustand der Anlagen. Die Bandbreite reicht vom seilversicherten Wegstück bis zum extrem schweren Steig im überhängenden Fels.

Rad fahren, Mountainbiken
Mehrere Pässe im Vorgebirge der Pyrenäen sind beliebte Ziele für Rennradfahrer, darunter der Coll del Cantó zwischen Sort und La Seu d'Urgell. Eine große Herausforderung ist der bekannte Hochgebirgspass Pòrt de la Bonaigua, der das Val d'Aran und Pallars Sobirá verbindet. Zunehmend werden Mountainbike-Routen ausgewiesen. So umrundet der mehrtägige, abwechslungsreiche »Pedals de Foc« (pedalsdefoc.com) den Nationalpark auf Straßen, Wald-, Wirtschafts- und Wanderwegen. Die Tourismusbüros halten häufig Pläne für ausgeschilderte Mountainbike-Routen bereit. Fahrrad oder Mountainbike eignen sich an vielen Orten auch vorzüglich, Anmarschwege abzukürzen oder schwierige Auto-Anfahrtsstrecken zu ersetzen. Zunehmend gibt es Angebote für Mountainbike-Verleih (teilweise auch E-Bike-Verleih), z. B. in Espot, Esterri d'Àneu, Salardú, Soldeu, teilweise auch in Hotels.

Skifahren, Schneeschuhwandern
Das Zentrum für Skisport ist Andorra. Fast in allen Landesteilen gibt es ausgedehnte Skigebiete mit modernen Liftanlagen und zahlreichen präparierten Pisten. Außerhalb Andorras sind die Möglichkeiten bescheidener. Die größten Skiresorts sind: Super-Espot am Rand des Nationalparks, Baqueira-Beret im Val d'Aran und Super-Molina am nordöstlichen Rand der Serra del Cadí. Auch in den Núria-Bergen gibt es zwei kleine Skigebiete. Skitourengeher und Schneeschuhwanderer finden in und nach schneereichen Wintern gute Möglichkeiten in der Umgebung der Alpinskigebiete einschließlich schöner Gipfeltouren. Einen absoluten Höhepunkt für ausgedehnte Skitouren bildet das Gebiet des »Aigüestortes«-Nationalparks! Viele höhergelegene Touren in diesem Buch sind auch für Schneeschuhwanderungen geeignet.

Wildwasser
Kajak und Rafting sind sehr beliebt in den katalanischen Pyrenäen und weit verbreitet. Die Noguera Pallaresa südlich von Llavorsí ist wohl der am meisten frequentierte Fluss, der sogar eigens für den Befahrungsbedarf reguliert wird. Die beiden Örtchen Sort und Llavorsí bilden einen lebendigen Mittelpunkt für diese begehrten Wassersportarten.

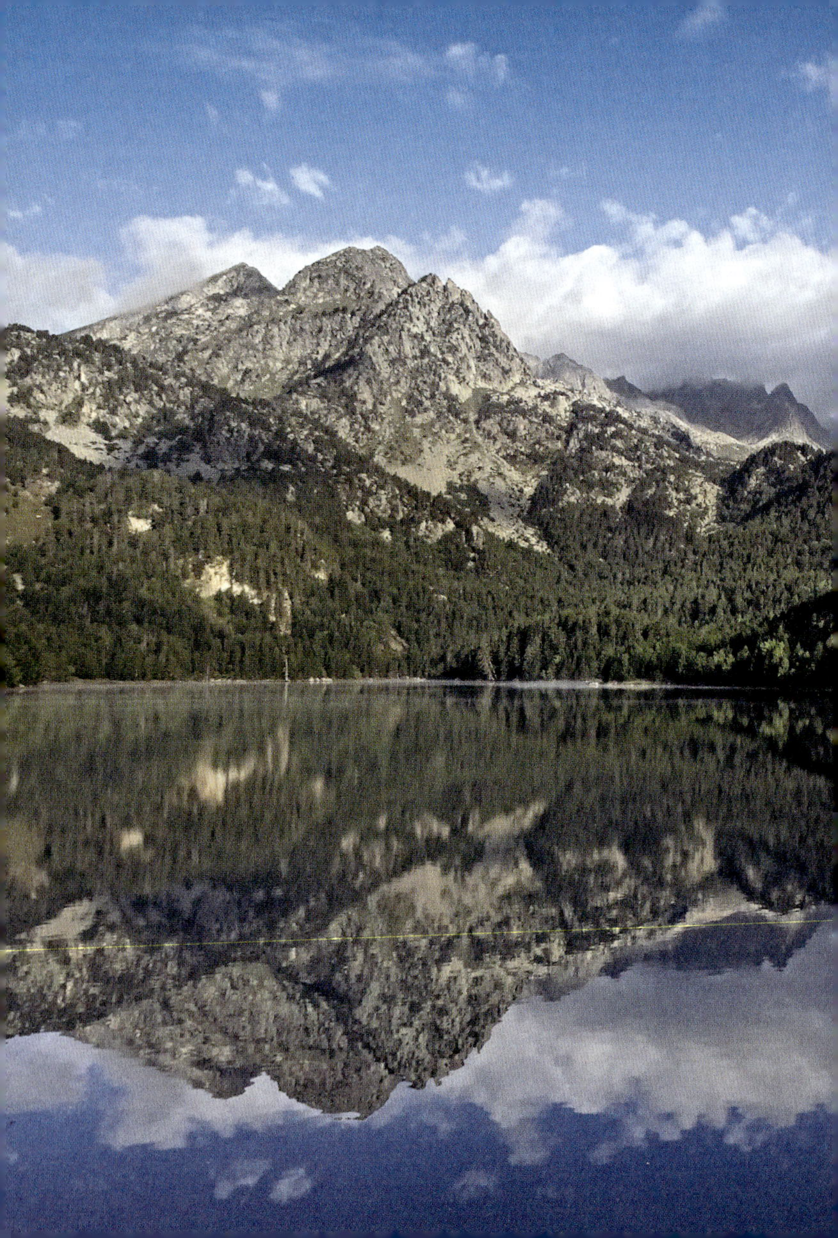

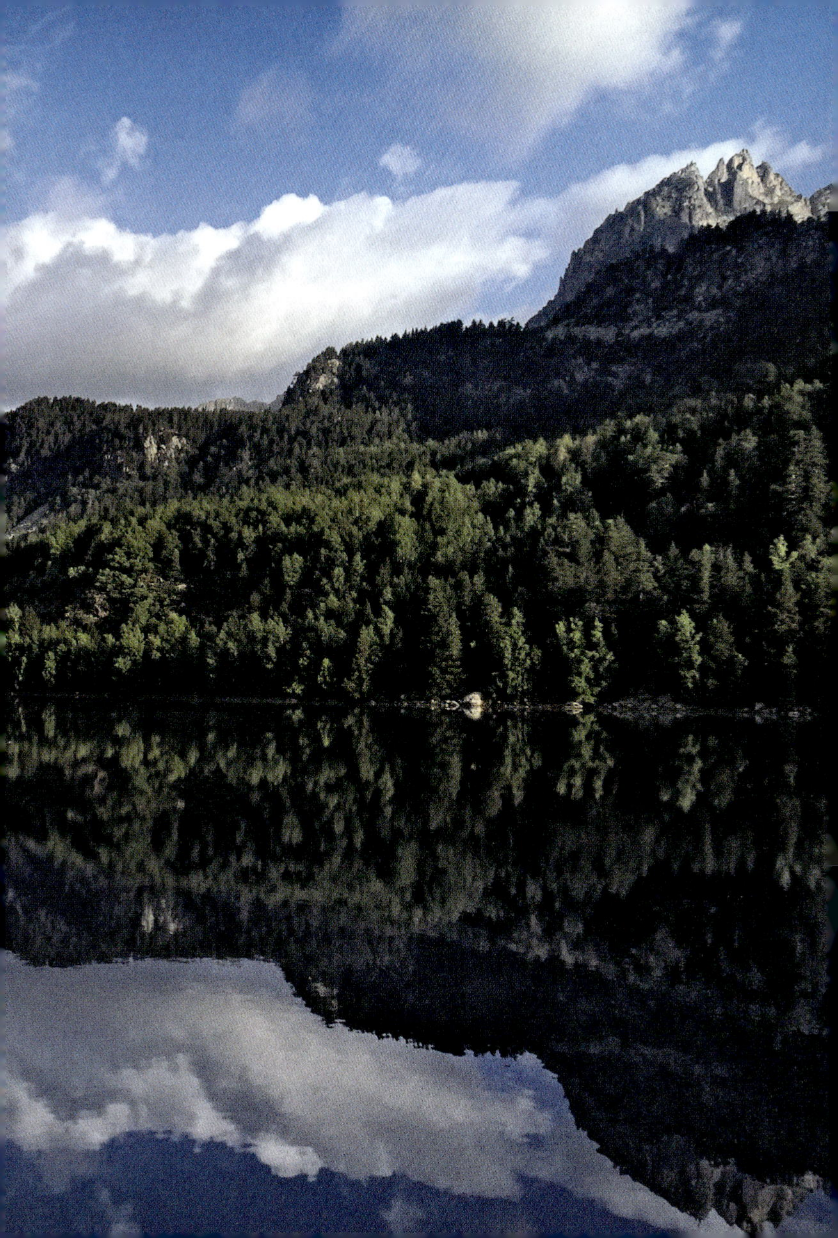

Val d'Aran

Im Norden der höchsten Pyrenäenmassive gelegen, war das Val d'Aran lange Zeit von seinen spanischen Nachbargebieten abgegrenzt. Über den mehr als 2000 m hohen Pòrt de la Bonaigua bestand zwar eine Verbindung zur östlichen Nachbarregion Pallars Sobirà, der südliche Zugang vom Tal der Noguera Ribagorçana war aber mit großen Schwierigkeiten verbunden. Die Überschreitung der schmalen, aber hohen Felsbarriere zwischen den Massiven von Maladeta und Besiberri war selbst im Sommer kompliziert, im Winter völlig unmöglich. Die isolierte Lage des Val d'Aran trug viel dazu bei, dass sich dort die lokale Sprache und Gebräuche lange hielten.
Erst der Bau des Vielha-Tunnels befreite das Val d'Aran aus seiner geografischen Abschottung und ermöglichte seinen touristischen Aufstieg zu einem der beliebtesten Wandergebiete in den spanischen Pyrenäen. Praktisch eingekreist von hohen Bergketten, die nur durch das Tal des Río Garona an der Grenze zu Frankreich entscheidend durchbrochen werden, bietet das Val d'Aran eine Fülle an Wandermöglichkeiten für alle Geschmäcker. Die Palette reicht von Hochgebirgstouren auf die wilden Granitgipfel an der südlichen Grenze oder – etwas bequemer – in die dunklen Schieferberge im Norden bis zu Wanderungen durch ursprünglich gebliebene Engtäler wie das des Río Torán, in deren dichten Wäldern nahe der französischen Grenze man sich noch leicht verirren kann.
Natürlich stehen die eiszeitlich geprägten Bergkessel in der nördlichen Randzone des »Parc Nacional d'Aigüestortes i Estany de St. Maurici« mit ihrem fantastischen Gewimmel an Bergseen in der Gunst der Wanderer

Das Refugi Mataró im oberen Vall de Gerber (Tour 9).

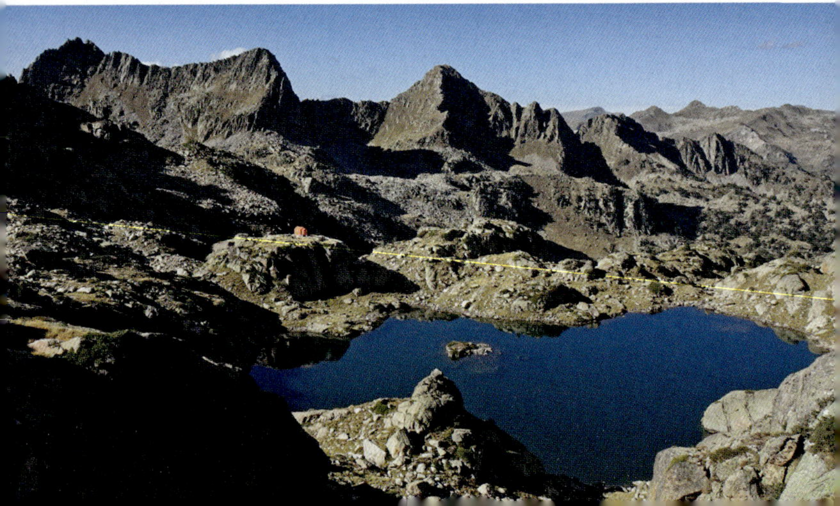

an oberster Stelle. Die eindrucksvollen »Circs« um die Hütten von Restanca, Colomèrs und Saboredo sind von Arties, Salardú und Tredòs durch die nach Süden vorstoßenden Täler gut erreichbar, wodurch eine Vielzahl an Tageswanderungen und Gipfelbesteigungen ohne größeren Aufwand realisierbar ist. Für Weitwanderer bilden sie gleichzeitig schönste Zugänge ins Kerngebiet des Nationalparks.

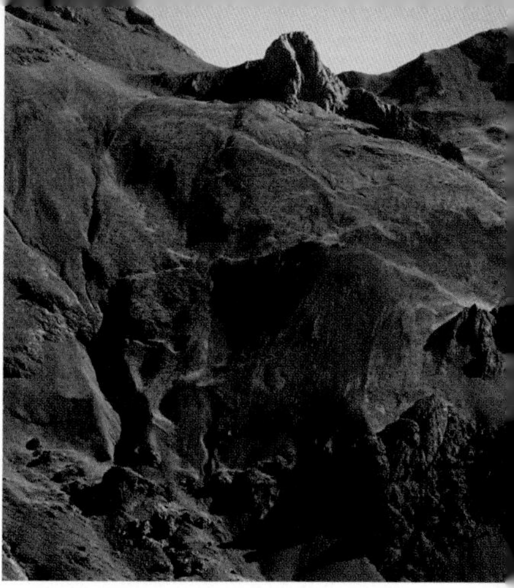

Erodierende Schieferlandschaft mit Kalksteininseln (Tour 3).

Nördlich von Vielha hat das Val de Varradòs wegen des eindrucksvollen Wasserfalls Saut deth Pish eine gewisse Bekanntheit. Die umliegenden Grasberge aus schwarzem Schiefer bieten herrliche Wandermöglichkeiten und beeindruckende Blicke auf das Maladeta-Massiv mit dem Pico Aneto, 3404 m, dem höchsten Berg der Pyrenäen. Bei guten Sichtbedingungen sind auch die Berge über dem Pla de Beret gute Aussichtsbalkone für die 3000er und die Gipfel des Nationalparks. Das weite Hochtal Pla de Beret, im Sommer eine Viehweide, im Winter Skigebiet, ist Ausgangspunkt für eine äußerst populäre Wanderung durch das Tal, in dem die Noguera Pallaresa entspringt. Ziele sind das Santuari de Montgarri und der gleichnamige verlassene Weiler, der im Zweiten Weltkrieg aufgrund seiner Abgeschiedenheit als Versteck vor allem jüdischer Flüchtlinge dienen konnte. Ähnlich beliebt, wenn auch aus anderen Gründen, ist das Tal der Artiga de Lin im Südwesten des Val d'Aran. Hier treten im imposanten Wasserfall Uelhs deth Joèu – wörtlich: die Augen Jupiters – jene Schmelzwasser des Pico Aneto wieder zutage, die dort im Forau d'Aiguallut unterirdisch abfließen – laut einer hartnäckigen lokalen Legende soll es sich um die eigentlichen Quellwasser des Río Garona, der späteren Garonne, handeln.
Ein Blick auf die Landkarte verrät, dass im Val d'Aran auch dem Wintertourismus Rechnung getragen wird. Die Skilifte und Pisten des größten Skigebiets von Katalonien breiten sich von der weiten Hochebene Pla de Beret bis über die Hänge um den Pòrt de la Bonaigua aus. Zusammen mit den von eintönigen Appartementsiedlungen dominierten Ferienorten Baqueira, Tredós und Salardú stellen sie leider einen großen Eingriff in die Naturlandschaft dar. Vielha mit nicht einmal 6000 Einwohnern macht als Touristen- und Einkaufszentrum und mit seiner Industriezone einen sehr städtischen Eindruck, leidet aber unter starkem Transitverkehr in Richtung Frankreich.

↗ 580 m | ↘ 580 m | 5.6 km

1 Tuc de Montcorbison, 2174 m

3.15 h

Erstklassige Aussichten in die Aneto-Region

Der eher unscheinbare Berg im westlichen Val d'Aran ist ein fulminanter Aussichtsposten: Zum Greifen nah erscheint die gesamte Region um das Maladeta-Massiv mit dem Pico Aneto, 3404 m, dem höchsten Gipfel der Pyrenäen, im Zentrum. Die Bergschau ist so beeindruckend, dass man die Tour nur an klaren Tagen und möglichst früh angehen sollte. Zum Beispiel als Wanderung zum Sonnenaufgang. Ob schon auf dem Weg oder erst am Gipfel, die ganze Route bekommt sehr früh Sonne ab.

Ausgangspunkt: Bassa d'Oles, 1600 m, Parkplatz am kleinen Stausee. Von Vielha, 980 m, nach Gausac hinauffahren, in Kehren durch den Ort hindurch und 7,7 km auf schmaler Asphaltstraße (beschildert mit »Bassa d'Oles«) zum Stausee. Achtung: Nach einer langen Geraden die Kehre nehmen und nicht geradeaus nach Artiga de Lin fahren (kleines Hinweisschild).
Anforderungen: Trittsicherheit. Steile Passagen.
Markierung: Gelb-weiß, Steinmänner. Abstieg teilweise unmarkiert.
Einkehr: Unterwegs keine. In Gausac und Vielha.

Wir nehmen den (einzigen) am Parkplatz am **Bassa d'Oles** ❶ abgehenden Fahrweg (Schild »Montcorbison«) und erreichen nach wenigen Minuten einen kleinen Sumpf. Hier halten wir uns links und folgen weiter dem angenehmen, grasbewachsenen Fahrweg. Er schlängelt sich, an dem großen alten Stall Borda dera Vila vorbei, durch Wiesen und urige, dickstämmige Kiefern bergauf. Am **Abzweig** ❷, 1713 m, verlassen wir den Fahrweg nach links, folgen wieder der Beschilderung »Montcorbison« und steigen steil auf einem gut ausgetretenen Weg durch den Osthang bis zu einem **Absatz** ❸, 2096 m, hinauf. Die letzten Meter legen wir am Nordgrat zurück und stehen wenig später auf dem aussichtsreichen Gipfel des **Tuc de Montcorbison** ❹, 2174 m. Wen die kleine Senderstation, die sich etwas nördlich unterhalb des Gipfels be-

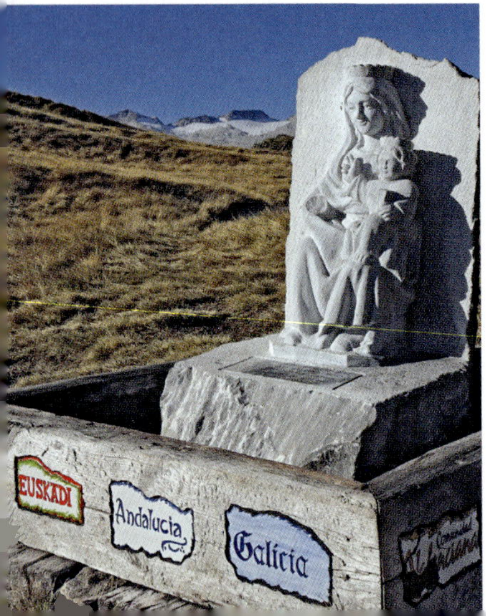

Unterhalb des Montcorbison-Gipfels.

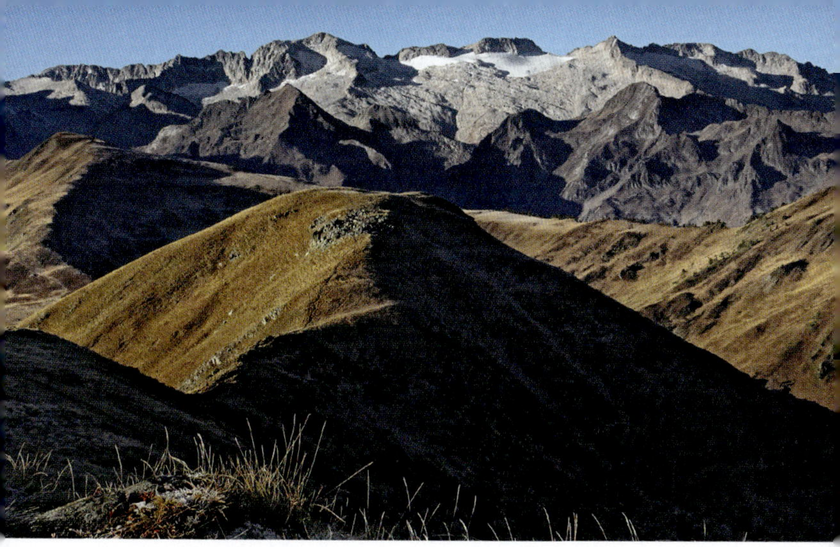

Die 3000er des Maladeta-Massivs.

findet, stört, kann auf eine zweite, gleichhohe Gipfelerhebung ein Stückchen weiter südlich ausweichen.

Beim Abstieg verlassen wir am **Absatz** ❸ die Aufstiegsroute nach links und steigen auf unterschiedlich deutlichen Wegspuren am oder in der Nähe des breiter werdenden Nordwestgrats ab. Es ist kein schwieriges Gelände, sodass man, wenn die Spur sich verliert, auch weglos durch Heidelbeeren und Heidekraut bergab gehen kann. Fixes Ziel ist eine am Gratfuß stehende längliche **Viehtränke** ❺, 1864 m. Hier nehmen wir eine Spur auf, die nach Nordosten in eine schöne Wiesenmulde führt und dann an eine Geländekante kommt. Hier ist es am einfachsten, man steigt steil zu den unten sichtbaren zwei Hüttchen auf der Pleta des Anhèts, 1772 m, ab (Trinkwasser-Tränke). Von hier aus ist ein schöner Weg zum »Bassa d'Oles« beschildert, der an dem kleinen Sumpf auf den Aufstiegsweg trifft. Auf ihm sind es nur wenige Minuten zurück zum Parkplatz an der **Bassa d'Oles** ❶.

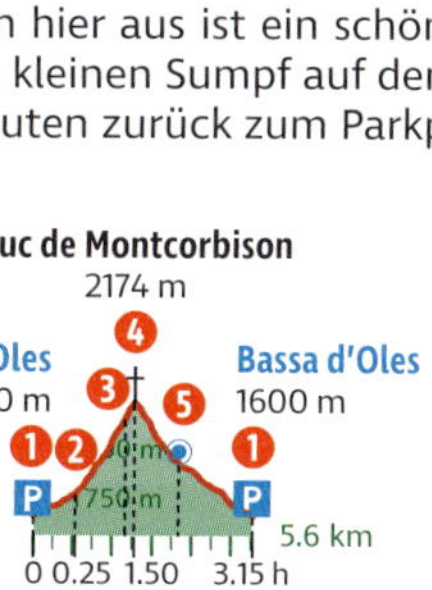

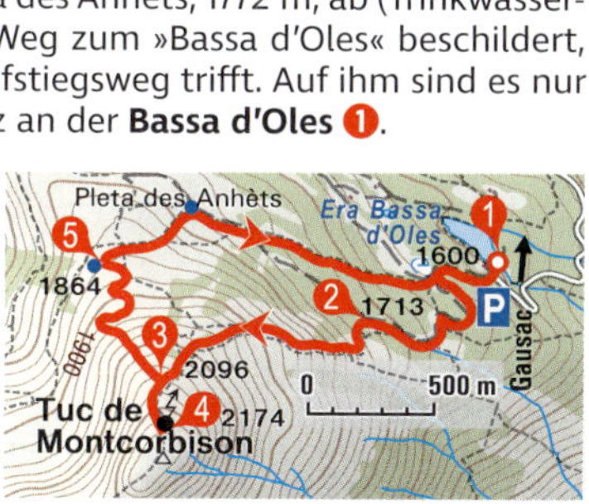

↗ 1050 m | ↘ 1050 m | 11.0 km

2 Artiga de Lin

5.45 h

Anspruchsvolle Zwei-Pässe-Tour im nordwestlichsten Zipfel von Katalonien, mit Dreitausender-Option

In dieser Gebirgsecke Kataloniens geben nicht die Kiefern den Ton an, sondern Buchen, und die Waldgrenze ist viel niedriger als weiter östlich. Dafür gibt es krautige Wiesen, die den alpinen Matten ähneln. Und es gibt markante Berggestalten aus ganz unterschiedlichen Gesteinen. Fast an jedem Punkt der Tour ist die Einwirkung der ehemaligen Gletscher zu sehen, am eindrucksvollsten auf den riesigen Gletscherschliffflächen, die wir im Rahmen der Variante begehen können, mit oder ohne Dreitausender-Besteigung.

Ausgangspunkt: Refugi dera Artiga de Lin, 1470 m, Parkplatz nahe der Hütte. Von der N-230 nordwestlich von Vielha nach Es Bòrdes abbiegen, durch Es Bòrdes hindurch, danach auf guter Asphaltstraße immer geradeaus (Beschilderung »Artiga de Lin«). Vom 15. Juni bis 15. Sept. ist der obere Teil der Straße gesperrt. Dann am großen Parkplatz Mair de Diu, 1230 m, parken und zu Fuß 45 Min. (streckenweise entlang der Straße) oder per Fahrrad hinauf zum Ausgangspunkt. Von 10 bis 17 Uhr verkehrt ein Bummelzug zwischen den beiden Parkplätzen.
Anforderungen: Trittsicherheit in den steinigen und steilen Passagen. Einzelne Kraxelstellen. Zwei Stellen sind seilversichert. Nebelfreiheit Voraussetzung.
Markierung: Gelb, Steinmänner.
Einkehr: Im Refugi dera Artiga am Ausgangspunkt sowie im Restaurant unterhalb des Parkplatzes Mair de Diu oder in Es Bòrdes. Unterwegs keine.
Unterkunft: **Refugi dera Artiga de Lin** (28 Pl.), Tel. +34 662 594 444, artigadelin.com.
Variante: **Tuc de Molières**, 3010 m. Beeindruckende, flache Gletscherschliffflächen mit Wasserläufen und -becken. Vom Gipfel Top-Blick auf den Aneto-Kamm (keine Schwierigkeiten. Steinmänner. Nebelfreiheit Voraussetzung): ab dem See, 2458 m, nach rechts (Südwesten) eine kurze Geröllrinne hinauf, rechts an schräger Felsmauer vorbei, mit Südwendung auf die weiten Gletscherschliffe. Dann auf dem Nordwestrücken die letzten rund 250 Hm direkt auf den Gipfel zu (hin und zurück 3 Std., 4,4 km, 560 Hm im Auf- und Abstieg).
Tipp: Wer zu Fuß zum Parkplatz Mair de Diu absteigen muss, kann auf der großen Wiese rechts des Barranc des Pois weiterlaufen und den Wasserfall Uelhs deth Joeu besuchen. Er wird von (Gletscher-)Wasser aus dem Aneto-Massiv gespeist, das auf aragonesischer Seite im Forau d'Aiguallut in einer unterirdischen Erosionshöhle verschwindet und hier, fast 4 km nordöstlich und 550 Hm tiefer, wieder zutage tritt; Wasser, das anstatt über den Río Ésera ins Mittelmeer zu fließen, über die Garonne in den Atlantik abgeleitet wird.

Am Parkplatz beim **Refugi dera Artiga de Lin** ❶ folgen wir dem Wegweiser »Còth deth Hòro« und »Ref. dera Renclusa«. Beim Start haben wir einen Großteil unseres Aufstiegs bereits vor Augen: eine lange, fast busch- und baumlose schräge Wiese, die in eine hohe grüne Steilstufe übergeht, das Ganze eingerahmt von wuchtigen, markant gefalteten Bergen. In der Steil-

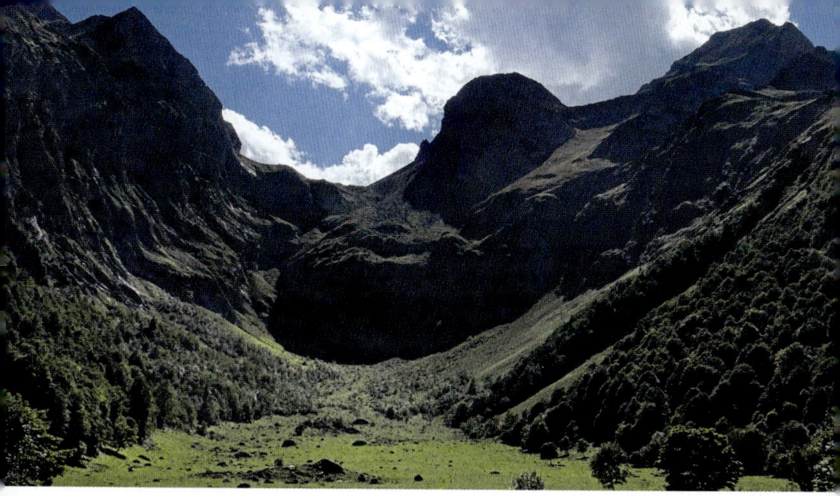

Dem Coll de Toro entgegen.

stufe ist der Weg gut angelegt. Nur zwei seilversicherte Stellen bringen einen etwas aus dem Rhythmus. Das Gelände flacht ab und gibt den Blick nach Süden auf den imposanten Aneto-Kamm mit seinen Restgletschern frei. Wir gehen genau darauf zu, überschreiten die Grenze nach Aragonien, passieren den Lac deth Còth deth Hòro an seiner rechten Seite und können wenig später am **Coll de Toro** ❷, 2238 m, in ein wunderbares Hochtal mit mäandernden Bächen, Sümpfen, Tümpeln und kleinen Schwemmebenen hinabblicken.

Wir queren ohne nennenswerten Höhenverlust unterhalb von Felsen weglos nach links in dieses Tal hinein und treffen nach wenigen Hundert Metern auf den viel begangenen Weg, der rechts aus dem Valle de Benasque heraufkommt. Dieser bringt uns nach links (Südosten) über eine kurze Steilstufe in ein nächstes schönes grünes Hochtal hinauf. Wir sind umgeben von felsigen Hängen und gehen auf eine hohe, gestufte Gletscherschliffmauer zu. Diese wird in großen Kehren problemlos überwunden und wir erreichen einen kleinen **See** ❸, 2458 m.

Hier müssen wir uns entscheiden, ob wir den ungewöhnlichen, zum Großteil über Gletscherschliffe führenden Anstieg zum Tuc de Molières angehen möchten (siehe Variante). Wenn nicht, gehen wir vom kleinen See spitzwinklig nach links (Norden) zurück, erst eben über eine Wiese, dann zunehmend ansteigend. Steinmänner leiten uns hinauf auf einen aussichtsreichen Kamm, 2478 m, mit bunten Steinen und Gletscherschliffen. Hier ist ein wunderbarer Platz zum Schauen und Staunen. Besonders beeindruckend sind südöstlich von uns die West- und Nordwände des Malh des Pois, 2883 m, mit seinen fast senkrechten Platten.

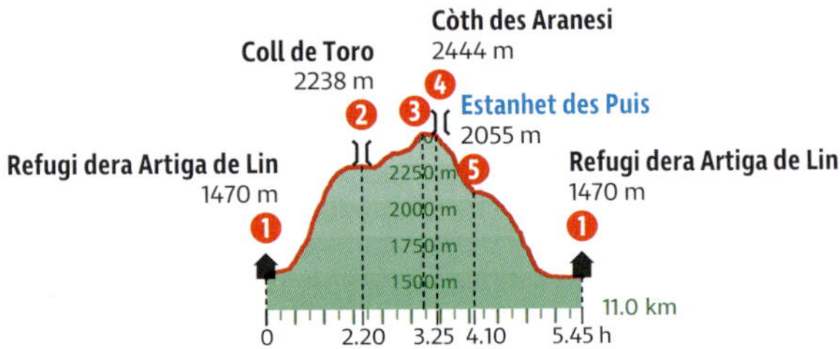

Wir steigen am Kamm zum breiten Sattel mit Holz- und Metallstange, dem **Còth des Aranesi** ❹, 2444 m, ab, wenden uns spitzwinklig nach rechts und nehmen einen unmarkierten, gut erkennbaren Steig mit vielen Steinmännern auf. Er führt in einem Tälchen nach Südosten in eine Mulde hinab, genau auf den imposanten plattigen Berg zu. An der steinigen Mulde angekommen, sucht man vergebens einen Wiesenabstieg. Stattdessen geht es 300 Hm in Falllinie mit unzähligen kleinen Kehren im Geröll bergab. Erst weit unten mischt sich auch Gras dazu und wir landen flach am tiefen (und kalten) türkisfarbenen **Estanhet des Puis** ❺, 2055 m.

Wir wandern am linken Seeufer entlang, dann weiter talauswärts über buckelige Wiesen. Schließlich geht es noch einmal 500 Hm steil bergab, nur unterbrochen von zwei kurzen Querungen. Der Abstieg führt durch herrlichen Krautbewuchs, Ebereschen und Alpenrosen. Er wäre also ein Genuss, wenn er nicht, wie die meisten »gewachsenen« Wege in den Pyrenäen, so steil angelegt wäre. Serpentinen kennt dieser Weg also nicht, an einer Stel-

Ein lieblicher Wegabschnitt unterm Zackenkamm des Malh des Pois.

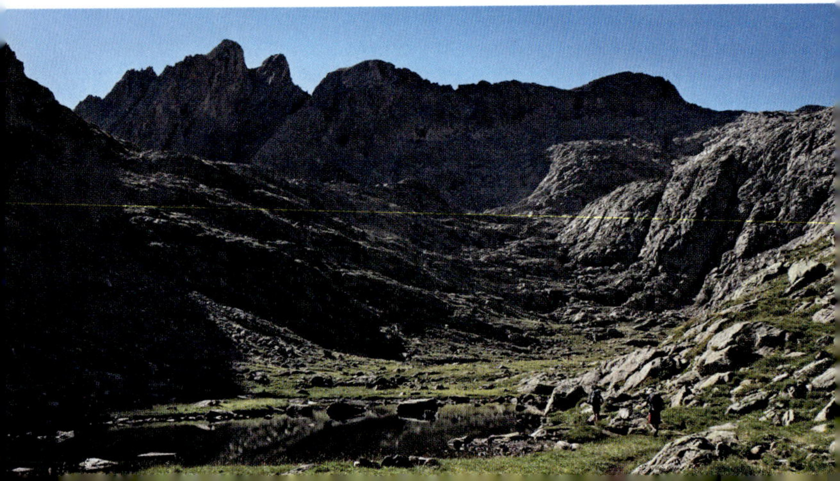

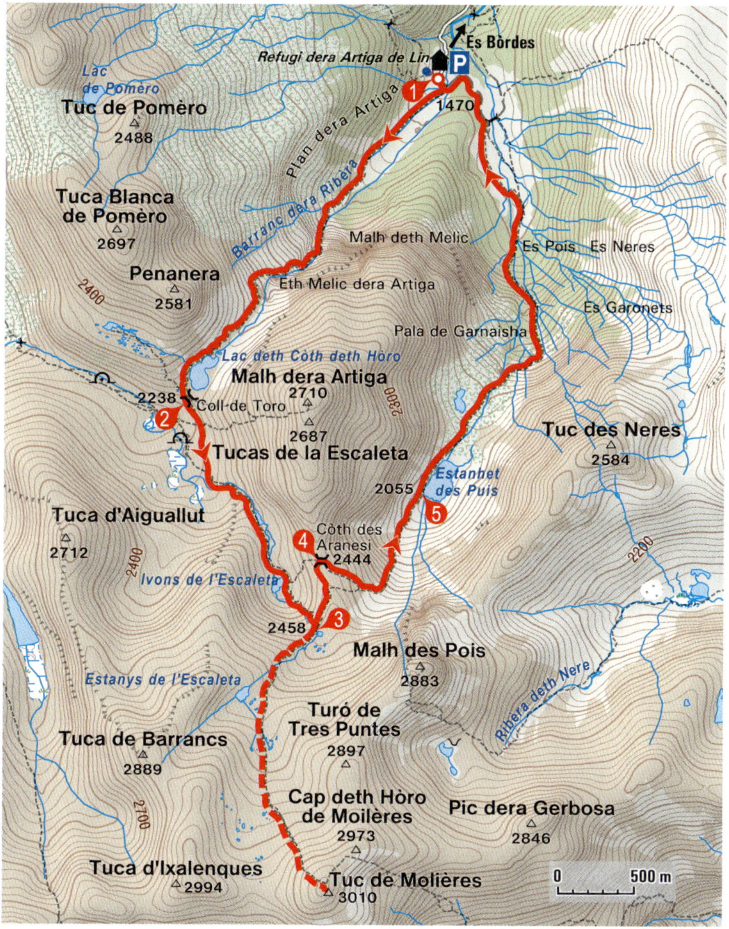

le ist sogar Vorsicht geboten: Man muss sich Zeit nehmen für die kleinen Steintritte in gefährlicher Steilheit. Ein Sicherungsseil gibt es leider nicht. Wenn weiter unten das Geröll mit orangefarben markierten Holzpfählen erreicht ist, sind alle Schwierigkeiten bewältigt. Es geht noch ein Stück durch Wald abwärts und schließlich über eine große, flache Wiese zur Straße, die nach links zurück zum **Refugi dera Artiga** ❶ führt.

TOP

↗ 1010 m | ↘ 1010 m | 14.2 km

6.15 h

3 Tuc des Armèros, 2534 m

In die schwarzen Grasberge bei Vielha

Wie Vulkanasche sieht der Boden in den Bergen über dem Val de Varradòs aus. Es ist ein feiner schwarzer Schieferschotter, auf dem es sich angenehm geht, in dem sich ein Bewuchs aber nur schwer halten kann. Und so geben schwarze, leicht erodierende Flächen den sanft geformten Bergen nördlich von Vielha ihren besonderen Charakter. Unsere Tour führt in diese Berge, aber auch zu vielen kleinen und großen Seen und zu eisenhaltigen Quellen. Im Rahmen der Variante gelangt man zu einer aufgelassenen Erzmine. Obwohl eine gute Asphaltstraße weit hinaufführt, sind die Berge wenig besucht und erschlossen. Auch Farbmarkierungen an den Wegen gibt es nicht.

Ausgangspunkt: Plan des Artiguetes, 1555 m. Von Vielha kommend ca. 2 km hinter Aubert am Kreisverkehr in Richtung Villamòs und Arròs. In der Abzweigung nach Arròs (Haarnadelkurve) zweigt halbrechts die schmale Pista de Varradòs ab (kleines braunes Schild »Varradòs« und Infotafel über den Wasserfall Saut deth Pish). Großer Parkplatz am Ende der Asphaltstraße.
Anforderungen: Einfache Wege und Trampelpfade, aber viele vom Weidevieh getrampelte zusätzliche Pfade. Orientierungssinn erforderlich. Nicht bei Nebel gehen, da freie Sicht auf Fixpunkte nötig ist. Bei oder nach Regen können die talnahen Wege matschig werden.
Markierung: Steinmänner.
Einkehr: Braseria-Bar Borda-Juanon (an der Carretera de Varradòs, rund 5 km unterhalb des Ausgangspunkts) sowie in Arròs und Aubert. Unterwegs keine.
Variante: Pica Palomèra, 2478 m. Spannender Gipfelblick. Interessante Relikte des Erzabbaus (technisch unschwieriges Gehgelände, nicht bei Nebel gehen): ab dem Pass, 2355 m, über einen breiten Rücken genau nach Norden zu einem kleinen Sattel im Kamm der Sèrra des Armèros, 2383 m. Dann nach links hinab zum Estanh de Pica Palomèra und im Gegenhang hinauf zu den Cases des Mines de Liat. Am Hauptgebäude nach links auf rot-weiß markiertem Weg an alten Stollenöffnungen vorbei und nach 10 Min. weglos halblinks (nach Westen) weiter zum Gipfel. Rückweg über den Graskamm nach Südosten bis zu einem kleinen felsigen Kopf, 2465 m. In weichem Schotter und Gras nach Südosten, immer dem deutlichen Bacheinschnitt folgend, zu einer Schwemmebene, 2225 m, hinab. Auf der anderen Talseite zur Hauptroute hinaufqueren (zusätzlich 1.30 Std., 5 km sowie 200 Hm im Auf- und 340 Hm im Abstieg).

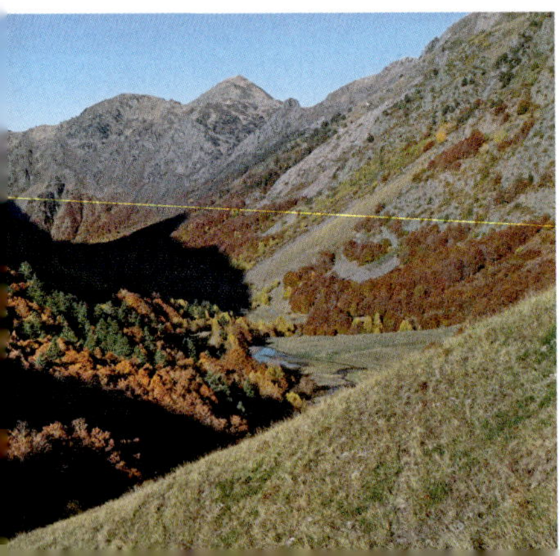

Herbstliche Buchen im Varradòs-Tal.

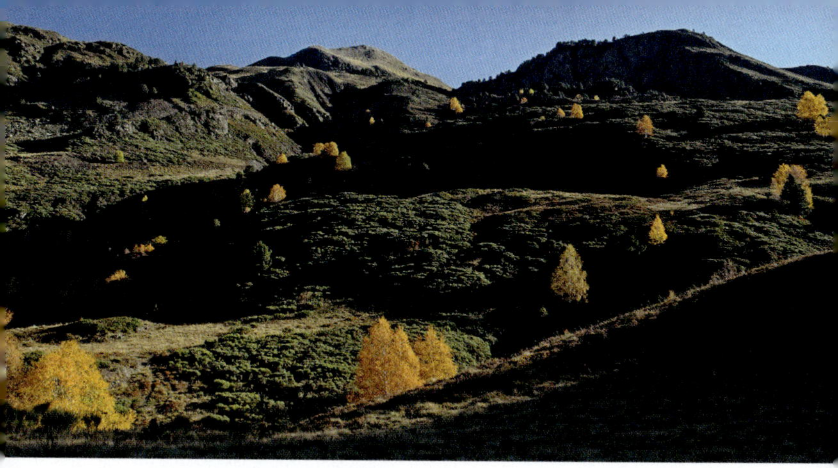

Unterhalb der Cabana deth Plan de Mont.

Vom Parkplatz am **Plan des Artiguetes** ❶ aus überschreiten wir zweimal den Arriu de Varradòs, werfen aus der Ferne einen Blick auf den Wasserfall Saut deth Pish und folgen ein paar Schritte weiter dem Wegweiser geradeaus in Richtung »Palanca de Mont«. Erst flach über Wiesen, dann steiler im linken Talhang aufwärts erreichen wir die geschotterte Carretera de Varradòs, an einer Gabelung, wo sie den Bach überquert: Sie führt im linken Hang zur Schutzhütte Cabana deth Plan de Mont hinauf, unserem nächsten Ziel. Geradeaus zieht eine Schotterstraße in den Wald des rechten Talhangs. Wir nehmen jedoch keinen der Fahrwege, sondern folgen nach der Bachüberquerung dem Wegweiser »Cabana deth Plan de Mont«. Nach 200 m und nach nochmals ca. 1 km wird der Bach zwei weitere Male gequert. Die mit Heidekraut, Heidelbeeren, Ginster und Alpenrosen bewachsenen Wiesen werden steiler. Wir steigen auf der südlichen Talseite nach und nach an und vollziehen dann einen weiten Aufwärtsbogen nach links, wobei mehrere Bachläufe überquert werden müssen. Ziel ist die weithin sichtbare Schutzhütte **Cabana deth Plan de Mont** ❷, 1989 m.

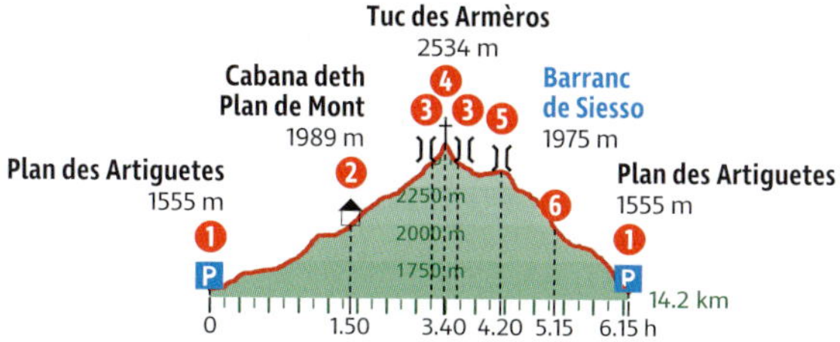

Hier überqueren wir die erwähnte Schotterstraße und steigen, teils weglos, nach rechts (Nordosten) mäßig steil auf einem Wiesenrücken weiter bergan. Auf einem kleinen Plateau (2150 m) treffen wir auf einen querenden deutlichen Pfad. Auf diesem gehen wir links um den Rücken herum und gelangen in ein Bachtal. Wir folgen dem Tal durch eine hübsche buckelige Landschaft, in der zunehmend der schwarze Schotter zutage tritt. In der Folge müssen wir den 2437 m hohen Cap des Malhs dera Tartèra rechts vor uns auf guter Spur in seinen Schotterhängen ansteigend halb umrunden. Auf seiner Nordwestseite steigen wir ein paar Meter in ein Bachtal ab, anschließend geht es links des Bachs weglos nach Nordosten hinauf zum **Sattel ❸**, 2409 m, zwischen dem Cap des Malhs dera Tartèra (rechts) und unserem formschönen Gipfel (links). Der Anstieg über seine Südostseite ist einfach und es dauert keine 30 Minuten, bis wir auf dem **Tuc des Armèros ❹**, 2534 m, stehen. Er bietet einen weiten Blick über eine ganz besondere, formen- und farbenreiche Landschaft. Einzig die Sicht nach Frankreich ist durch höhere Berge teilweise versperrt.

Wir steigen zum **Sattel ❸** ab, wenden uns leicht nach links und gehen über einen flachen Höhenrücken in Richtung Osten zu dem See am plateau-

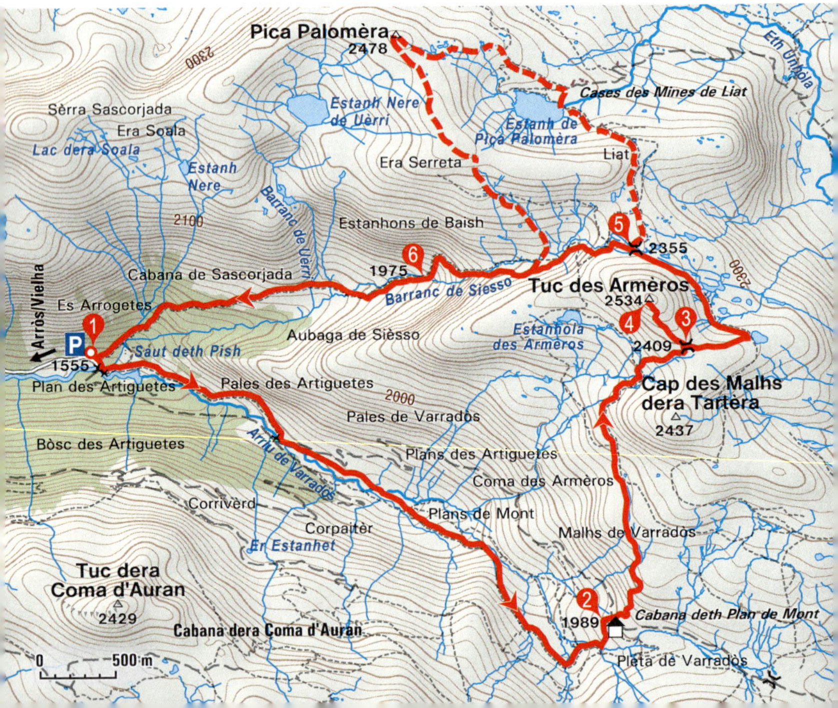

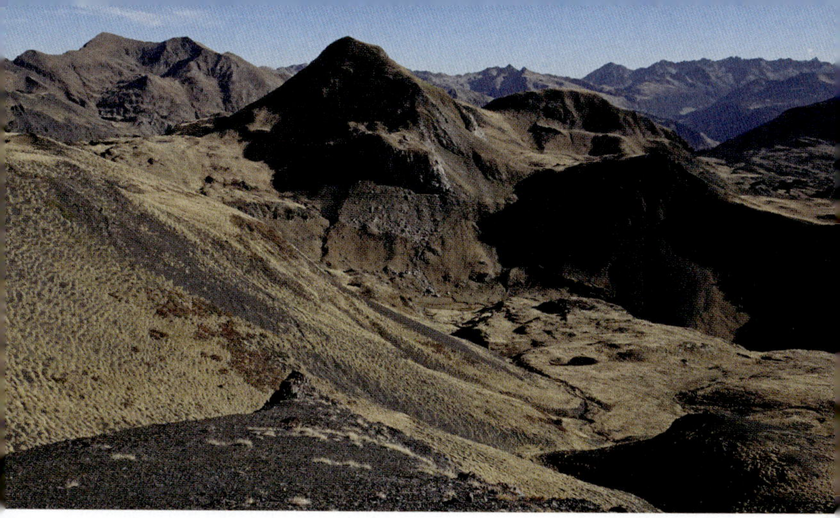

Die Pyramide des Tuc des Armèros inmitten dünn bewachsener Schieferberge.

artigen Ende des Rückens. Von hier aus führt uns eine deutliche Spur nach links (Nordwesten) durch eine wunderschöne Seen-, Bach- und Sumpflandschaft, unter den Nordabstürzen unseres Gipfels hindurch, zu einem breiten **Pass** ❺, 2355 m (nach rechts: Variante zu den Minen und auf die Pica Palomèra). Wir behalten die Richtung bei, laufen ein wenig ausgeprägtes Bachtal hinab und nehmen kaum 50 Hm tiefer einen von rechts kommenden Pfad auf. Wir bleiben zunächst immer auf der linken Bachseite, wechseln dann aber (spätestens) an einem kleinen Absatz, 2150 m, auf die andere Seite und queren über einer Steilstufe im Hang nach rechts.
Am Fuße der Stufe überqueren wir den **Barranc de Siesso** ❻, 1975 m, erneut, müssen aber bereits nach etwa 400 m Ausschau nach Steinmännern halten, die nach rechts zum Bach hinableiten. Orientierungspunkt ist die kleine Felswand auf der gegenüberliegenden Bachseite. Unter ihr queren wir den Bach ein letztes Mal. Der Pfad verliert anschließend auf der rechten Bachseite weiter an Höhe und verläuft danach eine Zeit lang eben.
Kurz vor der rechts im Hang stehenden Hirtenhütte Cabana de Sèrra Sascorjada beginnt der Pfad wieder an Höhe zu verlieren, zieht rechts an einem großen Gletscherschlifffelsen vorbei und tritt wenig später in den Wald ein, wo er zum deutlichen und bequemen Wanderweg wird. Direkt oberhalb des Wasserfalls Saut deth Pish queren wir einen Seitenbach. An dieser Stelle kann man am Bach ein paar Meter hinaufsteigen und in einem grünbraunen Felskessel unter einem kleinen Wasserfall eine einsame kalte Dusche genießen – Alternativprogramm zum gut besuchten großen Wasserfall. Wenige Minuten später sind wir zurück am **Plan des Artiguetes** ❶.

↗ 590 m | ↘ 590 m | 11.3 km

4 Cap des Clòsos, 2418 m

4.15 h

Gemütliche Rundtour über einen schönen Aussichtspunkt

Aus den rund geformten Schieferbergen am Oberlauf der Noguera Pallaresa ragt ein Berg mit schroffen, plattigen Flanken und einem einzigartigen Karsee heraus: der Tuc de Parros. Unsere Tour führt durch das einsame, liebliche Val de Parros an seinem Fuß vorbei. Wer nicht der Anziehungskraft des attraktiven Berges erliegt, dessen Besteigung in der Variante beschrieben ist, der findet auch bei der Überschreitung der hügeligen Wiesenlandschaft um den Cap des Clòsos schöne Rastplätze und Ausblicke. Beim Schlussabstieg sparen wir uns die Suche nach Markierungen und Wegen: Ins Tal zurück leitet uns kein Weg, sondern das grüne Band im Talgrund eines Bächleins.

Ausgangspunkt: Pla de Beret, 1843 m, gut ausgeschilderter Parkplatz links an der Straße von Baqueira nach Montgarri. An der nordwestlichen Ecke, in der Nähe des türkisfarbenen Hangars, parken.
Anforderungen: Im oberen Bereich sollte kein Nebel sein. Der Abstieg ist zwar weglos, aber nicht zu verfehlen. Meistens mäßig steiles Gras, einzelne steilere Stellen und erdige Hangquerungen. Nach Regen sumpfige Stellen.
Markierung: Nur anfangs rot-weiß (GR 211), Steinmänner.
Einkehr: In Baqueira. Unterwegs keine.
Variante: Überschreitung des **Tuc de Parros**, 2731 m. Frei stehender Gipfel in interessanter Schieferlandschaft. Rund geformte Berge, eingesprengte Kalksteinformationen (Trittsicherheit und Orientierungsvermögen nötig): vom Arriu de Parros, 2100 m, nach rechts (Nordwest) über flaches Wiesengelände in einen Bacheinschnitt mit Quelle, 2243 m. Mit Linksschwenk die steilen Grashänge vor den Felsabbrüchen hinauf. An der Felsnase, 2500 m, Pfad zum Estanh Nere de Parros aufnehmen. Links hinauf zum Kamm und auf ihm bis zum Gipfel. Für den Abstieg 40 m zurück, nach links auf schrägem Band auf den Südgrat und zum Coret deth Horcalh. Rechts eine Rinne hinab und im Bogen zum See. Südlich des Sees auf dem Aufstiegspfad nach Südwest hinab zur Hauptroute am Estanhons de Clòsos, 2260 m; (zusätzlich 3 Std., 5,2 km, 620 Hm im Auf- und 440 Hm im Abstieg).

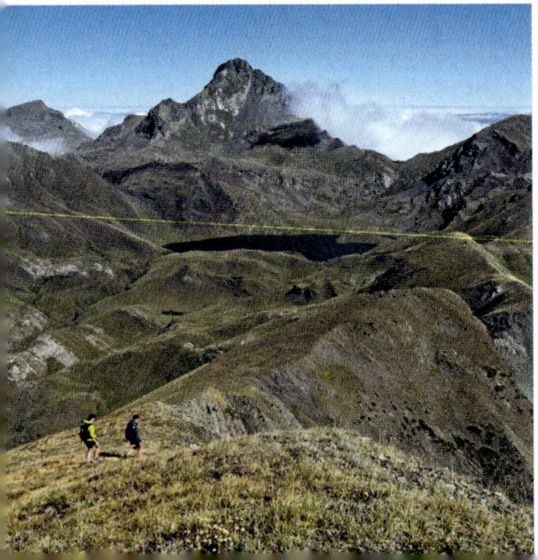

Am Parkplatz am **Pla de Beret** ❶ nehmen wir hinter dem Hangar den straßenbreiten GR 211 auf, der zum Heiligtum von Montgarri führt. Spätestens in der ersten deutlichen Rechtsbiegung des Fahrwegs kön-

Vom Tuc de Parros führen schöne Wiesenrücken hinüber zum Tuc de Maubèrme.

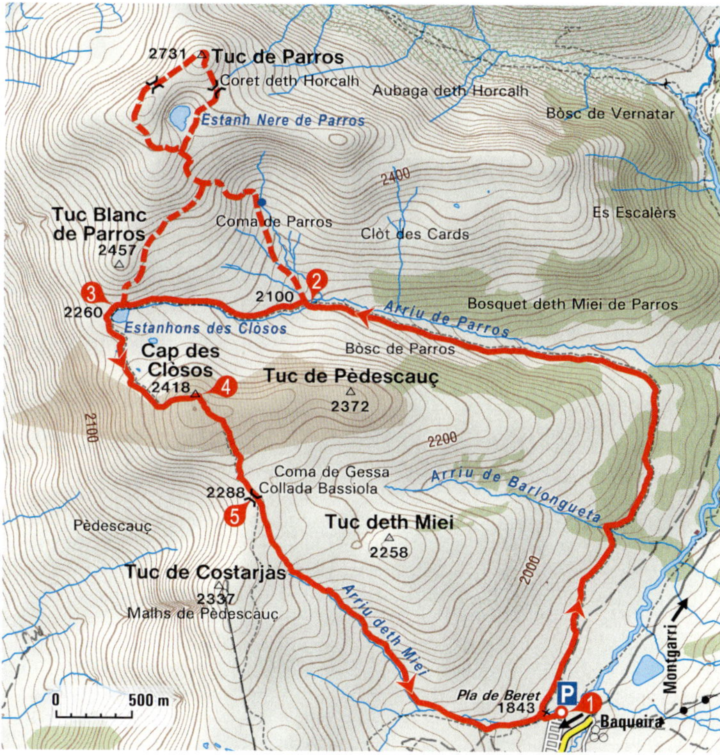

nen wir nach links zum fast parallel verlaufenden Wanderpfad hinaufwechseln. Er ist angenehm zu gehen und verliert nicht, wie der Fahrweg, an Höhe. An der Stelle, an der er nach einem Anstieg nach links ins Tal des Arriu de Parros einbiegt, geben schöne Enzianwiesen nach rechts den Blick über das abgelegene Tal von Montgarri und seine Bergwelt frei. Immer auf

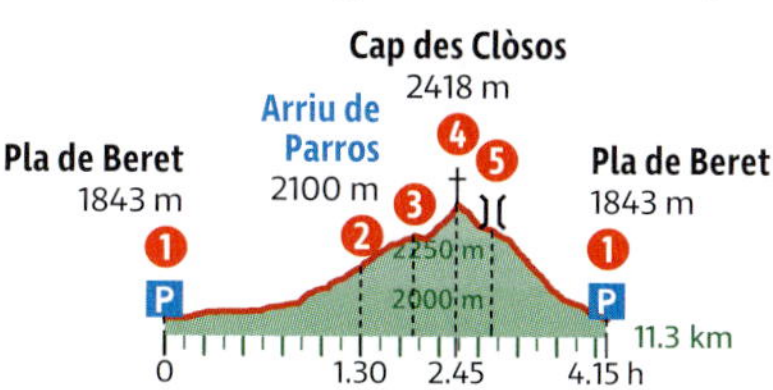

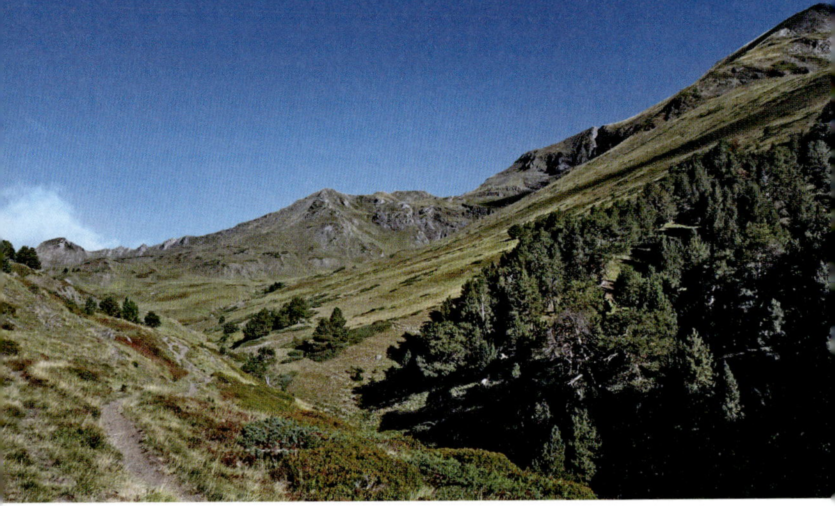

Auf einfachen Wegen unter dem Massiv des Tuc de Parros.

der linken Talseite steigt der Weg im Wiesengelände mäßig an, überquert den **Arriu de Parros** ❷, 2100 m (nach rechts: Variante), und führt weiter in Bachnähe zum flachen See **Estanhons de Clòsos** ❸, 2260 m (von rechts: Variante). Der See wird halb umrundet, dann wird eine Pfadspur aufgenommen, die über welliges Wiesengelände bis unter die Westseite des Cap des Clòsos zieht. Von einem kleinen Absatz führt ein deutlicher Trampelpfad nach links steil zum unscheinbaren, aber aussichtsreichen Gipfel des **Cap des Clòsos** ❹, 2418 m, hinauf. Nach gebührender Rast steigen wir weglos nach Südosten ab und nehmen einen der von links kommenden Wege auf. Diese führen alle in Kammnähe nach Süden zur Bergstation des Skilifts.
Wir sollten am Kamm noch bis zur **Collada Bassiola** ❺, 2288 m, weitergehen, vielleicht auch noch bis zur Kuppe vor dem Tuc de Costarjàs (vor der Liftstation). Dort ergeben sich ein schöner Rückblick und ein spektakulärer Einblick in den wilden dunklen Erosionshang, der im Westen das 800 m tiefer liegende Unhòla-Tal bedroht. Es ist gleichgültig, wie weit wir gehen, Abstiegsroute und Ziel sind in jedem Fall deutlich sichtbar und leicht weglos zu erreichen: der flache Bacheinschnitt des Arriu deth Miei, der nach Südosten genau auf unseren Parkplatz zuläuft. Es sind gestufte kleine Wiesen, direkt im Talgrund, manchmal auch sumpfige Stellen und erdige Querungen, die uns einen lustigen, ungewöhnlichen Abstieg ermöglichen. Wir bleiben also immer im Talgrund und wechseln erst an der Stelle, wo von rechts ein weiterer Bach dazustößt, auf die Skipiste auf der rechten Talseite. Die Piste geht in einen guten Weg über, auf dem wir über flache Wiesen zum **Pla de Beret** ❶ zurückkehren.

↗ 1000 m | ↘ 1000 m | 14.8 km

6.15 h

Montgarri und Pòrt de Gireta, 2506 m

5

In die einsamen Grasberge am Oberlauf der Noguera Pallaresa

Das ehemalige Kloster Montgarri bietet mit seiner besonderen, abgeschiedenen Lage und seiner bewegten Geschichte den Rahmen für eine einsame Tour zu grasbewachsenen Höhen, in die inselartig verschiedene Gesteine und Schotter mit interessanten Färbungen und Schichtungen eingebettet sind. Die gut 1000 Hm der Tour sind auf Wiesenwegen angenehm zu bewältigen, der südseitige Anstieg verlangt aber einen frühen Aufbruch. Wer vom Tal aus zu den Bergen über Montgarri hinaufsieht, dem bleibt verborgen, dass sich genau über dem Heiligtum ein markanter Berg mit wilden Felsabbrüchen erhebt. Beim Aufstieg wird unser Blick immer wieder von diesem Berg, dem Tuc de Barlonguèra, 2802 m, mit seiner abweisenden Ostflanke angezogen. Wer genug Kondition hat, kann ihn in einer schönen Gratwanderung relativ leicht erklimmen und mit einem rassigen Abstieg schnell und direkt zum Ausgangspunkt zurückkehren (Variante).

Ausgangspunkt: Montgarri, 1648 m. Von Baqueira hinauf zum Pla de Beret. Kurz nach dem Parkplatz geht die Asphaltstraße in eine relativ gut gepflegte Piste nach Montgarri hinab über. Nach 3,4 km liegt rechts ein Parkplatz mit Infotafel. Ab hier zu Fuß auf einem Treppenweg 50 Hm hinab nach Montgarri. Alternativ ca. 1 km auf der Piste weiterfahren, dann links spitzwinklig abbiegen und am Fluss nach Montgarri hinauffahren. Dort ebenfalls gute Parkmöglichkeit.
Anforderungen: Lange Tour auf einfachen Wegen. Steile Graspassagen.
Markierung: Rot-weiß (GR).
Einkehr: In den Sommermonaten sind geöffnet: das Ref. Montgarri (Ausgangspunkt, beim ehemaligen Kloster), die Casa Vall de Montgarri und das Ref. José A. Abadia (beide östlich des Klosters). Unterwegs keine.
Unterkunft: Ref. Montgarri, (35 Pl.), Tel. +34 639 494 546, refugimontgarri.com.

Variante: Besteigung des **Tuc de Barlonguèra**, 2802 m. Überragende Aussicht. Wilder Abstieg unter der zerklüfteten Ostwand. Interessante Gesteine (oft Pfadspuren und Steinmänner. Klare Erkennbarkeit der Route, aber keinesfalls bei Nebel gehen! Trittsicherheit und Schwindelfreiheit erforderlich. Unterhalb des Gipfels ausgesetztes schräges Band, das bei Nässe oder Schnee gefährlich sein kann): vom Tuc dera Gireta, 2593 m, immer am Grat nach Westen bis zum Pass, 2688 m, vor dem Gipfelaufbau. Schlussanstieg über die Nordflanke. Zurück zum Pass und nach rechts im Geröll abwärts. Grashänge, direkt nach Süden hinab, auf den Bacheinschnitt (Barranc deth Milh) zu. Quelle auf 2200 m Höhe. Immer in der Nähe des Bachs, meist links von ihm, zur Hauptroute nahe dem Arriu Porquèr, 1725 m; (etwa gleiche Distanz wie der Hauptweg, aber zusätzlich 45 Min. sowie 170 Hm im Auf- und Abstieg).

Vom Parkplatz bei **Montgarri** ❶ gehen wir über die Bachbrücke zum Tor der Klosteranlage. An der Infotafel vor der Mauer weist uns ein Wegweiser nach rechts zum »Pòrt de Gireta«. Nach Überwindung einer kleinen Geländestufe über der Klosterwiese gehen wir zunächst parallel zum Bach und

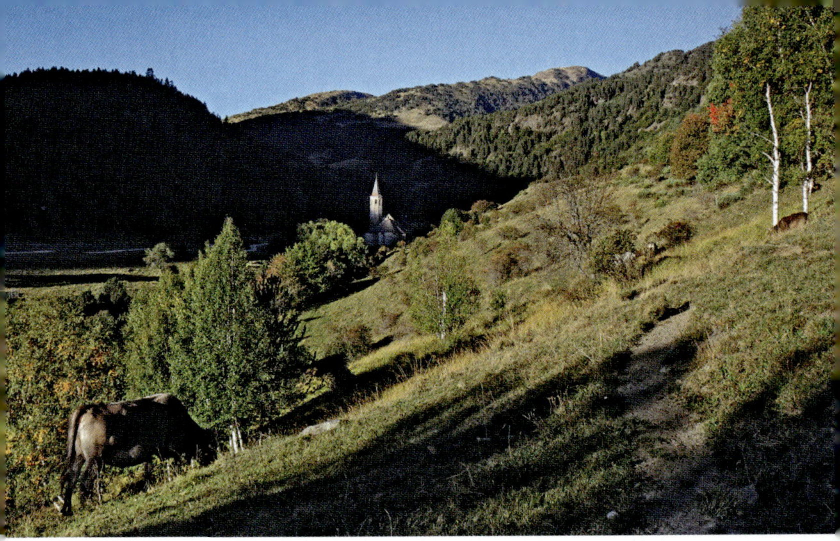

In Sichtweite vom Kirchturm von Montgarri steigt der Weg nur langsam an.

nehmen nach etwa 150 m den oberen Weg. Leicht ansteigend überqueren wir das schöne Almgelände mit seinen vielen wilden Rosen und einzelnen Laubbäumen. Es gibt viele Pfade, die von Tieren getrampelt werden. Wegen seiner engen rot-weißen Markierung ist unser Wanderweg allerdings nicht zu verfehlen. Er zieht im Bogen nach links in das Tal des **Arriu Porquèr** ❷, 1725 m, hinein, überquert den Bach (von links: Variante) und steigt danach kräftig im Kiefernwald und auf der Pleta dels Bandolèrs an. Nach einem gemächlichen Stück in altem Kiefernwald vollzieht der Weg einen Linksknick und fällt etwa 40 Hm in das Trockental des **Arriu Hered** ❸, 1934 m, ab.
Wir folgen geraume Zeit dem Bacheinschnitt auf seiner rechten Seite, erreichen die schöne Hochebene Pleta de Comagireta und verlassen sie gleich wieder, um steil im rechten Hang anzusteigen. Die Wasservorräte können auf ca. 2180 m an der letzten kleinen Quelle aufgefüllt werden. In Serpentinen durch steile Grashänge erreichen wir einen Absatz und etwa 100 Hm weiter oben an einem flachen **Sattel** ❹, 2449 m, den Rand eines großen abflusslosen Kessels. Die Szenerie wechselt abrupt. Vor uns liegt eine weite, hügelige Landschaft mit Wiesen und verschiedenfarbigen Felsen und Schotterflächen.
Das letzte Stück gemütlich am rechten Hang des Kessels zum Grenzpass **Pòrt de Gireta** ❺, 2506 m, zu wandern, ist reiner Genuss. Es öffnet sich der Blick ins französische Flachland, aber noch interessanter sind die teils markanten Berge der näheren Umgebung mit ihren verschiedenen Gesteinen. Bei nebligem Wetter sollte ab hier der Rückweg auf dem Hinweg angetre-

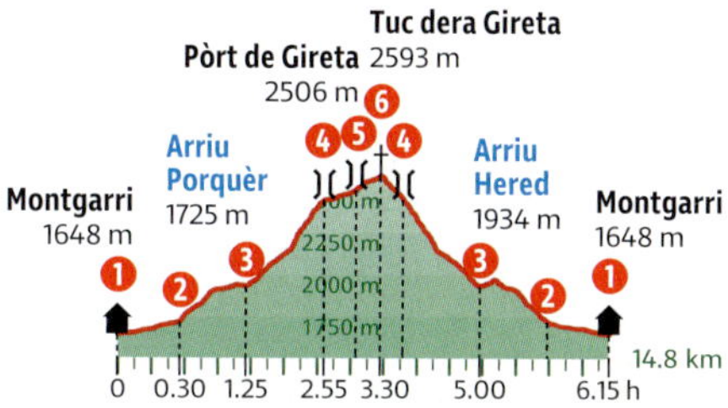

ten werden. Bei guter Sicht steigen wir nach links (Westen) auf Wegspuren zur Cote de la Lègne, 2583 m, hinauf, an dem sich der Zackenkamm des Mont Valier imposant präsentiert (im Nordosten auf französischer Seite). Nun geht es etwa 10 Min. weitgehend weglos nach links (Süden) erst bergab, dann hinauf zum etwas höheren **Tuc dera Gireta** 6, 2593 m. Hier steigen wir nach halblinks (nach rechts: Variante) auf einem schönen Wiesenkamm mit inselartig eingesprengtem Kalkfels geradewegs zum **Sattel** 4 ab. Ab hier verläuft der Rückweg auf dem Hinweg.

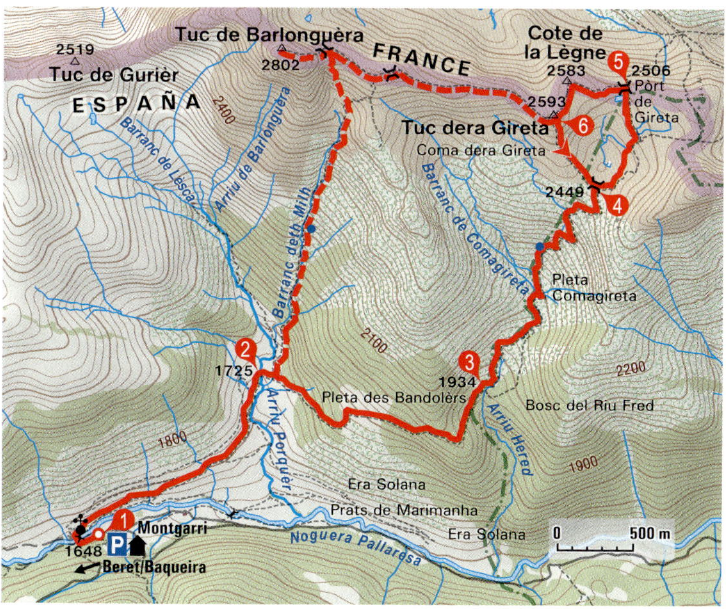

↗ 670 m | ↘ 670 m | 9.8 km

6 Refugi dera Restanca und Lac de Mar, 2247 m

4.15 h

Ein Traum von einem Gebirgssee!

Lac de Mar – ein recht ausgefallener Name für einen Bergsee auf 2250 m Höhe. Doch alles passt zur Assoziation eines »Meer-Sees« – seine Farbe und Größe, die zahlreichen Buchten und mittendrin eine zauberhafte Felsinsel. Ein kleines Meer eben vor großartiger Gebirgskulisse, die vom nördlichen Besiberri-Massiv beherrscht wird. Wer Ausdauer mitbringt, kann auf der anspruchsvollen Variante in die einsame Region der Serra de Tumeneia und mit kurzer Kletterei auch bis zu ihrem Gipfel vordringen.

Ausgangspunkt: Pontet de Rius, 1647 m, Steinhaus und Taxi-Parkplatz am Ende der Straße ins Valarties. Auf diese gelangt man entweder auf schmalen Straßen durch das Dorf Arties hindurch (ausgeschildert mit »Restanca« und »Montardo«). Alternativ etwa 500 m oberhalb von Arties (in Richtung Salardú) nach rechts zu den Parkplätzen von Arties abbiegen (hier warten u. a. auch Taxis). Oberhalb der Parkplätze weiterfahren. Nach 1 km (von rechts die Route durch Arties) Schranke und Beginn der asphaltierten Talstraße (kann bei Überlastung der Parkplätze zwischen 15. Juli und 12. Sept. gesperrt sein). Nach 5 km obligatorischer Parkplatz Pònt deth Ressèc, 1395 m. Ab hier entweder mit Taxi oder mit (E-)Bike auf der gut 2 km langen Schotterstraße zum Ausgangspunkt.
Anforderungen: Meist einfache Wege mit steilen und steinigen Abschnitten.
Markierung: Rot-weiß (GR 11), gelb, Steinmänner.
Einkehr: Im Ref. dera Restanca. In Arties.
Unterkunft: Refugi dera Restanca, (80 Pl.), Tel. +34 608 036 559, lacentralderefugis.com

Variante: Coll de Tumeneia, 2604 m und optional Besteigung des **Tumeneia**, 2783 m. Spektakuläre Aussichten, exklusiver felsiger Gipfel (Kletterei im Grad II. Trittsicherheit und Orientierungsvermögen sowie Nebelfreiheit notwendig. Steinmänner): ab dem Circ dera Restanca, 2097 m, geradeaus auf gelb markiertem Pfad hinauf in Richtung Sattel »Coth E. Tumèneja«. Links darüber schöner Aussichtspunkt. Abstieg ein Stück nach Nordwesten zurück, dann Querung nach links unter den Felsen zu einem grünen Band, 2624 m, mit Felsnase. Gipfelaufstieg von hier links eine Felsrampe (II+) hinauf und im Gras auf den Gipfel zu. Unter den Gipfelfelsen Querung nach rechts. Nach 60 m links zum Grat hinauf und über den Südgrat zum Gipfel. Zurück am grünen Band, Abstieg nach Norden am oder links des Rückens. Steiler, etwas linkshaltend, in ein grünes Tälchen hinab, das nach links zu einem trüben kleinen See leitet. Am Sattel jenseits des Seeleins nach links noch ein wenig bergauf und zum Uferweg am Lac de Mar hinab (zusätzlich: 3 Std., 3,4 km sowie 560 Hm im Auf- und Abstieg).

An der **Pontet de Rius** ❶ folgen wir der Beschilderung »Refugi e Lac dera Restanca« und »Montardo« und wandern mit angenehmer Steigung, aber steinig zur Staumauer des Era Restanca hinauf. Der Weg verläuft meist im schönen, fast urwaldartigen Mischwald mit viel Unterholz. Tannen werden langsam von Kiefern verdrängt. Nach der Überquerung der Staumauer ge-

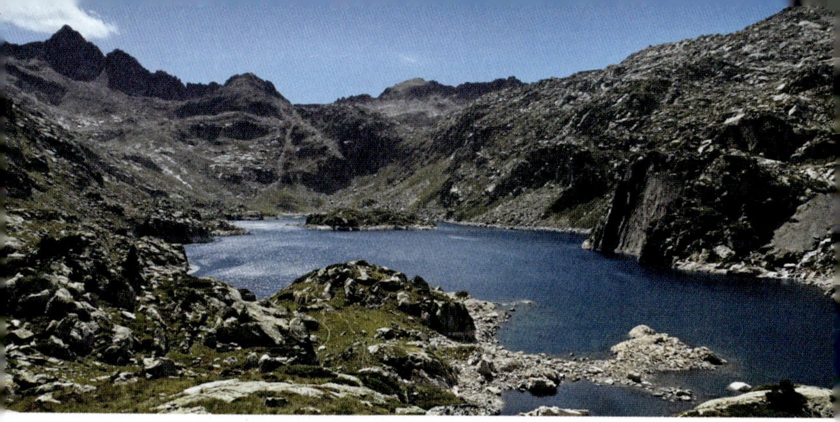

Lac de Mar, überragt vom Besiberri Nord.

langen wir zum **Refugi dera Restanca** ❷, 2010 m, wo wir uns aus dem Strom der Montardo-Besteiger ausklinken. Wir gehen vorerst am Seeufer weiter (gelbe Markierung; die Beschilderungen an der Hüttenmauer sind irreführend), steigen dann im Hang über dem See an und erreichen nach einer Steilstufe den **Circ dera Restanca** ❸, 2097 m, ein Wiesenplateau mit Wegweiser (geradeaus auf dem gelb markierten Weg: Variante).
Wir biegen rechts ab, überwinden im Zickzack eine dicht bewachsene felsige Hangstufe und gelangen über einen kleinen Sattel zum Nordostufer des Lac de Mar. Hier ist das kleinteilige Hügelgebiet von vielen Pfaden zu hübschen Aussichtspunkten durchzogen (von links: Variante). Wir gehen am linken Seeufer weiter und folgen einem mit Steinmännern markierten, gewundenen Pfad im Auf und Ab bis zur Südwestspitze des **Lac de Mar** ❹, 2247 m. Im Banne des Besiberri Nord finden wir hier auf der schönen Wiese mit Kiesstränden ein ideales Gelände zum Rasten. Der Rückweg verläuft auf dem Hinweg.

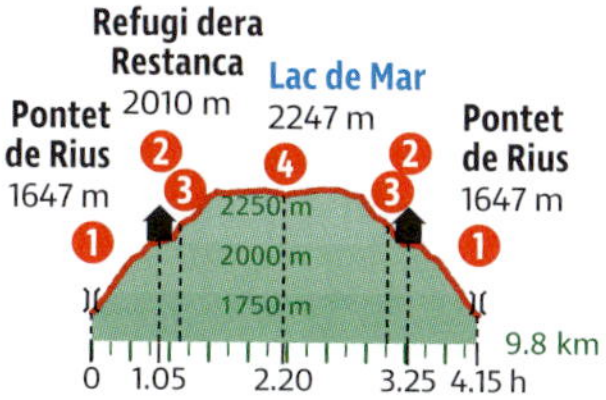

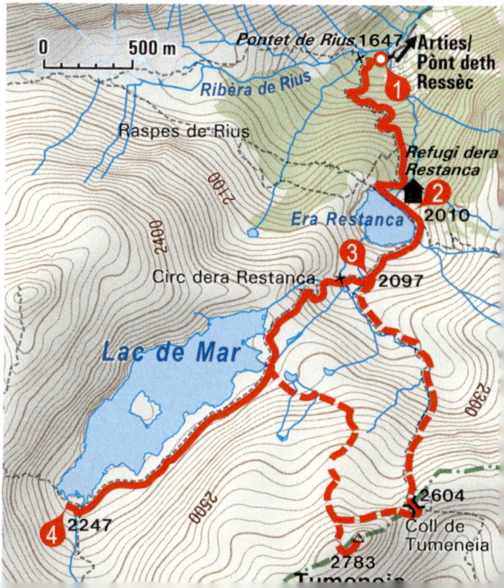

TOP

7

↗ 660 m | ↘ 660 m | 11.2 km

Große Rundtour durch den Circ de Colomèrs

4.15 h

Seen – wie Perlen aneinandergereiht

Das Val d'Aiguamòg ähnelt mit seiner Weitläufigkeit, den Kiefernwäldern, den vielen Schwemmebenen, den mäandernden Bächen und den nicht allzu wilden Bergen rundherum ein wenig dem Val de Ruda (vgl. Tour 8). Eine gute und sehr reizvolle Straße führt hinauf ins Almengelände, aber das ist noch einige Kilometer von der Hauptattraktion entfernt. Wenn allerdings der Stausee mit dem Refugi erreicht ist, ist man mittendrin im berühmten Felskessel mit seinen mehr als 40 Seen, unzähligen Tümpeln, Bächen und sumpfigen Ebenen. Abgesehen von der felsigen Gipfelumrandung ist dabei nur der Bereich östlich des Stausees unwegsam. Hügelige Wiesen laden in weiten Teilen des Kessels dazu ein, auch einmal abseits der Wege auf Entdeckung zu gehen.

Ausgangspunkt: Taxi-Parkplatz unter dem Estanh Major, 1966 m. Am Kreisverkehr in Salardú in Richtung »Banhs de Tredòs« abbiegen. Gute Asphaltstraße bis zum großen Parkplatz beim Hotel Banhs de Tredòs, 1760 m. Vom 15. Juli bis 12. Sept. ist die Pkw-Zufahrt zum Hotel reguliert und man muss ggf. 3,8 km vor dem Hotel auf einem Bedarfsparkplatz parken. Ab Hotel Banhs de Trèdos entweder zu Fuß über den schönen Wanderweg, der am südlichen Ende des Parkplatzes beginnt (1.20 Std.) oder mit Fahrrad bzw. Taxi 4,6 km über die gute Piste hinauf zum Hütten- bzw Taxi-Parkplatz. Onlinebuchung: taxivalledearan.com.
Anforderungen: Großteils einfache Wege. Steinige Passagen. Trittsicherheit.
Markierung: Rot-weiß (GR 11), rot-gelb, rot, gelb.
Einkehr: Im Ref. de Colomèrs. In Salardú.
Unterkunft: **Ref. de Colomèrs**, (60 Pl.), Tel. +34 973 253 008, lacentralderefugis.com.

Das Refugi Colomèrs, das »Basislager« für die Erkundung der Seenlandschaft.

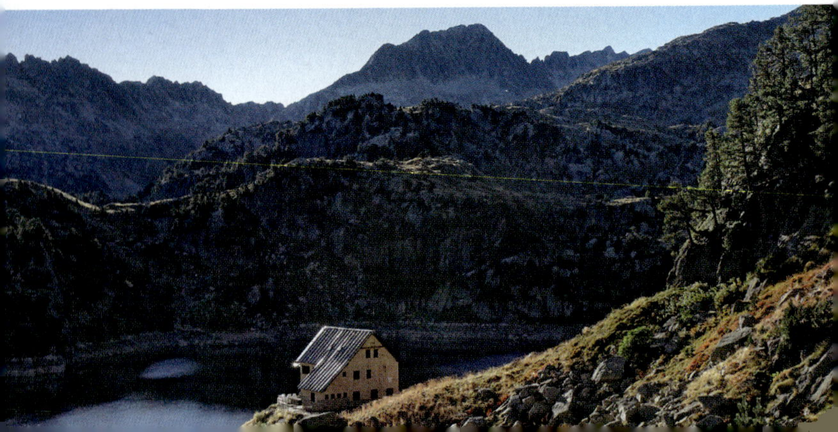

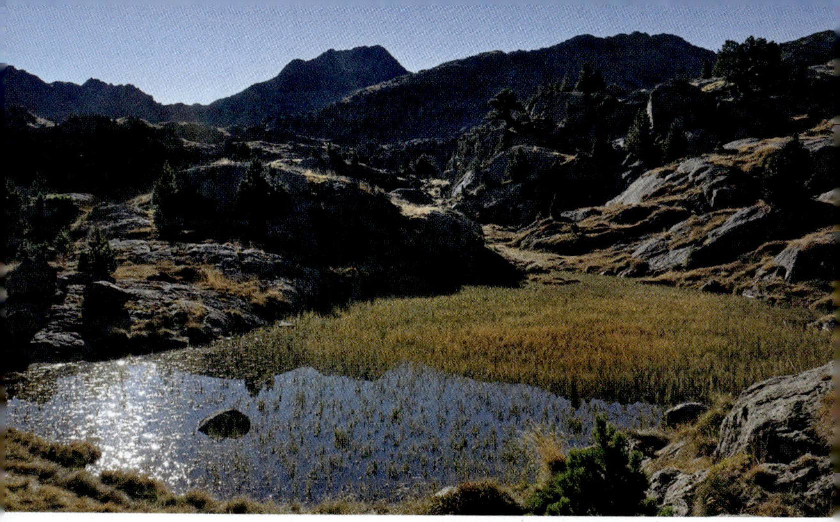

Im Circ de Colomèrs.

Varianten: 1. **Circuit 7 Estanhs:** Wer wenig Zeit hat oder mit Kindern unterwegs ist, kann sich auf die einfache, gelb markierte kleine Seenrunde beschränken, die sehr schöne Landschaftseindrücke bietet. Hervorzuheben sind die hübschen, fast kunstvollen Schwemmebenen. Ab dem Wegweiser, 2236 m, zum Lac Long, 2179 m; (kleine Runde insg. 2.30 Std., 6,3 km und 300 Hm Aufstieg). 2. **Tuc de Pòdo**, 2729 m. Ausgezeichneter Aussichtspunkt über der Seenlandschaft (weglos, nur Trittspuren. Steile Grashänge. Am Gipfelstock kurze Kletterei II+): von der Nordspitze des Lac Gelat etwa 150 m an seinem linken Ufer entlang und dann schräg nach Südosten hinauf in die steile Grasrinne zwischen Gipfelaufbau und dem südlich vorgelagerten Felsturm. 3 m vor Ende der Rinne links in einen Kamin (II+), danach Aufwärtsquerung nach links, nochmalige Kletterstelle (II) und nach links in leichtem Gelände zum Gipfel. Auf demselben Weg zurück. Oder nur zurück bis zur steilen Grasrinne, dann die Scharte am Ende der Rinne überschreiten und auf der anderen Seite in steilem Gras und über Steine absteigen. Dann nach links abbiegen, um nach Nordosten über Blockfelder und eine Wiese auf den langen Rücken zu gelangen, auf dem sich zwei kleine Seen befinden. Links an den Seen vorbei, Richtung halten und erst gut 100 m nach dem zweiten See mit Linksbogen auf einen breiten Sattel und nach links hinab zur Hauptroute, die östlich des Lac deth Pòdo über eine Anhöhe zieht (zusätzlich 1.15 Std., 0,7 km sowie 140 Hm im Auf- und Abstieg).

Vom **Taxi-Parkplatz 1** gehen wir die Schotterstraße ein kurzes Stück weiter hinauf, zweigen am Schild »Refugi Colomèrs« nach links ab und überwinden auf gut ausgebautem Weg schnell eine erste Geländestufe. In den idyllischen Planhòles dera Lòssa mit Bachmäandern und sumpfigen Seelein gehen wir auf Holzstegen bis zur Brücke über den Arriu dera

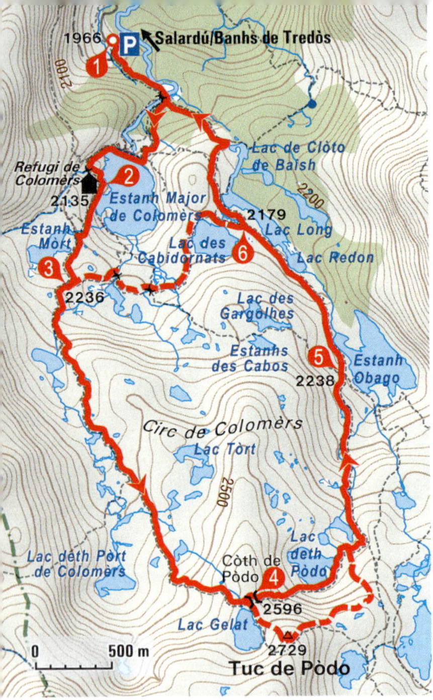

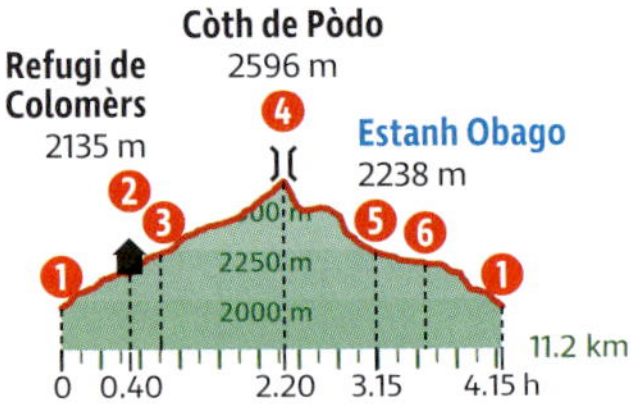

Montanheta und biegen dort nach rechts zum Refugi de Colomèrs ab. Wir erreichen die Staumauer des Estanh Major de Colomèrs an ihrer linken Seite, überschreiten sie und müssen einen kleinen Schlenker um den Felsen machen, auf dem das alte Refugi steht. Wir gehen über die ehemalige Hüttenterrasse und auf etwas verschlungenem Weg zum neuen **Refugi de Colomèrs** ❷, 2135 m. Danach wandern wir im Hang über dem Estanh Major schräg ansteigend zum Estanh Mòrt hinauf. Ein kurzes Stück links am

Am Lac Long östlich des Refugi de Colomèrs, rechts der Tuc de Ratera (vgl. Tour 16).

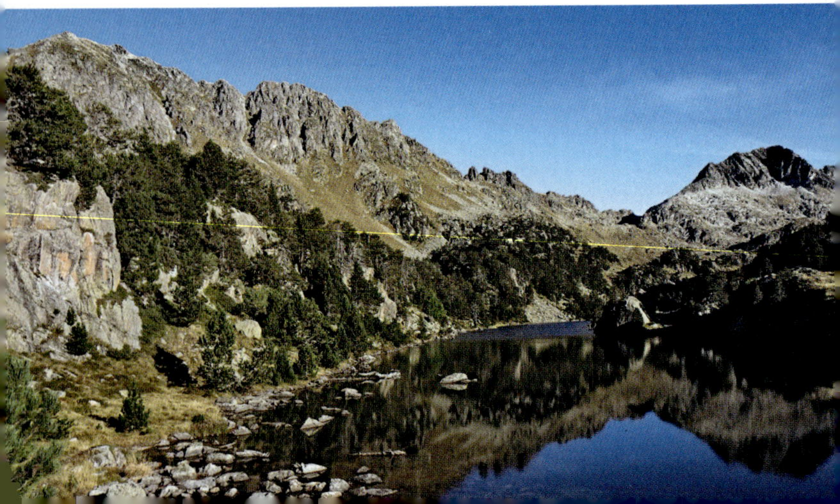

See vorbei gelangen wir an einen **Wegweiser** ❸, 2236 m, der nach links mit der Beschilderung »Refugi de Colomèrs« die kleine Seenrunde anzeigt (Variante 1).
Wir gehen in Richtung »Còth de Pòdo« geradeaus durch das flache, weitläufige Tal mit Wiesen, Steinen, Gletscherschliffen und einigen jungen Kiefern bergauf. Auf der gemächlichen Wanderung ohne lange Steigungen wartet hinter jeder Ecke eine neue Überraschung: ein Seelein, ein zuwachsender Tümpel, ein Bachlauf, ein schöner Felsen oder das plötzliche Fehlen der (blassen) roten Markierung. Ein Netz aus unmarkierten Trampelpfaden führt hier leicht auf Abwege. Da heißt es: zurückgehen oder mit GPS weiternavigieren. Der Hauptweg führt uns, vorbei am kaum erkennbaren Abzweig zum Pòrt de Colomèrs, zum wunderschönen Lac Gelat (nach rechts: Variante 2). Hier oder am **Còth de Pòdo** ❹, 2596 m, gibt es reichlich schöne Plätze für eine Pause unter dem imposanten Felszapfen des Tuc de Pòdo.

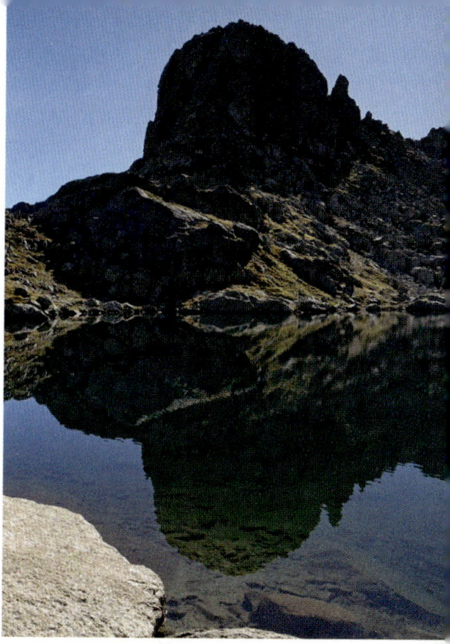

Tuc de Pòdo über dem Lac Gelat; leichter zu ersteigen als gedacht.

Unser Abstiegsweg führt uns am Lac de Pòdo vorbei, steigt danach mit Rechtsknick plötzlich an, um in einem Bogen zum nächsten See hinabzuführen. Fortan ist der Weg zielgerichteter, verliert beständig an Höhe und verläuft am linken Ufer des verzweigten **Estanh Obago** ❺, 2238 m, entlang (hier Abzweige nach links und rechts ignorieren). Am Lac Redon vorbei geht es zum **Lac Long** ❻, 2179 m, wo am Wegweiser die kleine Seenrunde eintrifft. 150 m nach dem Ende des Lac Long biegen wir nach rechts auf einen unmarkierten Pfad ab, der uns schnell zu dem wunderhübschen, halb verlandeten Lac de Clòto de Baish mit seiner Felshalbinsel hinabbringt. Er ist der unterste von drei einsamen Seen, die nördlich des Lac Long in einer verwirrenden, kleinteiligen Landschaft aus kiefernbestandenen steilen Gletscherschliff-Klötzen und Wiesentälern mit Azaleen, Sümpfen und Tümpeln liegen. Mit Linksknick gelangen wir vom Lac de Clòto de Baish über einen kleinen Sattel in ein fast urwaldartig bewachsenes Tal mit dunklen Felswänden und der (kaum störenden) Abraumhalde eines ehemaligen Bergwerks. Es geht erst steil, dann flacher hinab zur Brücke über den Arriu dera Montanheta und auf dem Hinweg zum **Taxi-Parkplatz** ❶ zurück.

TOP

8

↗ 1020 m | ↘ 1020 m | 14.8 km

Refugi und Pic de Saboredo, 2830 m

6.15 h

Wilder Gipfelkamm über lieblichem Tal

Das Val de Ruda ist viel länger und weiträumiger als die Nachbartäler. Es steigt gemächlich an und im Talboden ist viel Platz für Wasserläufe, sumpfige Ebenen, Wiesen und Kiefernwälder. An manchen Stellen erinnert es an den Planell des Aigüestortes. Wir durchwandern den lieblichen Teil des Tals und stoßen dann in seine wilde Ecke vor: Der mit Türmen und Nadeln besetzte Kamm grenzt das Val de Ruda vom Talkessel des Estany de Sant Maurici ab. Unter den zahlreichen Seen, die das Refugi de Saboredo umgeben, ist der völlig naturbelassene blaue Lac Glaçat de Saboredo eine wahre Perle.

Ausgangspunkt: Bosc de Locampo, 1859 m, Parkplatz. Am oberen Ortsende von Baqueira, 1470 m, kurz vor dem Ortsendeschild der Beschilderung »Val de Ruda« folgen. In der Kehre der Ortsstraße (Carrer de Perimetrau) zweigt die 7,3 km lange Schotterpiste ins Val de Ruda ab, die mit zunehmender Höhe schlechter wird, mit Pkw jedoch befahrbar ist.

Anforderungen: Trittsicherheit auf grobsteinigen Passagen. Wenige Kraxelstellen.

Markierung: Rot-weiß (GR 211.4), Steinmänner.

Einkehr: Im Refugi de Saboredo. Bei der Anfahrt in Baqueira.

Unterkunft: Refugi de Saboredo, (21 Pl.), Tel. +34 651 517 259 und 973 090 914, refusaboredo.com.

Die Felswildnis am Kamm zwischen Coll d'Amitges und dem Gipfel.

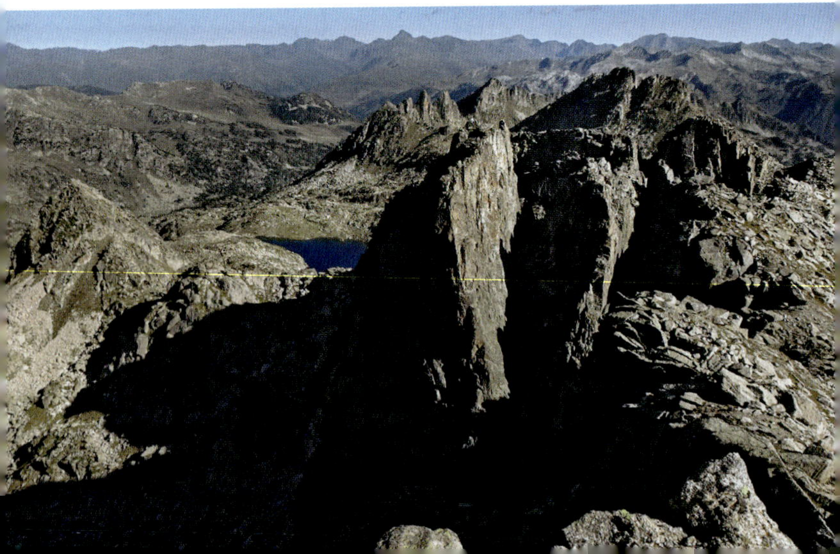

Vom Parkplatz am **Bosc de Locampo** 1 gehen wir auf dem alten, nicht mehr befahrenen Fahrweg in Richtung »Refugi de Saboredo«. Er liegt stellenweise voller loser Steine, führt aber in bequemer Steigung durch ein wunderschönes flaches Tal mit Bachläufen, Schwemmebenen, Wiesen, Kiefern, Alpenrosen und Felswändchen. Am Wegweiser zum Refugi trennen wir uns vom Fahrweg und steigen nach links auf einem etwas steileren Wanderweg zum **Refugi de Saboredo** 2, 2310 m, hinauf. An der Ostseite der Hütte zweigen wir nach links auf einen unbeschilderten, unmarkierten Pfad ab, der entlang der Hüttenwasserleitung ein Tal durchquert und auf der anderen Seite zur Staumauer des Lac Major de Saboredo aufsteigt. Der Pfad führt am Beginn des Sees gleich weiter links bergan, überwindet eine Geländestufe und erreicht den **Lac Glaçat de Saboredo** 3, 2495 m. Er ist mit seiner Unberührtheit, seinem klaren blauen Wasser und seiner fast geröllfreien Felsumgebung einer der schönsten Seen in den Ostpyrenäen.

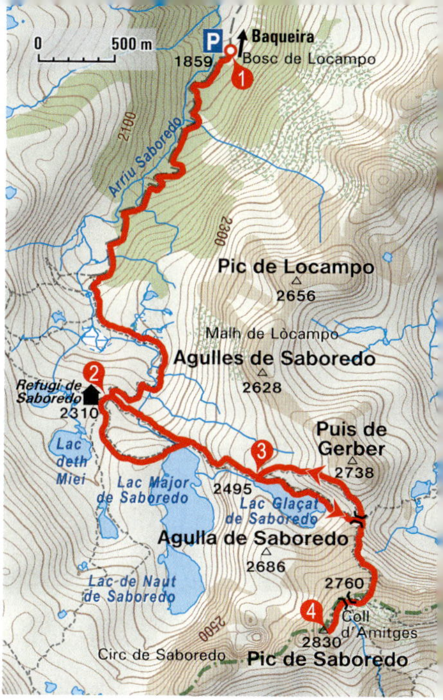

Nächstes Ziel ist der Coll de l'Estany de Gelat, 2586 m, der östlich des Sees den Übergang ins Vall de Gerber bildet. Vom Seeanfang gibt es zwei Wege dorthin: Der linke steigt (mit Kraxelei) auf eine Kanzel und zieht dann als Höhenweg zum Sattel. Der rechte führt, mit einigem Auf und Ab und einem Nylonseil in einer Kraxelstelle, flacher zum Sattel. Diesen Pfad wählen wir für den Aufstieg, den anderen für den Abstieg. Vom Coll de l'Estany zieht ein

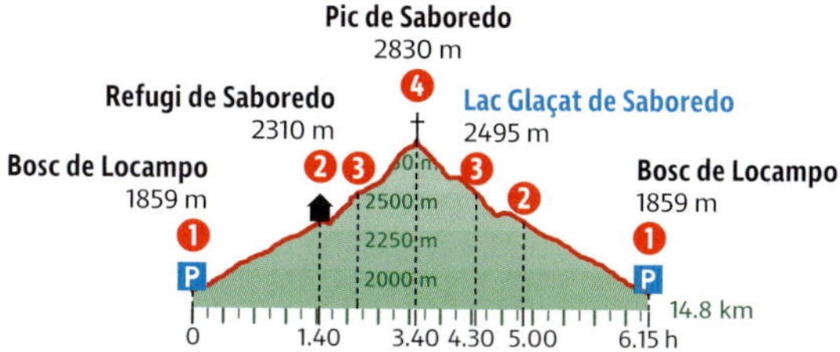

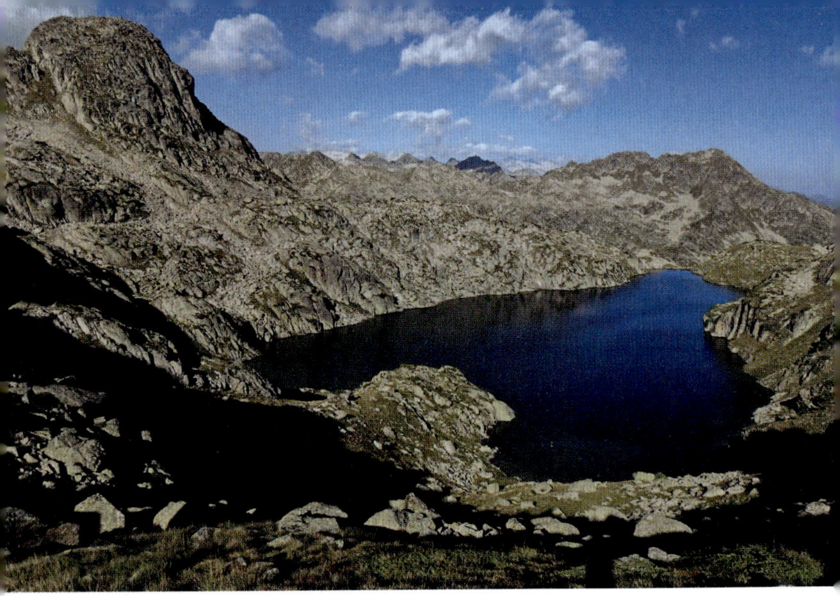

Am Coll de l'Estany. Rückblick auf den Lac Glaçat de Saboredo.

nur mäßig steiler steiniger Wiesenrücken nach rechts zum Coll d'Amitges hinauf und ermöglicht als natürliche Rampe ein erstaunlich einfaches Überwinden der wilden Felsmauer zwischen Pic de Saboredo und Pic d'Amitges. Wir steigen also auf diesem Rücken bergan und queren an seinem oberen Ende nach rechts hinüber zum Coll d'Amitges. Wenn wir direkt am Kamm (anstatt am Hang) in Richtung Pic de Saboredo weitergehen, entgehen uns nicht die spannenden Einblicke in die nordseitige zackenreiche Felswildnis. Der Schlussanstieg zum Gipfel, am rechten Rand seiner sandigen Ostflanke, ist kurz und einfach. Der **Pic de Saboredo** ❹, 2830 m, ist ein exzellenter Aussichtsberg. Man überblickt alle Spitzen um den Estany de Sant Maurici und den flachen Saboredo-Talkessel mit all seinen blauen Klecksen.

Der Abstieg erfolgt bis zum Coll de l'Estany de Gelat auf dem Aufstiegsweg. Dort nehmen wir nicht die Aufstiegsroute, sondern den erwähnten Höhenweg, der vom Sattel in flacher Hangquerung nach Nordwesten und dann hinunter zum **Lac Glaçat de Saboredo** ❸ führt. Wiederum auf bekanntem Weg gehen wir zur Staumauer des Lac Major. Ab dort wandern wir auf einem guten Pfad, von Steinmännern geleitet, nach Westen über einen aussichtsreichen Rücken zum **Refugi de Saboredo** ❷. Unterwegs können wir mit einem Abstecher vielleicht noch eine Rast am beschaulichen Lac deth Miei einlegen. Vom Refugi sind wir in rund 1.15 Std. zurück am Parkplatz am **Bosc de Locampo** ❶. Abkürzungen der Straßenkehren sind möglich.

↗ 600 m | ↘ 600 m | 10.9 km

4.30 h

Vall de Gerber und Refugi Mataró, 2475 m

9

Landschaftliche Spitzentour mit Gipfelmöglichkeit

Kein Hochtal der katalanischen Pyrenäen ist so leicht und schnell zu erreichen wie das Vall de Gerber. Es ist an Wochenenden gut besucht, aber der Ansturm der Wanderer hält sich in Grenzen, weil es keine bewirtschaftete Hütte gibt. Und je weiter man vordringt, umso einsamer wird es. Die Wege sind steinig und oft mühsam, aber das ist der Wildheit der Landschaft geschuldet. Der Talboden vom kleinen Estanyola de Gerber bis hinauf zum Refugi Mataró ist ein herrlich unübersichtliches Gemenge aus Seen, Tümpeln, Bächen, kleinen Ebenen, Gletscherschliffen, Blockgelände und Waldhügeln. Darüber thronen wilde Felsberge mit gezackten Kämmen. Erstaunlicherweise ist einer der Gipfel, der nicht besteigbar erscheint, leicht erreichbar (Variante). Der senkrechte Blick vom Gipfel nach Süden hinab in ein Gewirr von Zackengraten und Felstürmen ist allerdings nichts für schwache Nerven.

Ausgangspunkt: Parkplatz Peülla, 1914 m, an der Passstraße zwischen Vielha und Sort über den Pòrt de la Bonaigua. Zwischen km 49 und 50, in der Nähe der Talstation des (östlichsten) Skiliftes Peülla, sind ober- und unterhalb der Straße zwei große Parkplätze mit Infotafeln eingerichtet.
Anforderungen: Trittsicherheit. Kurze grobsteinige und steile Passagen.
Markierung: Bis zum Refugi grün-orange und gelb.
Einkehr: Bars und Restaurants an der Passstraße. Unterwegs keine.
Unterkunft: **Refugi Mataró**, gepflegte Biwakschachtel mit 10 Schlafplätzen.
Variante: Auf die **Punta Gourdon**, 2897 m, den Ostgipfel der Pics de Bas-

Estanyola de Gerber mit Pui de les Ares.

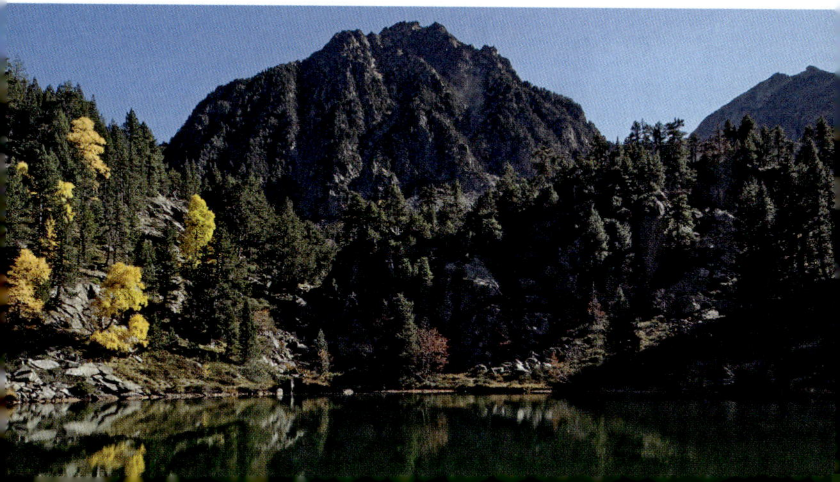

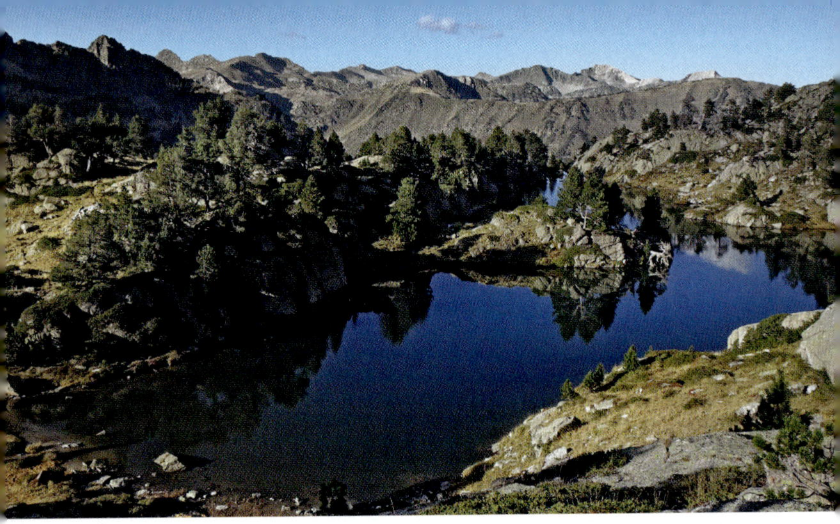

Estany Llong vor den Muntanyó-Bergen.

siero. Extreme Aussichtswarte über zerklüfteten senkrechten Südwänden mit maroden Felstürmen (nur bei Nebelfreiheit unternehmen. Leichte Kraxelei, sonst keine technischen Schwierigkeiten. Steinmänner): vom Refugi Mataró, 2475 m, nach Süden zum kleinen Sattel und auf gutem Pfad an den Südseiten zweier Moränenbuckel entlang, dann im Südhang unter schönen hellen Felswänden in das verblockte Tal unterhalb der Pics de Bassiero. Über eine steile Wiese mit sandigen Stufen zum Coll de Bassiero, 2739 m. Rechtsknick und direkt nach Süden zur Punta Gourdon. Beim Abstieg am Sattel vor dem ersten Moränenbuckel, 2554 m, nach rechts zum Estany de l'Illa hinunter und an seinem Ostufer entlang zum Nordufer kraxeln. Von dort in einem Wiesentälchen nach Norden absteigen und 400 m der Hauptroute folgen. Kurz vor einem Wegweiser nach rechts auf einem Trampelpfad hinab zum Estany Redó, weiter nach Norden zum Estany Llong und am bzw. oberhalb des Westufers zurück zur Hauptroute (zusätzlich 2.15 Std., 3,7 km und 430 Hm im Auf- und Abstieg).

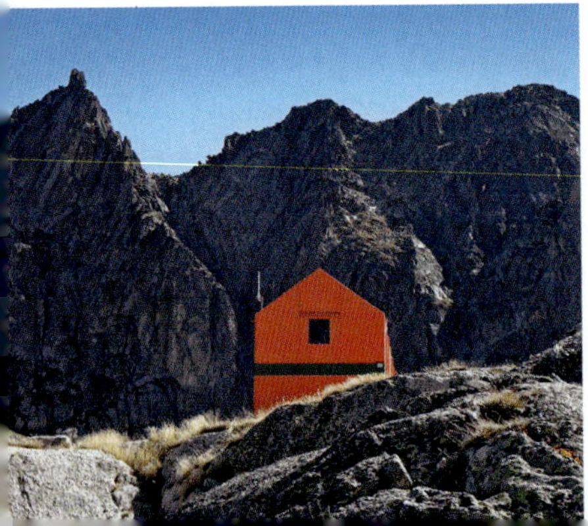

Wir gehen vom Parkplatz **Peülla** ❶ ein kleines Stück auf der Wiese bergab, überqueren Bäche auf zwei Holzbrücken und wenden uns nach Süden, um in einer langen, fast ebenen Querung den Hang oberhalb der Passstraße hinter uns zu brin-

Refugi Mataró.

gen. Es folgt eine Waldstufe, die Auto- und Motorradgeräusche verschwinden. Zum idyllischen grünen **Estanyola de Gerber** ❷, 2021 m, geht es ein wenig bergab. Hier und an weiteren Wegweisern folgen wir der Beschilderung »Estany Gerber« und »Refugi Mataró«.

Der steinige, aber gut gepflegte Weg schlängelt sich durch die kleinteilige Landschaft und bietet uns ständig neue Eindrücke. Mäßige Steigungen wechseln mit kleinen Abstiegen. Den türkisfarbenen, in einer fast runden, tiefen Mulde liegenden **Estany de Gerber** ❸, 2172 m, erreichen wir durch ein großes, verblocktes Felsfenster.

Wir steigen auf der linken Seeseite mühsam steil bergan, verlassen dabei die Waldzone mit ihren alten, urigen Kiefern und erreichen eine Geländestufe mit weiteren Seen (Endpunkt der Variante), kleinen Ebenen und vielen glatt geschliffenen Felsen. Der mit »Refugi Mataró« beschilderte Weg sucht sich die grasbewachsenen Passagen zwischen den Felsen, steigt stufenweise an und erreicht den schönen Estany de l'Illa mit seiner kleinen zentralen Insel. Auf einem Felsen darüber wacht die in kräftigen Farben gestrichene Biwakschachtel. Wir wissen jetzt auch, warum es eine grün-orange Markierung gegeben hat. Der Anstieg zum **Refugi Mataró** ❹, 2475 m, und schönen Aussichtsplätzen erfolgt in einem Bogen von Westen. Wir steigen südseitig ab (am Sattel Beginn der Variante) und kehren am Westufer des Estany de l'Illa zum Aufstiegsweg zurück, den wir für den Rückweg nutzen.

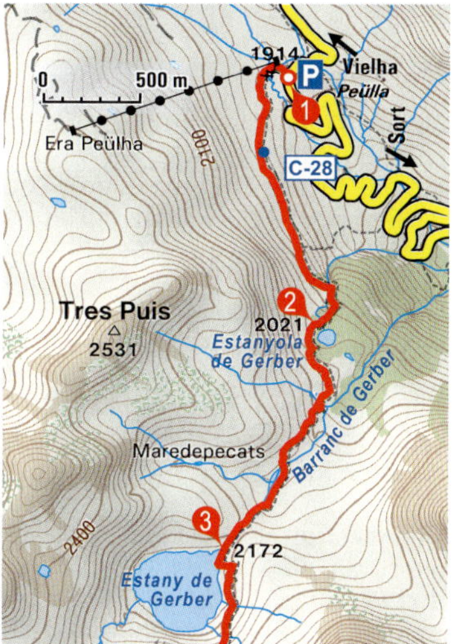

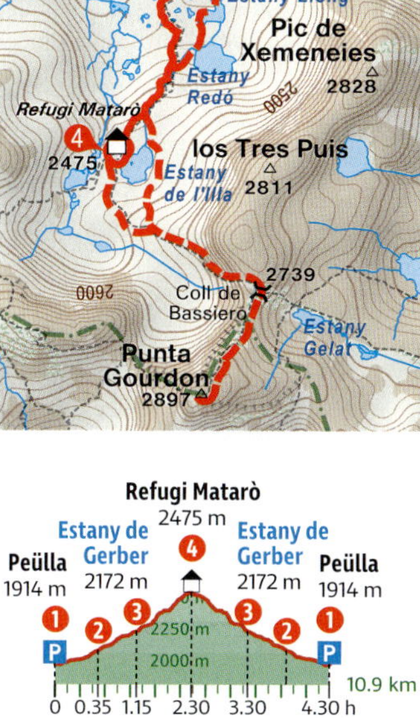

Parc Nacional d'Aigüestortes i Estany de Sant Maurici

Zwei in West-Ost-Richtung verlaufende Täler strukturieren das Gebiet des heutigen Nationalparks: im Westen das Tal des Riu de Sant Nicolau, im Osten das Tal des Riu Escrita, beide getrennt durch den Portarró d'Espot. Der 2428 m hohe Pass war lange Zeit traditioneller Übergang für die Bewohner der Haupttäler, die das geschlossene und steile Gebirge andernfalls weiträumig umgehen mussten. Von Süden stößt das lange Vall Fosca bis an die Grenze des Nationalparks vor.

Wohin man sich im Gebiet des Nationalparks und seiner Umgebung auch aufmacht, überall begegnet man der eiszeitlichen Prägung der Berg- und Tallandschaften, die den Nationalpark weithin berühmt machten. Nach dem »Parque Nacional de Ordesa y Monte Perdido« ist das »Gebiet der 1000 Seen« die am häufigsten besuchte Region der Pyrenäen. Tatsächlich gibt es an die 200 Seen aller Größen im Kern- und Randgebiet des Nationalparks, vom Hochgebirgssee am Grund wilder Bergkessel bis zum großflächigen Talsee.

Sie sind eindrückliche Zeugnisse einer typischen Glaziallandschaft, die in den Eiszeiten des Quartär ihren Ursprung hat. Durch die damaligen Gletscherbewegungen wurde der Felsuntergrund zu Mulden und großen Becken ausgeschürft, in denen sich nach dem Abschmelzen der Eismassen das Wasser sammelte. Sobald solche Vertiefungen langsam mit Erosionsmaterial angefüllt wurden, bildeten sich Flachseen und schließlich verlan-

Am größten der Estanys Escondits (Tour 18).

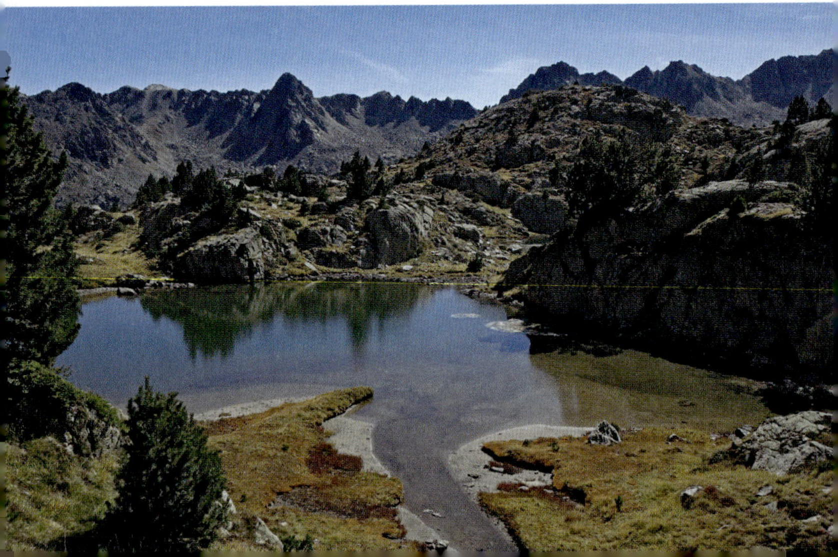

dende Ebenen mit einer Pflanzendecke, in denen sich der Lauf der Flüsse und Bäche vielfach verzweigte. So entstanden die Aigüestortes, katalanisch wörtlich: »gewundenen Wasser«. Mit seinen wunderschönen Bachmäandern, Blumenwiesen und Bauminseln ist der Planell d'Aigüestortes ein Musterbeispiel für diese geologische Entwicklung. Er hat der westlichen Region des Nationalparks auch den Namen gegeben. Ein weiteres die Landschaft prägendes Phänomen ist das dichte Netz an teils naturbelassenen, teils durch Aufstauung künstlich vergrößerten Seen. Sie sind in Höhen von etwa 1800 m bis knapp unterhalb der Gipfel gelegen und häufig durch Bäche und steile Wasserstufen miteinander verbunden. Am prägnantesten zeigt sich dies im Circ de Colomèrs mit einem guten Dutzend reizvollster Bergseen und zahllosen Teichen, an denen die Wanderwege vorbeiführen.
Die vorherrschenden Gesteinsarten sind metamorphe Schiefer, Kalkgestein und Granit. Der dunkle Schieferfels tritt vor allem in den Haupttälern Sant Nicolau, Escrita und Peguera auf. Kompakter Kalkfels baut zum Beispiel die imposanten »Encantats« am St.-Maurici-See auf, die mit ihrer legendären Symbolik das Wahrzeichen des Nationalparks wurden. Granit ist durch seine Farbigkeit und Formschönheit besonders augenfällig, einerseits in Gestalt der glatt geschliffenen Talböden, Rundhöcker und schraffierten Felsbrocken, andererseits in den kantigen Bergflanken und spitzen Graten. Letztere präsentieren sich in den »Agulles«, wörtlich »Nadeln«, um die Refugis Ventosa i Calvell und Amitges sehr eindrucksvoll.
Viele Gipfel des Nationalparks kratzen an der magischen Dreitausendergrenze. Höchste Erhebung ist der Pic de Comaloforno mit 3032 m, gefolgt von den Besiberri-Gipfeln und der Punta Alta de Comalesbienes. Wer die schroffen und steil aufschießenden Gipfel in Augenschein nimmt, hat meist den Eindruck, dass ihre Besteigung nur echten Profis vorbehalten ist. Doch zeigt sich bei näherer Erkundung, dass einige von ihnen, z. B. Besiberri, Pics de Bassiero, Tuc de Ratera, Pic d'Amitges, Pic de Saboredo, Montardo d'Aran, Tuc de Colomèrs oder Pic de Peguera, gar nicht so unbezwingbar sind. Die herausragenden Spitzen locken mit grandiosen Aussichten über die Berg- und Seenwelt des Nationalparks. Wer sich aufs Tal oder die Pässe beschränkt, wird jedoch nicht weniger Freude an der Bergumgebung haben. Neben den großen Haupttälern bieten gerade die unscheinbareren Seiten- und Hochtäler traumhafte Landschaften und stillen Genuss der klaren Bergbäche, Blumenhänge, grünen Talböden und Seen in unterschiedlichsten Farbtönen. Eine faszinierende Gebirgskulisse ist ohnehin ständiger Begleiter.
Im gesamten Nationalpark befinden sich keine bewohnten Ansiedlungen. Viele der umliegenden Ortschaften gehen auf mittelalterliche Ursprünge zurück und beherbergen noch gut erhaltene Bauwerke – Schutztürme, Schlösser, Kirchen, Klöster und Brücken – aus dieser Zeit. Insbesondere Taüll, Boí und Erill-la-Vall am Westeingang zum Nationalpark sind für ihre romanischen Kirchen ebenso bekannt wie für die hübschen alten Dorfkerne.

↗ 760 m | ↘ 760 m | 9.1 km

10 Vall de Cabanes und Estany Negre, 2181 m — 4.30 h

Auf langen, einsamen Wegen zur Perle des Vall de Cabanes

Das in der Randzone des St.-Maurici-Nationalparks gelegene Vall de Cabanes wartet mit schattigen Tannen- und Kiefernwäldern und einem abwechslungsreichen Anstieg zum malerischen Estany Negre auf. Den Reiz dieses Sees macht wohl seine Wildheit aus – es gibt nicht einmal einen Uferweg –, vielleicht aber auch seine fotogene Bauminsel. Kaum zu glauben, dass wir oberhalb der Wildnis aus Kiefern, Felsen und Blockfeldern einen ganz einfachen, grasbewachsenen Gipfel besuchen können (Variante).

Ausgangspunkt: Bosc del Gerdar, 1509 m, Parkplatz mit Info-Schild und Wanderwegweisern oberhalb des Refugi del Gerdar in einer Haarnadelkurve. Auf der C-28 aus Richtung València d'Aneu kommend bei km 56,7 (Hotel Els Avets) bzw. von Vielha kommend bei km 54,9 der Beschilderung »Bosc del Gerdar« folgen.
Anforderungen: Trittsicherheit auf den steinigen Wegen mit Felsblöcken.
Markierung: Gelb, Steinmänner.
Einkehr: Nahe dem Ausgangspunkt im Refugi del Gerdar. Bei der Anfahrt im Hotel Els Avets und in València d'Aneu. Unterwegs keine.
Variante: Lo Pinetó, 2647 m. Schöner Aussichtsbalkon über den Tälern von Espot (unschwierige Wiesenhänge): am rechten (südwestlichen) Ufer des Estany Llong, 2228 m, auf unmarkiertem Pfad nach Süden weiter. Nach 20 Min. nach links auf gelb markierten Pfad einbiegen. Über einen flachen Sattel, 2435 m, mit leichter Rechtsbiegung zum Coll del Pinetó, 2553 m, dann auf dem Westgrat zum Gipfel des lo Pinetó. Für noch bessere Aussicht nordwärts hinab und an der Südseite der Roca Blanca hinaufkraxeln. Wechselnde Gesteine und ein horizontaler Zackengrat zum Gipfel, 2693 m. Vom Sattel zwischen den beiden Bergen, 2614 m, unschwierige Hangquerung zurück zum Coll del Pinetó (zusätzlich 2.45 Std., 5 km sowie 500 Hm Auf- und Abstieg).

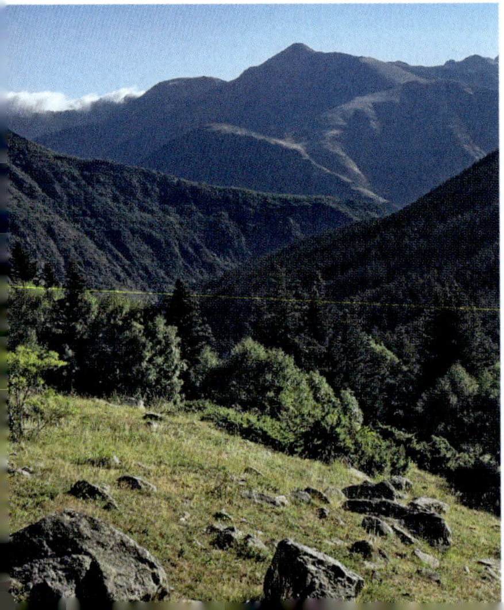

Am Parkplatz im **Bosc del Gerdar** ❶ nehmen wir den rechten, mit »Estany Negre de Cabanes« beschilderten Wanderweg. Der Weg gewinnt gut an Höhe und führt erst durch Tannenwald, dann Kiefern-Mischwald sowie über verbuschende Almen zu einer Holzbrücke über den **Riu de Cabanes** ❷, 1878 m. Nach der

Rückblick ins Vall de Cabanes.

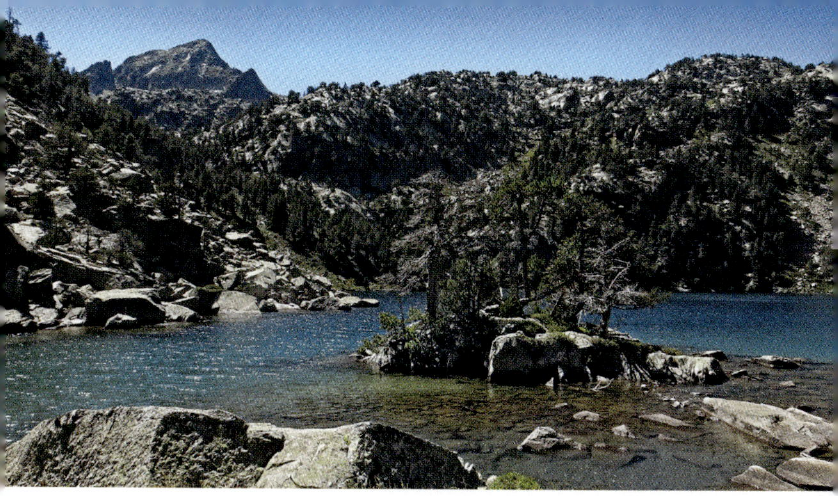

Der Estany Negre, blauer Glanzpunkt in einer steinigen Welt.

Bachüberquerung folgen wir nach rechts der Beschilderung »Estany Negre«. Der Weg zieht steil am linken Talhang durch meist offenes Gelände bergauf. Himbeeren gedeihen hier prächtig und verhelfen uns im Spätsommer zu einem kleinen Vitaminstoß. Weiter oben wird das Tal immer steiniger, es ist regelrecht mit Felsbrocken zugeschüttet. Nur die Kiefern mögen offenbar solch eine Umgebung. Der Weg ist gut angelegt, sodass weder große Steine noch Alpenrosen zum Hindernis werden. Am **Wegweiser 3**, 2155 m, gehen wir in Richtung »Estany Llong« weiter. Den Abstecher zum Estany Negre lassen wir als Höhepunkt für den Abstieg übrig. Der **Estany Llong 4**, 2228 m, liegt lang gestreckt in einer Senke und ist im Sommer trotz Zufluss nicht voll. Er ist nicht der schönste See, aber er hat eine beeindruckende, wilde Umgebung, überragt von den zackigen

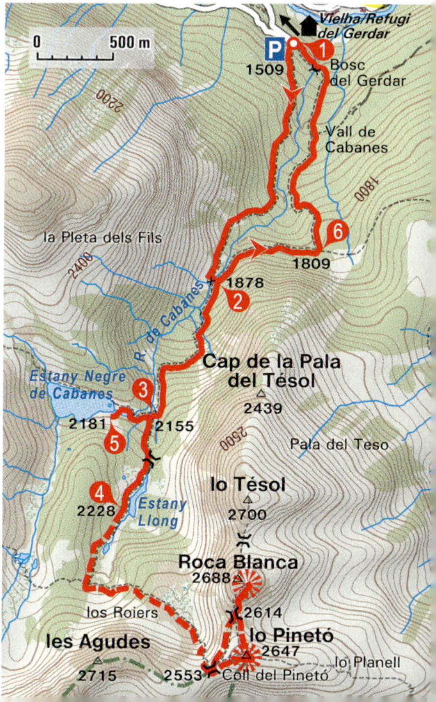

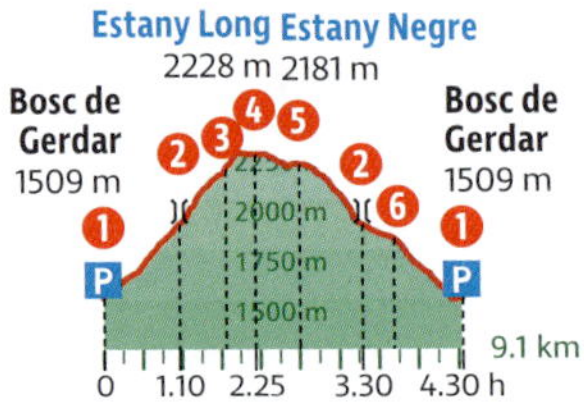

Spitzen der Les-Agudes-Wände. Von seinem Südwestufer aus können wir den einfachen lo Pinetó, 2647 m, besteigen (siehe Variante).

Wir kehren zum **Wegweiser** 3 zurück, um nun den Estany Negre zu besuchen. Das bedeutet ein paar zusätzliche Höhenmeter, aber es lohnt sich. Schon der kleine Vorsee ist malerisch. Der **Estany Negre** 5, 2181 m, mit seiner pittoresken Insel und der herrlichen Umgebung aber lädt zu einer Erfrischung und zum längeren Verweilen auf den großen Steinen ein. Der See hat übrigens keinen Uferweg. An seinem südlichen Ufer kann man nach Überwindung einer Barriere aus großen Felsblöcken auf einem Pfad noch bis zu einer romantischen Stelle vordringen. Dort haben Naturliebhaber einen kleinen Picknicktisch aus Stein aufgestellt. Nebenan befindet sich an der Einmündung des Zuflusses ein hübscher Strand aus grobem Sand.

Wir kehren zum **Wegweiser** 3 zurück und steigen auf dem Hinweg zum **Riu de Cabanes** 2 ab. Dort folgen wir der Beschilderung »Refugi del Pla de la Font«, bleiben also auf der rechten Bachseite, und laufen auf abwechslungsreichem Weg mehr horizontal als abwärts zum **Abzweig** 6, 1809 m, hinüber. Ab hier geht es nach links, immer in Richtung »Refugi del Gerdar«, steil bergab. Zu guter Letzt müssen wir nach Überquerung des Riu de Cabanes noch ein paar Meter zum Parkplatz im **Bosc del Gerdar** 1 ansteigen.

Estany Llong unter der Serra de les Agudes.

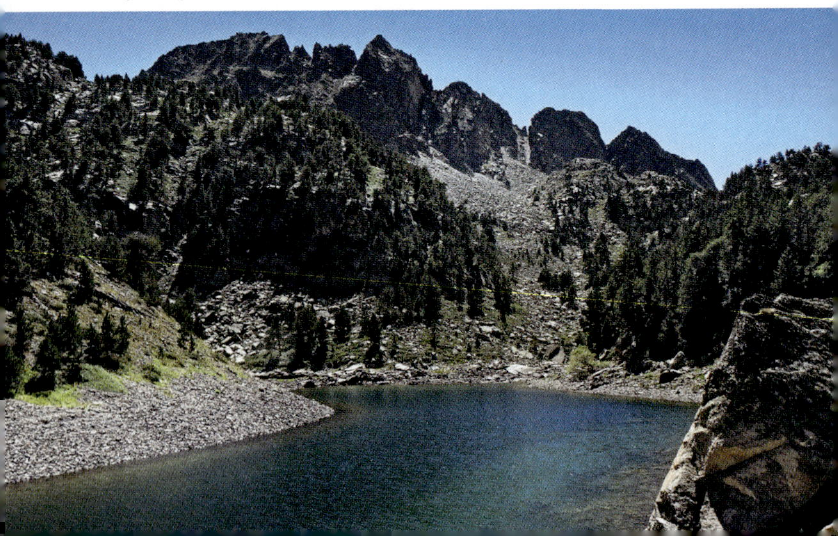

↗ 910 m | ↘ 910 m | 15.5 km

6.15 h Lac Tòrt de Rius, 2351 m, und Lac Redon, 2253 m

11

Seen-Rundwanderung oberhalb des Túnel de Vielha

Die in seiner nordwestlichen Ecke gelegene, vom Lac Rius und Lac Tòrt de Rius gebildete Seenplatte ist eine der Hauptattraktionen des Nationalparks, und das völlig zurecht. Es sind nicht nur die auf einer Hochebene verteilten, außergewöhnlichen Seen, sondern auch ihre Umrahmung durch imposante Bergmassive, die viele Wanderer anlocken. Am großartigsten ist der Ausblick auf die Seen vom Tuc de Sarrahèra aus, dessen Zustieg auf einer teilweise weglosen, aber einfachen Route in der Variante beschrieben ist. Die abwechslungsreiche Rundwanderung mit Abstieg über den einsamen Lac Redon wird allerdings auch ohne Gipfel zum unvergesslichen Erlebnis.

Ausgangspunkt: Túnel de Vielha, 1600 m, Parkplatz am Südende des Tunnels. Von Süden kommend an der letzten Ausfahrt vor dem Tunnel abfahren (Schild »Sant Nicolau«). Nach einem Steinhaus durch eine Lücke in der Leitplanke rechts in eine Schotterstraße abbiegen und nach 200 m am Straßenrand oder auf der Wiese parken. Wer von Norden, also durch den Tunnel kommt, muss bei nächster Gelegenheit wenden.
Anforderungen: Trittsicherheit in nassen, rutschigen Passagen. Nebelfreiheit für den Übergang zum Lac Redon Voraussetzung.
Markierung: Rot-weiß (GR 11), Steinmänner.
Einkehr: Ca. 1 km südlich des Ausgangspunktes im Refugi de Conangles sowie bei der Anfahrt in Vielha und in Vilaller. Unterwegs keine.
Unterkuft: **Refugi de Conangles**, (36 Pl.), Tel. 696 649 871, lacentralderefugis.com.
Variante: Tuc de Sarrahèra, 2634 m (Wegspuren in einfachem Gelände. Steinmänner): vom kleinen Wiesenplateau 300 m westlich des Lac de Rius, 2346 m, nach rechts (Norden) hinauf und in einem Tälchen bis zu einem Sattel, 2523 m. An der rechten Kante des Südwesthangs steil zum Gipfel. Zurück zum Sattel, dann wegloser Abstieg auf Wiesenstreifen nach Westen. Bei einem ersten kleinen See ein kurzes Stück über Blockwerk nach links hinaufkraxeln. Weiter nach Westen und vor der Geländekante nach links in den Talkessel hinabqueren. Im Talkessel in Richtung Lac Redon, 2250 m, zur Hauptroute (zusätzlich 1 Std., 1,6 km sowie 200 Hm im Auf- und 180 Hm im Abstieg).

Am Wegweiser in der Nähe unseres Parkplatzes beim **Túnel de Vielha** ❶ folgen wir der Beschilderung »Ref. de Molières, Pòrt de Vielha« und steigen auf einer Wiese bis zum nächsten Wegweiser an, der uns zum »Pòrt de Rius« und »Estanh de Rius« schickt. Wir gehen auf der Wiese nach rechts weiter bergauf. Kurz bevor der Wanderweg in lichten Wald eintritt, können wir ein paar Meter nach links zu einem bequemen, grasbewachsenen Fahrweg aufsteigen. An seinem Ende geht der Fahrweg in den GR-11-Wanderweg über, der an großen alten Buchen und Tannen vorbei, dann über Wiesen mit Kiefern und Wacholdern am linken Talhang hinaufzieht. Nach einer flachen Alm wird es steiler und steiniger, die Aussicht in den wilden Kessel des Vall

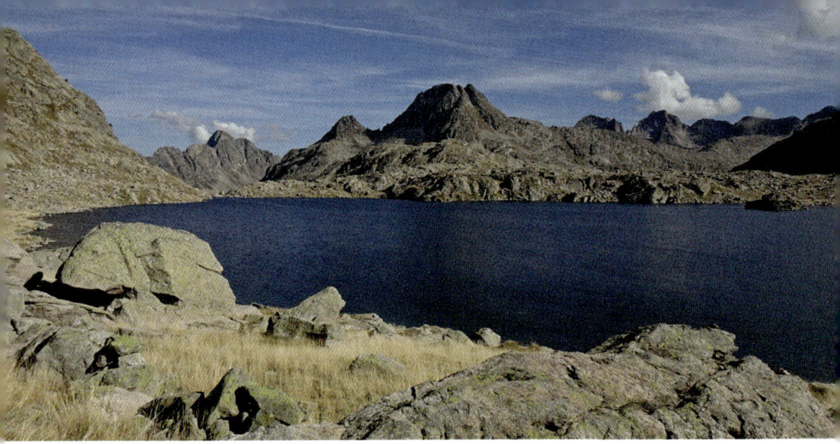

Lac de Rius vor dem Tossau de Mar (mittig).

de Conangles beeindruckt, ebenso der Wasserreichtum in dem nach Süden gerichteten Hang. An der Wegteilung in einer **Spitzkehre** ❷, 2118 m, mit großem Steinmann, gehen wir nach rechts weiter (von vorne kommt unser Abstiegsweg vom Lac Redon).
Wir erreichen den Pòrt de Rius, 2348 m, und wenig später den verschlungenen Lac de Rius mit markanten Berggestalten dahinter. Oberhalb des linken Seeufers schlendern wir zum Abzweig, an dem wir später den **Lac de Rius** ❸, 2346 m, verlassen. Jetzt aber gehen wir am See weiter und biegen an seinem östlichen Ende nach rechts in Richtung »Estanh de Mar« ab. Auf einem guten, unmarkierten Pfad (Achtung: Es gibt eine Vielzahl von Nebenpfaden) wandern wir im Slalom um Felsen und Tümpel zu dem vielleicht eigenartigsten See der östlichen Pyrenäen, dem **Lac Tòrt de Rius** ❹, 2351 m.

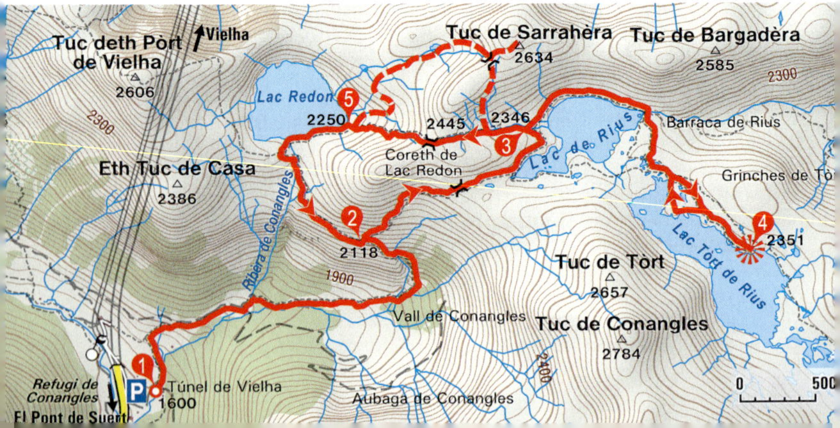

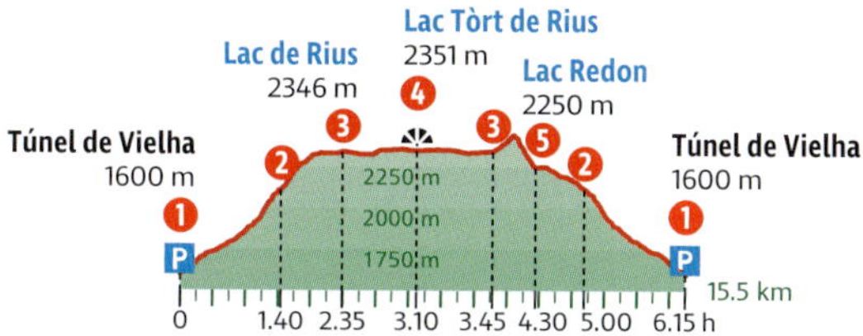

Wir suchen uns am linken Ufer einen Aussichtspunkt, z. B. auf der Halbinsel am Seeanfang oder auf der Aussichtskanzel nach der Seemitte, bevor der Weg deutlich absteigt. Der Blick geht über eine weite, baumlose Hochebene mit flachen Gletscherschliffen und über den vielfach ausgebuchteten See mit seinen flachen Felsinseln. Zusammen mit den zackigen Bergen dahinter ergibt sich ein Bild von wilder, karger Schönheit.

Wir kehren auf demselben Weg zu der Stelle am **Lac de Rius** ❸ zurück, wo der Weg an einer Bachüberquerung einen starken Linksknick macht. Hier wenden wir uns halbrechts und laufen rechts des Bachs auf deutlichem, unmarkiertem Trampelpfad mit einigen Steinmännern ein zuerst flaches, dann mäßig steiles Wiesental hinauf. Nach knapp 300 m zweigt an einem kleinen Plateau nach rechts die Variante ab. Wir gehen in dem flachen Tal weiter geradeaus. Ziel ist die Einsattelung vor uns (Coreth de Lac Redon, 2445 m), die plötzlich einen atemberaubenden Blick auf den großen Lac Redon und die 3000er-Bergkulisse dahinter freigibt. Ein Abstecher zu einem Aussichtspunkt links des Sattels lohnt sich nicht, da ein freier Seenblick dort nicht zu bekommen ist. Der Abstiegspfad über Wiesen zum Lac Redon ist dagegen deutlich zu erkennen und mit Steinmännern markiert. Die Kiessstrände und das glasklare Wasser des **Lac Redon** ❺, 2250 m, sind verlockend für eine einsame Rast mit Erfrischung.

Ein Pfad bringt uns, ein ganzes Stück über Seeniveau, zum Auslauf und zur Wetterstation mit Blechhütte, dem einzigen Makel des Sees. Für den weiteren Abstieg müssen wir jenseits des Seeauslaufes ein wenig aufsteigen, dann nach links in Kehren bergab gehen und den Auslauf noch einmal überqueren. Danach geht es höhenwegartig zur **Spitzkehre** ❷ und auf dem Aufstiegsweg zurück zum **Túnel de Vielha** ❶.

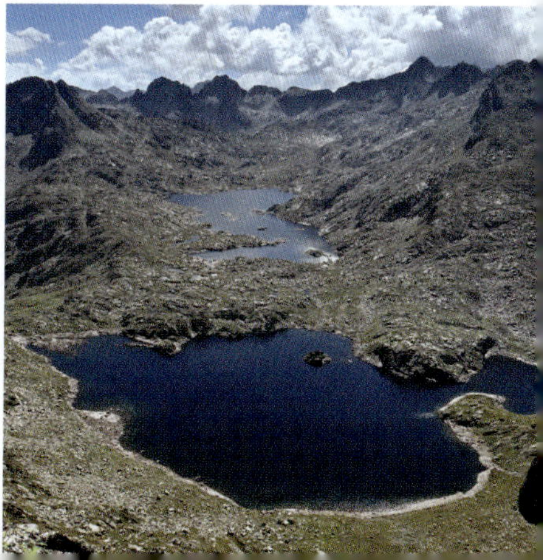

Der Seenblick vom Tuc de Sarrahèra. Vorne Lac de Rius, hinten Lac Tort de Rius.

↗ 1150 m | ↘ 1150 m | 19.5 km

8.15 h

12 Montardo, 2833 m

Ein herausragender Gipfel in eiszeitlich geprägter Landschaft

Wer sich über steinige, mühsame Wege bis zum Refugi Ventosa i Calvell heraufgearbeitet hat und sich dabei hauptsächlich auf seine Füße konzentrieren musste, der wird oberhalb der Hütte ordentlich entschädigt: durch eine wunderschöne hügelige Seen- und Wiesenlandschaft mit zackiger Felskulisse und als Zugabe durch den Montardo-Gipfel, der – als gewaltige Felspyramide bekannt und bewundert – von unserer Seite ein Wiesenberg ist. Das tut der exzellenten Aussicht von seiner Spitze aber keinen Abbruch.

Ausgangspunkt: Estany de Cavallers, 1733 m, Parkplatz unter der Staumauer. Anfahrt ab Caldes de Boí, 1500 m, durch das Vall de Boí (schmale Asphaltstraße).
Anforderungen: Trittsicherheit in den grobsteinigen, teils rutschigen Wegen unterhalb des Refugi.
Markierung: Gelb markierte Holzpfähle, Gipfelweg: Steinmänner.
Einkehr: Im Rifugi Ventosa i Calvell und abseits der Tour in Boi.
Unterkunft: Refugi Ventosa i Calvell, (70 Pl.), Tel. +34 973 297 090, refugiventosa.com.
Variante: Im Abstieg Abkürzung vom Estany de les Monges zum Hauptweg unterhalb des Refugi Ventosa i Calvell (stellenweise Steinmänner): von der Ostseite des Estany de les Monges, 2423 m, den Hauptweg nach rechts verlassen

Gletscherschliffe sind Begleiter auf der gesamten Tour.

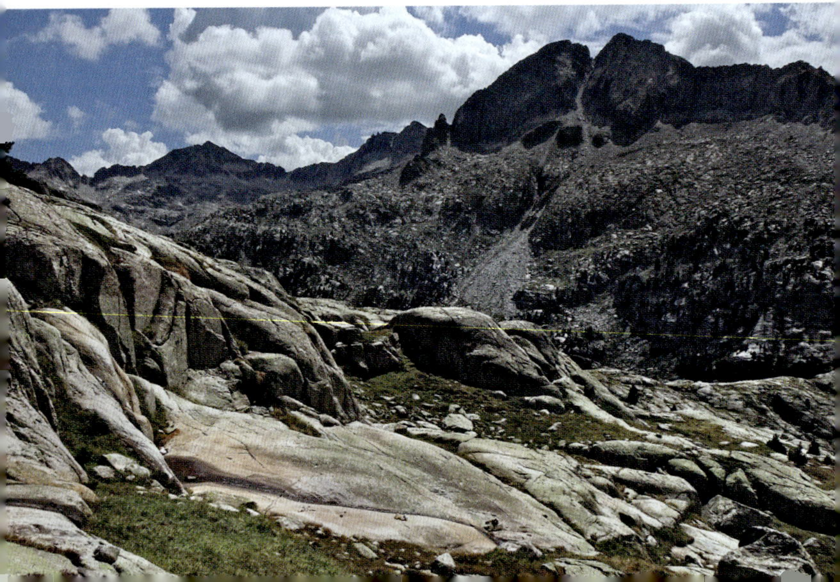

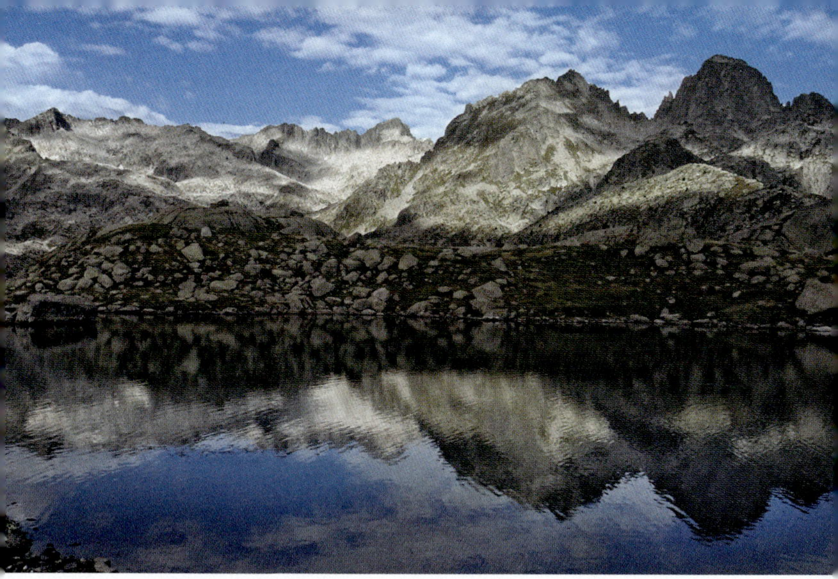

Oberhalb des Refugi Ventosa i Calvell, den Besiberri immer im Blick (Bildmitte).

und Abstieg nach Süden und Südwesten, dann ansteigende Wiesenterrasse. Anschließend über gestuftes Gelände abwärts und Überquerung des Pfads, der vom Refugi Ventosa i Calvell zu den Estanys de Tumeneia zieht. In Bachnähe durch Gletscherschliffe und über teils sumpfige Wiesen direkt hinab zur Hauptroute (Ersparnis: 15 Min./0,8 km, aber ca. 30 Hm Auf- und Abstieg mehr).

Vom Parkplatz unterhalb des **Estany de Cavallers** ❶ gehen wir zur Staumauer hinauf und auf dem etwas mühsamen Uferweg bis zum nördlichen Ende des Sees. Ein paar Serpentinen bringen uns hinauf in die steinige Ebene des **Planell de Riumalo** ❷, 1849 m, wo nach einer Holzbrücke der Steig zum Besiberri Nord nach links abzweigt und noch über eine zweite

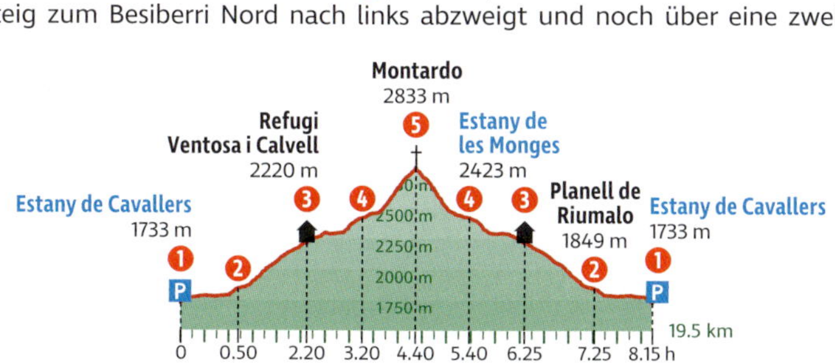

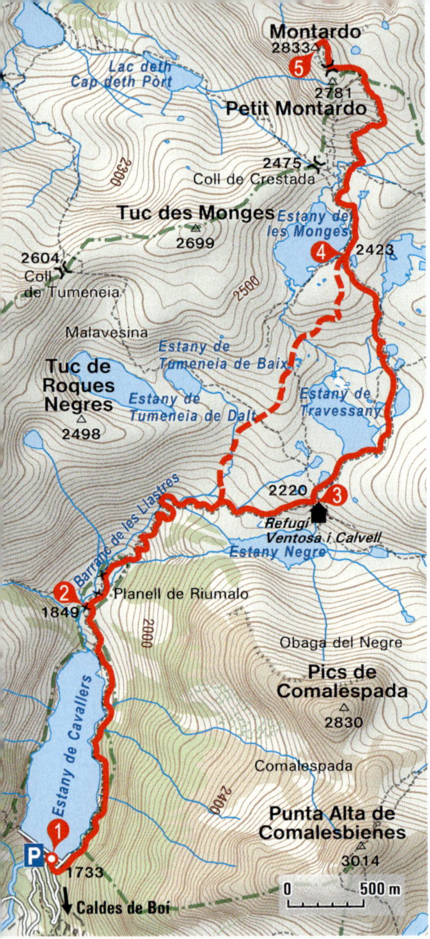

Brücke führt. Wir gehen geradeaus auf eine schräge, gestufte Mauer aus Gletscherschliffen zu. Hier brauchen wir Geduld, denn der Weg schlängelt sich in weiten, oft sehr flachen Serpentinen durch das Felslabyrinth hindurch. Nach einem Rechtsschwenk des Weges helfen die schrägen Gletscherschlifffelsen beim Aufsteigen, oberhalb des Estany Negre erleichtern Wiesen das Gehen. Wir erreichen kurz vor dem **Refugi Ventosa i Calvell** ❸, 2220 m, einen Wegweiser, der uns, ebenso wie die nächsten zwei, in Richtung »Refugi dera Restanca« schickt. Es beginnt eine abwechslungsreiche Etappe zu einer Reihe von Seen in herrlicher, hügeliger, von Felsinseln durchsetzter Landschaft. Jeder der Seen ist anders, aber alle sind im Sommer ein wenig grünlich, was man wohl der starken Beweidung zuschreiben muss. Unseren Gipfel immer im Blick passieren wir den **Estany de les Monges** ❹, 2423 m. Am Wegweiser oberhalb des Sees gehen wir ein kurzes Stück nach rechts in Richtung »Refugi Colomèrs« und beginnen an einem weiteren Wegschild, das nach links zum »Montardo« zeigt, den Gipfelanstieg.

Der Weg zum Gipfel hinauf ist unschwierig und nicht zu verfehlen: Er steigt im Wiesengelände an, führt um den Petit Montardo herum, auf seiner Nordseite zu einem Sattel und das letzte Stück bequem zum geräumigen Hauptgipfel des **Montardo** ❺, 2833 m.

Hier erwartet uns eine perfekte Rundsicht. Beim Blick nach Westen und Norden hinab kann man erahnen, was für ein herausragender Berg der Montardo ist. Als Rückweg nehmen wir den Aufstiegsweg oder, für den Mittelteil, ab dem **Estany de les Monges** ❹, die Variante.

Am Montardo-Gipfel, hoch über den Seen um das Refugi dera Restanca (vgl. Tour 6).

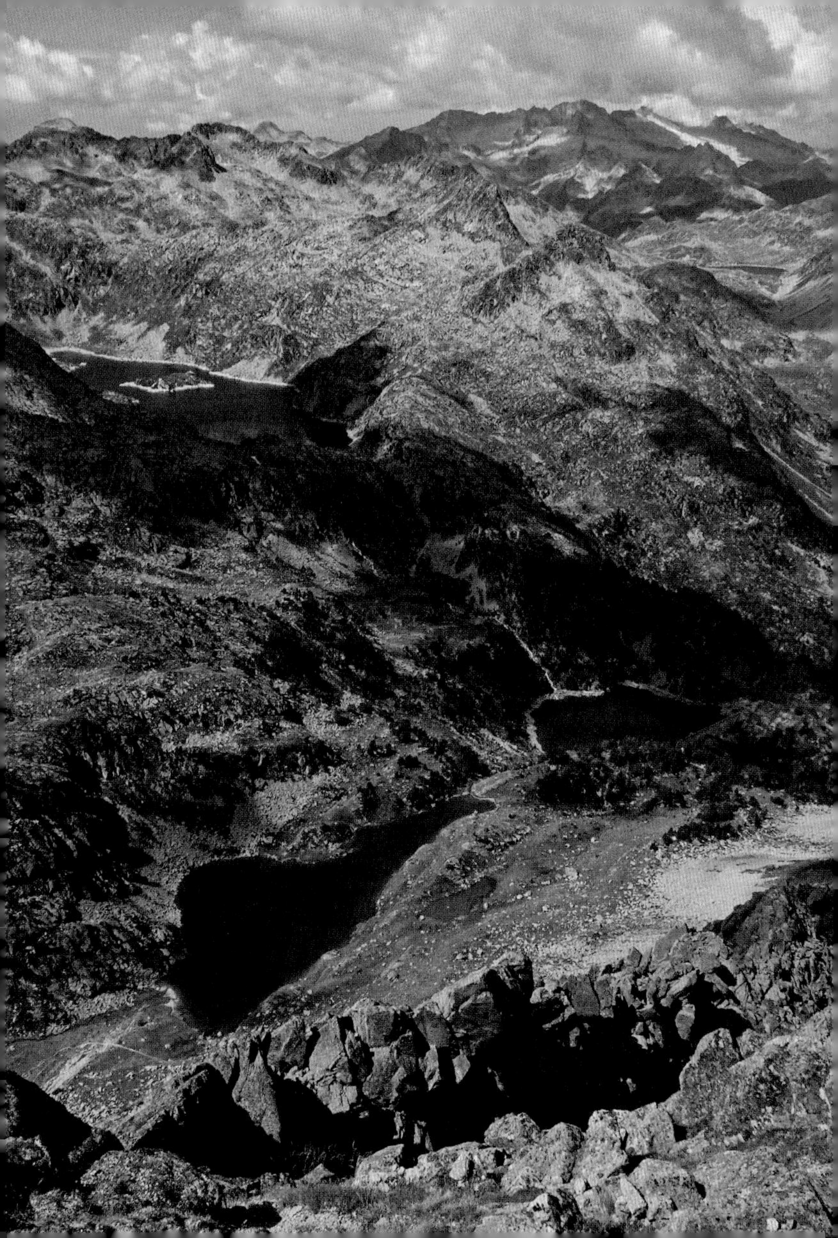

↗ 810 m | ↘ 810 m | 8.2 km

13 Estany del Pessó d'Amont, 2493 m

4.30 h

Ein stiller See und ein einsamer Bergkamm über Boí und Taüll

Im leicht erreichbaren südwestlichen Randbereich des Nationalparks ist die Bergwelt nicht so spektakulär wie in seinen zentralen Gebieten. Die Szenerie des türkisblauen Estany del Pessó, überragt von der steilen felsigen Westflanke des Gran Pic del Pessó, kann es dennoch leicht mit manchem bekannten und vielbesuchten See im Nationalpark aufnehmen. Eine optionale Kammüberschreitung gewährt uns als Zugabe noch Einiges an Erlebnissen und Ausblicken und zu guter Letzt einen Wellnessabstieg.

Ausgangspunkt: Riu de Sant Martí, 1690 m, Parkplatz an der Kehre der Straße (L-501) von Taüll ins Skigebiet. Von Boí kommend 3 km nach dem Ortsende von Taüll Parkplatz an der rechten Straßenseite vor der Kehre an der Brücke über den Riu de Sant Martí. Informationstafel. Die ersten 600 m des Wegs können bis zu einem stillgelegten Kieswerk noch mit einem kleinen Pkw befahren werden. Dort ebenfalls Parkmöglichkeit.
Anforderungen: Vorwiegend unschwierige Wege. Unterhalb der Seen teils steile und rutschige Passagen.

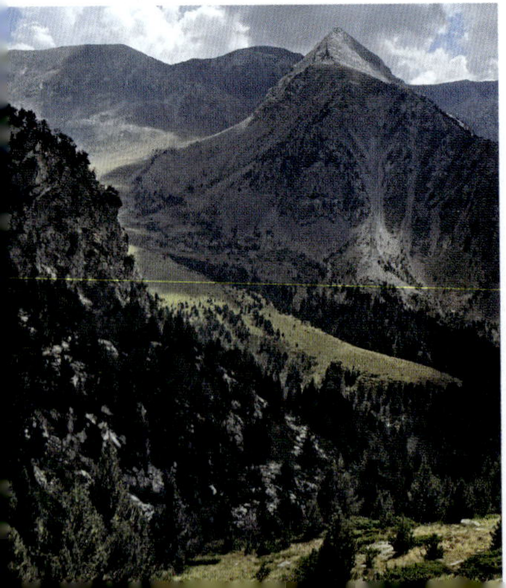

Markierung: Rot-weiß, gelb, Steinmänner.
Einkehr: Am Anfahrtsweg in Taüll und in Boi. Unterwegs keine.
Variante: Pic Petit del Pessó, 2791 m, prächtiger Aussichtspunkt, und anschließend Kammüberschreitung zum Pòrt de Rus, 2617 m (Trittsicherheit notwendig. Kraxelstellen. Nebelfreiheit Voraussetzung): am Estany del Pessó d'Amont, 2493 m, nach rechts rund 300 m am steinigen Südufer entlang, dann nach rechts in ein flaches Wiesental einbiegen und geradewegs nach Südosten hinauf zum Colladó del Pessó, 2690 m. Ab dort im Rechtsbogen zum Gipfel. Flacher Abstieg nach Südosten bis vor den ersten Gratkopf. Dieser und die nächsten Gratzacken werden in ihrer Westflanke umgangen. Dafür nach rechts den teils steinigen und sandigen Wiesenhang schräg hinab, um die vom Grat herunterreichenden Felsen zu unterqueren. Danach ohne Richtungswechsel steil zum Pic de l'Estanyet, 2776 m, hinauf. Weiter über den Kamm nach Südosten (nur stellenweise Kraxelei) über den Castell de Rus, 2777 m, zum Pòrt de Rus, 2617 m. Am Sattel rechts hinab und über fast endlose Wiesen zurück zur Hauptroute, 1994 m; (zusätzlich 2.30 Std., 5,7 km sowie 450 Hm im Auf- und Abstieg).

Grasberge kontrastieren mit dem spitzen Serrat de Moró.

Gegenüber dem Parkplatz am **Riu de Sant Martí** ❶ beginnt der Wanderweg bei einer Infotafel und einem Wegweiser zum »Pòrt de Rus«. Nach 600 m Fahrweg steigt unser Weg in Kehren an und führt danach an der linken Talseite ein ganzes Stück über dem Bach durch schöne gemischte Vegetation. Es folgen weitere Kehren im Wechsel mit Flachstücken. Bei einem **Wegweiser** ❷, 1994 m, nehmen wir den Pfad links hinauf zu den »Estanys del Pessó« (von links: Variante). Er ist mit gelben Markierungen und Holzpfählen versehen und verläuft meistens steil, nur anfangs durch Wald, dann durch offene Vegetation und im oberen Teil auf einem aussichtsreichen Rücken hinauf zum kleinen Estany del Pessó d'Avall. Sein Abfluss ist meist trocken, weil

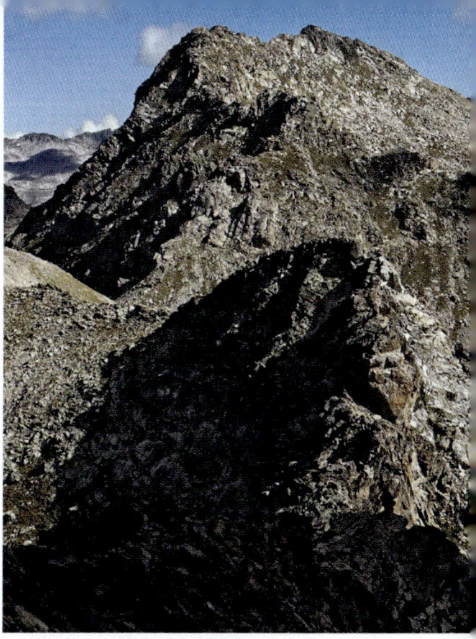

Der felsige Kamm der Variantenroute. Dahinter der Gran Pic del Pessó.

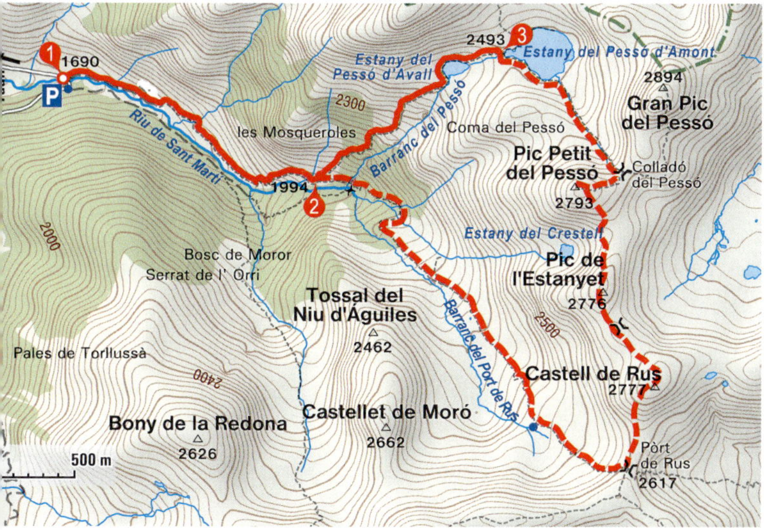

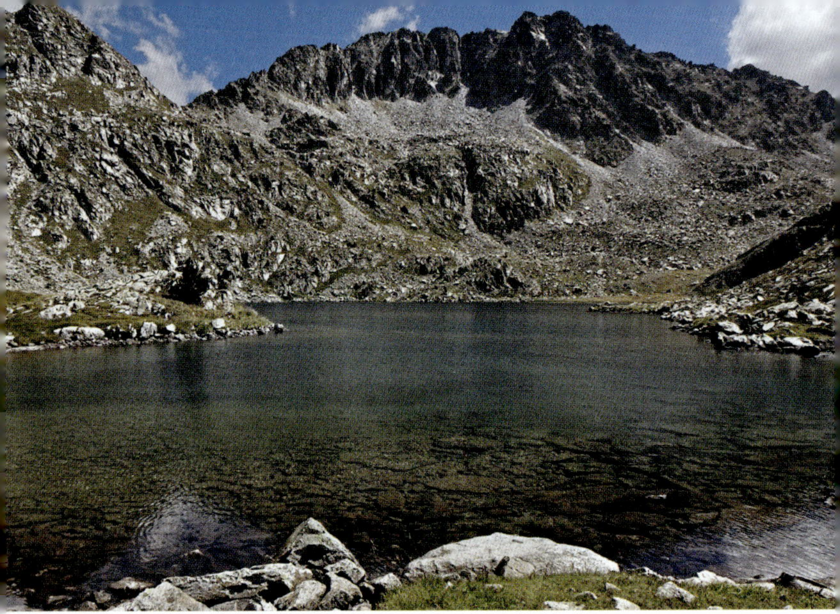

Estany del Pessó d'Amont vor dem Gran Pic del Pessó.

das Wasser unterirdisch abfließt und als Quelle unterhalb des Sees wieder zum Vorschein kommt.

Wir gehen am linken Seeufer weiter und halten uns nicht lange auf, weil nur gut 50 Hm weiter oben unser Tourenziel lockt, der **Estany del Pessó d'Amont** ❸, 2493 m. Er liegt, wunderbar klar und türkisblau, in einem Stein- und Wiesenkessel unter der mächtigen Felsmauer des Gran Pic del Pessó. Ein herrlicher, stiller Ort zum Rasten und Erfrischen. Vom Auslauf des Sees können wir zu einer langen, aussichtsreichen Kammwanderung über mehrere flache Gipfel aufbrechen, die die Tour zu einer Rundtour werden lässt (siehe Variante). Anderenfalls steigen wir auf dem Aufstiegsweg zum Parkplatz am **Riu de Sant Martí** ❶ ab.

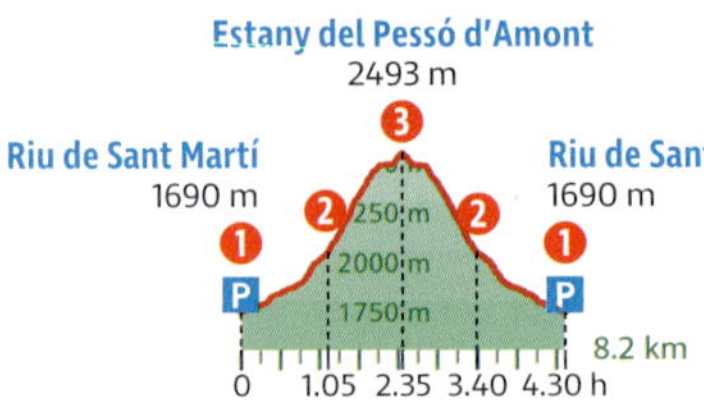

↗ 1030 m | ↘ 1030 m | 16.5 km

6.45 h

Pales de Castieso, 2795 m

14

Einsame Kammüberschreitung im Kerngebiet des Nationalparks

Das Val de Sant Nicolau hat bekannte und spektakuläre Ecken, so wie die Cascada und den Mirador de Sant Esperit. Hauptattraktion aber sind die Aigüestortes, die »gewundenen Wasser«, Namensgeber für den Nationalpark, die es von einem als Holzsteg angelegten Schaupfad in der Nähe unseres Ausgangspunkts zu bestaunen gibt. Wir nehmen bewusst in Kauf, ein längeres Stück auf breitem Weg und vielleicht auch zwischen vielen anderen Wanderern durch das vom Wasser, aber auch von felsigen Hängen und Spitzen geprägte Tal zu laufen, bevor wir unsere einsame Zwei-Täler-Rundtour mit nicht ganz einfacher Gipfelüberschreitung beginnen.

Ausgangspunkt: Planell d'Aigüestortes, 1825 m. Anfahrt ab Boí mit Taxi. Alternative: Von Barruera kommend führt etwa 1,5 km nach dem Abzweig nach Boí rechts eine Betonstraße (Schild: »P. N. d'Aigüestortes i Estany de St. Maurici«) zum Parkplatz La Molina, 1380 m. Ab dort – am besten mit (E-)Bike – 6,8 km auf guter, schmaler Asphaltstraße zum Ausgangspunkt. Die Weiterfahrt mit dem Fahrrad ist verboten und es ist dringend davon abzuraten.

Anforderungen: Orientierungsvermögen und Trittsicherheit; Kraxelei. Nebelfreiheit und trockenes Wetter sind Voraussetzungen für die Tour.
Markierung: Gelb, Steinmänner.
Einkehr: Im Refugi d'Estany Long. Am Anfahrtsweg in Boi.
Unterkunft: **Ref. de la Centraleta** 1913 m, (10 Pl.), unbewirtschaftet, nur offen, wenn das wenn Ref. d'Estany Llong geschl. **Ref. d'Estany Llong**, (49 Pl.), Tel. +34 973 299 545, lacentralderefugis.com.

Vom **Planell d'Aigüestortes** ❶ wandern wir auf der Talstraße durch locker mit Kiefern bestandene liebliche Wiesen und treffen am **Planell Gran** ❷, 1858 m, auf den Abzweig nach »Dellui, 2.30« (unser späterer Rückweg). Wir überqueren auf Holzstegen Wasserläufe, passieren das Refugi de la Centraleta, lassen das **Refugi d'Estany Llong** ❸, 1985 m, links liegen und erreichen etwas oberhalb des Estany Llong eine Wegteilung. Hier gehen wir rechts in Richtung »Portarró d'Espot« und

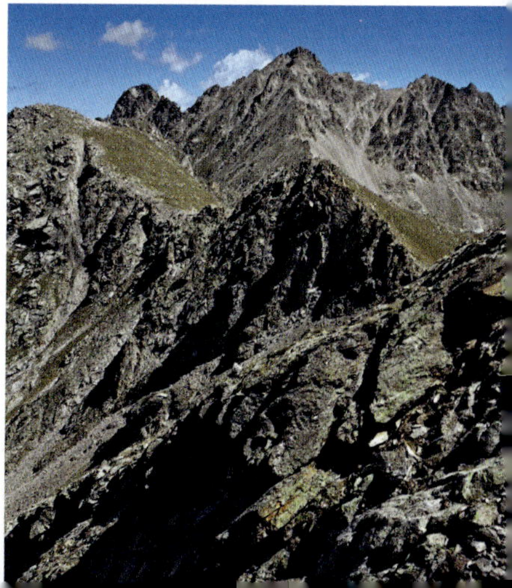

Der Gipfelkamm der Pales de Castieso vor dem Fast-Dreitausender Pic de Subenuix.

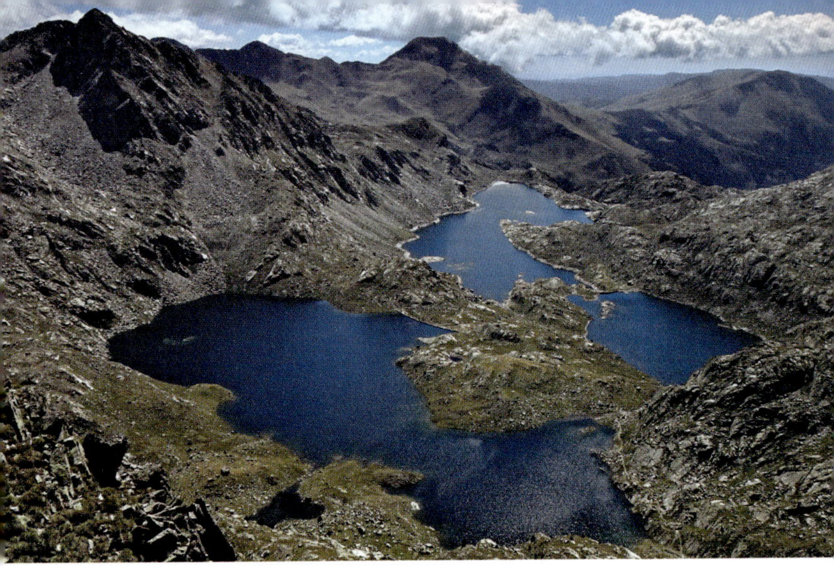

Am Gipfel liegt einem die Seenlandschaft des oberen Vall Fosca zu Füßen.

steigen in bequemen Kehren an. Beim nächsten Wegweiser, 2143 m, folgen wir der Beschilderung »Estany Nere« und wandern auf einem abwechslungsreichen, mit gelben Holzpfählen markierten Weg wilden Felsspitzen entgegen und zum klaren, türkisfarbenen **Estany Nere** 4, 2300 m, hinauf. Die gelben Markierungen enden hier.

Wir gehen am rechten Ufer weiter, steigen am Ende des Sees über Wiesen rechts bergan und stoßen bald auf eine schwache Spur mit Steinmännern, die immer deutlicher wird. Sie führt uns zu einem kleinen See, an dem Gletscherschlifffelsen den direkten Weiterweg blockieren. So zieht der Pfad rechts durch eine kurze steinerne Rinne hinauf. Danach geht es über schöne Wiesen, umrahmt von Felsen und Gletscherschliffen, immer an der rechten Seite des einsamen, friedlichen Tals bergauf. Beim nächsten größeren

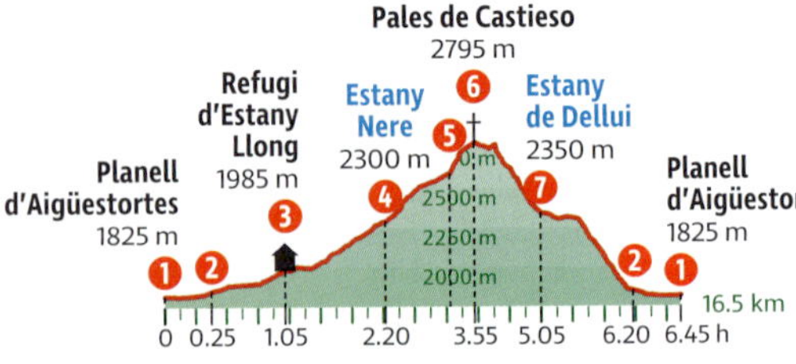

See hat es zunächst den Anschein, als müssten wir die steilen Felswände an seiner rechten Seite weit oben umgehen, jedoch kommt man am Wandfuß auf Seeniveau ohne nasse Füße durch. Das Gelände flacht in der Folge ab. Links sind die gar nicht mehr so wilden Abstürze des Pic de Subenuix zu sehen und rechts vor uns erhebt sich der erste unserer Gipfel mit seiner markanten Rinne auf der Nordseite, die einem Axthieb gleicht.
Wir kommen gut voran, passieren den ersten der beiden Estanys dels Gavatxos rechts, vollziehen danach einen leichten Linksknick, um den zweiten See rechts liegen zu lassen. Wir steigen noch etwa 50 Hm weiter in Richtung des vor uns liegenden Sattels zu einem kleinen **Plateau** ❺, 2597 m, an. Ab hier gehen wir mit leichtem Rechtsknick auf unseren ersten Gipfel zu, den wir in seinem steiler werdenden Wiesen-Nordosthang direkt angehen. Das Gras ist gut gestuft, die Schuhe finden guten Halt, vorausgesetzt, es ist trocken! Natürliche Rampen, z. B. in der Umgebung von Felsinseln, erleichtern das Steigen. Wir erreichen eine Schulter mit hohem Gras und brauchen ab dort nur noch wenige Meter zum Gipfelkamm, 2785 m, zu gehen, wo uns ein herrlicher Blick auf die Seenplatte im Süden, mit dem großen Estany Tort, erwartet.
Der Kammverlauf in Richtung Südwesten enthält leider schwierige Felszacken, sodass wir für unsere Überschreitung zuerst ca. 20 m nach Osten zurückgehen müssen, um dann nach rechts spitzwinklig in eine Schotterrinne einzubiegen, die eine Hangquerung in der Südostflanke einleitet. Sie ist bei vorsichtigem Gehen unschwierig und führt über Sand und schräge

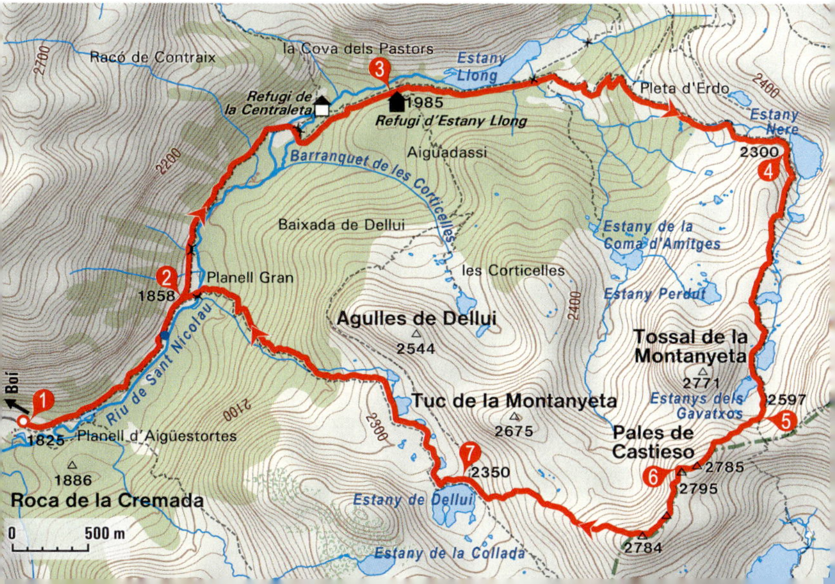

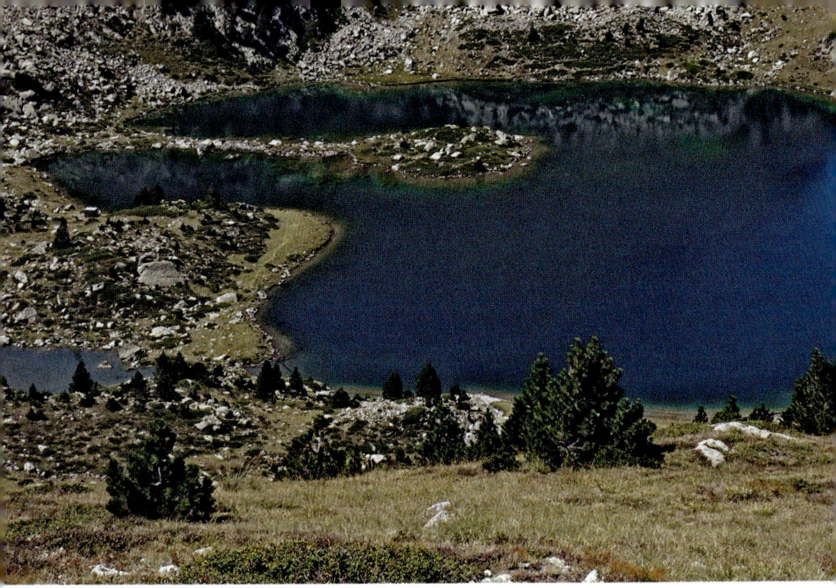

Estany de Dellui.

Erdstufen, die jedoch nicht nass sein dürfen. Die Felsen werden unterquert, danach geht es über eine steile Wiese wieder hinauf zum grünen Kamm, wo wenig später der höchste Gipfel der **Pales de Castieso** ❻, 2795 m, erreicht ist. Das Panorama ist fast komplett, nur die beiden Spitzen des Pic de Subenuix verhindern den Blick in die Berge südlich des Estany de Sant Maurici. Dafür können mehrere nach Norden hinabziehende schöne Täler mit ihren Seen überblickt werden. Der nächste Gratkopf wird südlich umgangen. Vom folgenden Sattel erkraxeln wir den vierten Pales, 2784 m, dicht an seinem Nordostgrat, was sich als leichter erweist als gedacht.

Wir steigen am Westrücken ab, der genau auf den Estany de Dellui mit seiner extravaganten Halbinsel ausgerichtet ist. Der Weg ist nur mäßig steil, unschwierig und enthält Steine, Gras und Sand. Nur an einer einzigen kurzen Steilstelle wartet ein wenig Kraxelei. Eine steile Wiese leitet uns schließlich nach links direkt zum **Estany de Dellui** ❼, 2350 m, hinab. Der sehr klare, blaue See ist ein idealer Rastplatz.

Von seinem Nordwestufer führt der Talabstieg über hügelige Wiesen noch an mehreren Seen und Seelein vorbei. An einem Wegweiser gehen wir in Richtung »Planell d'Aigüestortes« und kommen danach in lichtem Wald auf gut angelegtem, relativ bequemem Weg ins Tal. Über eine Holzbrücke und eine Wiese gelangen wir zum **Planell Gran** ❷ und auf dem Hinweg zurück zum **Planell d'Aigüestortes** ❶.

↗ 390 m | ↘ 390 m | 5.5 km

2.30 h

Roca des Abelles, 2544 m

15

In die steinige Seenwelt im oberen Vall Fosca

Der Anblick des Estany Gento ist nicht gerade berauschend – überdeutlich ist die Landschaft durch die Einrichtungen der Elektrizitätsgewinnung und durch die extravagante Konstruktion der Seilbahnbergstation geprägt. Doch weiter oben hat sich die Bergumgebung ihre Wildheit samt idyllischer Einsprengsel noch weitgehend erhalten – kleine Relikte wie eine alte Lorentrasse mitten durch die Felswelten sind eher amüsant als störend. Je nachdem, ob die Seilbahn, die 400 Hm überbrückt, benutzt wird oder nicht, ergeben sich vielfältige Tourenmöglichkeiten. Wenn der höhere Startpunkt gewählt wird, ist sogar leicht ein höherer Gipfel drin (Variante 2).

Ausgangspunkt: Telefèric de la Vall Fosca, 1770 m, Parkplatz an der Talstation am Nordende der Embassada de Sallente. Anfahrt ab Cabdella im Vall Fosca auf guter Asphaltstraße. Busverbindung von La Pobla de Segur zur Seilbahn (nur im Sommer!); Fahrplan: rome2rio.com.
Anforderungen: Trittsicherheit, Orientierungsvermögen. Nebelfreiheit in der Kammregion Voraussetzung.
Markierung: Rot-weiß (GR 11.20), an der Gipfelüberschreitung Steinmänner.
Einkehr: In den Bar-Rest. an der Tal- und der Bergstation, im Refugi Colomina.
Unterkunft: Refugi Colomina, (40 Pl.), Tel. +34 973 252 000, feec.cat unter »Fem muntanya – Refugis«.
Varianten: 1. Zu Fuß zum **Estany Gento:** am Parkplatz am rechten (östlichen) Ende der Staumauer der Embassada de Sallente, 1765 m, Beschilderung »Refugi Colomina«. Gelbe Markierung. Breiter Serpentinenweg. Am Wegweiser, 2138 m, der Schienentrasse nach links folgen. Zwei Tunnels, dann unterhalb der Staumauer des Estany Gento zur Seilbahnstation, 2162 m; (Aufstieg 1.45 Std., Abstieg 1.15 Std., hin und zurück 6,8 km, knapp 400 Hm im Auf- und Abstieg).
2. **Pic Tort**, 2886 m. Exzellente Rundsicht (weniger steiniges Gelände als in der Umgebung der Estanys Gento und Colomina, teils steile Wiesen; streckenweise Steinmänner; weglose Passagen): von der Westspitze des Estany de la Colomina am Ufer weiter zum etwas höheren Estany de Mar, an ihm links vorbei und ohne Richtungswechesel zum Pas de l'Os, 2542 m; dort nach links in Richtung »Refugi E. Mallafré«. Ab den Estanys dels Vidals d'Amunt rechts hinauf bis knapp unter die Collada de Carboneres und nach links, immer unterhalb des Ostgrates, zum einsamen Pic Tort. Abstieg erst in der Nähe des Südgrates, dann links hinab zu den beiden westlichen Estanys

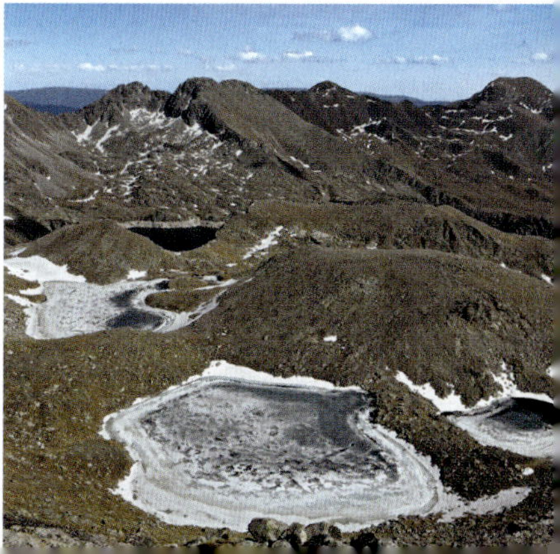

Blick vom Pic Tort (Variante).

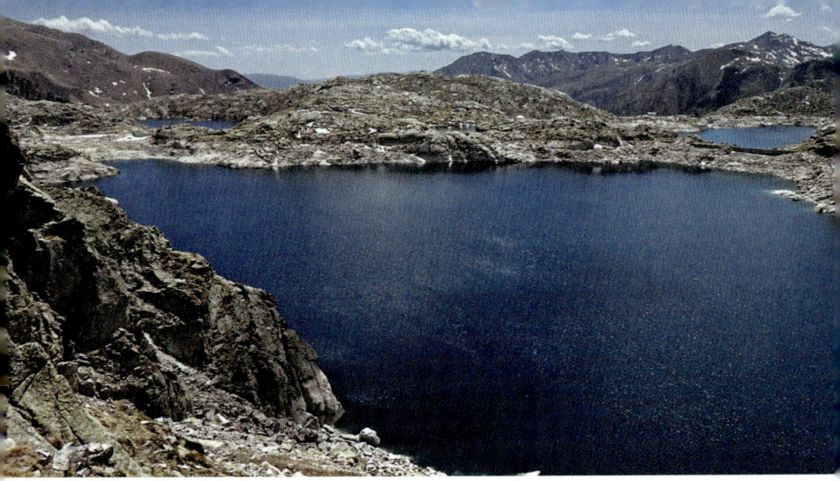

Estany de Mar.

dels Vidals d'Amunt und weiter nach Süden, rechts am Estany Vidal vorbei, zur Hauptroute am Sattel vor der Roca des Abelles (zusätzlich 2.15 Std., 4,7 km sowie 350 Hm im Auf- und Abstieg).

Hinweise: 1. Die Seilbahn verkehrt von Anfang Juli bis Ende September. Um 8 Uhr erste Bergfahrt, um 8.15 Uhr erste Talfahrt. Im Juli und August letzte Talfahrt 19 Uhr, im September 18 Uhr. Fahrten meist im Stundentakt. Aktuell gültiger Fahrplan auf vallfosca.net unter »Telefèric Vall Fosca« (auf Katalanisch, Spanisch und Englisch).
2. Nur wer die Seilbahn sicher nicht benutzen wird, sollte am Startpunkt der Variante 1 (Staumauer) parken. Wer mit der Seilbahn abfährt und an der Staumauer geparkt hat, muss von der Talstation am Ostufer 80 Hm auf- und absteigen, um zum Fahrzeug zurückzukehren (1,3 km).

Wir fahren von der Talstation der **Telefèric de la Vall Fosca** ❶ zur Bergstation am **Estany Gento** ❷, 2162 m, und verlassen diese auf dem GR 11.20 in nordwestlicher Richtung. Bei einer Wegteilung nach 200 m nehmen wir den rechten Weg zum »Refugi Colomina«. Er ist komfortabel, enthält oft Treppen und ist mit Steinplatten befestigt. Nach einem Rechtsknick erreichen wir eine **Lorentrasse** ❸, 2302 m, mit Wegweiser (von links: unser Rückweg). Von hier aus ist ein Stückchen des Estany Tort zu sehen, der in einer chaotischen Steinwildnis liegt.

Wir gehen rechts in Richtung »Refugi Colomina«, dürfen die verbogenen und überwachsenen Gleise aber nur kurz begleiten, denn zum

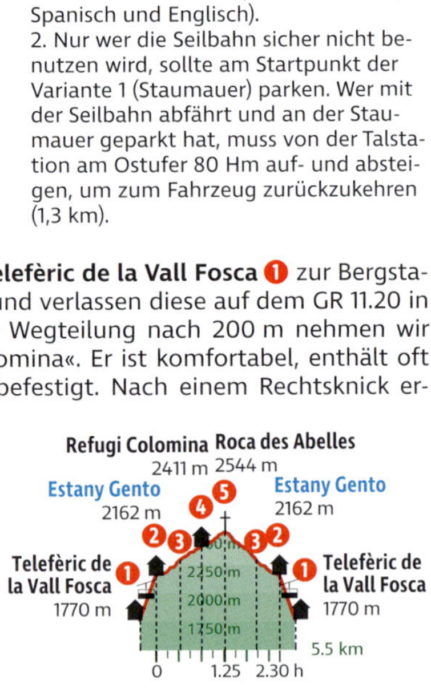

Refugi geht es schon nach 150 m links hinauf. Die Hütte kommt bald in Sicht, wir erreichen den Estany de la Colomina und den **Abzweig** zum nahen **Refugi Colomina** ❹, 2411 m. Wir gehen nach links knapp 200 m am Seeufer weiter zu einem nur an Steinmännern erkennbaren Abzweig an der Westspitze des Sees (nach rechts: Variante 2).

Hier, wo bei Stille das Glucksen des vom Estany Xic de Colomina unterirdisch abfließenden Wassers zu hören ist, steigen wir nach links über ein Blockfeld bergauf (Steinmänner). An der Ostspitze des Estany Xic de Colomina nehmen wir einen gut sichtbaren Pfad auf, steigen auf der rechten Seeseite im Hang kräftig an und gelangen in einem weiten Linksbogen zu einem flachen Wiesensattel, 2516 m. Von hier erreichen wir über einen bequemen Rücken die nur gut 200 m weiter südlich gelegene **Roca des Abelles** ❺, 2544 m, einen einsamen Gipfel, der als zentraler Punkt in der Seenlandschaft eine prächtige Aussicht bietet und nach Westen steil und felsig abbricht.

Zurück am Wiesensattel, steigen wir nach links (Westen), Wiesengassen ausnutzend, 200 m weglos ab (unterwegs von rechts Variante 2) und können dabei einen von rechts kommenden deutlichen Weg nicht verfehlen. Auf diesem teilweise gemauerten, ehemaligen Bergbauweg gehen wir nach links, unter der Felsflanke der Roca des Abelles hindurch, hinab zur **Lorentrasse** ❸, kehren auf bekanntem Weg zur Bergstation am **Estany Gento** ❷ zurück und fahren hinunter zur Talstation der **Telefèric de la Vall Fosca** ❶.

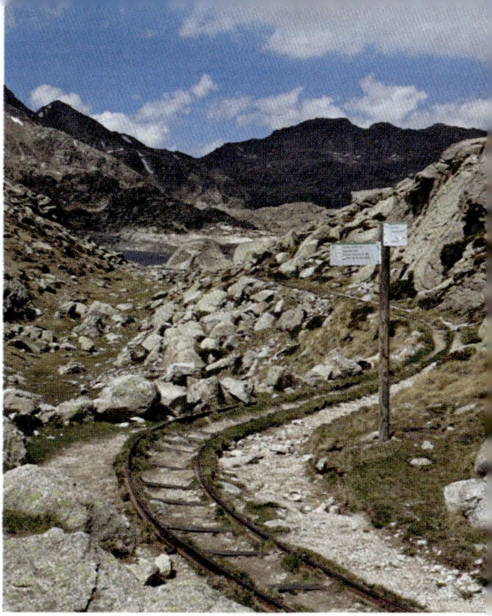

Gut erhaltenes Stück der alten Lorentrasse.

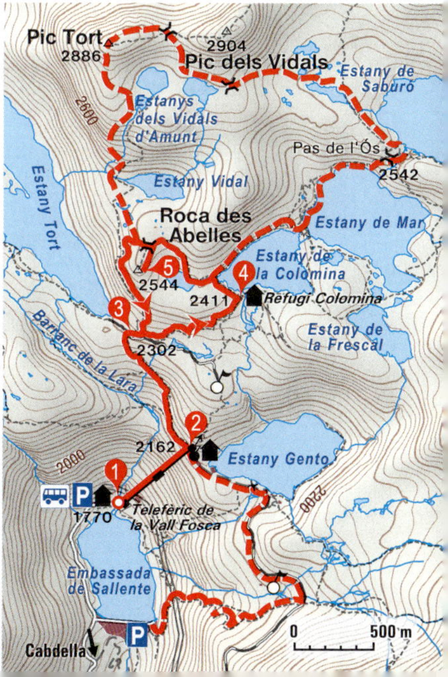

↗ 710 m | ↘ 710 m | 12.7 km

16 Pòrt de Ratera, 2589 m, und Refugi d'Amitges, 2365 m

4.45 h

Rundtour über dem Stausee Sant Maurici mit Option auf zwei prächtige Aussichtsgipfel

Die Umgebung des Estany de Sant Maurici ist geprägt von Wildheit, von spitzen Gipfeln und von vielen unterschiedlichen Seen. Diese abwechslungsreiche Wanderung bringt uns in die Region um das Refugi d'Amitges. Die Gipfel über der Hütte sind aus senkrecht gestellten, hellen Urgesteinplatten aufgebaut, so wie die bekannten und berühmten Agulles d'Amitges. Am Pic d'Amitges (Variante 2) können wir auf Tuchfühlung mit dem besonderen Gestein gehen und werden bemerken, dass insbesondere die Grate gar nicht so glatt und massiv, sondern fast marode sind.

Ausgangspunkt: Estany de Sant Maurici, 1922 m, Infohäuschen am Ostende des Sees. Anfahrt entweder von Espot aus mit Allrad-Taxi (Taxis und Büro am Ortseingang, 1310 m). Oder mit eigenem Fahrzeug durch Espot hindurch zum Parkplatz Prat de Pierró, 1650 m hinauffahren (Beschilderung »P. N. d'Aigüestortes i Estany de Sant Maurici«). Ab Parkplatz Weiterfahrt mit Fahrrad auf der asphaltierten Straße oder Aufstieg zu Fuß auf ausgeschildertem Wanderweg (zusätzlich 1.20 Std., 4,6 km sowie 300 Hm im Aufstieg).
Anforderungen: Trittsicherheit in den Zonen mit Blockwerk, ansonsten keine technischen Schwierigkeiten.
Markierung: Rot-weiß (GR 11) und gelb.
Einkehr: Im Refugi E. Mallafré (nahe dem Ausgangspunkt), unterwegs im Refugi d'Amitges sowie am Anfahrtsweg in Espot.

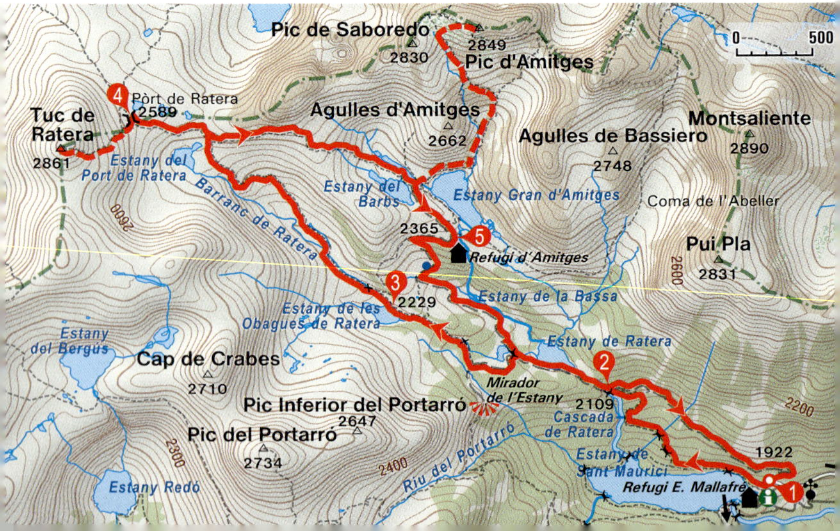

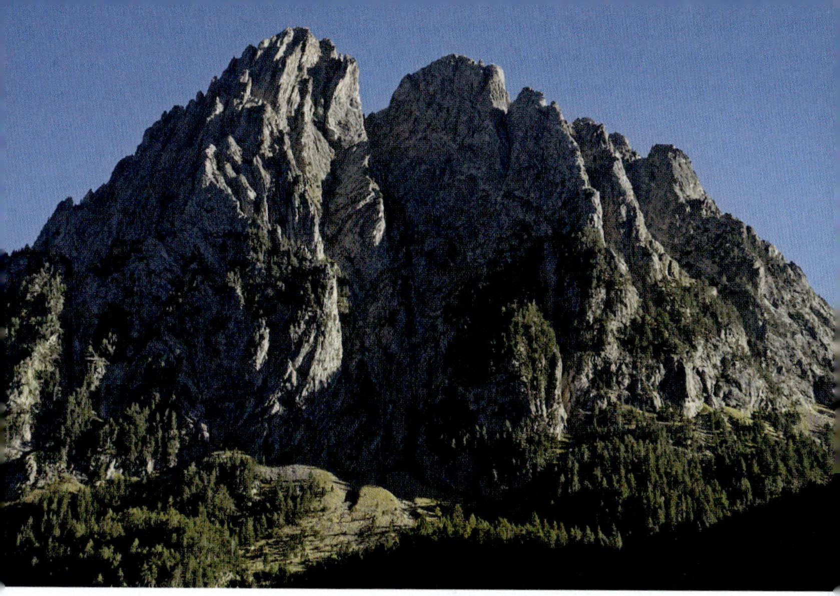

Els Encantats, weit bekannte Kletterberge, überragen den Estany de Sant Maurici.

Unterkunft: Refugi E. Mallafré (34 Pl.), Tel. +34 973 250 118, feec.cat unter »Fem muntanya – Refugis«. **Refugi d'Amitges** (74 Pl.), Tel. +34 973 250 109 und +34 973 989 234, amitges.com.
Varianten: 1. **Tuc de Ratera**, 2862 m. Grasberg in zentraler Aussichtsposition. Blick über drei Seenkessel (keine Farbmarkierung, aber viele Steinmänner): vom Pòrt de Ratera, 2589 m, durch die Nordost-, später die Südostflanke zum Gipfel (zusätzlich 1.30 Std., 1,5 km sowie 280 Hm im Auf- und im Abstieg).
2. **Pic d'Amitges**, 2848 m. Sehr lohnende Besteigung, weil sie ohne Schwierigkeiten mitten hinein in eine tolle Felswildnis führt (wegen vieler Steinpassagen mühsam. Mit einzelnen gelben Holzpfählen markiert): vom Auslauf des Estany Barbs 200 m nach Osten zum Nordwestufer des Estany Gran d'Amitges, nach 300 m links in das in Richtung Gipfel ziehende Tal hinein. Dann Linksschwenk in die Mulde zwischen Pic de Saboredo und Pic d'Amitges. Auf Pfadspuren in der Südostflanke des Gipfels direkt zum Westgrat, der mäßig steil zum Gipfel zieht (zusätzlich 2.45 Std., 4,2 km sowie 480 Hm im Auf- und im Abstieg).

Am Ostende des **Estany des Sant Maurici** ❶ wählen wir den Weg am Nordufer entlang. Er verläuft etwas erhöht und teilt sich etwa nach halber Uferstrecke, wobei wir der Beschilderung »Cascada de Ratera« folgen. Der Wasserfall kann aus einiger Entfernung von einer Aussichtsplattform aus betrachtet werden. Weiter oben kommen wir noch direkt an ihm vorbei, doch dort ist es durch Spritzwasser sehr feucht. Wir steigen auf dem mit Steintreppen versehenen Weg weiter auf und stoßen auf einen **Fahrweg** ❷, 2109 m:

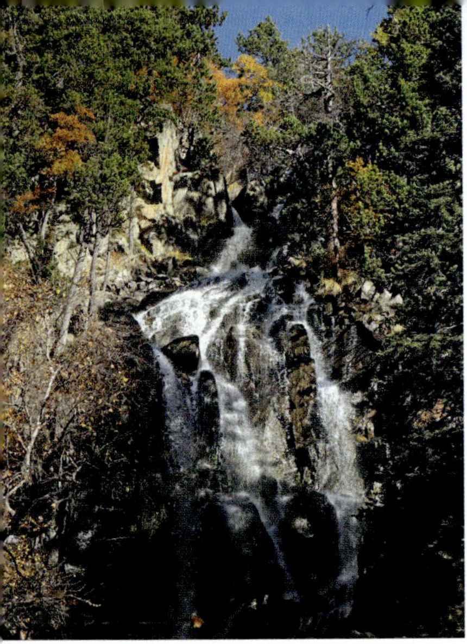

Cascada de Ratera.

die Zufahrt zum Refugi d'Amitges. Wir gehen auf ihr am kleinen hübschen Estany de Ratera vorbei und kommen an eine Gabelung, an der wir den linken Fahrweg nehmen, der zum Mirador de l'Estany führt. Von ihr zweigt nach etwa 300 m unser Wanderweg rechts ab (Schild »Pòrt de Ratera«).

Der abwechslungsreiche Weg, der aber auch steinig und oft mühsam ist, führt vorbei am **Estany de les Obagues de Ratera** ❸, 2229 m. Erst weiter oben kommt man besser voran. Auf Höhe des grünen Estany de Pòrt de Ratera mit seinem kleinen Vorsee gehen wir an einer Wegteilung geradeaus. Am weitläufigen **Pòrt de Ratera** ❹, 2589 m, angelangt, können wir die einfache Besteigung des Tuc de Ratera, 2862 m, eines exzellenten Aussichtsgipfels, anschließen (Variante 1).

Zurück an der Wegteilung oberhalb des Estany de Pòrt de Ratera zweigen wir nach links Richtung »Refugi d'Amitges« ab. Der schöne Höhenweg senkt sich nach einem kleinen Sattel deutlich ab, verläuft zwischen zwei

Am Estany de Ratera lockt in der Ferne der Tuc de Ratera (Bildmitte).

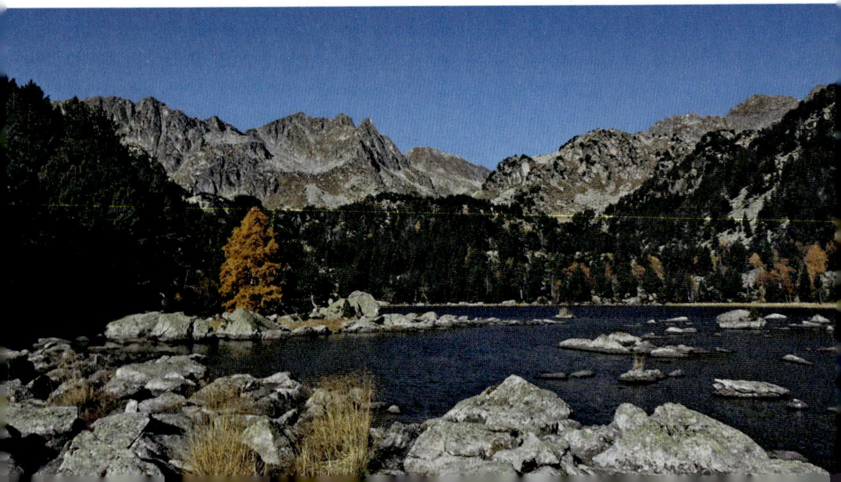

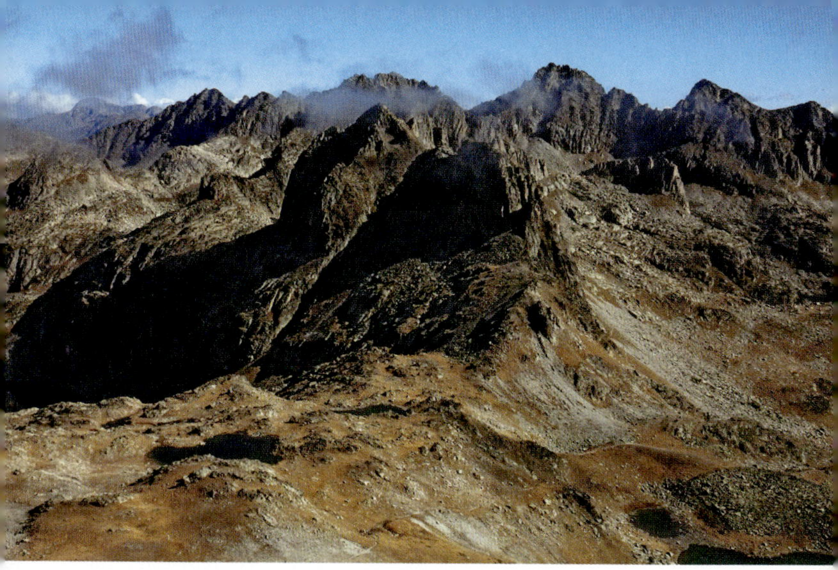

Vom Tuc de Ratera sieht man den Pòrt de Ratera und die Berge um den Pic d'Amitges.

länglichen blauen Seen und überschreitet den ganz kurzen, in einem Graben fließenden Verbindungsbach zwischen den beiden Seen. Geradeaus beginnt hier die anstrengende Besteigung des Pic d'Amitges, 2848 m (Variante 2).

Wir biegen nach dem Graben rechts ab, steigen ein wenig zum Estany del Barbs hinauf und nehmen 50 m weiter einen Fahrweg auf, der uns am **Refugi d'Amitges** ❺, 2365 m, vorbeiführt. Er ist in seinen steilen Abschnitten mit unangenehm großen Steinen gepflastert, aber er bringt uns zügig zum **Estany de Sant Maurici** ❶ zurück. In den Passagen, in denen der Fahrweg einigermaßen gut zu gehen ist, können wir endlich auch beim Wandern Blicke in die Landschaft werfen. Insbesondere der letzte Teil des Abstiegs enthält schöne Aussichtspunkte auf den Estany de Sant Maurici und das wilde Bergmassiv von Gran und Petit Encatat.

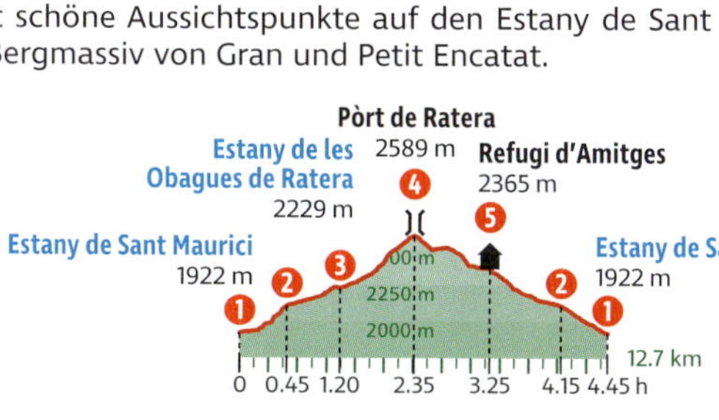

TOP

17

↗ 820 m | ↘ 820 m | 10.3 km

5.15 h

Pic dels Feixans del Prat, 2697 m

Zwei-Täler-Rundtour südlich des Estany de Sant Maurici

Das Vall de Subenuix oder das Vall de Monestero, welches ist schöner? Um das zu entscheiden, muss man beide durchwandern. Sie sind sehr unterschiedlich, aber beide sehr wild und ausnehmend attraktiv. Es wird also auf ein klares Unentschieden hinauslaufen. Damit die Tour nicht zu lang wird, lassen wir bewusst die oberen Talbereiche mit ihren großen Geröllgebieten aus. Die namhaften, hohen Gipfel schauen wir uns von unten an, weil dies oft die beeindruckendste Perspektive ist. Abgesehen davon hat auch unser »kleiner« Gipfel wilde Flanken, bietet prächtige Aussichten und fordert unser bergsteigerisches Gespür.

Ausgangspunkt: Estany de Sant Maurici, 1922 m, Infohäuschen am Ostende des Sees. Anfahrt entweder von Espot aus mit Allrad-Taxi (Taxis und Büro am Ortseingang, 1310 m), oder mit eigenem Fahrzeug durch Espot hindurch zum Parkplatz Prat de Pierró, 1650 m hinauffahren (Beschilderung »P. N. d'Aigüestortes i Estany de Sant Maurici«). Ab Parkplatz Weiterfahrt mit Fahrrad auf der asphaltierten Straße oder Aufstieg zu Fuß auf ausgeschildertem Wanderweg (zusätzlich 1.20 Std., 4,6 km sowie 300 Hm im Aufstieg).
Anforderungen: In den Tälern breite Wanderwege. Darüber steile Trampelpfade, stellenweise weglos. Orientierungssinn hilfreich. Nebelfreiheit Voraussetzung.
Markierung: Gelb, Steinmänner.
Einkehr: Im Refugi E. Mallafré (nahe dem Ausgangspunkt) und in Espot. Unterwegs keine.
Unterkunft: **Refugi E. Mallafré**, (34 Pl.), Tel. +34 973 250 118, feec.cat unter »Fem muntanya – Refugis«.

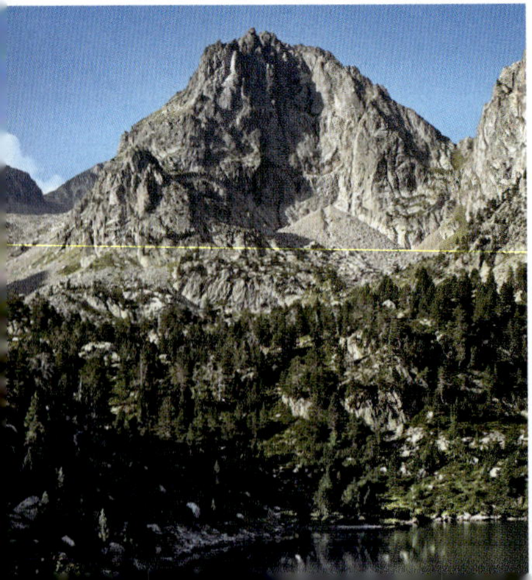

Von der Staumauer am Ostende des **Estany de Sant Maurici** ❶ gehen wir 50 m nach Süden hinab und treffen an einer Wegteilung auf einen Wanderwegweiser, der leider fehlerhaft ist: Es führen nicht alle Wege nach links, sondern rechts geht es in Richtung der Täler Monestero und Subenuix.
Der rechte Weg leitet uns nach einer flachen Passage ein paar Meter hinab zu einer Brücke, die unterhalb der Hauptstaumauer den Bach überspannt, und auf der anderen

Nordwand des Pic Inferior de Subenuix.

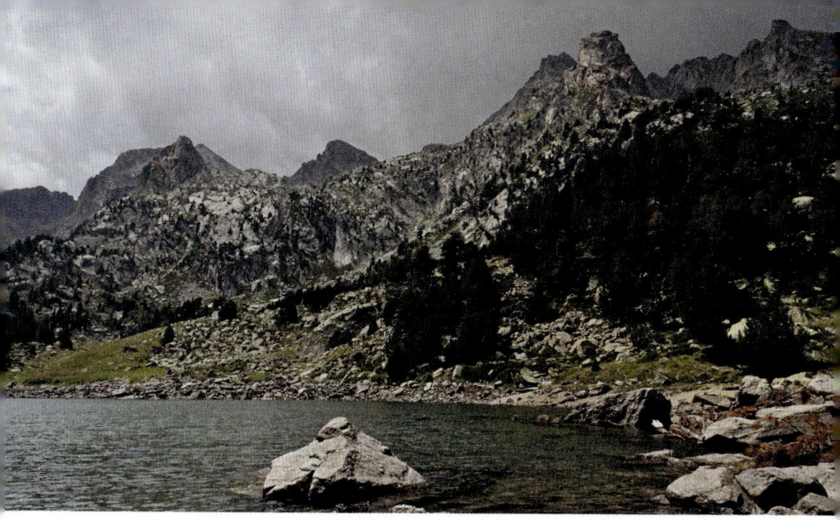

Estany de Monestero vor sommerlichem Gewitter.

Seite wieder hinauf. Wir gehen über eine weitere kleine Staumauer und am dortigen Wegweiser nach links in Richtung »Monestero« und »Subenuix«. Der nächste Wegweiser darf nicht übersehen werden: Er schickt uns nach rechts in Richtung Subenuix-Tal. Der sehr breite Weg bringt uns im Hang über dem See ansteigend zu einem letzten Wegweiser im Almgelände, wo wir links abbiegen müssen.

Wir wandern nun über schöne Almwiesen, durch lockeren Kiefernwald und oberhalb des Estany Gran de Subenuix entlang, immer die steilen Felspyramiden des Subenuix-Tals vor Augen. Vor allem der Pic Inferior de Subenuix sticht heraus. Dabei sind seine wilden Nordabbrüche nur Blendwerk. Von weiter oben zeigt sich, dass der eigentliche Gipfelaufbau relativ flach ist.

An der Stelle, wo das links verlaufende Bächlein sich zu einem **Teich** ❷, 2273 m, weitet, erreichen wir eine Wegteilung, die weder beschildert noch einfach zu erkennen ist: Der Weg nach rechts führt zum Subenuix-Gipfel bzw. zum gut 100 m entfernt gelegenen kleinen Estany Xic de Subenuix, zu dem wir unbedingt einen Abstecher machen sollten. Seine Lage unter Felswänden und inmitten riesiger Granitsteine ist einzigartig. Das i-Tüpfelchen ist seine Felsinsel.

Zurück am **Teich** ❷, folgen wir den Wegspuren und Steinmännern links des Bächleins. Aus den Wegspuren wird ein Pfad, der nach Verlassen des Bächleins durchgehend in südöstlicher Richtung, genau auf den von uns angesteuerten Sattel zuläuft und, soweit möglich, Geröllfelder meidet. Eine schwach ausgeprägte, mit Gras und Alpenrosen bewachsene Moräne wird bis zum Ende ausgegangen. Dann folgt eine kurze Querung durch Geröll

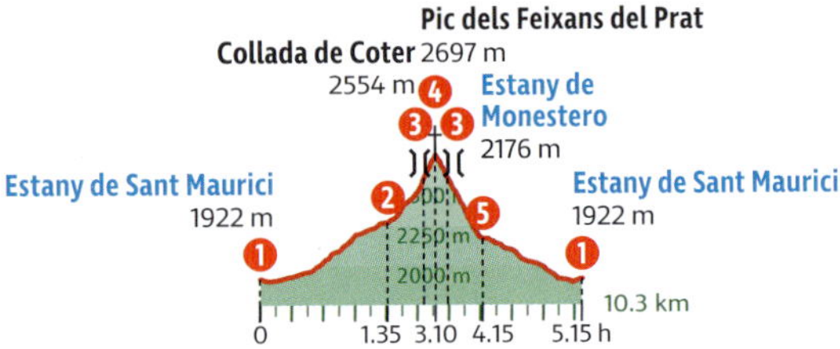

nach links zum Fuß des bewachsenen, steilen Schlusshangs, der gut und ungefährlich zu begehen ist.

Von der geräumigen **Collada de Coter** ❸, 2554 m, steigen wir nach links auf guten, steilen Tritten den grasigen Südrücken unseres Gipfels empor. Oben wird er felsiger. Ein kleiner Gratkopf wird links umgangen, dann erreichen wir über einen kurzen flachen Geröllgrat den **Pic dels Feixans del Prat** ❹, 2697 m. Er ist wenig besucht, obwohl er eine grandiose Aussicht auf die zwei tief eingeschnittenen Täler mit ihren glatt geschliffenen Felswänden und auf die markanten Gipfel über ihren Talschlüssen bietet. Im Norden stechen die Amitges-Berge mit ihren vertikalen Felsformationen heraus. Nur über die Gipfelkette im Süden kann man nicht hinwegschauen.

Wir steigen wieder zur **Collada de Coter** ❸ ab, laufen nach links (Osten) immer in Falllinie ins Monestero-Tal hinab und steuern dabei auf das rechte Ende des Estany de Monestero zu. Ein paar Steinmänner helfen bei der

Der Weg führt im Gras zum Gipfel.

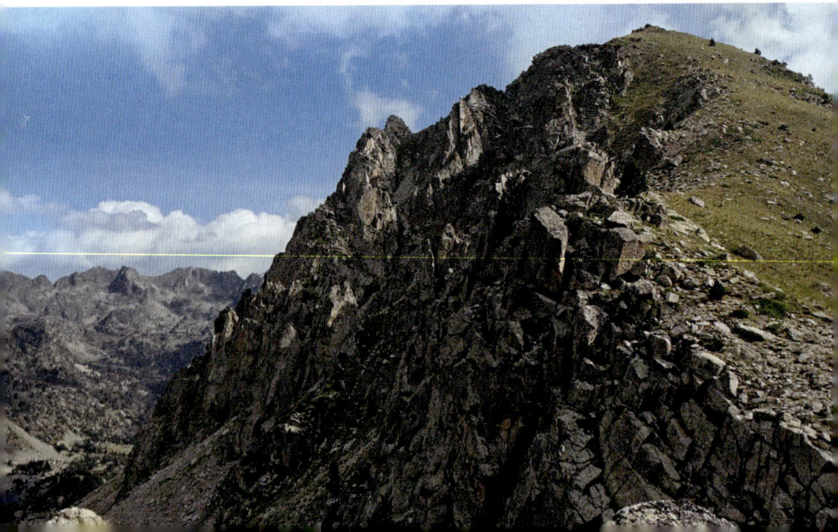

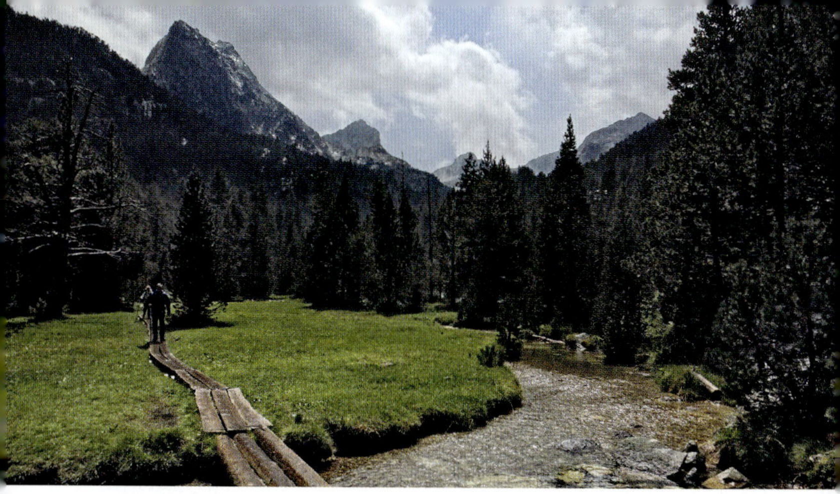

Riu und Serra de Monestero.

Suche nach der besten Route. Sie verläuft zumeist im Gras, nur stellenweise gibt es kurze Passagen mit Steinen oder Schutt. Knapp 100 Hm über dem See weichen wir dichter werdender Vegetation nach halb rechts in flacheres Gelände aus, bevor es steiler in etwa zur Seemitte hinabgeht. Wir treffen an der Stelle auf den viel begangenen Talweg, an der ein riesiger Felsbrocken einen schönen Unterstand gewährt. Wer dort im Regen warten muss, kann sich im Spätsommer mit leckeren Himbeeren die Zeit vertreiben. Und wer noch Würze für seine Brotzeit am See benötigt, kann sich hier am reichlich wachsenden wilden Schnittlauch bedienen. Eine Rast sollte am **Estany de Monestero** 5, 2176 m, auf jeden Fall eingelegt werden, denn seine Lage unter den steil aufragenden Felsflanken und -spitzen ist einzigartig.

Der Weg talabwärts zurück zum Estany de Sant Maurici ist unübersehbar, gut angelegt und bequem. Anfangs gibt es nur Felsblöcke und Kiefern, dann schöne Wiesen, romantische Bachstellen und ein Stück Holzbohlenweg. Wir treffen schließlich auf unseren Aufstiegsweg und sind wenig später wieder am **Estany de Sant Maurici** 1.

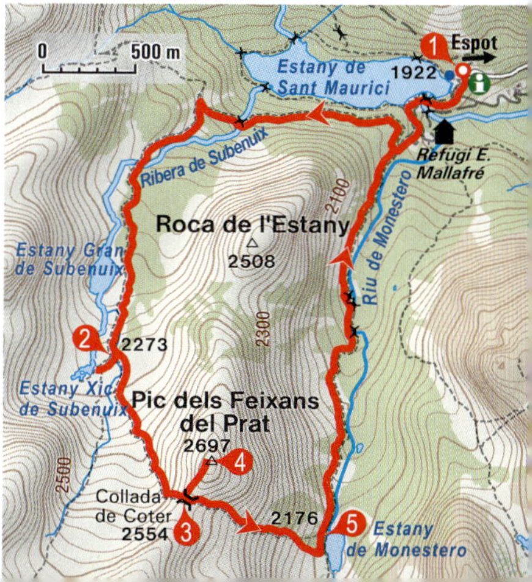

↗ 860 m | ↘ 860 m | 12.3 km

18 Estany Negre und Pic de Monestero, 2877 m

5.30 h

Zum tiefsten See und zum höchsten Berg des (östlichen) Nationalparks

Es muss am magischen Reiz des Seenduetts aus Estany Tort de Peguera und Estany Negre liegen, dass trotz seiner Abgeschiedenheit doch so viele Besucher dort auftauchen. Oder hängt es mit dem Refugi Josep Maria Blanc zusammen, das sich den allerschönsten Platz auf einer Halbinsel im Estany Tort ausgesucht hat? Vielleicht liegt es auch einfach nur an dem hinreißenden dunkeltürkisfarbenen Wasser der beiden Seen und der beeindruckenden Hochgebirgslandschaft um sie herum. Wanderer, die demgegenüber Einsamkeit und Stille suchen, kommen im weitgehend unbekannten Ostabstieg vom Monestero-Gipfel voll auf ihre Kosten.

Ausgangspunkt: Estany de Lladres, 2025 m. Anfahrt ab Espot mit Allrad-Taxi (kann in einem Büro am Ortseingang von Espot, 1310 m, gebucht werden). Oder mit (E-)Mountainbike (kann in Espot nach Anmeldung am Vortag geliehen werden). Durch Espot hindurch zum Parkplatz Prat de Pierró, 1650 m, hinauffahren (Schilder »P.N. d'Aigüestortes i Estany de Sant Maurici«). Direkt oberhalb des Parkplatzes biegt links eine gute Schotterstraße ab (Schild »Vall Peguera«). Ab dem Speichersee, 1900 m, geht es steil hinauf (Schild »Refugi Josep Maria Blanc, Estany Negre). 70 Hm steile Abfahrt, dann 2 km eben bis zum Estany de Lladres. Ab Parkplatz Prat de Pierró mit Rad 6,5 km sowie 400 Hm bergauf. Oder Anmarsch zu Fuß ab einem Parkplatz,

Das Refugi J. M. Blanc am Estany Tort de Peguera.

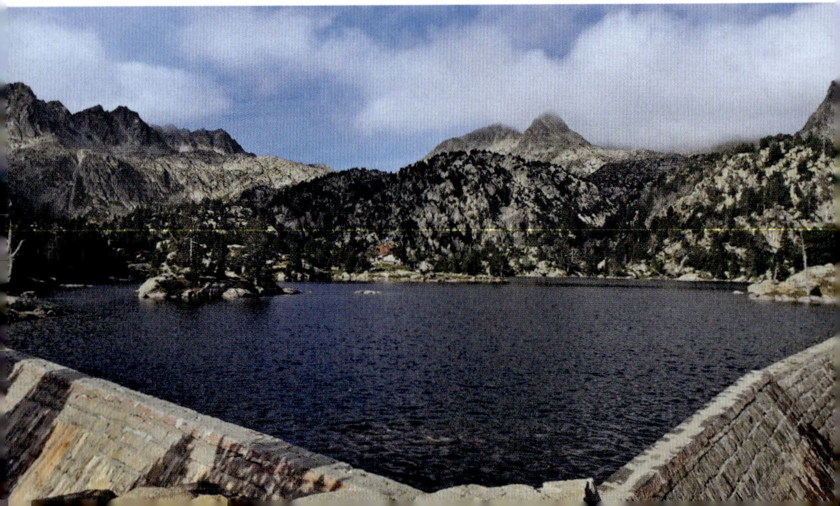

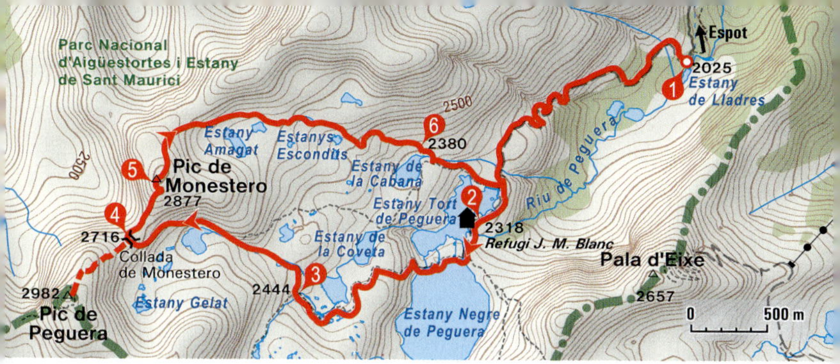

1450 m, oberhalb von Espot. Im oberen Teil des Orts links zur Skistation abbiegen. Nach dem Camping La Torre führt rechts ein erst flaches, dann steiles Sträßchen bis auf 1450 m, beschildert mit Vall de Peguera. An seinem Ende sind nur wenige Parkplätze verfügbar. 1.30 Std., 4,1 km, 580 Hm Aufstieg.
Anforderungen: Im Aufstieg einfache Wege. Im Gipfelanstieg Kraxelei. Gipfelabstieg zunächst fast weglos. Hier Nebelfreiheit Voraussetzung.
Markierung: Rot-weiß und gelb. Im Abstieg Steinmänner.
Einkehr: Im Refugi J. M. Blanc. In Espot.
Unterkunft: **Refugi J. M. Blanc**, (60 Pl.), Tel. +34 973 250 108, jmblanc.com.
Variante: Besteigung des **Pic de Peguera**, 2983 m. Überragende Aussicht (Kletterei im Schwierigkeitsgrad I-II, Trittsicherheit im steilen Schotter, Pfadspuren, Orientierungsvermögen, viele Steinmänner, auch abseits der besten Route. Nebelfreiheit Voraussetzung): ab der Collada de Monestero, 2716 m, längere Zeit im Gras nach Südwesten direkt auf den Gipfelstock zu. Ziel ist das rinnenartige Schotterfeld unterhalb der Gratzacken rechts neben dem Gipfel; es geht in eine steile Rinne mit Gras und Fels über. Knapp unterhalb des Nordgrates Querung auf guter Spur im Osthang nach links hinauf. Der Grat wird erreicht, dann nur noch wenige Höhenmeter in hübscher Kletterei (I-II) bis zum Gipfel, der aus riesigen Blöcken zusammengesetzt ist (zusätzlich 2 Std., 1,3 km sowie 280 Hm im Auf- und Abstieg).

Vom **Estany de Lladres** ❶ wandern wir auf dem teils gepflasterten alten Fahrweg hinauf zur extravaganten Staumauer des Estany Tort de Peguera, 2313 m, und kommen in eine Landschaft wie im schönsten Schweden: zu einem See mit vielen Buchten und Halbinseln, Kiefern, Felsen und einer Hütte mittendrin. Wir gehen auf der linken Seeseite an der Staumauer entlang und am **Refugi J. M. Blanc** ❷, 2318 m, vorbei in Richtung »Estany Negre«. Dieser ähnelt mehr den alpinen Seen und hat ein außerordentlich klares und dunkeltürkisfarbenes Wasser. An seiner ersten kleinen Staumauer und ebenso bei den nächsten Wegweisern folgen wir der Beschilderung »Coll de Monestero«. Der Weg überwindet ein Steilufer und kehrt an der Hauptstaumauer zum Wasser zurück. Nach einer etwas größeren Steigung öffnet sich die nächste Seenplatte um den Estany de la Llastra. Kiefern und Felsen treten zurück, Wiesen geben den Ton an.

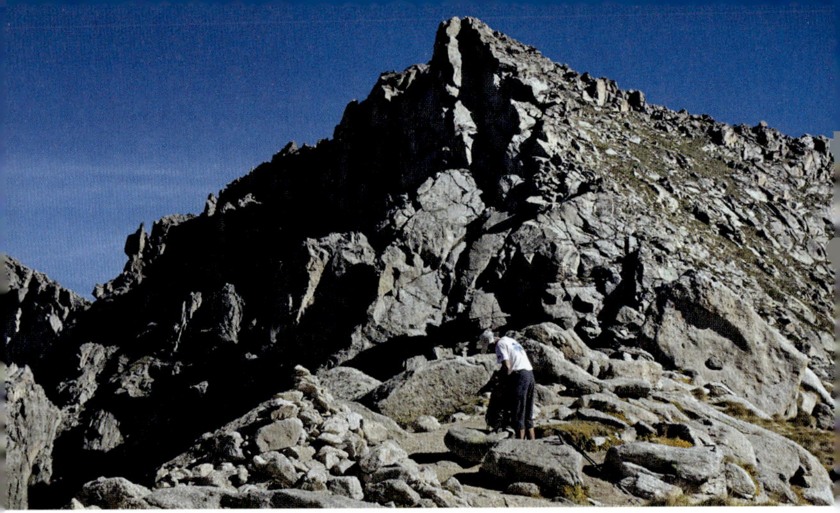

Fast geschafft: Am Coll de Monestero ist der gleichnamige Gipfel nicht mehr weit.

Nach einem **Wegweiser** ❸, 2444 m, und Rechtsknick gewinnt der Weg beständiger an Höhe und zieht am Südhang in ein mit Felsen und Geröll angefülltes Kar, das eine Vielzahl von kleinen, sauberen See beherbergt. Unter Umgehung der Geröllfelder erreichen wir die **Collada de Monestero** ❹, 2716 m, und befinden uns am Übergang zum Monestero-Tal, das allerdings hier seine Schönheit nicht recht präsentieren kann. Linker Hand lässt sich mit dem Pic de Peguera der beherrschende Berg der Region erklimmen (Variante).

Wir wenden uns nach rechts in Richtung Pic de Monestero, der uns seine steile, teils felsige Südflanke zeigt. Ein guter, mit vielen Steinmännern markierter Pfad führt rechts unterhalb des Passrückens auf seinen Südgrat zu. Ein Gratkopf wird rechts umgangen. Anschließend geht es steil und anfangs nicht ohne Kraxelei am Südgrat und in der Südflanke im Zickzack hinauf. Nach Erreichen einer Schulter dreht der Pfad nach links und führt in der einfachen Ostflanke zum nahen Gipfel des **Pic de Monestero** ❺, 2877 m. Er ist ein schöner Aussichtspunkt, wenngleich er im Süden von den etwas höheren Bergen um den Pic de Peguera überragt wird. Dafür ist der Tiefblick ins wilde Monestero-Tal frei.

Im Abstieg zweigen wir 5 Hm unterhalb des Gipfels in einer Wegkehre nach links ab und steigen etwa 300 m weglos in einer schönen, mäßig steilen Wiesengasse unterhalb des felsigen Nordgrates bis zu einer Steinkuppe ab. Hier wenden wir uns nach links und wandern in den Talboden hinab. Es ist ein schönes, weites, einsames Hochtal mit Wiesen und verstreut liegenden Steinen. Wir laufen im Bogen auf das linke Ufer des Estany Amagat zu, dem

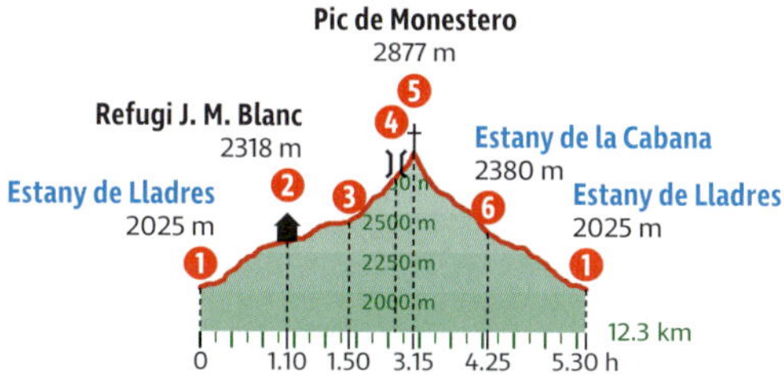

im Sommer einiges an Wasser verlorengeht, und können oberhalb des Sees einen guten Pfad aufnehmen. Er ist sehr abwechslungsreich, führt noch an mehreren Seen und Tümpeln vorbei, zieht durch Wiesentälchen und über Felsrippen und wird in der zunehmend felsigen, baumbewachsenen, unübersichtlichen Landschaft immer steiler. Wir passieren den größten der schönen flachen Estanys Escondits und dürfen etwa 200 m danach einen scharfen Linksknick und anschließenden Rechtsknick nicht verpassen. Anschließend geht es steil zum idyllischen **Estany de la Cabana** 6, 2380 m, hinab. Wir überschreiten seinen Auslauf, wenden uns nach rechts und treffen etwas oberhalb auf den Pfad, der vom Estany de la Coveta herüberkommt. Auf ihm steigen wir nach links zum **Estany Tort de Peguera** 2 ab. Über seine Staumauer gelangen wir zur Aufstiegsroute und kehren auf dem Fahrweg zum **Estany de Lladres** 1 zurück.

Estany de la Cabana.

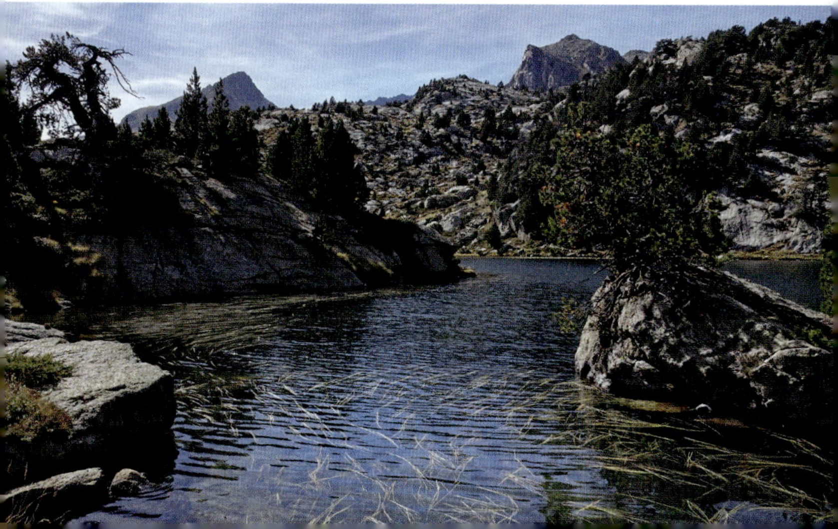

↗ 4330 m | ↘ 4330 m | 64.3 km

19 Carros de Foc

9 Tage

Hüttenrunde durch den Parc Nacional d'Aigües Tortes i Estany de St. Maurici – die Juwelen des Nationalparks in neun Tagen

Wörtlich übersetzt heißt »Carros de Foc« Feuerwagen. Er ist das offizielle Symbol der im Jahr 2000 eröffneten Runde durch die faszinierende Bergwelt des Nationalparks. Die Idee der mehrtägigen Wanderung durch die verschiedenen Regionen und Winkel mit bequemen Zwischenhalten in den neun Hütten am Weg hat seitdem regen Zuspruch erfahren, weit über die Pyrenäen und Spanien hinaus. Auch im Winter sind zunehmend Bergfreunde unterwegs, um die unter Schnee und Eis liegende Welt der »1000 Seen« auf Ski und Schneeschuhen zu durchqueren. Trotz der guten Hüttendichte ist der Nationalpark im Sommer beileibe nicht überlaufen. Die Ruhe und Stille auf den Wanderwegen verbindet sich mit den glitzernden Bergseen, den mannigfaltigen Gipfelformationen und den Blumentälern – Eindrücke, denen man auf jeder Etappe begegnen wird. Die Verbindung der neun Hütten auf über 60 km erfolgt mit moderaten Gehzeiten zwischen 2 und 6 Std., sodass viel Zeit für Rast, Abstecher, und Gipfeltouren bleibt. Einige der in diesem Wanderführer beschriebenen Touren können dazu Anregungen geben (Touren 6–8, 12, 14–18 und ihre Varianten).

Ausgangspunkt: Estany de Sant Maurici, 1922 m, Infohäuschen am Ostende des Sees. Anfahrt entweder von Espot aus mit Allrad-Taxi; Taxis und Büro am Ortseingang, 1310 m. Oder mit eigenem Fahrzeug durch Espot hindurch zum Parkplatz Prat de Pierró, 1650 m, hinauffahren (Beschilderung »P. N. d'Aigüestortes i Estany de Sant Maurici«). Ab dem Parkplatz zu Fuß auf ausgeschildertem Wanderweg weiter (1.20 Std., 4,6 km sowie 300 Hm im Aufstieg). Sofern ein Taxi genutzt wird, ist dies der schnellste Zugang, dabei muss das Ref. E. Mallafré (etwas unterhalb des Estany de Sant Maurici gelegen) nicht zur Übernachtung genutzt werden.
Man kann die Tour auch an folgenden Ausgangspunkten beginnen:
1. Am Refugi dera Restanca: von Arties mit Taxi zur Pontet de Rius, ab dort zu Fuß zum Refugi; rot-weiß (GR 11) und gelb markiert, vgl. Tour 6 (1.15 Std., 1,7 km sowie 370 Hm im Aufstieg).
2. Am Ref. de la Centraleta: von Boí mit Taxi bis zum Planell d'Aigüestortes, ab dort zu Fuß zum Refugi; gelb markiert, vgl. Tour 14 (1 Std., 3,3 km sowie 100 Hm im Aufstieg).
3. Von der Talstation der Telefèric de la Vall Fosca (beim Embassada de Sallente) Auffahrt zur Bergstation am Estany Gento und zu Fuß zum Refugi de Colomina; rot-weiße Markierung des GR 11.20; vgl. Tour 15 (1 Std., 2,2 km sowie 270 Hm im Aufstieg).

Anforderungen: Gute körperliche Verfassung und hinreichend Kondition erforderlich. Trittsicherheit in unterschiedlichem Berggelände und Orientierungssinn werden vorausgesetzt. Technisch sind die Etappen nicht besonders anspruchsvoll, aber je nach den unterwegs eingelegten Varianten, wie z. B. Gipfelaufstiege, können sich gewichtige Mehrbelastung und technische Herausforderungen ergeben. Wer die Rundtour im Frühsommer plant, muss auf verschiedenen Etappen in den Höhen- und Schattenlagen mit Schnee- und Eisresten rechnen und sollte also entsprechende Bergausrüstung mitführen. Am besten bei den Informationsstellen der genannten Zugänge bzw. in den Hütten über die aktuelle Lage erkundigen. Der obere Teil im Anstieg zum Collet de Contraix (6. Etappe) kann lange Zeit mit Schnee- oder Eisresten bedeckt sein. Vor Abmarsch sollte man sich im Refugi Ventosa i Calvell informieren. Von allen Hütten auf der Tour ist es möglich, in einer knappen Tageswanderung das Gebiet zu verlassen und die größeren Orte der Umgebung zu erreichen, sodass man stets einen »Notausstieg« hat.

Markierung: Überwiegend Steinmännchen; dazwischen auch gelbe und rotweiße (GR-)Markierungen.

Einkehr und Unterkunft: An jedem Etappenende gibt es im Sommer eine bewirtschaftete Hütte. Um sicher einen Platz zu bekommen, sollte man unbedingt mind. zwei bis drei Tage vor Eintreffen reservieren. Die Refugis gemäß ihrer Lage am Weg: **Refugi E. Mallafré**, 1890 m: (34 Pl.), Tel. +34 973 250 118, feec.cat unter »Fem muntanya – Refugis«. **Refugi d'Amitges**, 2365 m: (74 Pl.), Tel. +34 973 250 109 und +34 973 989 234, amitges.com. **Refugi de Saboredo**, 2310 m: (21 Pl.), Tel. +34 651 517 259 und 973 090 914, refusaboredo.com. **Refugi de Colomèrs**, 2135 m: (60 Pl.), Tel. +34 973 253 008, lacentralderefugis.com. **Refugi dera Restanca**, 2010 m: (80 Pl.), Tel. +34 608 036 559, lacentralderefugis.com. **Refugi Ventosa i Calvell**, 2220 m: (70 Pl.), Tel. +34 973 297 090, refugiventosa.com. **Refugi de la Centraleta** 1913 m, (10 Pl.), unbewirtschaftet, nur offen, wenn das Refugi d'Estany Llong geschlossen ist. **Refugi d'Estany Llong**, 1985 m: (49 Pl.), Tel. +34 973 299 545, lacentralderefugis.com. **Refugi Colomina**, 2420 m: (40 Pl.), Tel. +34 973 252 000, feec.cat unter »Fem muntanya – Refugis«. **Refugi J. M. Blanc**, 2318 m: (60 Pl.), Tel. +34 973 250 108, jmblanc.com.

Beste Jahreszeit: Juli bis September.

Hinweis: Mit »Carros de Foc Confort« verkürzt sich die Tour auf sechs Tage, dabei wird drei Nächte in Hotels, zwei in Hütten übernachtet. Bis auf eine Etappe wird das Gepäck transportiert. Information auf carrosdefoc.com.

Karte: Ed. ALPINA: Carros de Foc; 1:25.000.

Als Startpunkt bietet sich der Estany de Sant Maurici im Herzen des Nationalparks an.

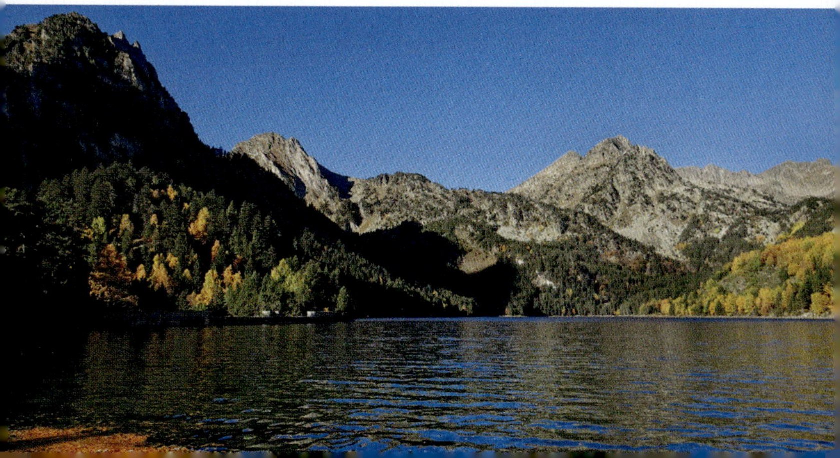

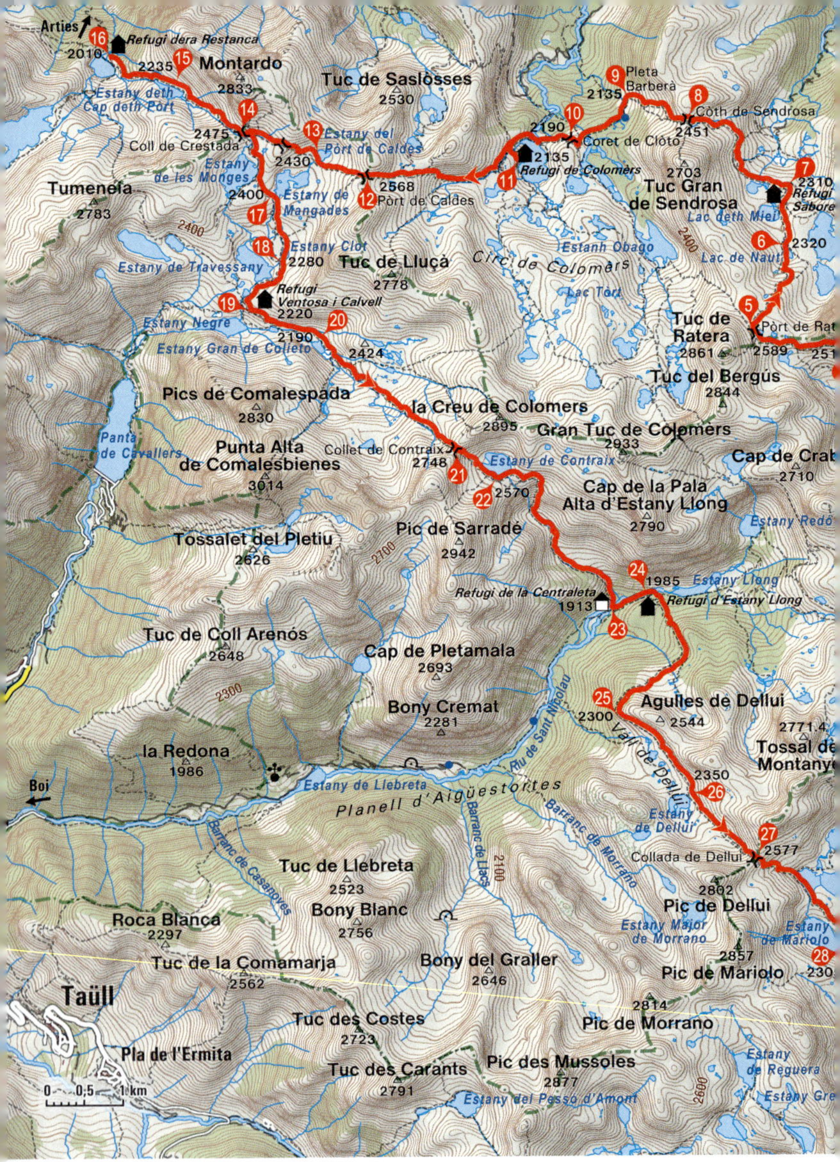

Arties
Refugi dera Restanca
2010
2235
Montardo
2833
Estany deth Cap deth Pòrt
Tuc de Saslòsses
2530
Coll de Crestada
2475
2430
Estany del Pòrt de Caldes
Estany de les Monges
Tumeneia
2783
2400
Estany de Mangades
2568
Pòrt de Caldes
Refugi de Colomèrs
2135
2190
Coret de Clòto
Pleta Barberà
2135
Còth de Sendrosa
2451
2703
Tuc Gran de Sendrosa
Lac deth Miei
2310
Refugi Saboredo
2320
Lac de Naut
Estany Clot
2280
Tuc de Lluçà
2778
Estany de Travessany
Circ de Colomèrs
Estanh Obago
Lac Tort
Refugi Ventosa i Calvell
2220
Estany Negre
2190
Estany Gran de Colieto
2424
Tuc de Ratera
2861
Pòrt de Ratera
2589
Tuc del Bergús
2844
Pics de Comalespada
2830
la Creu de Colomers
2895
Gran Tuc de Colomers
2933
Panta de Cavallers
Punta Alta de Comalesbienes
3014
Collet de Contraix
2748
Estany de Contraix
Cap de Crabes
2710
2570
Cap de la Pala Alta d'Estany Llong
2790
Estany Redó
Tossalet del Pletiu
2626
Pic de Sarradé
2942
1985
Estany Llong
Refugi de la Centraleta
1913
Refugi d'Estany Llong
Tuc de Coll Arenós
2648
Cap de Pletamala
2693
Bony Cremat
2281
2300
Agulles de Dellui
2544
2771,4
Tossal de Montanyó
Riu de Sant Nicolau
Vall de Dellui
la Redona
1986
Boi
Estany de Llebreta
Planell d'Aigüestortes
2350
Estany de Dellui
Barranc de Casanoves
Barranc de Llacs
Barranc de Morrano
Collada de Dellui
2577
Tuc de Llebreta
2523
2802
Pic de Dellui
Bony Blanc
2756
Roca Blanca
2297
Estany Major de Morrano
Estany de Mariolo
Tuc de la Comamarja
2562
Bony del Graller
2646
2857
Pic de Mariolo
Taüll
2814
Pic de Morrano
Tuc des Costes
2723
Pla de l'Ermita
Tuc des Carants
2791
Pic des Mussoles
2877
Estany de Reguera
Estany del Pessò d'Amont
0 0,5 1 km

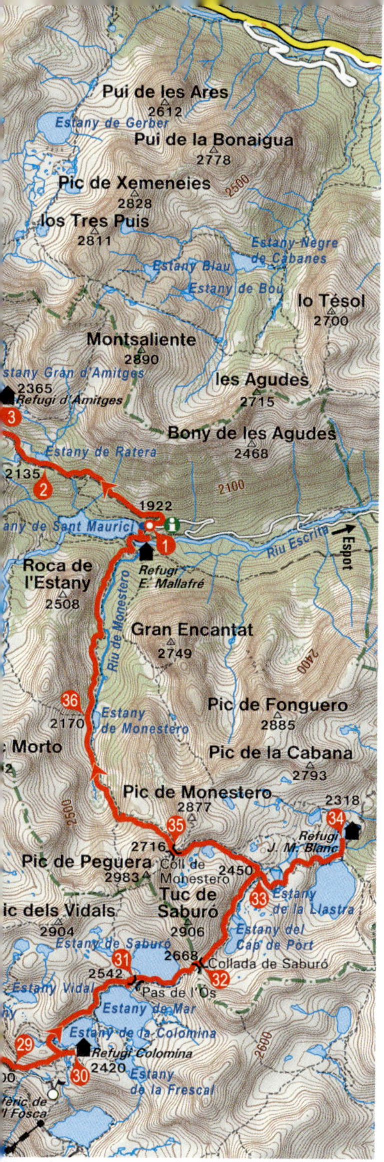

1. Tag: Estany de Sant Maurici 1922 m – Refugi d'Amitges, 2365 m 2 Std./4,1 km, 450 Hm Aufstieg: Vom **Estany de St. Maurici** ❶, 1922 m, wandern wir auf dem als GR 11 markierten Fahrweg hinauf zum **Estany de Ratera** ❷, 2135 m, und weiter bis zur Verzweigung, 2150 m: Links geht es zum »Mirador de l'Estany« und auf dem GR 11 zum Pòrt de Ratera. Wir aber bleiben stets auf dem Fahrweg, der nach dem kleinen Estany de la Bassa in weite Kehren übergeht, die Quelle Font de les Marmotes passiert und schließlich das **Refugi d'Amitges** ❸, 2365 m, erreicht.

Tipp: Besteigung des Pic d'Amitges (siehe Tour 16).

2. Tag: Refugi d'Amitges, 2365 m – Refugi de Saboredo, 2310 m 2.45 Std./5,1 km, 260 Hm Auf- und 320 Hm Abstieg: Vom **Refugi d'Amitges** ❸ gehen wir auf dem Fahrweg weiter zum links liegenden Estany dels Barbs, steigen auf den Wiesenrücken zwischen Estany dels Barbs und Estany de la Munyidera und gelangen geradeaus auf einen **Absatz** ❹, 2519 m. Höhenwegartig geht es hinüber zum Sattel oberhalb des Estany de Pòrt de Ratera, 2480 m, wo wir den von links kommenden GR 11 aufnehmen. Mit bequemer Steigung erreicht er den **Pòrt de Ratera** ❺, 2589 m.
Auf dem flachen Pass halten wir uns in Nordrichtung und kommen links an einem Weiher vorbei. Danach verlassen wir den direkt zum Refugi de Colomèrs absteigenden GR 11 wieder und biegen auf den beschilderten GR 211.4 rechts ab. Zuerst

verhalten absteigend führt unser Weg dann in steileres Gelände und rasch hinab zum **Lac de Naut** 6, 2320 m. An seinem linken Ufer und mit Sicht auf die Hütte steigen wir hinunter zum Lac deth Miei, 2285 m, und in wenigen Minuten hinauf zum **Refugi de Saboredo** 7, 2310 m.
Tipp: Besteigung des Tuc de Ratera (siehe Touren 16 und 8).

3. Tag: Refugi de Saboredo, 2310 m – Refugi de Colomèrs, 2135 m
3 Std./5,5 km, 300 Hm Auf- und 470 Hm Abstieg:

Am **Refugi de Saboredo** 7 verlassen wir den talauswärts nach Salardú führenden GR 211.4 und nehmen westwärts den Weg zum nahen Lac de Baish, 2270 m, auf. Gemächlich ansteigend wendet sich der Weg nach Norden und hält durch die Hänge auf ein Tal zu, das links vom Còth de Sendrosa herabzieht. Wir folgen dem nach Westen drehenden Weg und steigen links des im Sommer trockenen Baches in den Passhängen bergan. Nach engen Kehren ist der grasige **Còth de Sendrosa** 8, 2451 m, erreicht.
Wir wandern nun auf dem steilen Passweg etwa 100 Hm hinab zu einer Wegteilung. Sie ist belanglos, weil die Wege sich weiter unten wieder vereinigen. An der **Pleta Barberà** 9, 2135 m, biegt der Weg markant nach Süden ab, übersteigt einen sanften Rücken und gelangt zum hübsch gelegenen Lac de Clòto de Baish, 2160 m, mit einer Felsinsel. Wir laufen links oder rechts am See vorbei, beide Wege stoßen nach einer kurzen Steigung auf den GR 11, der vom Pòrt de Ratera herabkommt. Der GR 11 führt nach Nordwesten über den kleinen Sattel **Coret de Clòto** 10, 2190 m, und bringt uns dann zur Staumauer des großen Estanh Major de Colomèrs hinab, die wir überqueren. Vorbei an der alten Hütte und dem rechts abzweigenden GR 11.18 zum Pòrt de Caldes wird das **Refugi de Colomèrs** 11, 2135 m, am Westufer des Sees erreicht.
Tipp: Runde durch den Circ de Colomèrs (siehe Tour 7).

4. Tag: Refugi de Colomèrs, 2135 m – Refugi dera Restanca, 2010 m
3.45 Std./7,2 km, 560 Hm im Auf- und 690 Hm im Abstieg:

Vom **Refugi de Colomèrs** 11 kehren wir auf dem kurzen Wegstück zurück zum GR 11.18 und folgen ihm nach links. Er steigt zunächst stetig rechts des

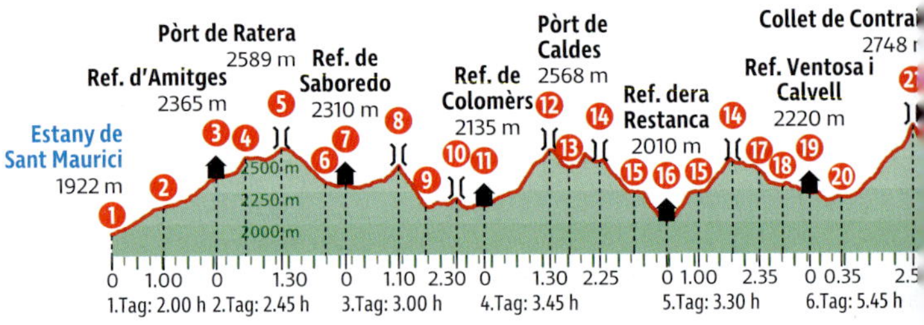

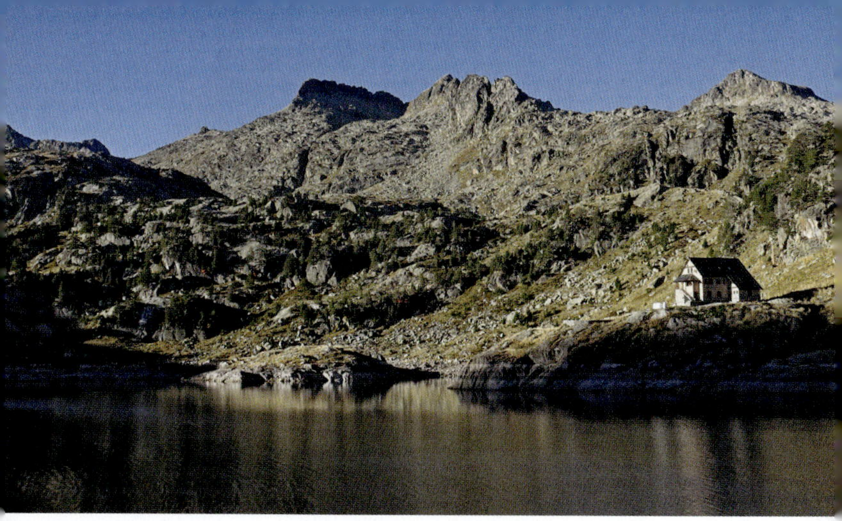

Das Refugi de Colomèrs wacht über den Estany Major (Tag 3/4).

Bachs an und legt danach deutlich an Steilheit zu. Von einer Geländekante, 2450 m, aus ist nach Westen unser erstes Zwischenziel auszumachen. Rechts vorbei am Lac deth Pòrt de Caldes geht es in dem offenen Gelände hinauf zum **Pòrt de Caldes** 12, 2568 m. Der Pass durchschneidet eine lange Kette von schroffen Bergen, die im Nordwesten im unübersehbaren Montardo d'Aran, 2833 m, gipfeln.

Der Weg gelangt schnell hinab zum **Estany del Pòrt de Caldes** 13, 2430 m, passiert ihn an der Südspitze und steigt dann an, um den von den Agulhes deth Pòrt abfallenden Rücken, 2520 m, zu überwinden. Sobald dieser erklommen ist, ist geradeaus unser zweites Zwischenziel zu sehen. Durch Grasgelände laufen wir hinüber zum **Coll de Crestada** 14, 2475 m. Links unten liegt der große Estany des Monges, in den Hängen rechter Hand verlaufen die Aufstiegsrouten zum Montardo d'Aran.

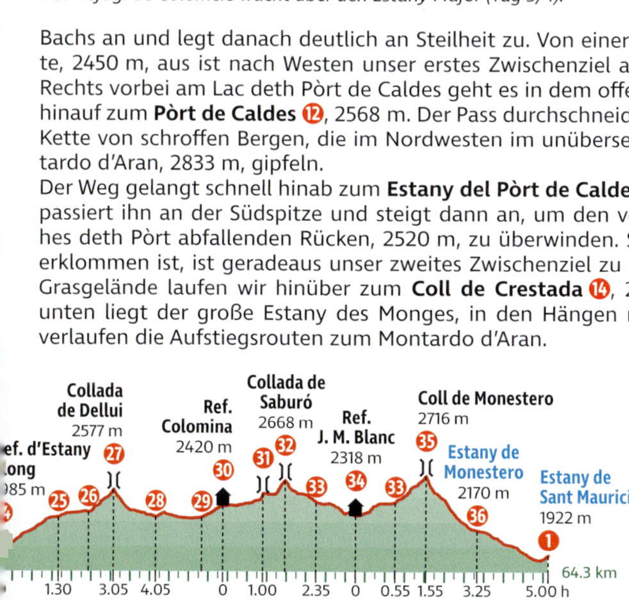

Unser Weg verlässt den Pass links der markanten Felsspitze. GR-Zeichen und Steinmännchen leiten durch ein Blockfeld. Weiter unten wird der Weg wieder einfacher und passiert die Nordseite des lang gestreckten **Estanh deth Cap deth Pòrt** ⑮, 2235 m. An dessen Ausfluss beginnen wir durch die steilen Abhänge abzusteigen, halten auf den Lac dera Restanca zu und biegen schließlich nach rechts ab zum **Refugi dera Restanca** ⑯, 2010 m, das an der Nordostseite des Sees liegt.
Tipp: Lac de Mar (siehe Tour 6), Circ de Colomèrs (siehe Tour 7) und Besteigung des Montardo (siehe Tour 12).

5. Tag: Refugi dera Restanca, 2010 m – Refugi Ventosa i Calvell, 2220 m
3.30 Std./5,7 km, 520 Hm im Auf- und 310 Hm im Abstieg:
Vom **Refugi dera Restanca** ⑯ kehren wir auf dem Weg vom Vortag zum **Coll de Crestada** ⑭, 2475 m, zurück. Kurz hinter dem Pass verlassen wir den GR 11.18 auf dem deutlichen Weg, der gemütlich durch Schrofenhänge zum Estany des Monges, 2423 m, absteigt. Wir laufen an der Ostseite des Sees entlang, verlassen aber bei einer Gabelung den ufernahen Seeweg nach links und wandern gemächlich hinunter zum Ausfluss des **Estany des Mangades** ⑰, 2400 m. Wir queren den Bach und folgen ihm ein kurzes Stück, dann entfernt sich der Weg davon. Er passiert ansteigend einen Weiher und senkt sich ab zum **Estany Clot** ⑱, 2280 m. An seiner Südspitze überschreiten wir den Ausfluss und queren den Hang unterhalb der zackigen Agulles de Travessani. Nach dem Estany de Travessani und einem weiteren kleinen See, die beide links passiert werden, geht es noch ein Stück bergab zum links im Hang liegenden **Refugi Ventosa i Calvell** ⑲, 2220 m.
Tipp: Lac de Mar (siehe Tour 6) und Besteigung des Montardo (siehe Tour 12).

Das Refugi dera Restanca vor der Serra de Rius (Tag 4/5).

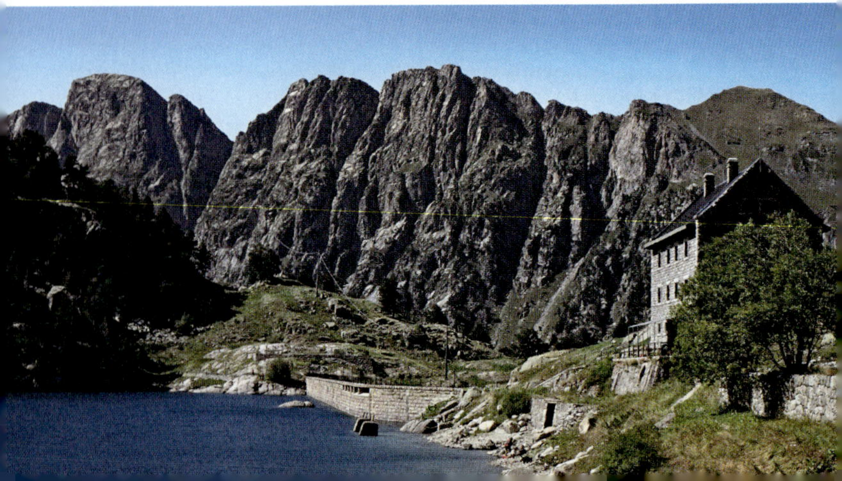

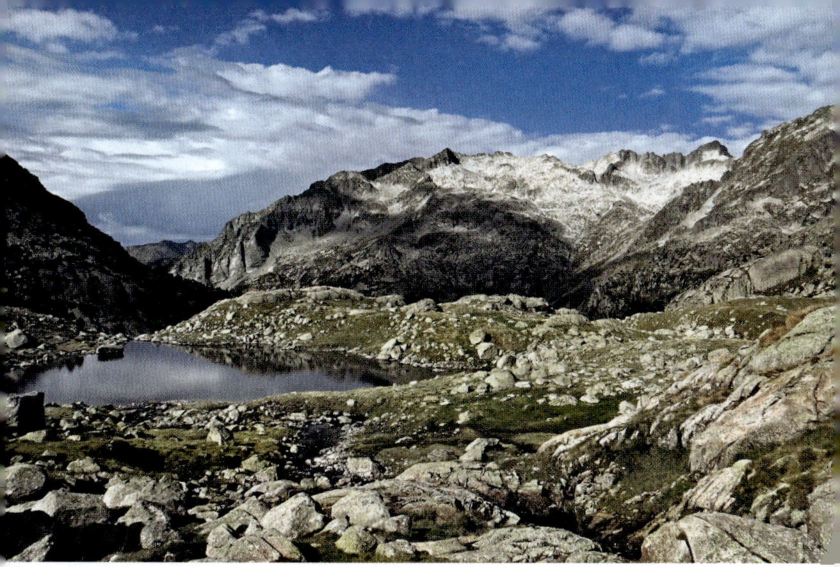

Im Abstieg zum Ref. Ventosa i Calvell ist das Besiberri-Massiv ständiger Begleiter (Tag 5).

6. Tag: Refugi Ventosa i Calvell, 2220 m – Refugi d'Estany Llong, 1985 m 5.45 Std./8,9 km, 680 Hm im Auf- und 920 Hm im Abstieg:
Am **Refugi Ventosa i Calvell** ⑲ schlagen wir den südostwärts leicht abfallenden Weg hinunter ins Tal zum kleinen Estany de Colieto, 2155 m, ein. Durch Felsblockgelände kommen wir, stets links des Talbaches, in die reizvolle Pleta de Colieto und, kleinere Hügel linksseitig umgehend, zum **Estany Gran de Colieto** ⑳, 2190 m. Der flache Talboden ist von einem hoch aufragenden Gipfelrund umschlossen. Vorbei an einem beschilderten Abzweig zur »Punta Alta de Comalesbienes, 3014 m«, steigen wir, zunächst immer in Bachnähe, in das enge, von Blockhalden geprägte Vall de Colieto hinein. Anstrengend und zuletzt sehr steil geht es hinauf zum **Collet de Contraix** ㉑, 2748 m. Unter uns liegt der große Estany de Contraix, vor uns ragt der Gran Tuc de Colomèrs, 2933 m, auf, dessen westliche Gipfelnachbarn das Seengebiet im Circ de Colomèrs abschirmen.
Wir folgen dem steil zum See abfallenden Weg durch blockiges, felsiges Gelände und passieren den **Estany de Contraix** ㉒, 2570 m, an seiner Südseite. Der Seeabfluss wird gequert, dann entfernt sich unser Weg zunehmend vom Bach und steigt steil in Kehren in einen flachen Talboden ab, in dem sich mehrere Bäche aus den umliegenden Höhen sammeln und zum Barranc de Contraix vereinen. Wir queren den Talbach und bleiben fortan rechts von ihm. Steile Stellen wechseln mit flacherem Almgelände. Im Vall de Sant Nicolau angekommen, überschreiten wir auf Brücken den

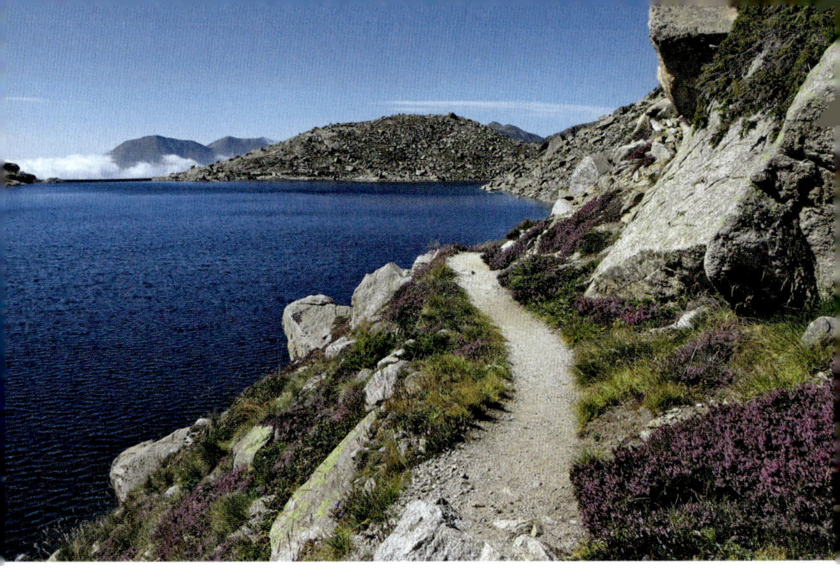

Estany de Mar (Tag 8).

Talbach und gelangen hinüber zum unbewirtschafteten **Refugi de la Centraleta** 23, 1913 m (10 Schlafplätze; geschlossen, wenn das Refugi d'Estany Llong geöffnet hat). Wenige Meter östlich stoßen wir auf den Fahrweg, der vom Planell d'Aigüestortes heraufkommt. Nach links wandern wir durch Wald zum **Refugi d'Estany Llong** 24, 1985 m, hinauf.
Tipp: Besteigung der Pales de Castieso (siehe Tour 14).

7. Tag: Refugi d'Estany Llong, 1985 m – Refugi Colomina, 2420 m
5.30 Std./11,3 km, 760 Hm im Auf- und 350 Hm im Abstieg:
Wenige Meter oberhalb des **Refugi d'Estany Llong** 24 überqueren wir den breiten Weg zum Estany Long und steigen bequem in Kehren hinauf in die Hänge des wenig ausgeprägten Vall de les Corticelles. In einer großen Linksdrehung umrunden wir die vorgeschobenen Spitzen der Agulles de Dellui. Dann biegen wir mit frei gewordenem Blick nach Südost und auf unseren nächsten Pass ins **Vall de Dellui** 25, 2300 m, ein. Wir passieren die Estanyets de Dellui etwas oberhalb, erreichen durch Blockgelände den **Estany de Dellui** 26, 2350 m, queren seinen Zufluss und steuern auf weniger deutlichem Weg auf den steinigen Passhang zu. Nach einem steilen Endanstieg stehen wir auf der aussichtsreichen **Collada de Dellui** 27, 2577 m.
Nach dem Pass führt der Weg steil hinab zum Estany de Cubieso, 2350 m, und zieht am Südwestufer unter Felswänden zur kleinen Regulierungsmauer. Am etwas tiefer gelegenen **Estany de Mariolo** 28, 2305 m, wechseln wir

am Stauwehr auf die gegenüberliegende Seite und wandern anschließend durch hügelige Gletscherschlifflandschaft südlich des Estany Tort zum Beginn eines Lorenwegs. Wir folgen diesem Relikt der aufgelassenen Erzgruben. An einer scharfen Linkskurve stößt der **GR 11.20** 29, 2300 m, dazu; 150 m weiter zweigen wir nach links in Richtung »Refugi de la Colomina« ab. Der komfortable Weg schlängelt sich durch Hänge mit großen Felstrümmern hinauf zum Estany de la Colomina, an dessen Südufer das **Refugi Colomina** 30, 2420 m, steht.
Tipp: Besteigung der Pales de Castieso (siehe Tour 14) und der Roca des Abelles (siehe Tour 15).

8. Tag: Refugi Colomina, 2420 m – Refugi J. M. Blanc, 2318 m
3.30 Std./6,8 km, 340 Hm im Auf- und 420 Hm im Abstieg:
Wir gehen vom **Refugi Colomina** 30 zurück zum GR 11.20 und auf diesem nach rechts durch die steilen und von ausgebrochenen Felsblöcken übersäten Hänge des Estany de Colomina. Der kaum höher liegende Estany de Mar wird bei seiner kleinen Staumauer erreicht. Der Weg bleibt in Ufernähe und steigt dann, erst felsgepflastert, dann erdig und weiter oben gestuft zum **Pas de l'Ós** 31, 2542 m, hinauf, und weiter zum Stauwehr des stark entleerten Estany de Saburó, 2530 m. Direkt im Norden dominiert der Pic de Peguera, 2983 m, die unwirtliche, felslastige Bergszenerie.
Wir gehen nach rechts und bleiben noch ein Stück oberhalb des Sees, dann schwenkt der Weg in die steilen Abhänge der Collada de Saburò ein. Der

Der Carros de Foc schlängelt sich durch die Urlandschaft am Estany Tort (Tag 7).

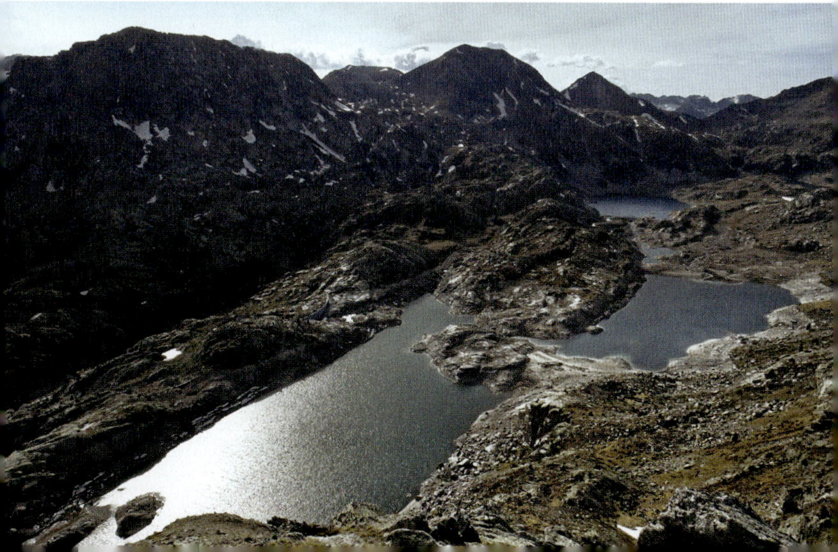

anstrengende, durch Felsbrocken erschwerte Aufstieg legt mit Nähe zum Pass noch einmal zu; hier hält man sich vorzugsweise nahe einem Felsvorsprung linker Hand, wo das Geröll weniger locker ist als in der vom Passeinschnitt herabziehenden Rinne. Wir überschreiten die **Collada de Saburó** 32, 2668 m, und steigen, weniger anstrengend, zum Estany Gelat o Cap de Pòrt, 2525 m, ab. Unser Weg hält sich westseitig des Sees und zieht links des ausfließenden Bachs hinab zu einer Weggabelung vor dem **Estany de la Llastra** 33, 2450 m. Hier wenden wir uns nach rechts und umrunden dem GR folgend den See an seiner Südseite. Nach einem Zickzackkurs durch hügeliges Gelände am Estany de la Coveta steigen wir zum großen Estany Negre de Peguera, 2335 m, und seiner Staumauer hinab. Über eine Anhöhe gelangen wir schließlich zu einem Fahrweg, der uns zum nahen **Refugi J. M. Blanc** 34, 2318 m, leitet.
Tipp: Besteigung der Roca des Abelles (siehe Tour 15).

9. Tag: Refugi J. M. Blanc, 2318 m – Estany de Sant Maurici, 1922 m
5 Std./9,7 km, 460 Hm im Auf- und 850 Hm im Abstieg:
Für die letzte Etappe bieten sich zwei Routen an: Entweder man steigt am Estany de Lladres vorbei direkt nach Espot ab (siehe Tour 18). Oder man wählt den im Folgenden beschriebenen anstrengenden, aber landschaftlich herausragenden Weg über den Monestero-Pass und durchs gleichnamige Tal zum Ausgangspunkt am Estany de Sant Maurici:

Das Refugi J. M. Blanc am Estany Tort de Peguera (Tag 8/9).

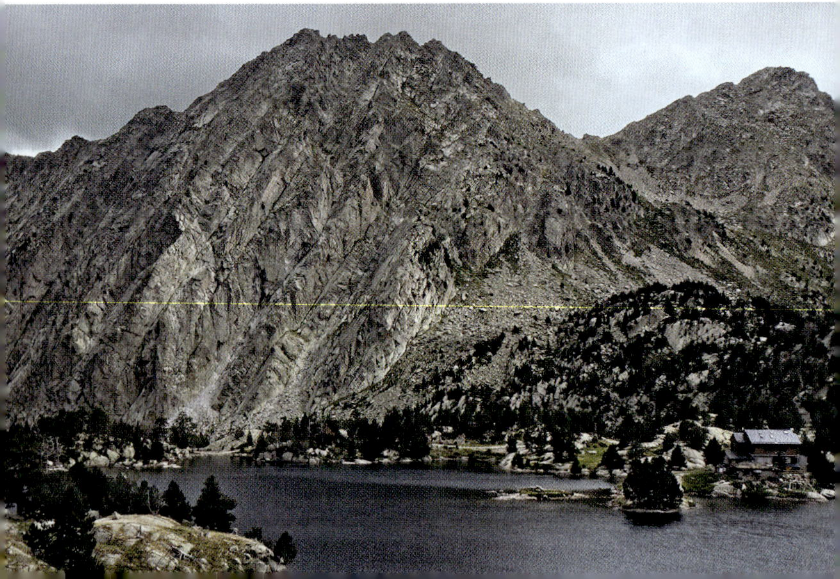

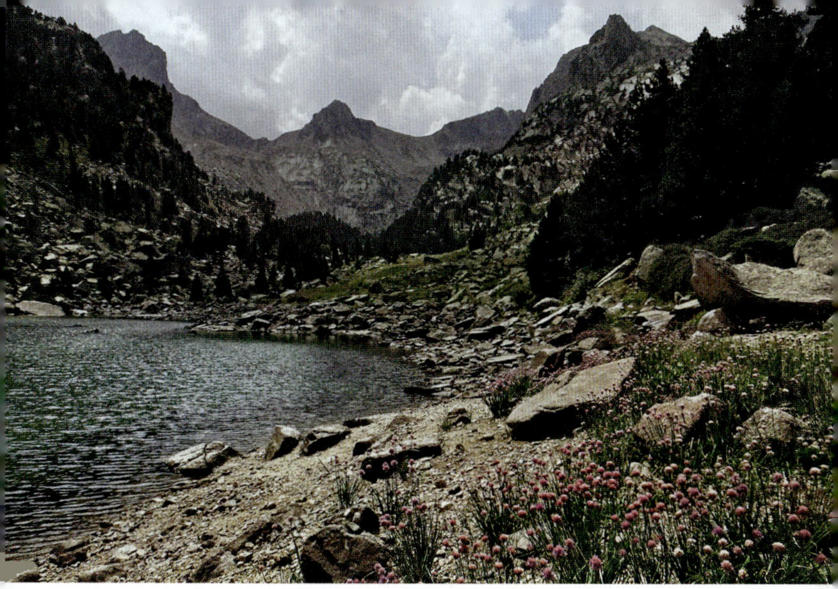

Der Estany de Monestero ist der letzte Hochgebirgssee auf der Hüttenrunde.

Vom **Refugi J. M. Blanc** 34 gehen wir zurück bis zur Weggabelung am **Estany de la Llastra** 33, 2450 m. Hier wird der GR verlassen und der rechts aufsteigende Weg eingeschlagen. Er quert den Ausfluss eines kleinen Sees und schwenkt nach Nordwesten. Oberhalb des Estany Gran de Peguera und weiterer kleiner klarer Seelein erreicht er unter Umgehung von Geröll den **Coll de Monestero** 35, 2716 m. Der Abstieg vom Pass erfolgt durch einen Schotterhang mit angenehm sandigen Serpentinenpfaden. Weiter unten lässt das Gefälle merklich nach. Wir müssen links oberhalb des Talbodens die Nordhänge des Pic de Peguera in einer Höhe von etwa 2500 m flach queren, bevor es steil zu einer Weggabelung, 2411 m, hinabgeht. Hier zweigt nach links der Weg zum Coll de Peguera ab.
Wir halten uns rechts und steigen in einer langen schrägen Hangquerung zu den schönen Bachwiesen im Talboden des Monestero-Tals ab. Es folgt ein bequemer Wegabschnitt, links am **Estany de Monestero** 36, 2170 m, vorbei. Der stufenweise Abstieg talauswärts führt durch einen verblockten Hang, über Wiesen, durch Kiefernwälder, über einen langen Holzbohlensteg bis zu einer Wegteilung oberhalb des Refugi E. Mallafré, 1890 m. Wir können zum Refugi hinabgehen oder geradeaus zum **Estany de Sant Maurici** 1, 1922 m, zurückkehren.
Tipp: Besteigung des Pic dels Feixants (siehe Tour 17) und Pic de Monestero (siehe Tour 18).

Parc Natural de l'Alt Pirineu

Der im Jahr 2003 eingerichtete Naturpark umfasst mit fast 80.000 ha das größte geschützte Gebiet der katalanischen Pyrenäen. In die Schutzzone integriert sind im Westen die Bergregionen um das enge Tal der Noguera Pallaresa, das in einem großen Bogen die einsame und erst im Ansatz für Wanderer erschlossene Bergwelt um den Pic de Moredo umgrenzt. Hier verstecken sich zwischen den zahlreichen Gebirgszügen zauberhafte Seen, die mitunter nur in langen Anstiegen erreichbar sind.
Ausnehmend hübsch zeigt sich das Örtchen Isil mit ein wenig Tourismus und der innen kargen, außen reichlich verzierten romanischen Kirche Sant Joan d'Isil. Vom nach Norden immer einsamer werdenden, waldreichen Tal, das bis zum Refugi del Fornet auf einer schmalen Asphaltstraße befahrbar ist, führen mehrere alte Saumpfade zu Grenzpässen ins französische Wandergebiet des Couserans. Weiter östlich stoßen das Vall de Cardós und das Vall Ferrera in den Pyrenäenhauptkamm vor. Talnah sind die Hänge oft zerklüftet und mit Steineichen bestanden. Die Bergkämme darüber sind grasig und glatt, meist erst in den Talschlüssen felsig und alpin.
Keine Straße verbindet die Täler mit dem angrenzenden Frankreich, nur ein paar relativ gut zugängliche Bergpässe wie Pòrt de Tavascan, Pòrt de Boet oder Portella de Baiau erlauben die Fußverbindung mit dem französischen Ariège und Andorra. Der natürliche Einschluss hat den Tälern bis heute eine angenehme Abgeschiedenheit, Stille und Ursprünglichkeit bewahrt, was sich besonders im engen und wild erscheinenden Vall Ferrera bemerkbar macht. Die »größten« Orte Alins und Àreu sind kleine beschauliche Dörfer, in denen die aus dunklem, schiefrigem Gestein erbauten Häuser gut erhalten sind. Hinter Àreu beginnt ein langer Fahrweg durch das tief eingeschlossene und von dichten Wäldern bestandene Tal. Er endet kurz vor dem Pla de Boet, einer romantischen Hochebene mit Wiesen und Bächen im offenen Tal.

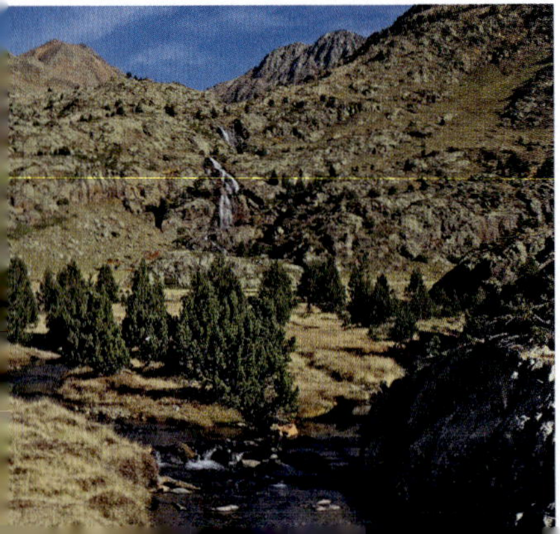

Kurz vor dem Ende der Piste liegt das kleine Refugi de Vallferrera, die erste in den katalanischen Pyrenäen erbaute Schutzhütte aus dem Jahr 1935 und heute Ausgangspunkt für den klassischen und beliebten Anstieg zur Pica d'Estats. Diese ist mit 3143 m nicht nur der höchste Gipfel Kataloniens, sie ist ein Fanal, ein magischer Punkt. Das breite Massiv ist eine majestätische Erscheinung,

Pica d'Estats, Kataloniens höchster Berg, über dem Barranc de Sotllo (Tour 25).

die im weiten Umfeld immer wieder den Blick auf sich zieht. Im Frühsommer, wenn noch vereinzelte Schneefelder die Formgebung des schönen Felskolosses betonen, ist der Anblick besonders eindrücklich.

Zum Gipfel führen unterschiedlich schwierige, jedoch allesamt technisch und konditionell anspruchsvolle Routen, auch aus dem angrenzenden französischen Vallée de Soulcem. Die Umgebung der Pica d'Estats ist am auffälligsten von Gletschern geformt. Zahlreiche Seen liegen in den von den Eismassen ausgeschürften Mulden des imposanten Bergrunds, das sich in einer Höhe von etwa 3000 m vom Pic de Baborte bis zu den Canalbona-Gipfeln erstreckt.

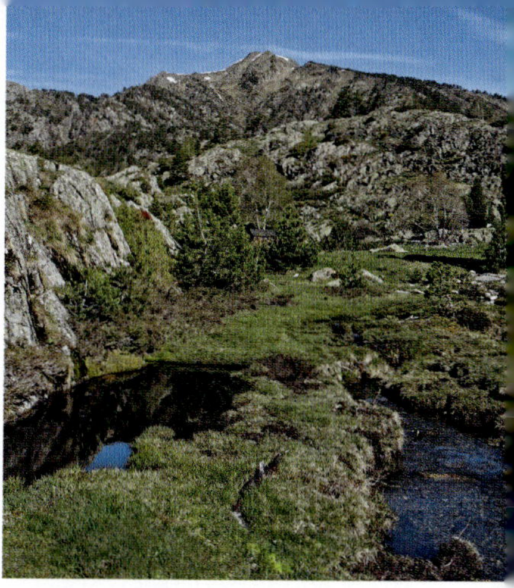

Serra de Lurri über dem Lladorre-Tal (Tour 24).

Von Alins zieht das enge und wilde Vall de Tor nach Osten. In dieses Seitental des Vall Ferrera, in dem nur zwei winzige Weiler, Norís und Tor, Platz haben, verirren sich nur wenige Wanderer und Touristen.

Eisenerz hat dem Vall Ferrera seinen Namen gegeben. Die rötliche Gesteinstönung, besonders ums Monteixo-Gebirge herum, macht die Erzvorkommen unübersehbar. Bis Ende des 19. Jh. wurden sie ausgebeutet und in den Schmieden von Alins, Àreu und Ainet de Besan verarbeitet. Von den alten Werkstätten ist jedoch kaum mehr etwas übrig.

Das Vall de Cardós ist offener und breiter, Nebentäler öffnen sich nach beiden Seiten. Bei Tavascan, dem letzten Ort mit touristischen Einrichtungen, verzweigt sich das Haupttal. Nach Norden führt eine gute Straße weiter zur auf gut 1700 m Höhe gelegenen Pleta del Prat mit ihrem beschaulichen Skigebiet. Das weiter östlich gelegene Tal der Noguera de Lladorre wird von einer holprigen Piste durchzogen, die die wunderschön gelegenen Seen am Fuß des Grenzkamms, u. a. auch den größten See der katalanischen Pyrenäen, den Estany de Certascan mit dem Refugi de Certascan, erschließt.

Knapp außerhalb der Grenzen des Naturparks besuchen wir auf zwei Rundwanderungen (Tour 22 und 31) und einer Höhenwanderung (Tour 29) mehrere malerische und ziemlich ursprüngliche Bergdörfer, die zwar unter der Landflucht gelitten haben, aber gut erhalten und beispielhaft für die vielen kleinen Dörfer sind, die wir an den Berghängen entdecken oder nur auf Straßenschildern angeschrieben sehen, wenn wir das Vall Ferrera oder das Vall de Cardós durchfahren.

TOP

20 Große Dörferrunde oberhalb von Sort

↗ 630 m | ↘ 630 m | 10.1 km

4.00 h

Sechs ursprüngliche Bergdörfer, Kulturlandschaft und alte Wege

Unterhalb der Grasberge in den südlichen Ausläufern der Zentralpyrenäen liegt eine Reihe von Dörfern, die sich mit ihren Hausmauern aus Granit, den Schieferdächern und ihrer seit Jahrhunderten fast unveränderten Struktur malerisch in die sie umgebende Natur- und Kulturlandschaft einfügen. Auf unserer Rundtour besuchen wir sechs von diesen alten, nur teilweise restaurierten Dörfern. Die Verbindungswege sind oft von Steinmauern und Hecken gesäumt, führen an Gärten vorbei und bieten schöne Ausblicke. Sorre ist vielleicht der ursprünglichste Ort, Llessui als ehemalige Skistation mit Neubauten, einem kleinen Museum und etwas Tourismus der modernste.

Ausgangspunkt: Parkplatz am Riu de Sant Antoni, 833 m. Von der Straße Rialp–Escàs (Carretera d'Escàs) zweigt knapp 1 km nach der Abzweigung nach Surp links spitzwinklig eine Schotterstraße ab (Schilder »Altron« und »Sorre«). Ein kleiner Pkw kann hier am Abzweig parken. Die schlechte Schotterstraße ist noch 300 m bis hinter die Brücke über den Riu de Sant Antoni befahrbar. Dort gute Parkmöglichkeit.
Anforderungen: Großteils einfache, breite Wanderwege.
Markierung: Fast durchgehend gute Beschilderung, gelbe Markierungen.
Einkehr: Nahe Bernui, in Llessui und Rialp.

Am Parkplatz nahe der Mündung des Riu d'Altron in den **Riu de Sant Antoni** ❶ folgen wir der Beschilderung »Altron«. Ein alter gepflasterter Weg, der leider in keinem guten Zustand mehr ist, bringt uns rasch hinauf in das kleine Dorf. Am hübschen dreieckigen Hauptplatz von **Altron** ❷, 954 m, wenden wir uns nach links und gehen an der Kirche vorbei geradeaus aus dem Dorf hinaus zu einem Kreisverkehr, wo wir in Richtung »Sorre« 1 km Asphaltstraße unter die Füße nehmen müssen. Kurz bevor die Asphaltstraße den Riu d'Altron überquert, folgen wir einem Wegweiser nach links in Richtung »Bernui« und »Saurí«. Der Weg führt durch Laubwald und steigt

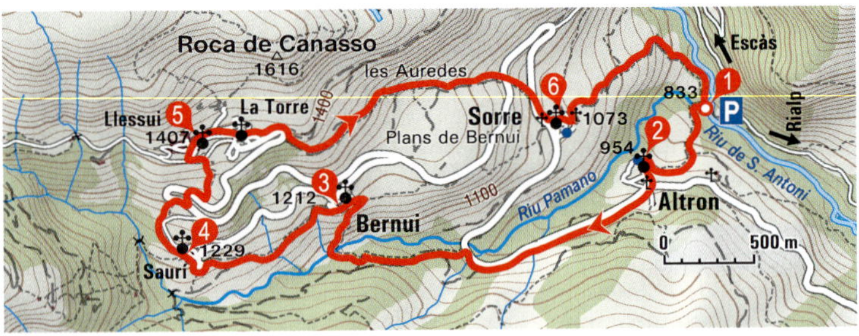

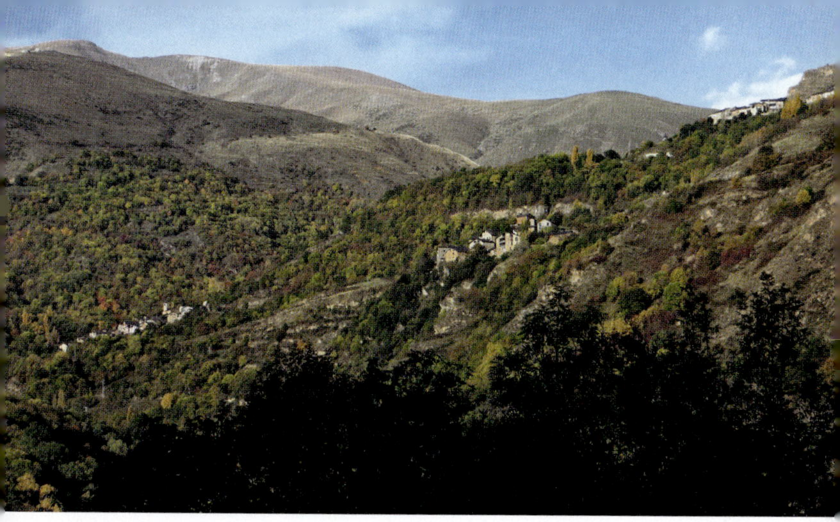

Sauri, Bernui und Llessui.

zunächst deutlich an, zieht dann aber nach einem nochmaligen Wegweiser nach »Bernui« zum Riu d'Altron hinab. Über eine außergewöhnliche Brückenkonstruktion gelangen wir in den gegenüberliegenden Hang.

Etwa 50 Hm unterhalb von Bernui halten wir uns an einer Wegteilung rechts und biegen weiter oben nach links in den Weg ein, der von Osten in den am Hang liegenden Ort hineinzieht. Die enge, überbaute Gasse im unteren Ortsbereich ist schnell durchquert, jedoch lohnt sich ein Abstecher zur Kirche von **Bernui** ❸, 1212 m, hinauf. Am westlichen Ortsausgang weist uns die Beschilderung nach »Saurí« eine Betonstraße hinab, die uns auf den schönen Hangweg hinüber zum Nachbarort leitet.

Wir durchqueren das verschachtelte Dorf **Saurí** ❹, 1229 m, von unten nach oben. In der Ortsmitte machen wir einen kleinen Abstecher nach rechts zur schönen Fuente Abrevadero. Weiter durch den Ort finden wir oberhalb der Kirche einen Wegweiser nach »Llessui«, unserem nächsten Ziel. Nach 200 m auf der Betonstraße zweigt nach links wieder der Wanderweg ab.

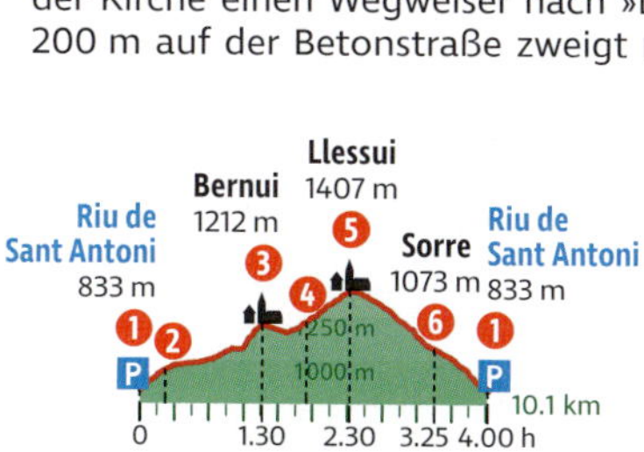

Dieser quert zweimal die Straße LV-5223, die nach Llessui hinaufführt. (Bei der ersten Querung müssen wir die Straße ein kleines Stück hinab-, bei der zweiten hinaufgehen.) **Llessui** ❺, 1407 m, wird vom großen romanischen Kirchturm mit schönem Eingangsportal überragt. Von der Kirche sind nur noch Mauern

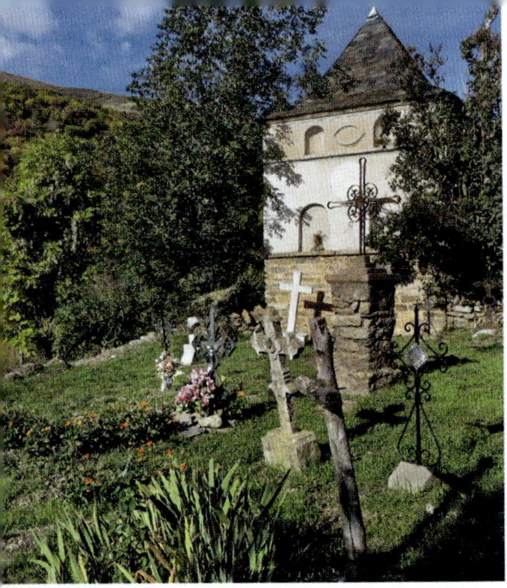

In Sauri.

der Apsis und die deckenlose Krypta übrig.

Vom kleinen, modern gestalteten Platz, der am Ort des ehemaligen Kirchenschiffs entstanden ist, gelangen wir ostwärts in wenigen Minuten ins Nachbardorf La Torre, das wir, an der kleinen Kirche Sant Julià vorbei, durchqueren. Am östlichen Ende von La Torre steigen wir auf einem sehr steilen Betonweg zur LV-5223 hinab, folgen ihr gut 150 m bis zu einer Kehre und ab dort der Beschilderung nach »Sorre«.

Der sich nun anschließende Wegabschnitt ist wohl der schönste und genussvollste der Tour: In angenehmem Gefälle geht es aussichtsreich, an Mauern und Hecken entlang, durch eine beschauliche Landschaft nach Sorre hinab. Wir überqueren die Straße (LV-5223) nach Llessui noch einmal und gehen später auf ihr die letzten Meter auf das Dorf zu. Am Ortsrand angekommen, biegen wir bei erster Gelegenheit nach links ab und bummeln durch das idyllische Dorf **Sorre** 6, 1073 m. Am östlichen Ortsende führt eine mit »Escàs« beschilderte Betonstraße rechts hinunter auf einen Fahrweg. Dieser zieht sich in mehreren Serpentinen, die sich auf markiertem Pfad abkürzen lassen, zum Parkplatz am **Riu de Sant Antoni** 1 hinab.

Durch offene Busch- und Wiesenlandschaft von La Torre hinab nach Sorre.

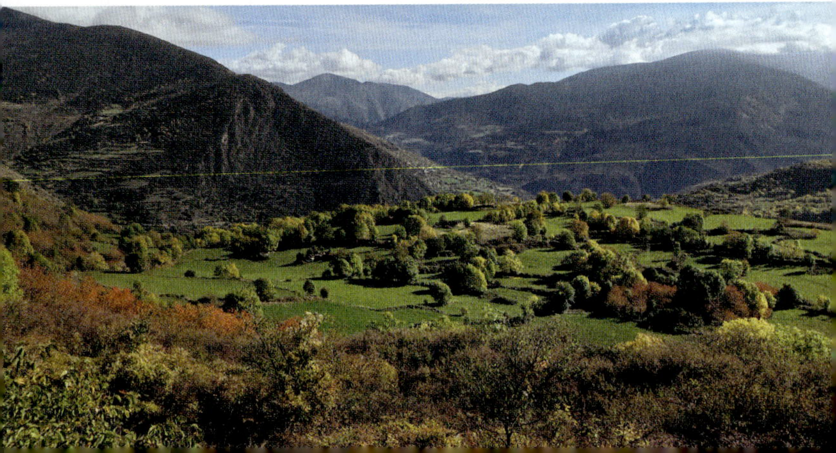

↗ 680 m | ↘ 680 m | 8.1 km

3.45 h

Estany de Garrabea, 2170 m

21

In die einsame Muntanyó-Region

Der nahe Nationalpark von St. Maurici stiehlt der Bergregion um den Pic de Moredo ein wenig die Aufmerksamkeit. Das heißt aber nicht, dass diese eigentümliche, einsame Landschaft mit ihren tiefen Seen, den ausgedehnten Blockfeldern und wechselnden Gesteinen weniger Reiz ausstrahlt. Der Zugang von Osten aus dem Tal der Noguera Pallaresa, etwa zum Estany d'Airoto, ist anstrengend und zeitaufwendig. Die hier empfohlene, deutlich kürzere Tour von Süden her in die Region um den Estany de Garrabea bietet gleichwohl eindrucksvolle Aussichten auf die markanten Berggestalten des Tuc de Bonabé, des Pic de Moredo und des Pic de Qüenca und vermittelt am See das Gefühl, ein ganz besonderes, abgeschiedenes Plätzchen erreicht zu haben.

Ausgangspunkt: C-28, 2038 m, geschotterter Parkplatz am rechten Straßenrand bei km 47,8 an der Straße C-28 von Sort in Richtung Pòrt de la Bonaigua.
Anforderungen: Überwiegend einfache Wege über Wiesen. Trittsicherheit in einzelnen steinigen, rutschigen Passagen.
Markierung: Durchgehend gelb, Steinmänner.
Einkehr: In València d'Àneu und in Esterri d'Àneu. Unterwegs keine.
Variante: Cap del Muntanyó d'Àrreu, 2626 m. Lohnender Aussichtsgipfel (ohne großen Aufwand weglos zu erreichen, leichte Grat-Kraxelei. Orientierungssinn notwendig, nicht bei Nebel unternehmen): ab dem obersten Tümpel, 2371 m, nach Nordwesten zum Südgrat und mit leichtem Rechtsknick auf ihm zum Gipfel. Eine felsige Stelle kann im Westhang umgangen werden. Abstieg zum Sattel vor dem Vorgipfel. Von dort erst nach Süden, dann nach Osten (Zielrichtung: links des gut sichtbaren Estany Pudo) zur Hauptroute nahe dem Sattel, 2389 m (zusätzlich 1 Std., 2 km sowie 230 Hm im Auf und Abstieg).

Wir verlassen den Parkplatz an der **C-28** ❶ auf Grasspuren nach Nordwesten (in Richtung der Passhöhe) und treffen nach kaum 150 m auf einen guten, gelb markierten Weg, der im mit Ginster bewachsenen Hang ansteigt. An einer ersten Geländestufe, 2150 m, lassen wir die lärmige Passstraße hinter uns und treten in ein schönes Hochtal mit steilen grünen Flanken und kleinteiligen Strukturen ein. In mehreren Stufen und Bögen steigen wir an der linken Talseite hinauf zu einem **Absatz** ❷, 2257 m, genau über dem Bassa de Boscàs, dem steil unter uns gelegenen kreisrunden, verlandenden kleinen See.

An der dortigen Wegteilung gehen wir links. Wir steigen fortan immer im linken Talhang weiter an, passieren eine Felslücke aus hellem Gestein und gelangen damit ohne Richtungsänderung auf eine schräge, sehr plane Wiese. Auf ihr erreichen wir, den weit auseinanderstehenden Steinmännern folgend, ein Plateau mit mehreren kleinen Tümpeln. Am obersten

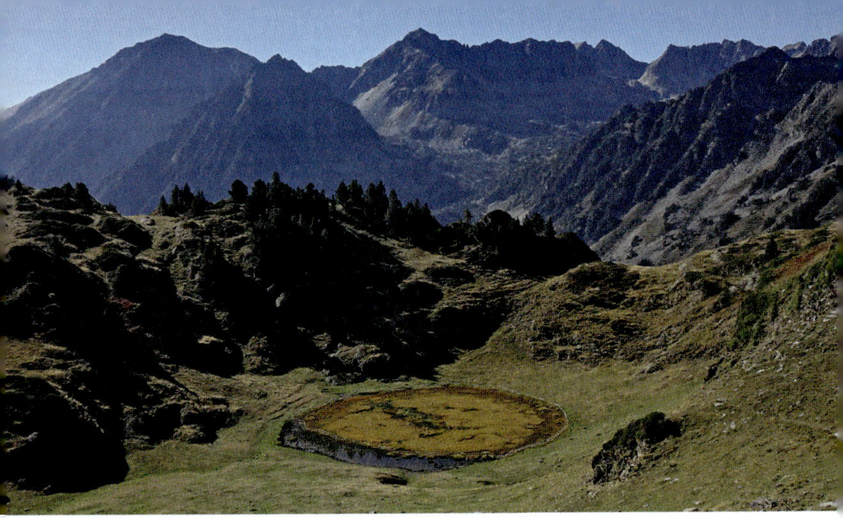

Die Bassa de Boscàs vor den Nationalpark-Bergen.

Tümpel ❸, 2371 m, beginnt die weglose, aber übersichtliche Variante auf den Cap del Muntanyó d'Àrreu. Wir wenden uns hier nach rechts, gehen ein wenig bergab, biegen alsbald wieder nach links ab und gelangen zu einem herzförmigen See. An ihm rechts vorbei, steigen wir mit Linksknick auf den hinter (nördlich) dem See liegenden Rücken. Wir wenden uns hier nach rechts und steuern unser nächstes Ziel an, den etwa gleich hohen kiefernbestanden Sattel im Osten, zu dem uns ein schöner Höhenweg hinüberführt. Am **Sattel** ❹, 2389 m, wird der Blick auf die Garrabea-Seen frei und wir können auf einem ordentlichen Pfad, links am kleinen oberen See (Estanyoletes de Garrabea) vorbei, zu den Uferwiesen am **Estany de Garrabea** ❺, 2168 m, absteigen. Der große See liegt in einer einsamen, steinigen Welt, mit einigen Kiefern und viel Blockwerk.

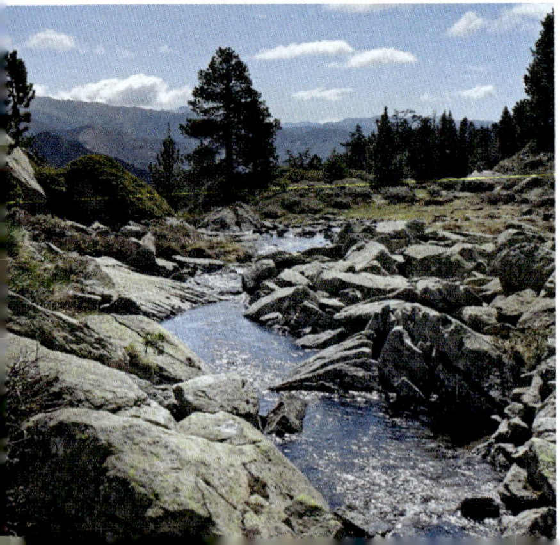

Für den Rückweg steigen wir zunächst auf dem Hinweg ca. 80 Hm über dem Estany de Garrabea zu der Stelle auf, an der unser markierter Hinweg deutlich nach rechts abknickt. Hier gehen wir nun geradeaus weiter bergauf und errei-

Der Auslauf des Estany de Garrabea.

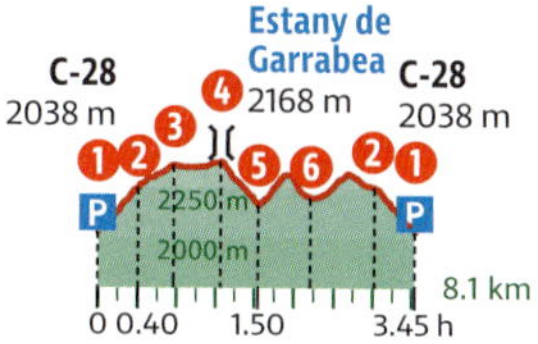

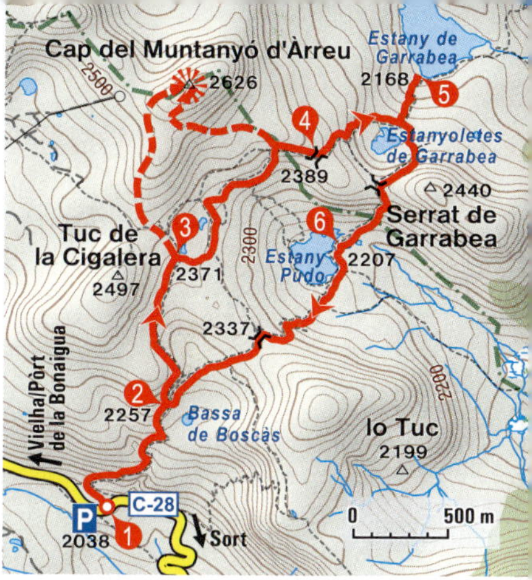

chen wenig später die Ostseite des kleinen oberen Sees. Ab hier folgen wir einem schwach ausgeprägten, mit Steinmännern gekennzeichneten Trampelpfad, der links im Hang schräg bergaufzieht. Wir überwinden in steinigem Gelände in Richtung Südost etwa 40 Hm, bis wir auf einen deutlichen Querpfad treffen, der gemächlich nach rechts zum hübschen Sattel im Serrat de Garrabea, 2344 m, ansteigt. Anschließend bringt uns ein kurzer, aber steiler und im Schotter rutschiger Steig hinab zum linken Ufer des **Estany Pudo** 6, 2207 m. Aus dem flachen See werden zurzeit im Rahmen eines Projekts zur ökologischen Wiederherstellung mit unzähligen Fallen die Fische entfernt. Wir verlassen den See an einer Infotafel und wandern auf bequemem Weg in gewelltem Wiesengelände nach Südwesten zum breiten Coll de l'Estany Pudo, 2337 m, hinauf. Ohne Änderung der groben Richtung gehen wir auf der anderen Seite hinab, durchqueren zwei Mulden und treffen am **Absatz** 2 auf den Aufstiegsweg. Auf ihm kehren wir zum Parkplatz an der **C-28** 1 zurück.

Der Estany de Garrabea inmitten der einsamen, steinigen Muntanyó-Berge.

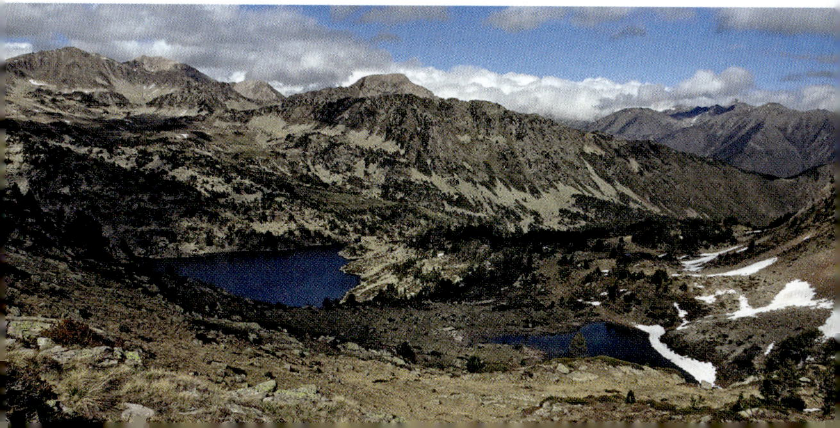

↗ 630 m | ↘ 630 m | 8.5 km

22 Tres Estanys

3.45 h

Seenrundtour mit Gipfeloption

Das stille und noch wenig bekannte Tal des Riu Unarre lädt zu einer stimmungsvollen Wanderung ein. Oberhalb des alten, perfekt restaurierten Dörfchens Cerbi sind die Berge nicht so wild wie im gegenüberliegenden Nationalpark, doch die wunderschöne Seenkomposition der Tres Estanys kann auf jeden Fall mithalten. Diese und auch alle Nachbarseen sind weder aufgestaut noch reguliert. Bei hohem Wasserstand sind sie eine Wohltat für das Auge. In weiten Bereichen des Hochtals gibt der Ginster den Ton an; ein Grund, es gerade im Mai zu besuchen.

Ausgangspunkt: Parkplatz Sartari, 1820 m. Von Esterri d'Àneu in Richtung Cerbi hinauffahren und 500 m vor Cerbi nach rechts (Schild »Estany de La Gola«) über die holprige Straße zum Parkplatz. Die Straße ist mit (E-)Mountainbike sehr gut zu befahren (Mountainbike-Verleih in Esterri d'Àneu). Mit Pkw wird es an einem Steilstück oberhalb der Kehren problematisch. Geländewagen zu empfehlen. Tipp: Man kann unterhalb des Steilstücks an der ersten Kehre (1590 m) gut wenden und am Straßenrand parken, ab dort sind es noch 1,9 km und 230 Hm bis zum Ausgangspunkt.

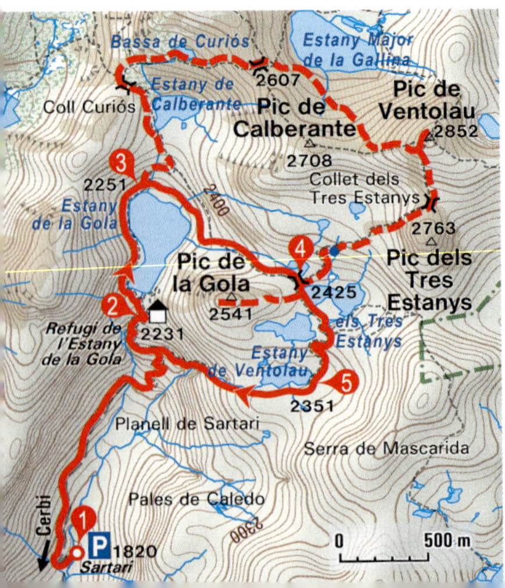

Anforderungen: Großteils einfache Wege. Eine Kraxelstelle.

Markierung: Durchweg gelb.

Einkehr: In Cerbi und in Esterri d'Àneu. Unterwegs keine.

Unterkunft: **Refugi de l'Estany de la Gola**, unbewirtschaftet, 2009 restauriert, ein Raum mit ca. 8 Schlafplätzen auf der Schlafgalerie.

Varianten: 1. Überschreitung des **Pic de Ventolau**, 2852 m. Top Aussichtsgipfel. Abwechslungsreiche Landschaft aus Gras und Fels. Der einzigartige Circ de la Gallina wird im oberen Teil durchquert (keine technischen Schwierigkeiten, aber Nebelfreiheit für den Gipfelanstieg Voraussetzung. Stellenweise steiler Schotter. Gelbe Markierung, Gipfelanstieg weglos, Steinmänner): am Nordende des Estany de la Gola, 2251 m, der Beschilderung »Estany de Calberante« und »Coll Curiós« folgen. Am Coll Curiós, 2422 m, Wegweiser nach rechts zum »Estany Major de la Gallina«. Vom Coll de Calberante, 2607 m, 30 Hm Abstieg in Richtung See, dann nach rechts auf einen unmarkierten Pfad abbiegen. Etwas oberhalb des Sees durch eine Mulde und mit Rechtsknick strikt nach Südosten zum Westgrat. Dann auf einem Schotterband hinüber zum Südrücken und nach links zum Gipfel. Markierter Abstieg nach Süden zum Collet dels Tres Estanys, 2679 m.

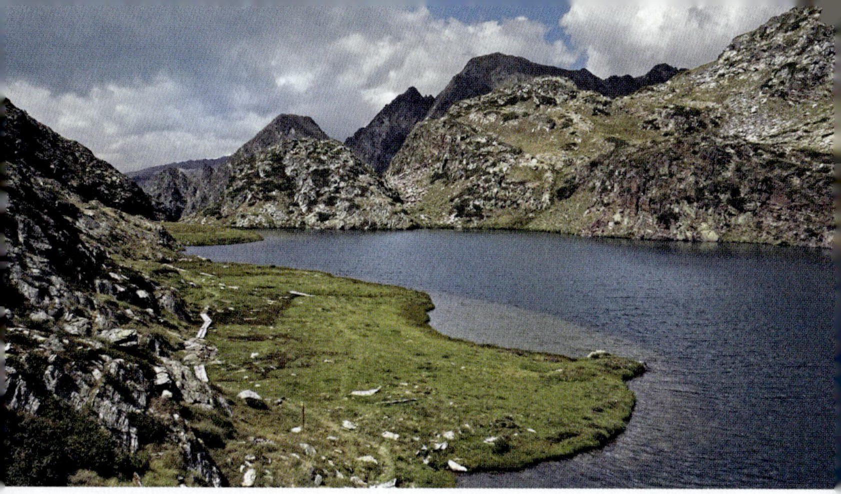

Der letzte See der Runde: Estany de Ventolau.

Dort die Schotterrinne rechts hinunter und nach Südwesten zum Sattel, 2425 m, (zusätzlich 2.45 Std., 3 km sowie 480 Hm im Auf- und Abstieg).
2. **Pic de la Gola**, 2541 m. Lohnender Aussichtsberg inmitten der Seenlandschaft (weglos. Am Ostgrat Kraxelei und eine Kletterstelle, Schwierigkeitsgrad II): kurz nach dem Sattel, 2425 m, nach rechts (Westen) zum Grat hinauf. Senkrecht stehende feste Platten, weiter oben einfaches Gehgelände bis zum Gipfel. Beim Abstieg vor Beginn der Gratkraxelei im losen Schotter nach rechts hinunter und anschließend die Felsen des Ostgrates unterqueren (zusätzlich 45 Min., 1 km sowie 120 Hm im Auf- und Abstieg).
Hinweis: Wer ein Mountainbike zur Verfügung hat, könnte ab dem Ausgangspunkt die Schotterstraße noch 1,3 km bis auf knapp 2000 m Höhe befahren. Streckenweise liegen allerdings große lose Steine auf der Fahrbahn.

Vom Parkplatz **Sartari 1** gehen wir auf der Schotterstraße weiter bergauf. War das Tal weiter unten ziemlich eintönig, so wird es nun immer strukturierter. Oberhalb einer Steilstufe öffnet sich eine weite, fast ebene Weidefläche, der Planell de Sartari. Den Talschluss bildet eine steile felsige Wand, in der der Auslauf des Estany de la Gola in Kaskaden talwärts stürzt. Die Schotterstraße erreicht diesen Bach auf fast 2000 m Höhe und geht auf der anderen Bachseite in einen Wanderweg über. Wir steigen rechts der Wasserfallwand in Kehren durch lückenlosen Ginsterbewuchs bergauf.
An einer Weggabelung, 2141 m, kommt von rechts unser Rückweg von den Tres Estanys an. Wir gehen nach links zum hübschen **Refugi de l'Estany de la Gola 2**, 2231 m, hinauf. Ein Stück weiter oben liegt der Estany de la Gola. Er ist kein Stausee, hat aber doch einen künstlichen Ablauf. Die Steinkonstruktion und die Terrassierungen rechts des Auslaufs stören die

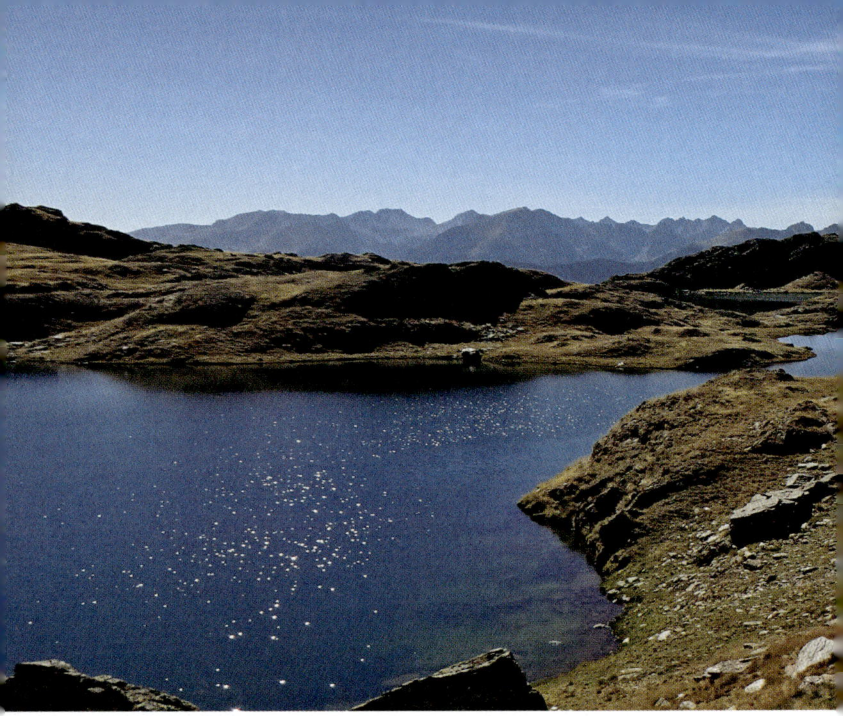

Die Seenplatte der Tres Estanys mit dem Pic de la Gola rechts (Variante).

Makellosigkeit des dunkelgrünblauen Sees etwas. Wir gehen am linken Ufer weiter und ein kurzes Stück über eine Gletscher-Seitenmoräne. Das Seewasser hat hier das Geschiebematerial der Moräne freigespült, das sonst überwachsen wäre. Am hinteren Ende des **Estany de la Gola** ❸, 2251 m gehen wir bei einem Wegweiser (Abzweig der Variante 1) in Richtung »Tres Estanys« weiter. Erst steigen wir am Ostufer an, kommen in ein hübsches Hochtal unter den steilen Nordwänden des Pic de la Gola und erreichen einen kleinen hellgrünen See sowie kurz hintereinander zwei flache Sättel.

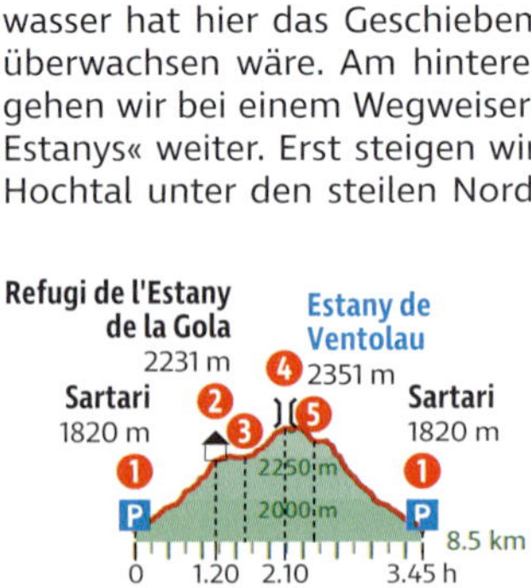

Der zweite **Sattel** ❹, 2425 m, öffnet überraschend den Blick über die wunderschöne Seenplatte und ist Ausgangspunkt für die kurze weglose Besteigung des Pic de la Gola (Variante 2).

Wir besuchen nun noch die restlichen der eigentlich fünf Seen. Dafür wandern

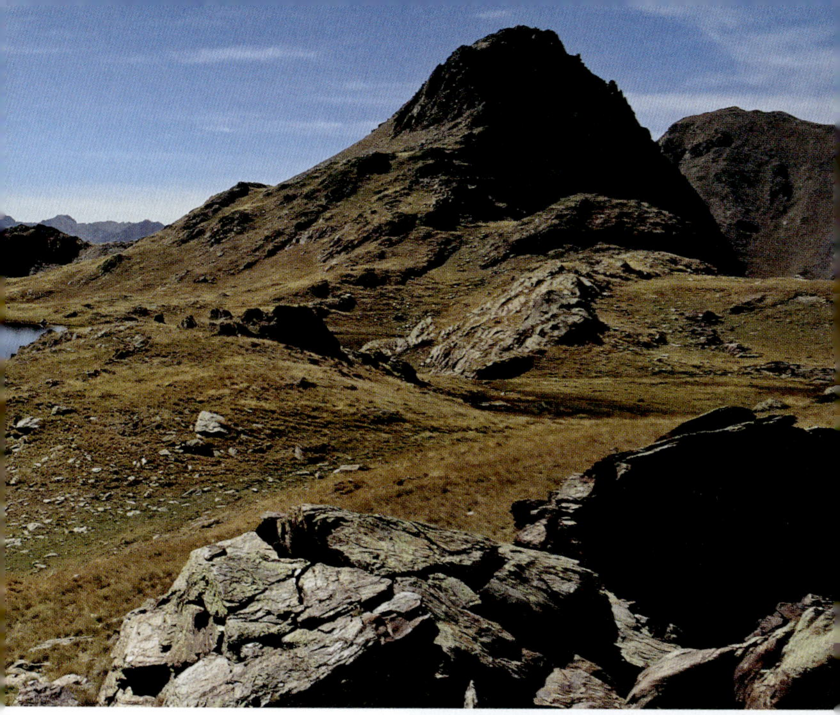

wir nach Südosten zwischen den beiden großen Seen hindurch. Nach dem kleinen See passieren wir einen Wegweiser, überkraxeln eine Felsrippe (Kettensicherung) und laufen dann zum schönsten der Seen, dem **Estany de Ventolau** 5, 2351 m, hinab. Er ist in die Felskämme eingebettet und hat auf seiner Südseite ganz flache, sumpfige Ufer. Wir verlassen den wunderbaren Ort zusammen mit dem Seeablauf durch einen Felskorridor, steigen zur Weggabelung, 2141 m, ab und kehren auf dem Hinweg zum Parkplatz **Sartari** 1 zurück.

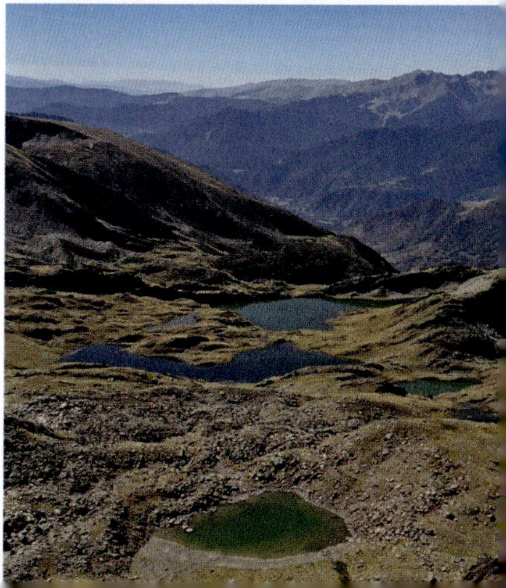

Die Tres Estanys.

↗ 820 m | ↘ 820 m | 8.7 km

23 Pic de la Muntanyola, 2623 m, und Estany de Mariola

4.45 h

Ins einsame obere Vall de Cardós

Es ist eine mühsame Anfahrt zum Parkplatz Estany del Pòrt an der Pleta Palomera auf 1809 m Höhe, aber sie lohnt sich. Auf unserer Rundtour erleben wir ganz unterschiedliche, einsame Landschaften, besuchen einen exzellenten Aussichtsgipfel, der steil über den Vorbergen der französischen Pyrenäen aufragt, und können es uns an einem der schönsten Seen der Ostpyrenäen gutgehen lassen. Die Einsamkeit und Unerschlossenheit des Gebiets bringt es allerdings mit sich, dass Wege nur sporadisch angelegt sind und Farbmarkierungen weitgehend fehlen.

Ausgangspunkt: Parkplatz Estany del Pòrt, 1809 m. In Tavascan in Richtung Skigebiet fahren. Kurz nach den Häusern von Quanca, 1390 m, enge Linkskehre, in der der Riu d'Escobes zweimal überquert wird. Kurz nach der zweiten Bachüberquerung Abzweig in Richtung »Pleta Palomera«. Die Schotterstraße ist auf dem ersten Kilometer in schlechtem Zustand und vor allem in den vielen Kehren ausgefahren. Mit Zweiradantrieb grenzwertig. Stabiles Fahrwerk und gute Bodenfreiheit von Vorteil. Es folgt ca. 1 km gut befahrbarer Betonbelag. Kurz nach Ende der Betonstraße zweigt rechts ein Fahrweg, 1610 m, mit begrenzter Parkmöglichkeit ab. Die restlichen gut 2 km auf grobsteiniger Piste sind passabel. Alternativ Aufstieg zu Fuß auf der Schotterstraße (1.30 Std., 4,3 km sowie 400 Hm im Aufstieg) oder Auffahrt mit dem (E)-Mountainbike.

Anforderungen: Trittsicherheit, Orientierungsvermögen, Kraxelei. Nebelfreiheit Voraussetzung.

Markierung: Bis zum Estany del Pòrt rot-weiß, sonst nur Steinmänner.

Einkehr: In Tavascan und im Camping Bordes de Graus (zwischen Tavascan und Quanca). Unterwegs keine.

Variante: Abkürzung oberhalb des Estanyet de Montarenyo, unter Auslassung des Gipfels: von der Quelle, 2330 m, in Richtung Westen auf einen teils felsigen Rücken hinauf, dann in mäßig steilem Wiesengelände in Richtung zweier sumpfiger Plateaus hinab. Querung nördlich des Estany de Montarenyo in den gegenüberliegenden Hang hinein und dort im Gras zum flachen Rücken etwas nördlich der Collada de Montarenyo, 2361 m, hinauf (Ersparnis 1.15 Std., 1,3 km sowie 260 Hm im Auf- und Abstieg).

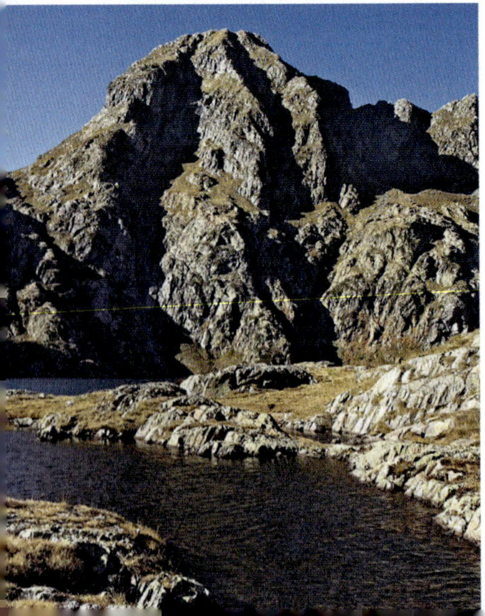

Estany de Mariola unter dem gleichnamigen Pic.

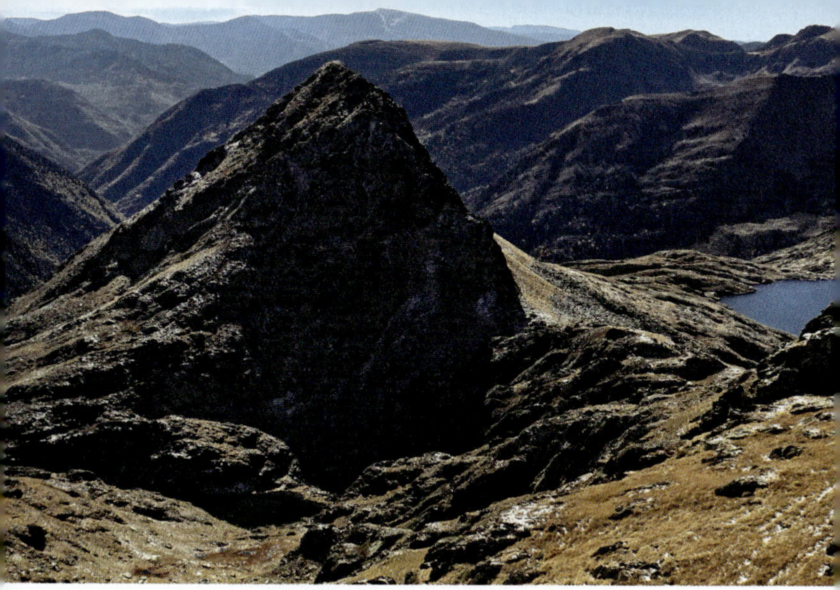

Das Tal von Quanca, der Roc de l'Estany Xic und der Estany de Mariola.

Am Parkplatz **Estany del Pòrt** ❶ folgen wir der Beschilderung »Estany del Pòrt«. Nach gut 5 Min. kommen wir an der kräftig sprudelnden Font de la Costa vorbei, steigen einen breiten, fast baumlosen Hang in großen Kehren hinauf und erreichen den länglichen, zweiteiligen Estany del Pòrt. Ein Wegweiser neben der Schutzhütte **Cabana de l'Estany del Pòrt** ❷, 2035 m, zeigt nach geradeaus zum »Pòrt de Tavascan«. Wir laufen am rechten Ufer des Estany del Pòrt weiter und steigen danach in schönen Wiesen gemächlich zu einer kleinen **Hochebene** ❸, 2137 m, hinauf. (Von hier aus kann man einen Abstecher zum Pòrt de Tavascan, 2217 m, unternehmen, der aber nicht wirklich lohnend ist,

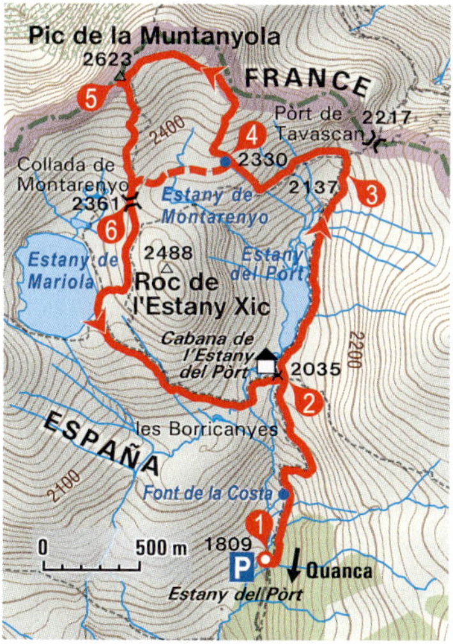

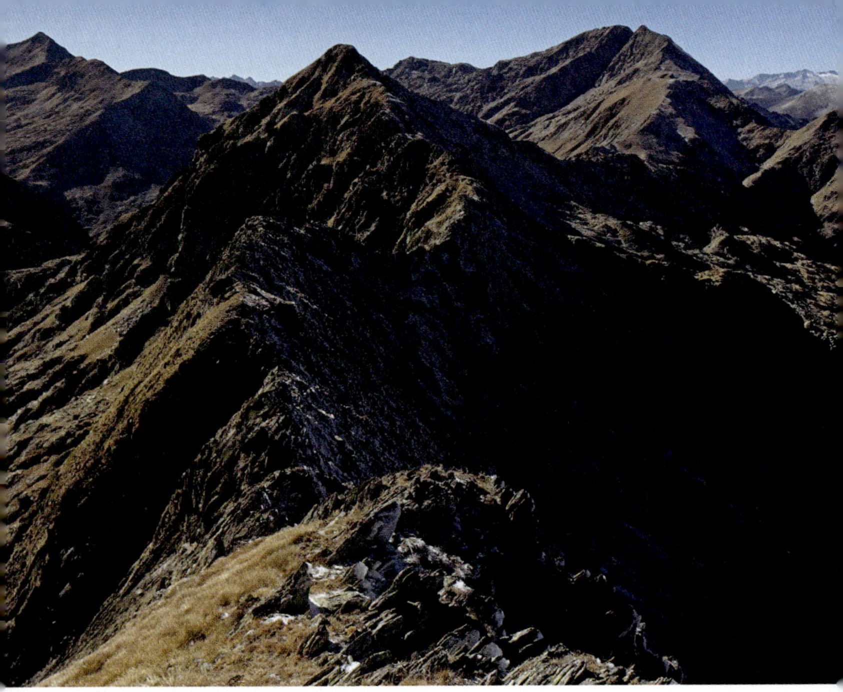

Der Pic de Mariola (Bildmitte) im Grenzkamm zu Frankreich.

weil dort der Blick nach Norden ziemlich eingeengt ist.) Etwa 30 Hm oberhalb der kleinen Hochebene biegen wir, Steinmännern und einer guten Spur folgend, nach links ab und gehen auf einer schönen flachen Wiesenrampe links haltend bergauf. Nach Ende der Rampe quert die Spur noch ein Stück den Südosthang, überquert ein Bächlein und verläuft sich dann. Wir wenden uns hier im rechten Winkel nach rechts und steigen auf einer Gras-Fels-Rippe nach Nordwesten steil bergauf. Die Rippe wird flacher und läuft im Tal eines kleinen Bachs aus, den wir bis zu seiner sumpfigen **Quelle** 4, 2330 m, verfolgen (nach links: Variante). Wir steigen in der Bachmulde weiter auf, erreichen einen kleinen Sattel und erklimmen von dort mit Rechtsknick auf guter Spur den Südostrücken unseres Berges. Von einem weiteren kleinen Sattel aus zieht unsere Spur in einem weiten Bogen durch den gesamten Südhang des Berg-

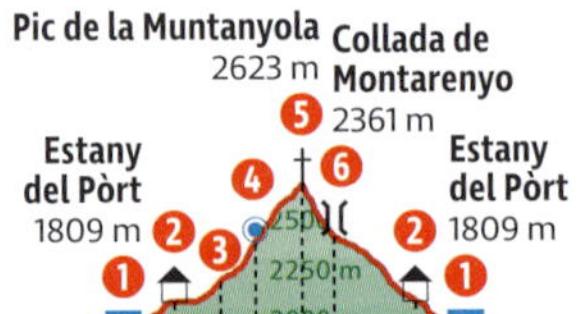

stocks, an dessen linkem Ende sich unser Gipfel befindet. Wir passieren steiniges Gelände, schwenken in einem letzten Grashang leicht nach rechts und sind wenig später am **Pic de la Muntanyola** ❺, 2623 m. Er bietet eine prächtige Aussicht. Auf französischer Seite beeindruckt das tief eingeschnittene Tal von Salau, auf spanischer Seite lockt der wunderschöne Estany de Mariola.
Wir steigen über den felsig-grasigen Südgrat ab, der etwas östlich des Gipfels beginnt. Er ist steil, aber gut gestuft und nicht lang. Seine senkrecht gestellten Felsplatten geben guten Halt. Vorsicht und Konzentration sind trotzdem anzuraten. Keinesfalls sollte man in den Wiesenhängen absteigen: Sie geben schlechteren Halt und das Gras ist in der Regel so stachelig, dass man es ungern anfasst. Nach zwei Dritteln macht der Südgrat einen leichten Rechtsknick und läuft in erst steilen, dann flacheren Wiesenhängen und schließlich im fast ebenen Rücken um die **Collada de Montarenyo** ❻, 2361 m, aus (von links: Variante). Wir folgen dem Rücken noch ein Stück, queren ohne Richtungsänderung ein ebenes Geröllfeld und laufen dann nach rechts zum Estany de Mariola hinunter. Er ist mit seinen vielen Buchten, der Mischung aus Gletscherschlifffelsen und Wiesen, dem auf der Nordwestseite direkt aus dem Wasser steil aufragenden Pic de Mariola, 2663 m, und seiner Unberührtheit ein echtes Juwel. Vom Südostufer des Sees führt uns eine gute Spur an der malerischen Sumpfebene Les Borricanyes vorbei bequem zur **Cabana de l'Estany del Pòrt** ❷ beim Estany del Pòrt zurück. Von dort geht es auf dem Aufstiegsweg zum Parkplatz **Estany del Pòrt** ❶ hinab.

Les Borricanyes.

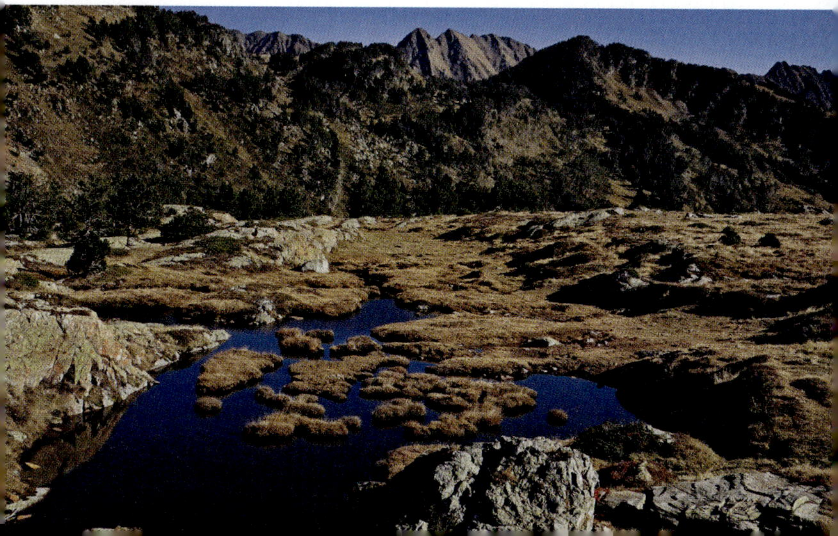

TOP

24 Refugi de Certascan, 2240 m, und Estanys de Romedo

↗ 920 m | ↘ 920 m | 15.0 km

6.15 h

Auf wilden Wegen zu den schönsten Seen oberhalb von Tavascan

Granit in jeder Form, als Felsblöcke oder -buckel zwischen Eichen und Birken, als flache Gletscherschliffe in den Bergweiden, als Felswände unter den Gipfeln oder als Insel in einem der Seen. Die Landschaft im oberen Vall de Lladorre wird eindeutig vom Fels dominiert. Kein Wunder, dass in diesem wilden Gebiet mit dem Río de Romedo auch einer der spektakulärsten Bäche der östlichen Pyrenäen fließt. Die Erfrischung in einem seiner gigantischen Wasserfallbecken setzt der Tour die Krone auf.

Ausgangspunkt: Pont de Montalto, 1384 m, Parkplatz an der Brücke im Lladorre-Tal. Ab dem E-Werk in Tavascan 5,6 km recht ordentliche, in den Steigungen grobsteinige Piste (Beschilderung »Boavi« und »Certascan«). Nach einem kleinen Stauwerk Bachbrücke rechts. Hier wenige Parkplätze. Man kann die schlechter werdende Piste noch 400 m bis zu einer Absperrung weiterfahren. Dort am Straßenrand parken, eingeschränkte Wendemöglichkeit.
Anforderungen: Trittsicherheit. Mehrere Kraxelstellen.
Markierung: Rot-weiß und grün.
Einkehr: Im Refugi de Certascan und am Anfahrtsweg in Tavascan.
Unterkunft: Refugi de Certascan (40 Pl.) Tel. +34 973 641 681, refugicertascan.cat.
Varianten: 1. Abkürzung zum Coll de Llurri und Auslassen des Refugi de Certascan (einfacher Serpentinenpfad, rot und grün-weiß markiert): 800 m nach dem Cami de Romedo, nach Überwindung der letzten Kraxelstelle (Weg senkt sich deutlich ab) rechts in kurzen steilen Kehren hinauf und weiter oben im Zickzack mit leichtem Höhenverlust zum Coll de Llurri, 2217 m, (Ersparnis 30 Min., 2 km sowie 90 Hm im Auf- und Abstieg).
2. **Pointe de Rabassère** (sp. **Pic de Colatx**), 2570 m. Trotz relativ geringer Höhe großartiges Panorama (einfache Besteigung, größtenteils rot/grün markiert, teilweise weglos, Steinmänner. Orientierungssinn notwendig. Nebelfreiheit Voraussetzung): ab dem Estany de Romedo de Dalt, 2109 m, rechts an diesem See und am Estany de Senó vorbei bis zum Südostufer des obersten, flachen Sees (Estany de Colatx). Weglos am Ostufer weiter, dann mit leichtem Rechtsknick in der Bachmulde bergauf; Blockwerk umgehen. An einem Wiesenplateau mit kleinen Quellsümpfen, 2315 m, den von rechts kommenden rot/grün markierten Weg aufnehmen und auf ihm etwa 400 m nach links aufsteigen. Anschließend weglos nach rechts zum Südwestgrat und auf ihm zum Gipfel (zusätzlich 3 Std., 6,4 km sowie 470 Hm im Auf- und Abstieg).

Vom Parkplatz an der **Pont de Montalto** ❶ gehen wir auf der Schotterstraße in der Nähe der schönen Noguera de Lladorre mit ihren vielen Stromschnellen, Kaskaden und Becken bergan. Die Straße wird zur Allee, die durch eine parkähnliche Landschaft führt: kurzes Gras, viele große alte Bäume, weidende Pferde. Nach etwa 20 Min. – der Weg beginnt zu steigen – überschreiten wir zwei kleine Steinbrücken mit Betonauflage. 100 m nach der zweiten Brücke ist an der **Pla de la Borda** ❷, 1432 m, links

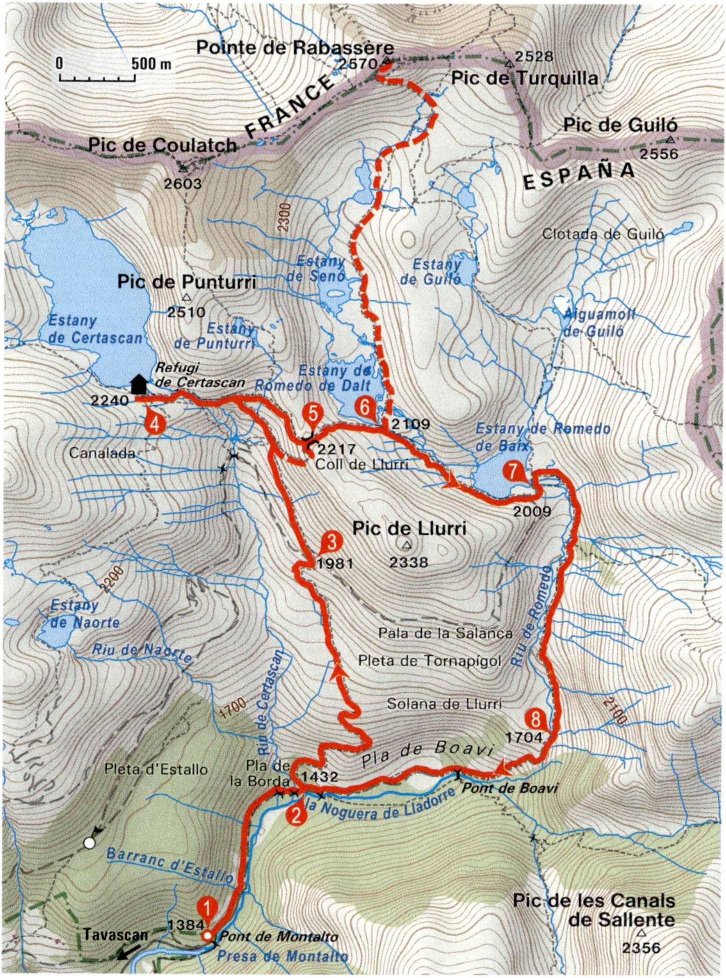

auf einem Stein »Certascan« angeschrieben. Wir biegen links auf einen spannenden, rot-weiß markierten Weg ab, der durch verschiedenste Vegetation, über Steilstufen und um Gletscherschliffbuckel herum auf eine wunderschöne Alm führt. Gut 150 Hm höher wird der **Camí de Romedo 3**,

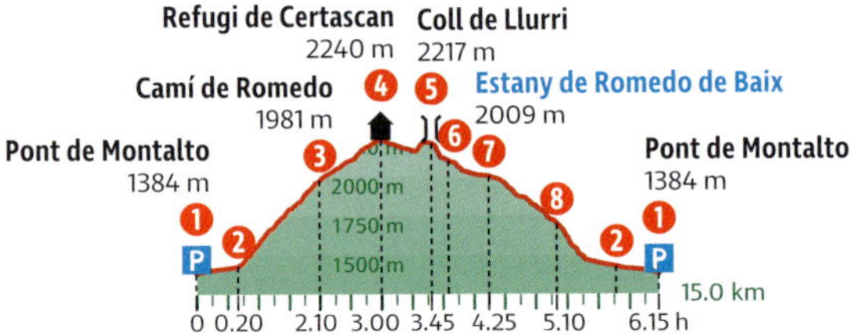

1981 m, überquert, der wohl als Versorgungsstraße für die Stau- und Stollenanlagen angelegt wurde. Unser Wanderweg zieht ohne Richtungsänderung im rechten Talhang weiter aufwärts. Auf einen gemütlichen Abschnitt folgen mehrere leichte Kraxeleien über Felsrippen. An dem Punkt, wo die letzte der Kraxelstellen hinter uns liegt und der Weg sich deutlich absenkt, kann man nach rechts die Abkürzung wählen (vgl. Variante 1). Wir dagegen steigen gut 10 Hm ab und wandern dann in einem großen Linksbogen (rot-weiße Markierung) zu einem kleinen Vorsee hinauf, an ihm rechts vorbei und weiter zum bescheidenen **Refugi de Certascan** ❹, 2240 m. Von hier ist der Estany de Certascan noch nicht zu sehen. Für eine schöne Aussicht auf den größten See im Naturpark kann man an der Hütte vorbei etwa 100 m weitergehen und vielleicht noch einen Hügel ersteigen. Der in eine wilde Schutt- und Felslandschaft eingebettete, eigentlich natürliche See hat zwei niedrige Staumauern und wird reguliert.

Wir kehren zurück, lassen den Vorsee hinter uns und gehen nach etwa 200 m, wo der GR (unser Aufstiegsweg) mit Rechtsknick nach unten zieht, geradeaus weiter (Steinmann). Wir unterqueren Felsen, gelangen auf eine größere, schräge Bachwiese und müssen auf ihrer Gegenseite, ohne Richtungsänderung, aufsteigen. Der grün und mit Steinmännern markierte Pfad quert über 500 m mit vielen Richtungswechseln und Auf und Ab den Hang. Gut auf die Markierungen achten! So gelangen wir zum **Coll de Llurri** ❺, 2217 m, auf der Serra de Llurri (von rechts der abkürzende Steig). Am Pass treten wir in eine herrlich unberührte Landschaft mit schön geformten Seen, Inseln, Gletscherschliffbuckeln, vielen Felsen und Kiefern ein. In wenigen Minuten ist das Südostufer des **Estany de Romedo de Dalt** ❻, 2109 m, er-

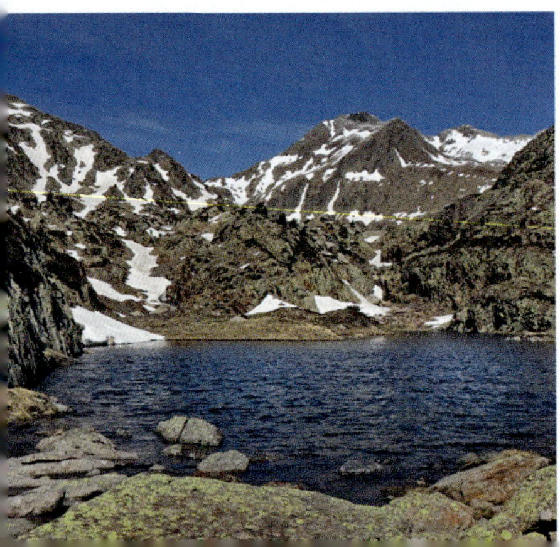

Estany de Certascan.

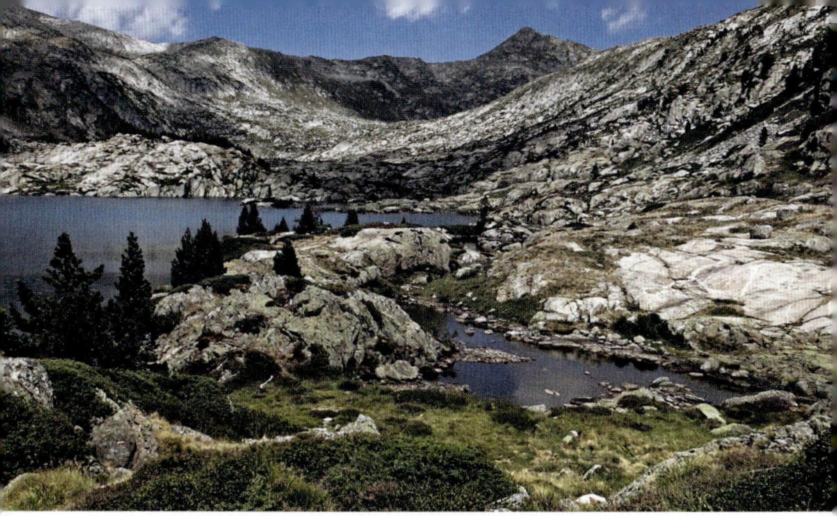

Der Estany de Romedo de Dalt vor der Pointe de Rabassère (Variante).

reicht. Man kann hier die Seele baumeln lassen, zum Beispiel mit einem Spaziergang zum Estany de Senó (Beginn Variante 2), dem See mit der großen Insel. Ein stilles Fleckchen zum Rasten und Erfrischen findet sich dort allemal. Oder man folgt der Variante 2 weiter bis auf den Gipfel.
Der abwechslungsreiche Abstieg führt vom Estany de Romedo de Dalt in östlicher Richtung hinab zum unteren See, der, obwohl ein Stausee, einen naturbelassenen Eindruck macht. An seinem rechten Ufer, zuletzt über ein Stückchen Schotterstraße, gelangen wir zur Staumauer des **Estany de Romedo de Baix** ❼, 2009 m. Wir überqueren sie, biegen an ihrem Ende nach rechts ab und folgen dem Riu de Romedo, dem hier noch zahmen Seeausfluss, talwärts. Hinter einer Geländekante wird er plötzlich zu einem wilden Strom, mit einer riesigen Wasserrutsche. Vom unmarkierten, aber öfters begangenen Pfad sind alle seine weiteren Attraktionen, Wasserfälle, große und kleine Wasserbecken, kleine Schluchten und Seen gut einzusehen. Wer ein Badebecken sucht, darf getrost bis zur Überquerung des **Riu de Romedo** ❽, 1704 m, warten. Dort finden sich dicht übereinander noch einmal zwei große und tiefe Becken.
Nach der Furt geht es ein wenig bergauf und dann noch ein ganzes Stück lang oberhalb des Baches mit Ausblicken auf seine Schlucht bergab. Eine Vielzahl von Steinmännern hilft, den Weg zwischen Bäumen, Büschen und Felsen gut zu finden. Nach etwas Kraxelei stoßen wir kurz vor der Pont de Boavi, 1475 m, auf den Talweg. Wir folgen ihm nach rechts, schlendern über die schöne Wiese Pla de Boavi das Tal hinaus, treffen auf der **Pla de la Borda** ❷ auf unseren Aufstiegsweg und kehren auf ihm zur **Pont de Montalto** ❶ zurück.

↗ 730 m | ↘ 730 m | 11.7 km

25 Estany de Sotllo, 2348 m, und Estany d'Estats, 2464 m

4.45 h

Zwei schöne Seen unter dem höchsten Berg Kataloniens

Das mit Fahnen und T-Shirts geschmückte Gipfelkreuz der Pica d'Estats zeigt, wieviel Herzblut die Katalanen in diesen Berg stecken. Eine abwechslungsreiche Wanderung bringt uns seiner imposanten grünbraunen Südwestwand ganz nahe und zudem zu zwei der schönsten Naturseen in den Hochpyrenäen, die in eine felsige, von eiszeitlichen Gletschern geformte Landschaft eingebettet sind. Für konditionsstarke Gipfelaspiranten ist als Variante die wechselvolle Überschreitung der Pica d'Estats von Süd nach West beschrieben, die aber technisch und hinsichtlich der Orientierung nicht ganz einfach ist.

Ausgangspunkt: Parkplatz La Molinassa, 1808 m, im Vall Ferrera. Von Àreu aus erst Asphalt, dann 10 km grobsteinige Piste (für 4x4-/Allradantrieb ausgewiesen, aber mit normalem Pkw einigermaßen gut zu befahren). In der Ferienzeit und an bestimmten Wochenenden ist die Piste kostenpflichtig und der Parkplatz muss online auf areupicadestats.com gebucht werden. Im Hotel Vall Ferrera in Àreu lassen sich Allrad-Taxis für die Hin- und Rückfahrt organisieren. Dort oder im Refugi de Vallferrera ist der aktuelle Zustand der Piste zu erfragen.
Anforderungen: Trittsicherheit für die grobsteinigen Passagen und Kraxelstellen (teils mit Kettensicherung).
Markierung: Rot-weiß.
Einkehr: Im Refugi de Vallferrera und am Anfahrtsweg in Àreu.
Unterkunft: Refugi de Vallferrera (60 Pl.), Tel. +34 669 532 513, feec.cat unter »Fem muntanya – Refugis«.
Variante: Überschreitung der **Pica d'Estats**, 3143 m (gute Ausdauer und Orientierungsinn notwendig. Kletterei in Grad II. Steinmänner. Nebelfreies und trockenes Wetter Voraussetzung): vom Auslauf des Estany d'Estats, 2464 m, 150 m am Südufer entlang, dann nach rechts hinaufqueren und dem Bachlauf folgen, der am weitesten rechts, direkt unter den Schotter-Nordhängen des Pic de l'Estany Fondo verläuft. Bevor sich der Bachlauf schluchtartig verengt, nach rechts ausweichen, dann nach links auf einer grasbewachsenen Rampe zu einem kleinen Sattel, 2705 m. Am darunterliegenden kleinen Estany Gelat vorbei, danach immer dem Bach folgen, der von Osten herunterfließt. Vom Schuttkessel, 2832 m, nach links zum Collet Fals, 2915 m, hinauf. Auf guter Spur (mit grober Richtung Nord) über mehrere weitere Sättel, immer auf der Westseite bleiben. Zuletzt über den Südgrat mit

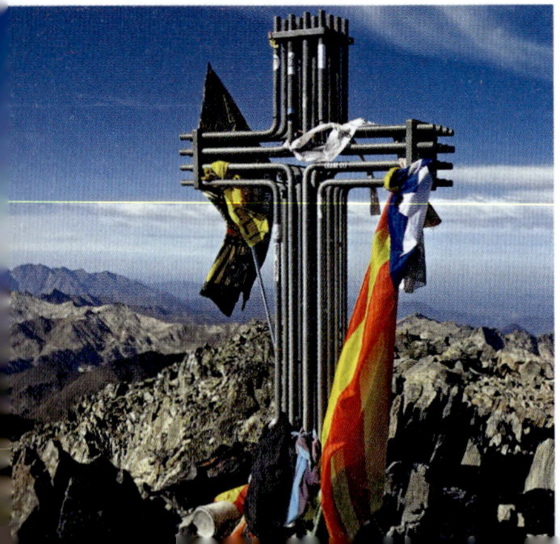

Das Ziel katalanischer Träume, die Pica d'Estats (Variante).

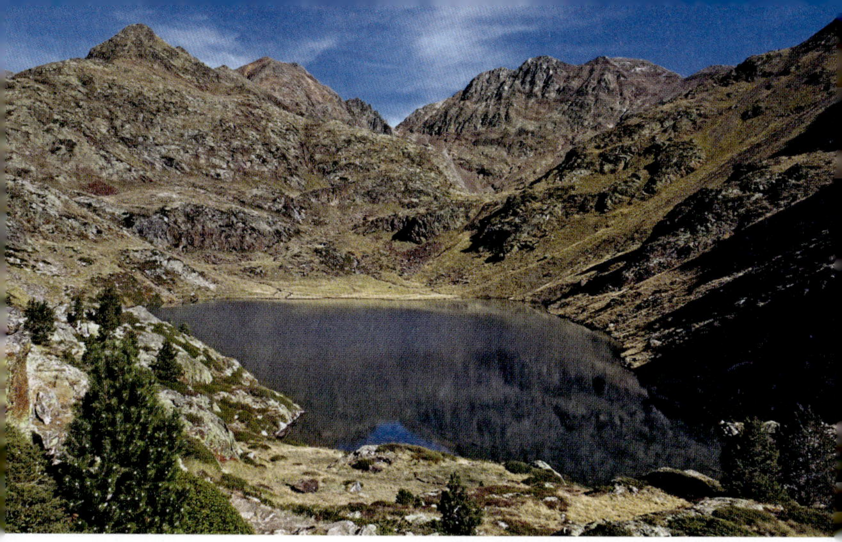

Der liebliche Estany de Sotllo unter den Südwestwänden der Pica d'Estats (rechts).

leichter Kletterei zum Gipfel der Pica d'Estats. Abstieg zunächst nach Nordwesten. Die erste Gratkuppe (Pic de Verdaguer, 3129 m) östlich umgehen. Dann mit Linksknick auf den Westgrat. Das unübersichtliche Gratgelände enthält viele Alternativrouten und Steinmänner. An einigen Stellen leichte Rinnen- oder Kaminkletterei. Am besten durchgehend etwas rechts (nördlich) des Grates absteigen. Vom Pòrt de Sotllo, 2874 m, den großen Schotterhang nach links (Süden) hinabsteigen/-rutschen (rot-weiß markiert) in Richtung des rechten Ufers des Estany d'Estats, 2464 m; (zusätzlich 4.30 Std., 5,6 km sowie 680 Hm im Auf- und Abstieg).

Hinweis: Wer die Gipfelüberschreitung andersherum oder den Westgrat im Aufstieg und Abstieg gehen möchte, muss sich den südseitigen Schotterhang, womöglich in Mittagshitze, hinaufkämpfen.

Vom Parkplatz **La Molinassa** ❶ gehen wir etwa 200 m auf der Schotterstraße weiter und folgen dann einem Wegweiser zum »Refugi de Vallferrera« nach links über eine Bachbrücke. Ein teilweise gepflasterter Weg führt zum **Refugi de Vallferrera** ❷, 1940 m, mit Brunnen. Die Vegetation wurde hier vor ein paar Jahren von einer großen Lawine überrollt, die Hütte aber knapp verschont. Am Brunnen beginnt unser Wanderweg, der im Folgenden immer mit »Pica d'Estats« ausgeschildert ist. Wir erreichen einen kleinen **Sattel** ❸, 2052 m, mit schöner Aussicht und begeben uns anschließend auf eine zunächst einfache, dann etwas abenteuerliche Hangquerung, die uns im Bogen hinüber ins Sotllo-Tal führt. Es müssen immer wieder Felsrippen überstiegen werden, es geht bergauf und bergab, an einer Abstiegsstelle ist die Kraxelei sogar mit Ketten abgesichert.

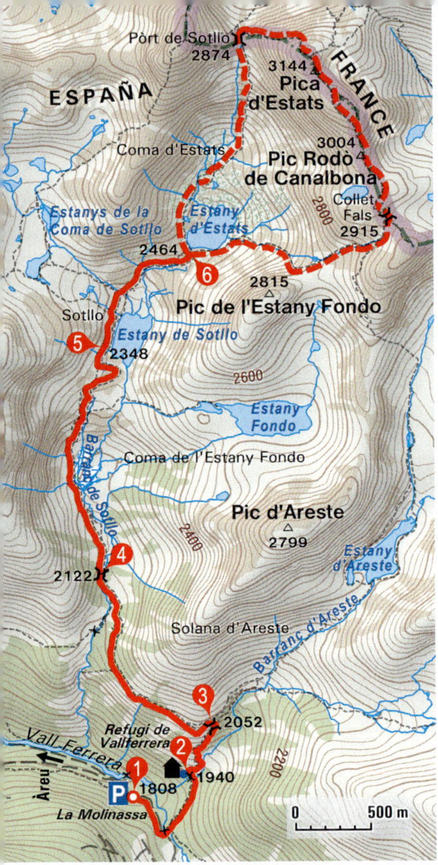

Ab der Brücke über den **Barranc de Sotllo** 4, 2122 m, wird der Weg einfacher und wir können den wunderschönen Aufstieg über mehrere Talstufen, durch Schwemmebenen (auf Holzstegen), über Felsen und Gletscherschliffe genießen. Derselbe Bach, der oben in mehreren Wasserfallstufen herabstürzt, hat unten malerische ruhige Stellen mit tiefen Becken. Der Hauptweg ist nur sparsam rot-weiß markiert. Es gibt deshalb immer wieder Nebenwege, die – solange sie gut ausgetreten sind – auch sicher zum Ziel führen. Am **Estany de Sotllo** 5, 2348 m, werden wir etwas oberhalb des Ufers vorbeigeleitet. Über weitere Talstufen, vorbei an einer kurzen Bachschlucht, erreichen wir unser Ziel, den **Estany d'Estats** 6, 2464 m, direkt an seinem Auslauf, an schönen Gletscherschliffen.

Beide Seen sind glasklar und haben eine malerische grüne Umgebung. Der Estany d'Estats ist aber der beeindruckendere, wegen seiner Lage direkt am Fuß des Massivs der Pica d'Estats. Links unterhalb seiner Felsmauer erkennt man im großen Schotterhang die Zickzacks des Zustiegs zu seinem Westgrat. Dieser Weg verläuft zunächst an der Westseite des Sees. Angenehmer ist der Gipfelaufstieg über seinen Südrücken. Diese Route beginnt rechts des Seeablaufs (Variante). Wir kehren auf unserem Aufstiegsweg zum Parkplatz **La Molinassa** 1 zurück.

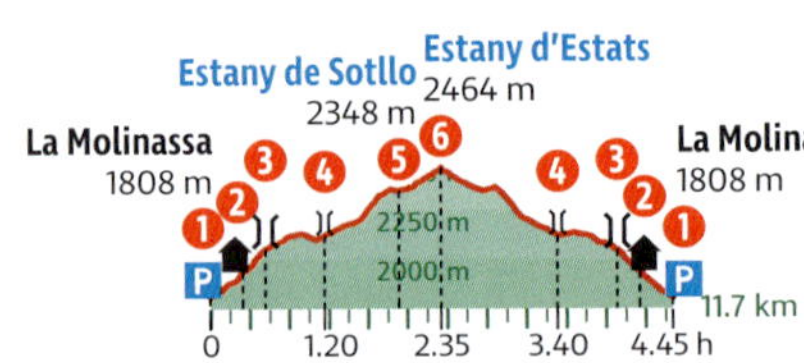

↗ 700 m | ↘ 700 m | 12.7 km

4.45 h

Estanys de Baiau, 2485 m

26

Hochgebirgsseen an der Grenze zu Andorra

Die romantische Talebene Pla de Boet bildet den Ausgangspunkt für eine spannende und landschaftlich vielfältige Wanderung zum südlichsten und wildesten Talabschluss des Vall Ferrera. Der von Gletschern geformte Circ de Baiau mit seinen hübschen Seen ist von einer eindrucksvollen Bergfront umgeben, die ihn zum benachbarten Andorra abschottet. Zwei hohe Pässe erlauben den Übergang dorthin. Einen davon können wir mit Variante 1 angehen und mit etwas Kraxelei einen schönen, einsamen Aussichtsberg ersteigen, der sich genau am Dreiländereck Spanien–Frankreich–Andorra befindet.

Ausgangspunkt: Parkplatz La Molinassa, 1808 m, im Vall Ferrera. Von Àreu aus erst Asphalt, dann 10 km grobsteinige Piste (für 4x4-/Allradantrieb ausgewiesen, aber mit normalem Pkw einigermaßen gut zu befahren). In der Ferienzeit und an bestimmten Wochenenden ist die Piste kostenpflichtig und der Parkplatz muss online gebucht werden: areupicadestats.com. Im Hotel Vall Ferrera in Àreu lassen sich Allrad-Taxis für die Hin- und Rückfahrt organisieren. Dort oder im Refugi de Vallferrera ist der aktuelle Zustand der Piste zu erfragen.
Anforderungen: Meist einfache Wege.
Markierung: Rot-weiß.
Einkehr: Im Refugi de Vallferrera (ca. 15 Min./800 m oberhalb des Ausgangspunkts) und am Anfahrtsweg in Àreu.
Unterkunft: Refugi de Vallferrera (60 Pl.), Tel. +34 669 532 513, feec.cat unter »Fem muntanya – Refugis«. **Refugi de Baiau**, Biwakhütte für 9 Personen.
Varianten: 1. **Pic de Medacorba**, 2914 m (rot-weiß und gelb markiert. Kraxelei): am größeren der Estanys de Baiau, 2485 m, in den Hang direkt über dem Nordzipfel des Sees einsteigen; bald rot-weiße Markierungen und Abschnitte mit guter Pfadspur. Auf etwa 2550 m Höhe über eine flache Felsrippe nach links in ein kleines Bachtal. Dieses geht weiter oben in ein Schutttal über, das sich ohne Richtungswechsel bis zum Col dels Estanys Forcats, 2743 m, zieht. Ab dort nach links Gipfelanstieg auf guter Spur durch die steile, von bunten Felsbändern durchzogene Südflanke (zusätzlich 2.30 Std., 3 km sowie 430 Hm im Auf- und im Abstieg).
2. Abstieg entlang des **Riu de Baiau**, des Bachs mit den wundersamen weißen Steinen (meist weglos. Trittspuren, Steinmänner): an der Nordspitze des Estany d'Ascorbes, 2373 m, dem nach rechts auslaufenden Bach folgen, mal links, mal rechts des Wassers, wo es am einfachsten erscheint. Der Bach und seine Zuläufe sind (außer bei starker Schneeschmelze) immer gut zu überqueren. Etwa 200 m vor der Stelle, an der der Bachlauf steiler und zur Schlucht wird (auffälliger eckiger Felsbrocken auf der Wiese, mit Steinmann obendrauf, 2165 m) gibt es zwei Rückkehrmöglichkeiten zur Hauptroute: Die kürzere führt nach links eine kleine Stufe hinauf und nach Südwesten zum Pla de Baiau, 2181 m, (ab Estany d'Ascorbes 45 Min., 2,5 km sowie 30 Hm im Auf- und 220 Hm im Abstieg). Die längere, spannendere Route verläuft immer in Bachnähe weiter bergab. Dann nach links über die Brücke zur Hauptroute auf der Pla d'Arcalís, 2014 m; (viele Spuren, einige Steinmänner. Ab Estany d'Ascorbes 15 Min./0,5 km länger als der Hauptweg).

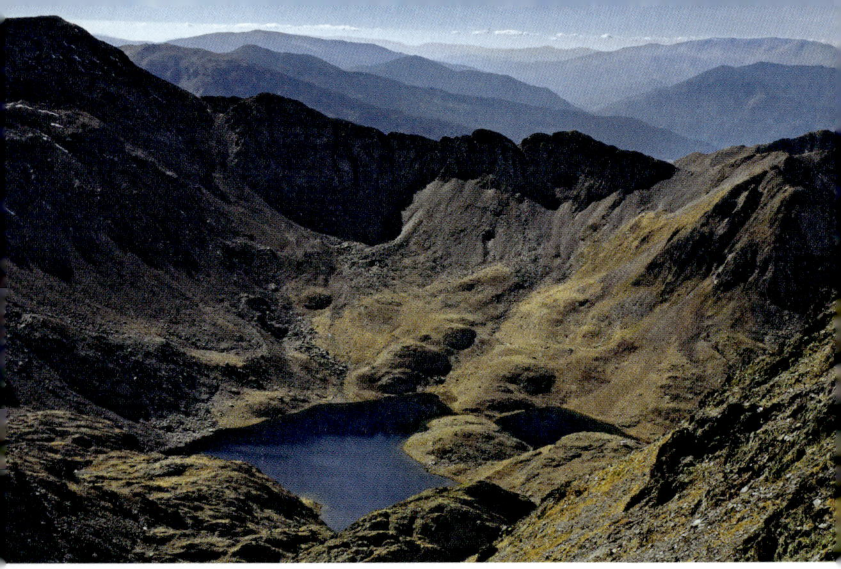

Oberhalb der Estanys de Baiau schaut man weit ins Vall Ferrera.

Vom Parkplatz **La Molinassa** ❶ gehen wir die Schotterstraße etwa 500 m bergauf, bis in einer Kehre unser Wanderweg die Straße geradeaus verlässt (beschildert mit »Circ de Baiau« und »Refugi de Baiau«). Er gewinnt am Südrand der Pla de Boet im licht bewaldeten Hang mäßig an Höhe und überquert auf der **Pla d'Arcalís** ❷, 2014 m, flache Wiesen mit einzelnen Kiefern. Dann steigt er im Wald kräftig bergan und erreicht die **Pla de Baiau** ❸, 2181 m. In dieser schönen, leicht sumpfigen grünen Talmulde überschreiten wir die Verzweigungen des Barranc de la Coma de l'Orri. Im weiteren, abwechslungsreichen Anstieg im offenen Gelände passieren wir Wiesen, Sumpfebenen, Bächlein und Felsstufen und haben immer die markanten, schräg geschichteten Felsberge des Circ de Baiau vor Augen.
Den schönen klaren **Estany d'Ascorbes** ❹, 2373 m, lassen wir rechts liegen und gelangen nach Überwindung einer letzten Talstufe zu den beiden völlig unberührten Estanys de Baiau. Der kleinere ist flacher und eher grün-

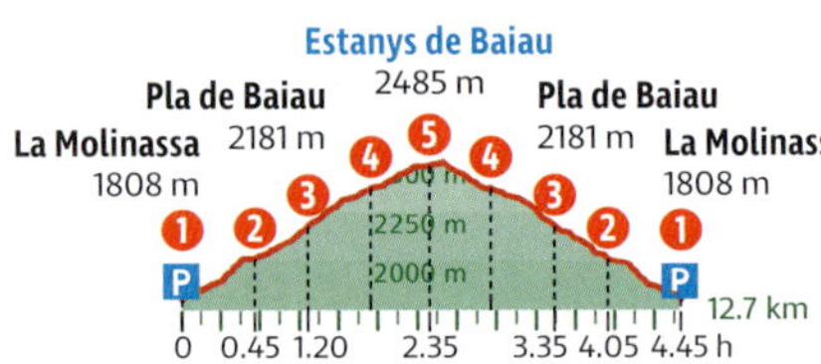

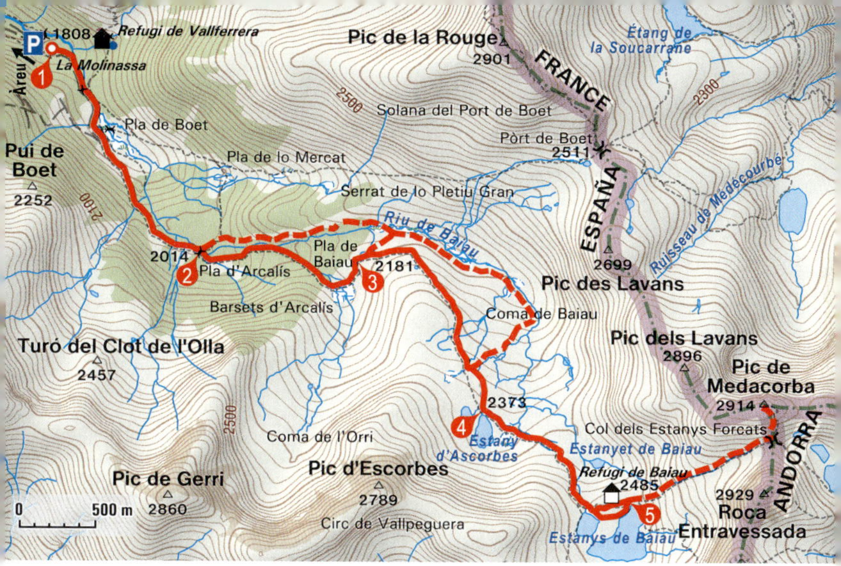

blau, der größere tiefblau. Von der Nordspitze des größeren der **Estanys de Baiau** 5, 2485 m, steigen wir nach links zum **Refugi de Baiau** hinauf (nach rechts: Variante 1). Vom Hüttenfelsen, an dem es schöne Rast- und Aussichtsplätze gibt, kann man direkt zum kleineren See absteigen. Der Rückweg zum Parkplatz **La Molinassa** 1 entspricht dem Hinweg, sofern nicht Variante 2 gewählt wird.

Am Riu de Baiau (Variante 2).

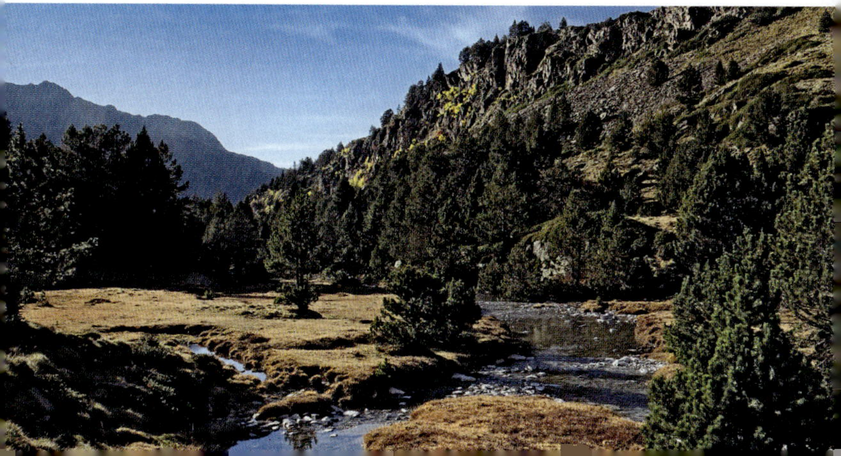

↗ 520 m | ↘ 470 m | 11.2 km

27 Von Llavorsí nach Escaló

4.15 h

Abwechslungsreiche Höhenwanderung über der Noguera Pallaresa

Ein reichhaltiges Programm für eine Vier-Stunden-Wanderung: zwei hübsche Dörfchen, die Reste eines alten Klosters, Weideflächen, eine wilde Schlucht mit Gumpenbach, trockene Steilhänge mit verwitterndem Schieferfels und, farblich dazu passend, viele verkrüppelte, mit Flechten überzogene Steineichen. Kurzum, eine abwechslungsreiche Tour, die sich auch für Tage eignet, an denen die höheren Berge wolkenverhangen sind.

Ausgangspunkt: Llavorsí, 810 m. In Llavorsí in Richtung Tírvia auf die L-504 abbiegen und direkt am Ortsendeschild rechts auf dem kleinen Parkplatz parken.
Endpunkt: Escaló, 867 m. Es gibt eine gute Busverbindung zwischen Escaló und Llavorsí: alsa.es.
Anforderungen: Im Wesentlichen einfache Wege. Nur einzelne ausgesetzte Stellen und steinige Passagen. Gut auf den Wegverlauf achten.
Markierung: Durchgehend gelb.
Einkehr: In Llavorsí und in Escaló.
Hinweise: Bei Begehung der Tour in umgekehrter Richtung von Escaló nach Llavorsí: 1. Dies erspart 60 Hm Aufstieg.
2. Kurz nach dem Start in Escaló darauf achten, den Weg über Sant Pere de Burgal zu nehmen (gut ausgeschildert) und nicht den Talweg.
3. Der weniger schöne Abschnitt mit den Stromleitungen und auch die Stellen, die vermehrt Aufmerksamkeit erfordern, liegen mehr am Ende der Tour.

Eine exponierte Wegstelle vor Aidí.

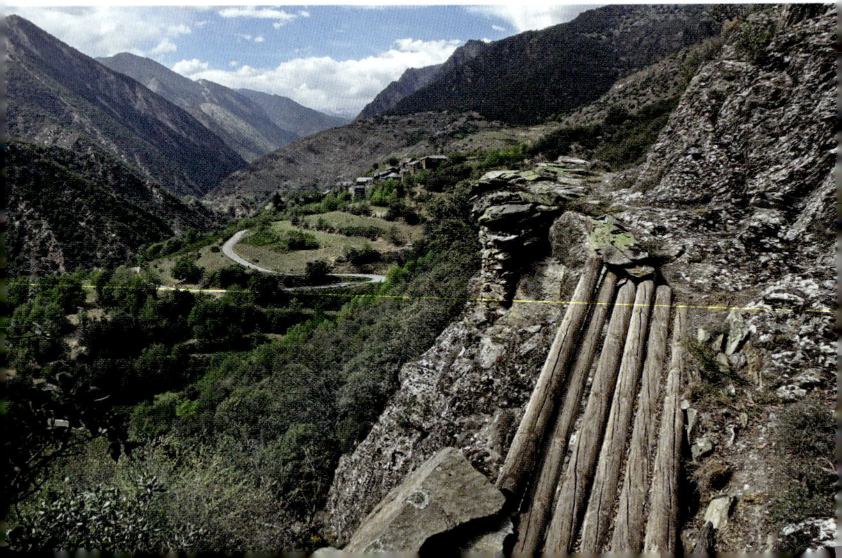

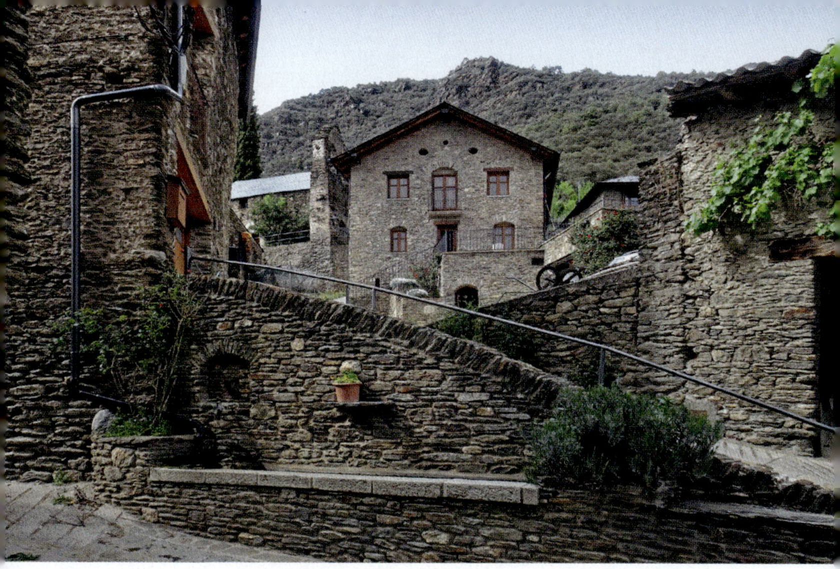

Aidí.

Vom Parkplatz in **Llavorsí** 1 gehen wir in Richtung Tírvia weiter und biegen nach gut 50 m an einem Wegweiser links der Straße in einen Betonfahrweg ein (die Zeitangabe auf dem Wegweiser für Aidí ist sportlich). Nach etwa 100 m müssen wir aufpassen, denn unser Wanderweg zweigt mit ein paar steilen Tritten links ab. Es sind dort gelbe Markierungen angebracht und auf dem Betonweg ein gelbes Kreuz. Wir steigen in einem kargen, leicht felsigen Hang im Zickzack zum Mirador de Burganàs hinauf, mit Blick auf die Dächer von Llavorsí. Dominant ist aber das Elektrizitäts- und Umspannwerk mit sechs davon abgehenden Überlandleitungen. Wir wandern nach Norden weiter und passieren das große, der Stromerzeugung dienende **Fallrohr** 2, 946 m, mitsamt stillgelegter Standseilbahn.
Nach Überquerung von Wiesen geht es steiler rechts hinauf. Der Wegverlauf ist hier ein wenig unübersichtlich. Auf die Markierungen achtgeben! Unser Höhenweg tangiert anfangs noch öfters die beiden am Hang nach Norden ziehen Stromleitungen, wird dann aber immer schöner. Er führt durch urige Steineichen, Schiefergestein, Bacheinschnitte, passiert manchmal schmale oder ausgesetzte Stellen und bietet immer wieder schöne Ausblicke. Vor Aidí wird die Vegetation üppiger. Nach einem Abstieg entlang einer Mauer treten wir von unten (vom Parkplatz aus) in

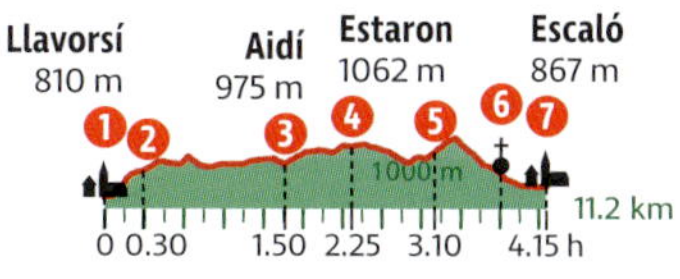

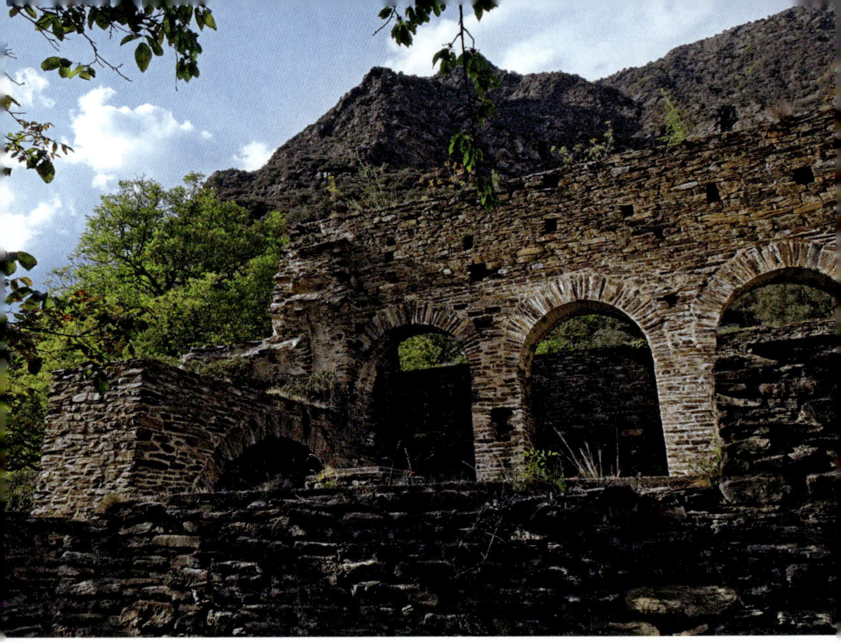

Die Reste des Hauptschiffs von Sant Pere de Burgal.

den kleinen Ort ein und durchqueren ihn von unten nach oben, indem wir gleich nach der Kirche von **Aidí** ❸, 975 m, eine Treppe hinaufsteigen. Das gepflegte Örtchen hat einige renovierte, aber auch verfallende Häuser und einen hübschen Brunnen.

Am oberen Ortsende führt unser Weg oberhalb der Straße an einer Mauer entlang weiter nach Norden (der Wegweiser nach Estaron ist fast nicht mehr leserlich). Achtung: Nach ca. 150 m geht es nicht nach links auf die Wiesen, sondern geradeaus in ein Tälchen und danach mit Linksknick steiler bergan. Anschließend wandern wir über magere Wiesen und durch ein feuchtes Bachtal in Richtung Estaron. Wir erreichen eine Straßenkehre und gehen auf der Straße links hinab, um das blumenreiche Dörfchen Estaron schräg von unten nach oben zu durchqueren. Auch **Estaron** ❹, 1062 m, kann einen schönen Brunnen bieten, zudem eine alte, in den Hang geduckte kleine Kirche. Es sieht fast so aus, als sollte der darunterstehende Glockenturm die Kirche vor dem Abrutschen bewahren.

Wir biegen in die oberhalb der Kirche entlangführende Asphaltstraße nach links ein, folgen ihr bis zu ihrer ersten Kehre und kürzen mit dem Wanderweg die nächste Kehre ab. Der Weg kommt kurz auf die Straße zurück und verlässt sie dann wieder an der Linkskehre. Hier ist der Weg

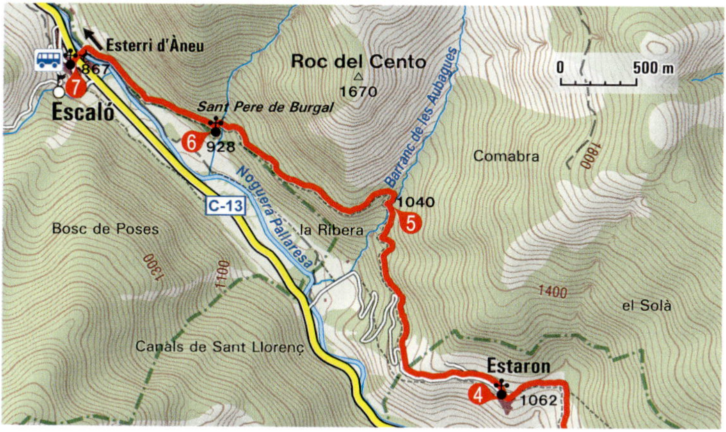

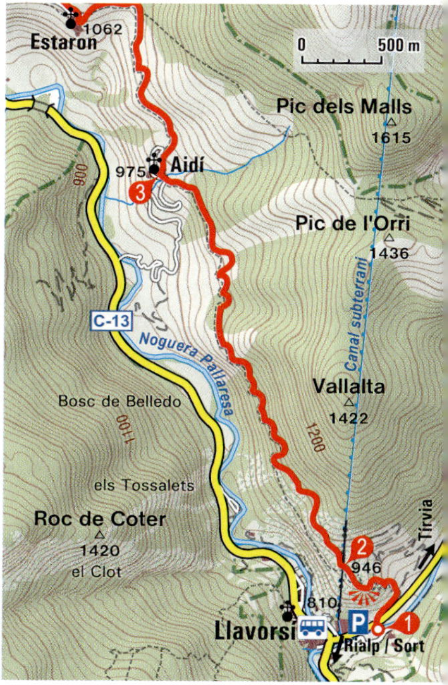

auf einer verbuschenden Wiese etwas schwer zu finden, danach zieht er wieder breit und deutlich durch Felsen und Steineichen, ähnlich wie vor Aidí. Wir müssen nun noch ein tief eingeschnittenes Tal mit wildem Gumpenbach durchqueren. Der Weg steigt wider Erwarten an, überschreitet den **Barranc de les Aubagues** 5, 1040 m, und führt auch danach in zwei Serpentinen weiter aufwärts, um felsigen Hindernissen auszuweichen (hier kommen etwa 100 Hm zusammen).

Im Anschluss wird das Gelände einfacher und wir gelangen auf steinigem Weg schnell hinab zu den Resten des uralten Klosters **Sant Pere de Burgal** 6, 928 m. Ab hier sind es noch etwa 20 Min. auf komfortablem Weg bis nach Escaló. Eine Brücke bringt uns über die Noguera Pallaresa zur Hauptstraße (C-13) in **Escaló** 7, 867 m, wo es zu einem größeren Parkplatz oder zur Bushaltestelle nur ein paar Schritte sind.

↗ 760 m | ↘ 760 m | 9.8 km

4.45 h

28 Zum halb verfallenen Dorf Norís

Südhangwanderung über dem Vall de Tor

Wer von Llavorsí kommend auf Alins zufährt, dem fallen zwei talnahe, felsige, dünn bewachsene Zackengrate auf, die hintereinander gelegen sind und in starkem Kontrast zu den weichen Formen der umliegenden Berge stehen. Wir tauchen in eine wilde, von Trockenvegetation geprägte Landschaft ein, überschreiten zwei Pässe in den Zackengraten, besuchen das kleine Dorf Norís und sehen auch in der kalten Jahreszeit Blumen und Tiere.

Ausgangspunkt: Vall Ferrera, 1083 m, Parkplatz an der Straße von Alins ins Vall Ferrera. 200 m nach der Brücke über die Noguera de Tor Schottereinfahrt zu einer kleinen Parkfläche mit Wanderwegweiser (ca. 1 km ab Alins).
Anforderungen: Kurze schmale und ausgesetzte Passagen sind mit Stahlseilen und Geländern abgesichert.
Markierung: Gelb.
Einkehr: In Alins. Unterwegs keine.
Hinweise: 1. Die Tour kann, wenn eine Abholmöglichkeit gegeben ist, auch nur in eine Richtung begangen werden.
2. Wer die 190 Hm am Anfang der Tour (in nicht sonderlich attraktivem Gelände) weglassen möchte, kann auch am Endpunkt im Vall de Tor starten. Am östlichen Ortsausgang von Alins rechts nach Tor und Norís abbiegen. Nach 8,5 km wechselt die kurvige, einspurige Asphaltstraße von der linken auf die rechte Bachseite. An der Brücke Parkmöglichkeit. 130 m vor der Brücke Startpunkt an einer angedeuteten Steintreppe.
3. Wegen der Brombeer- und Rosenranken sind lange Hosen anzuraten.

Vom Parkplatz im **Vall Ferrera** ❶ mit Wanderwegweiser gehen wir etwa 150 m auf oder direkt oberhalb der Straße taleinwärts, dann steigen wir auf etwas ungepflegtem Weg in Serpentinen durch lockeren Mischwald zum ersten Pass, 1290 m, hinauf. Von hier aus können wir einen schönen **Aussichtspunkt** ❷, 1310 m, besuchen, indem wir ca. 150 m weglos nach Südwesten, zunächst über eine flache Kuppe, dann auf eine ausgeprägtere Felskuppe steigen, die direkt über dem Zusammenfluss von Noguera de Tor und Noguera de Vallferrera liegt.
Nach dem Pass wird unser Weg zum aussichtsreichen Höhenweg, der mit einigen felsigen Stellen, durch offene Vegetation aus Steineiche, Eiche, Robinie, Buchsbaum, Feldahorn und Kiefer in den hübsch gelegenen kleinen, halb verfallenen Ort **Norís** ❸, 1248 m, hinabzieht. Markierungen im Ort zeigen uns den weiteren Weg an. Er gewinnt deutlich an Höhe und verläuft durch ehemals kultiviertes Land, an Mauern und wuchernden Brombeer- und Rosenhecken entlang, ohne aber zuzuwachsen. Mit Serpentinen erreichen wir eine

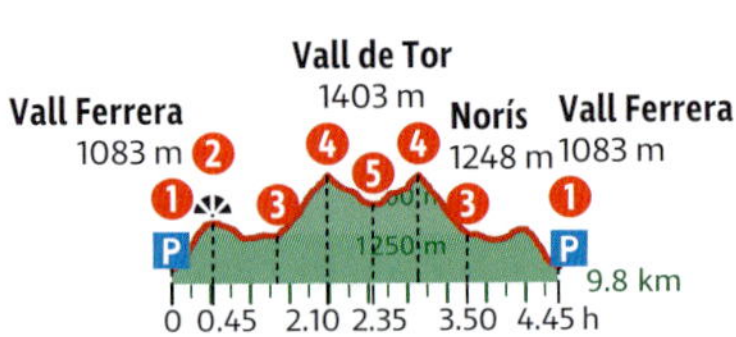

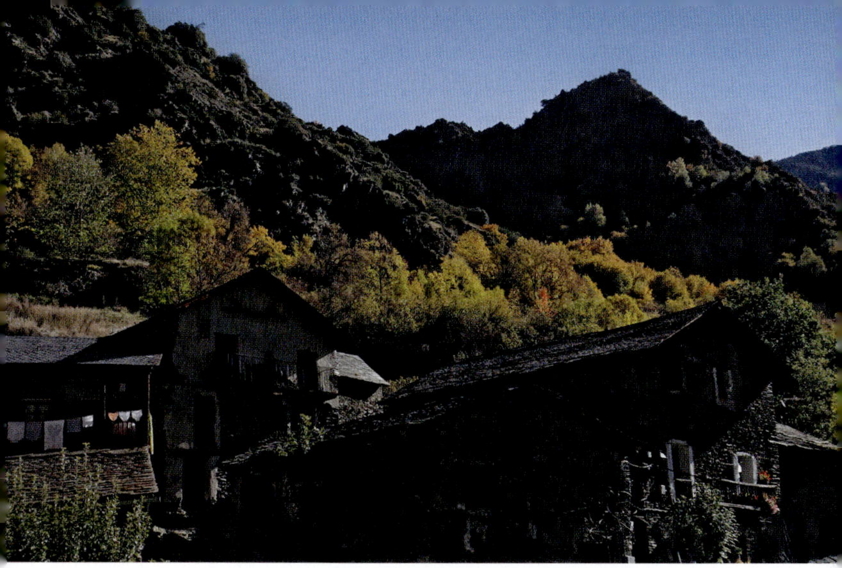

Norís.

ginsterbewachsene **Scharte** ❹, 1552 m. Hier kann man auf einen Aussichtsfelsen kraxeln, der sich direkt südlich befindet.
Der folgende Wegabschnitt ist der kargste und felsigste. Zwei weggebrochene Wegmauern wurden durch hölzerne Hangbrücken ersetzt. Es geht deutlich bergab, kurz vor Erreichen der Straße aber 20 Hm hinauf zu einem Steinhaus. Wenig später ist die Straße im **Vall de Tor** ❺, 1403 m, erreicht. Wir kehren auf dem Hinweg zurück zum Parkplatz im **Vall Ferrera** ❶.

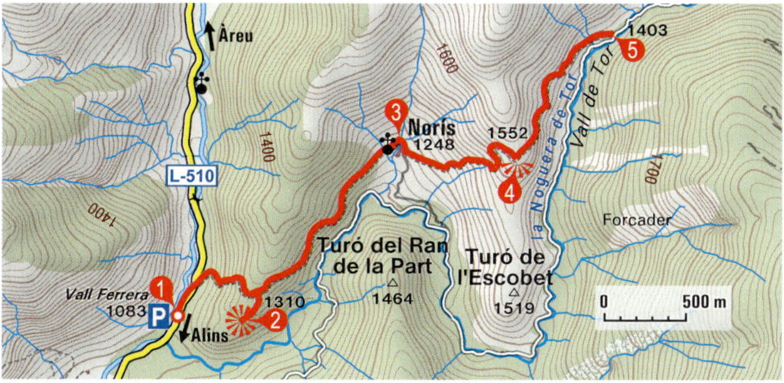

↗ 540 m | ↘ 540 m | 11.5 km

29 Fünf Bergdörfer über dem Vall de Cardós

4.00 h

Natur- und Kulturlandschaft am Fuß der Serra de Maniga

Das sympathische Dorf Tírvia liegt auf einem felsigen Hügel oberhalb der Einmündung des Vall Ferrera ins Vall de Cardós, am Eingang zum Parc Natural de l'Alt Pirineu. Die einsame Gebirgsregion verfügt über eine vielfältige Vegetation. An den Sonnenhängen finden sich trotz der Höhenlage vielerorts Steineichenwälder. Von Tírvia aus erwandern wir uns auf abwechslungsreichen Wegen zwei Weiler und zwei gefühlvoll restaurierte Bergdörfer. Auf den für den Auf- und Abstieg benutzten felsigen Bergrücken stehen zwei weithin sichtbare kleine Kirchen, so als würden sie miteinander konkurrieren.

Ausgangspunkt: Tírvia, 991 m. Von der Straße Llavorsí–Vall Ferrera (C-13) rechts in Richtung Tírvia abbiegen. Kurz nach dem Ortseingang gibt es beim Hauptplatz (mit überdachtem Brunnen) gute Parkmöglichkeiten.
Anforderungen: Einfache Wege. Einzelne steinige Passagen.
Markierung: Gelb.
Einkehr: In Tírvia und in Burg.

Den schönen Dorfplatz in **Tírvia** ①, 991 m, mit überdachtem Brunnen und verschnörkelten Sitzbänken verlassen wir am hinteren Ende nach links (kein Wegweiser) und steigen auf der Carrer les Eres steil zum südöstlichen Ortsende hinab. Aus der Dorfstraße wird ein bequemer Weg, der im Sonnenhang durch verwilderte Gartenterrassen und an alten Mauern entlang zum bewaldeten Talboden des Riu de Glorieta hinabzieht. Wir folgen dem hübschen Bach, überqueren ihn mehrmals auf Holzbrücken und betreten das kleine Dorf Glorieta. Die schmale Gasse zwischen seinen zwei Häuserreihen leitet uns hinauf zur Asphaltstraße, die von Tírvia nach Montesclado führt. Wir gehen die Straße nach rechts hinauf und biegen nach 300 m links in eine Schotterstraße ein, beschildert mit »Alendo« und »Farrera«. Nach 200 m knickt diese Schotterstraße nach links ab und überquert den Bach (hier trifft der Abstiegs- auf den Aufstiegsweg). Wir bleiben dies-

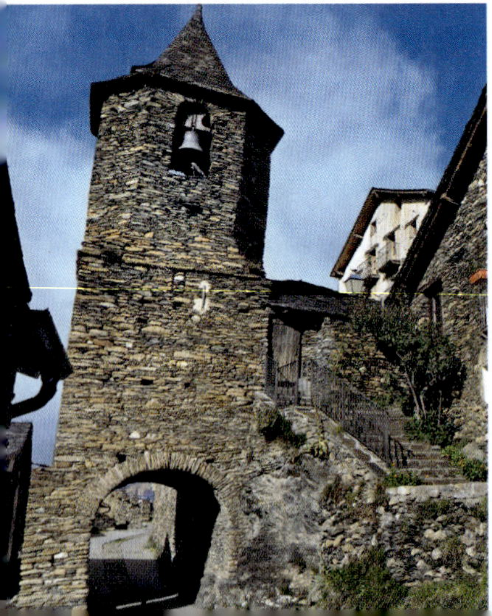

Schmuckstück in Farrera: der Kirchturm.

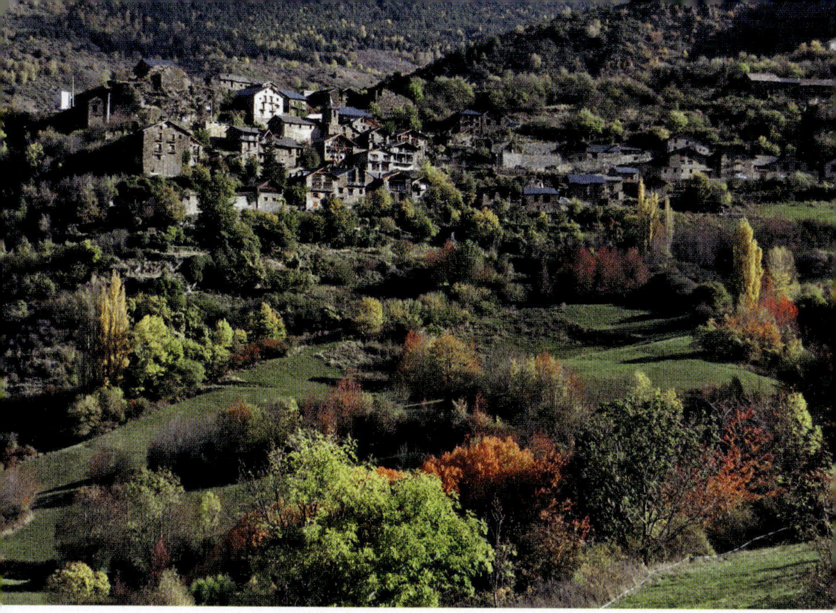

Farrera thront über Wiesen und Hecken.

seits des Baches, gehen noch ca. 40 m geradeaus und stoßen auf gelbe Markierungen. An einem Baum ist ein senkrechter roter Schriftzug »Alendo« angebracht. Nach diesem **Abzweig** ❷, 1060 m, queren wir den Bach. Auf der anderen Bachseite führt uns der Weg auf einen ganz unterschiedlich bewachsenen Bergrücken mit felsigen Aussichtsstellen und an seinem oberen Ende zu der schönen Kapelle Santa Eulàlia d'Alendo, 1278 m, mit ihrem ummauerten Hof. Von hier sind es nur 150 m bis nach **Alendo** ❸, 1278 m, einem Weiler mit fünf Häusern, gelegen wie ein Adlernest. Eine kaum befahrene Betonstraße bringt uns von Alendo ins deutlich größere, aber noch kaum touristische **Farrera** ❹, 1353 m, das sich malerisch an den Südhang schmiegt und zum Verweilen einlädt.
Wir bummeln die Dorfstraße entlang, passieren einen hübschen Torbogen unter dem Kirchturm und gelangen mit einer scharfen Rechtskurve zu einem Abzweig auf der Nordseite des Dorfhügels. Hier folgen wir dem Wegweiser »Borda Manresa« auf eine breite Schotterstraße, die aussichtsreich 80 Hm den Hang hinaufzieht. Von ihr zweigt knapp 300 m nach einer Kehre ein kleinerer Fahrweg nach links ab. Er verläuft eben weiter bis zu einer Bachüberquerung. Der sich anschließende Wanderweg biegt nach links ab und führt uns kurzweilig nach **Burg** ❺, 1287 m, hinab. Das extrem zwischen Felsen in den Südhang geklemmte Dorf bemüht sich um Touristen, ist aber

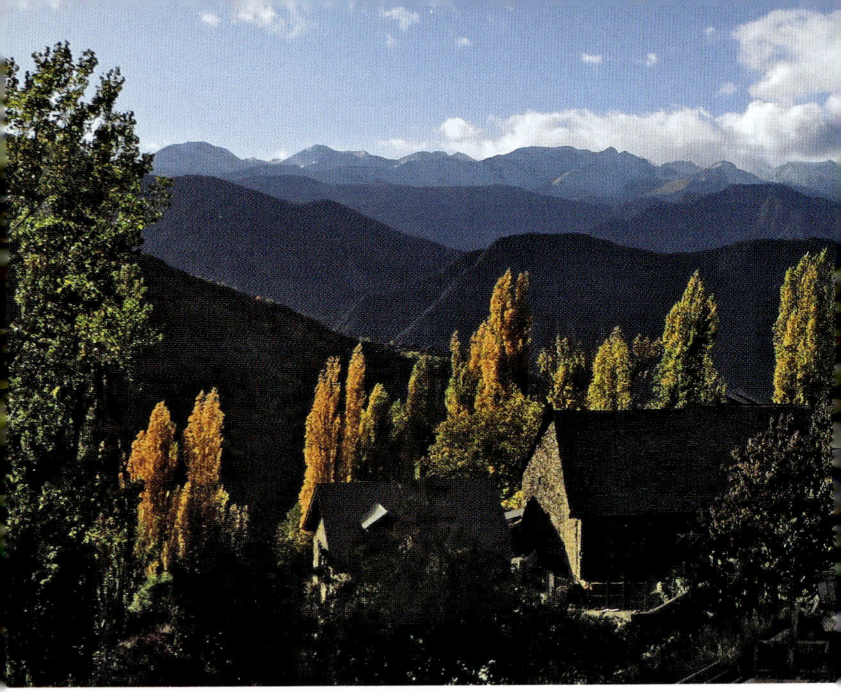

Das Örtchen Burg vor den herbstlich verschneiten Bergen des Nationalparks.

doch hauptsächlich bäuerlich geprägt. Wir steigen am oberen Dorfende, rechts am Rathaus vorbei, steil zur Hauptstraße hinab. Dort biegen wir spitzwinklig in einen anfangs betonierten Fahrweg ein, der uns zur frisch restaurierten, turmlosen Kirche **Mare de Déu de la Serra** 6, 1251 m, führt. Sie liegt etwas tiefer als Burg auf dem Rücken, der von Farrera herabzieht. Unser Weg folgt dem locker bewachsenen Rücken abwärts, wendet sich dann in den felsigen, trockenen Südhang und erreicht das Tal des Riu de Glorieta nahe dem **Abzweig** 2. Von hier gelangen wir auf dem Aufstiegsweg zurück nach **Tírvia** 1.

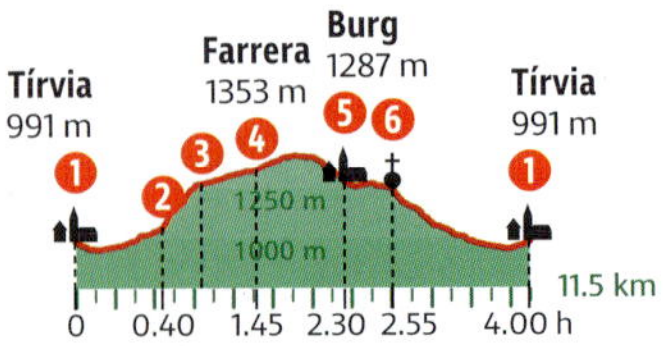

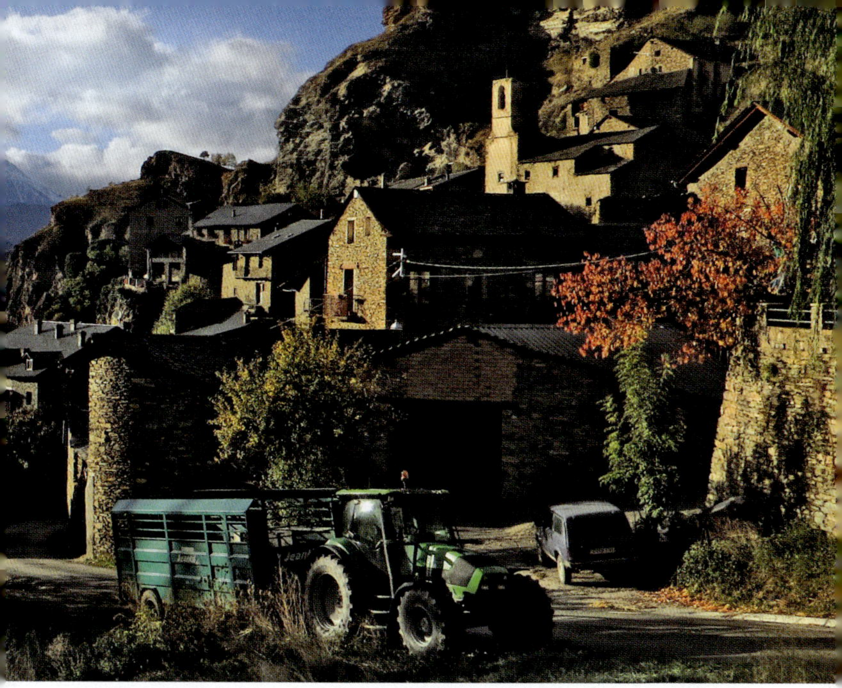

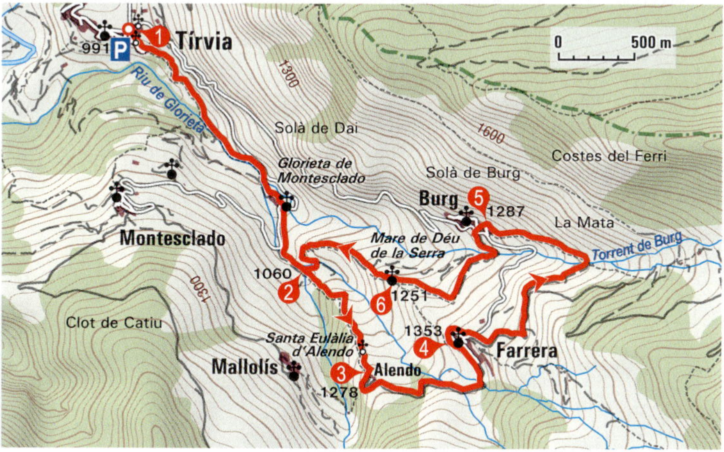

Tírvia
991
0
500 m
Riu de Glorieta
1300
Solà de Dai
1600
Costes del Ferri
Glorieta de Montesclado
Solà de Burg
Burg
1287
La Mata
Montesclado
Mare de Déu de la Serra
Torrent de Burg
1060
1251
1300
Clot de Catiu
1353
Santa Eulàlia d'Alendo
Farrera
Mallolís
Alendo
1278

Andorra

Eng, lärmig, hektisch, scheußlich verbaut und vom Verkehr überrollt – eine Kurzvisite im steuerprivilegierten Konsumparadies zwischen Spanien und Frankreich wird kaum einen anderen Eindruck hinterlassen. Die dichte Besiedlung des Fürstentums konzentriert sich auf das Haupttal entlang des Riu Valira d'Orient, das die Verbindung zwischen Spanien und Frankreich herstellt. Hier reiht sich ein Ort an den anderen, umgekehrt könnte man auch sagen, die Hauptstadt Andorra la Vella dehnt sich im engen Tal immer mehr aus.

Wanderparadies Andorra? Die Frage verdient ein klares Ja, denn direkt von der Durchgangsstraße zweigen stille und unverbaute Täler ab, die in die herrlichsten Bergregionen führen. Wer auf Höhe von Soldeu ins Vall d'Incles oder Vall de Ransol abbiegt, hat den markanten Kontrast zwischen der geschäftigen Hauptachse Andorras und dem vielfältigen Reiz seiner Bergwelt unmittelbar vor Augen. Das ist bereits im westlichen Haupttal entlang des Riu Valira del Nord zu verspüren, wo nördlich von Ordino die Orte kleiner und beschaulicher werden und sich nach wenigen Kilometern die eindrücklichsten Bergszenerien in unerwarteter Stille und Einsamkeit präsentieren.

Im Vall d'Incles.

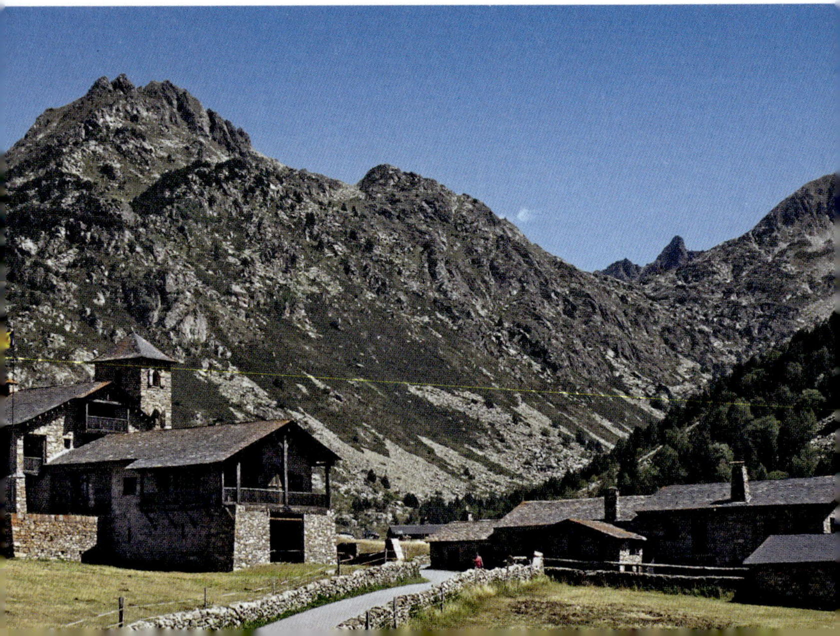

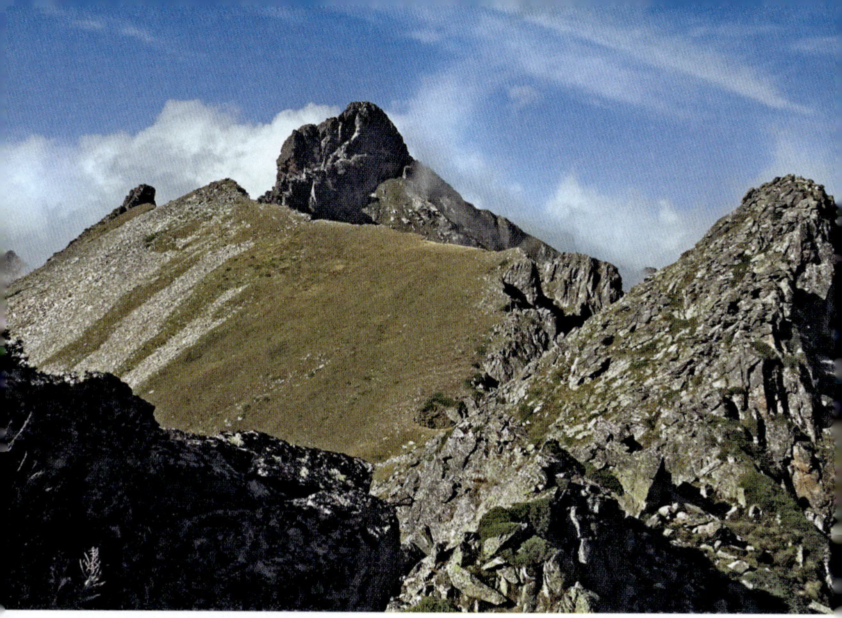

Pic d'Escobes, der wildeste Berg Andorras, von Süden aus betrachtet (Variante Tour 36).

Entfernungen werden in Andorra bis auf die Stelle hinter dem Komma genau angegeben. Mit einer Fläche von nur 468 km² vereinigt Andorra auf kleinstem Raum die Vielfalt der Pyrenäenlandschaften. Gleichsam als Konzentrat beherbergt es tiefe und lange Täler wie das Vall de Madriu, großartig geformte Bergkessel wie den Circ dels Pessons und lichte Gipfel wie den Pic de la Serrera, nicht zu vergessen die zauberhaften Bergseen und Bäche. Natürlich sind da auch die Skianlagen, die Andorra einen kräftigen Wintertourismus bescheren und manchen Bergfleck unübersehbar prägen. Aber in den allermeisten Fällen streift man sie bloß am Ausgangspunkt der Wanderung und verliert sie schnell wieder aus dem Blick.
Höchster Gipfel von Andorra ist der Pic de Comapedrosa, mit 2942 m zwar knapp unter der Dreitausendermarke, dafür aber ungeteilt mit den Anrainern ganz auf andorranischem Territorium. Das verleiht dem nicht besonders ausdrucksstarken Berg in den Augen vieler Einheimischer eine Extranote, die er sich aber eher durch die erstklassige weite Rundsicht verdient. Wegen dieser gilt ein nur in der Höhe bescheidenerer Gipfel als der Aussichtsberg Andorras schlechthin: Der Pic de Casamanya, 2740 m, zwischen den beiden Valira-Tälern im Zentrum des Landes gelegen, bietet eine blendende Aussicht auf die dicht gestaffelten, schönen Bergzüge und Täler des Kleinstaats, die vielfältigen Wandergenuss versprechen.

↗ 500 m | ↘ 500 m | 3.9 km

30 Roc de la Cauba, 1819 m

2.30 h

Kurze Tour zu farbigen Aussichtsfelsen über La Massana

Es gleicht einem kleinen Wunder, dass sich inmitten der Granitwelt Andorras ein Inselberg aus buntem Sandstein befindet. Er bietet zwar keine Stille, aber viel Aussicht und, vielleicht an einem bewölkten Tag, eine willkommene Abwechslung zu den hohen Granitbergen. Es wäre sicher möglich gewesen, einen reinen Waldweg zum Roc de la Cauba hinauf anzulegen. Die Wegbauer haben aber zum Glück das Bedürfnis der Wanderer berücksichtigt, mit möglichst vielen der schönen farbigen, zum Kraxeln einladenden Sandsteinfelsen über La Massana auf Tuchfühlung zu gehen.

Ausgangspunkt: Carretera del Collet dels Colls, 1408 m. Am nördlichen Ende von La Massana (am Abzweig der Straße nach Ordino) ca. 400 m in Richtung Arinsal fahren und am Mini-Kreisverkehr vor einer Tankstelle der Beschilderung »Collet dels Colls« folgen. Unterwegs auf der schmalen Bergstraße ein Wanderschild links ignorieren (dort keine Parkmöglichkeit) und weiter oben in einer scharfen Rechtskurve parken.
Anforderungen: Trittsicherheit. Oft steile Wege. Kurze felsige Stellen, Kraxelei. Eine Kraxelstelle mit Seil/Kette abgesichert.
Markierung: Durchgehend gelb.
Einkehr: In La Massana. Unterwegs keine.

Wir gehen vom Parkplatz an der **Carretera del Collet dels Colls** ❶ ein kurzes Stück auf der Straße weiter aufwärts und biegen rechts in den Wanderweg ein, der mit »Roc de la Cauba« beschildert ist. Der Aufstieg im lichten Kiefern-Buchsbaum-Wacholder-Wald ist vor allem im ersten Teil recht steil, wird aber immer wieder aufgelockert durch freie und felsige Passagen. Es entsteht der Eindruck, dass der Weg bewusst über die Felsen geführt wurde, obwohl es nebenan im Wald einfacher gewesen wäre. Diesen festen, farbigen Sandstein, der glatt, aber auch griffig ist, fasst man gerne an und man setzt sich gerne darauf. Und er lädt dazu ein, an Aussichtspunkten ein wenig herumzukraxeln.

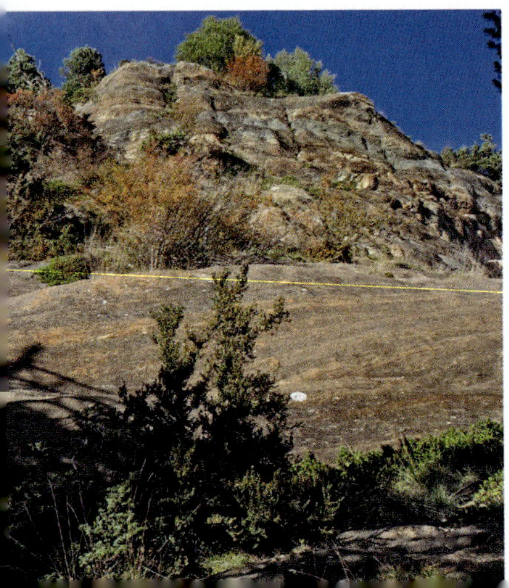

Etwa auf halber Wegstrecke erreichen wir eine **Wegteilung** ❷, 1649 m. Von rechts stößt der Weg von Sornás/Ordino dazu. Wir gehen

Aussichtskanzel aus Sandstein.

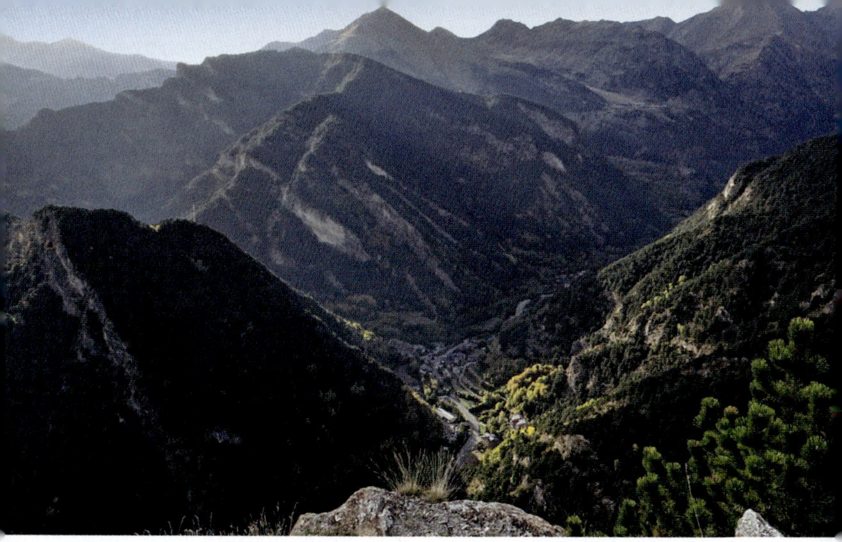

Am Endpunkt der Wanderung, hoch über Erts im Tal des Riu d'Arinsal.

nach links weiter bergauf und erreichen bald eine durch Nylonseile und Ketten abgesicherte Kraxelstelle, die uns auf eine schöne Aussichtskanzel hinaufführt. Immer in der Nähe der Felsabstürze linker Hand überschreitet der Weg den **Roc de la Cauba** ❸, 1819 m, den höchsten Punkt des Kamms, verlässt den Wald und zieht hinunter auf einen kühnen Felssporn, 1770 m. In den Felsen gibt es herrliche Sitzplätze. Wer schwindelfrei genug ist, kann noch ein wenig hinunterkraxeln und kommt so in den vollen Genuss der grandiosen Aussicht über La Massana, das Arinsal-Tal und die Berge im Süden, Westen und Norden. Wir kehren auf dem Hinweg zurück, müssen dabei auf die **Wegteilung** ❷ achtgeben, und steigen ab zur **Carretera del Collet dels Colls** ❶.

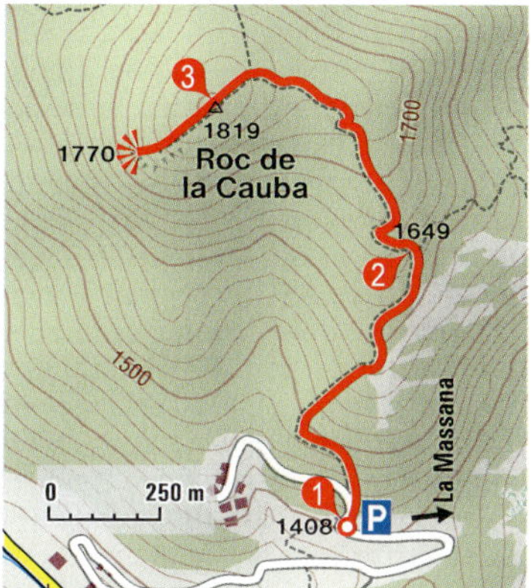

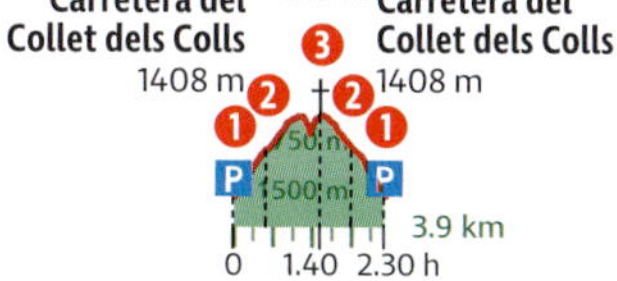

↗ 1420 m | ↘ 1420 m | 12.9 km

31 Pic de Comapedrosa, 2943 m

8.00 h

Überschreitung des höchsten Bergs von Andorra

»Coma Pedrosa« bedeutet »steiniges Tal«. Das gilt vor allem für unseren nordseitigen Aufstieg. Das Tal auf der Südseite unseres Berges, das wir im Abstieg begehen, ist jedoch alles andere als karg: Abwechslungsreiche, üppige, teils urwaldartige Vegetation sowie schöne Sumpf- und Blumenwiesen begleiten uns am Ende dieser langen, anstrengenden Tour. Wie es sich für einen höchsten Berg gehört, ist die Aussicht prächtig, und so sollte man sich für den Tourentag ein dazu passendes Wetter aussuchen.

Ausgangspunkt: Arinsal, 1562 m. Am oberen Ortsende von Arinsal nicht nach links zur Skistation abbiegen, sondern geradeaus in den Tunnel fahren. Direkt am Ausgang des kurzen Tunnels rechts abbiegen. Auf der rechten Seite der Wohnstraße Travessia Prats Sobirans ist auf der Wiese ein großer umzäunter Wanderparkplatz eingerichtet.
Anforderungen: Ausdauer. Alpine Erfahrung. Orientierungssinn. Am Südwestgrat des Comapedrosa Stellen mit Kraxelei. Nebelfreiheit Voraussetzung.
Markierung: Durchgehend rot-weiß oder gelb, Steinmänner.
Einkehr: In Arinsal und im Refugi de Comapedrosa.
Unterkunft: Refugi del Pla de l'Estany (unbewirtschaftet, ca. 6 Pl.). **Refugi de Comapedrosa**, (48 Pl.), Tel. +376 376 327 955, refugicomapedrosa.ad.
Variante: Notabstieg von der Scharte, 2827 m, zwischen dem Pic de Baiau und dem Pic de Comapedrosa direkt zum Estany Negre, 2631 m; (Geröll, keine Schwierigkeiten. Nebelfreiheit von Vorteil. Ersparnis 1 Std., 0,5 km sowie 120 Hm im Auf- und Abstieg).

Vom Parkplatz in **Arinsal** ❶ gehen wir die Wohnstraße nach rechts hinauf und folgen der in Kehren ansteigenden Schotterstraße bis zu einer Schranke. Hier zweigt rechts unser Wanderweg ab, beschildert mit »Accés al Parc Natural per Corriol«. Bei der nächsten Gabelung nehmen wir den oberen Weg, der, wie auch bei folgenden Abzweigen, immer mit »Ref. del Pla de l'Estany« bzw. »Pla de l'Estany« ausgeschildert ist. Wir durchwandern schönen Mischwald und kommen an zwei Steinhütten vorbei, die malerisch zwischen Gletscherschlifffelsen und einzelnen Birken, Rosen und Kiefern gelegen sind. Danach müssen wir eine steile steinige Piste bewältigen und biegen in das Tal des Riu Pollós ein. Dort trennt sich unser Wanderweg von der Piste.
Wir betreten den Talboden und erreichen wenig später das unbewirtschaftete **Refugi del Pla de l'Estany** ❷, 2050 m, das eine zentrale Position in dem schönen, von Wasserfällen durchzogenen, fast schuttfreien grünen Talkessel innehat. Etwa 5 Min. (250 m) oberhalb des Refugi trennen wir uns von den rot-weißen Markierungen und nehmen an einem großen Steinmann eine nach links abgehende Spur auf, die sogleich einen Bach überquert. Diese Spur ist mal deutlich, mal weniger deutlich oder aufgespalten, aber sie ist bis unter den Gipfel durchgehend sparsam gelb markiert und

mit vielen Steinmännern versehen. Bei entsprechender Achtsamkeit kann sie uns nicht verloren gehen. Wenn weder Steinmänner noch gelbe Flecken zu finden sind, sollte man kurz zurückgehen und sich neu orientieren.
Unsere Wegspur zieht in einem großen 180-Grad-Bogen in ein hübsches kleines Hochtal, verlässt dieses aber bald wieder, um im Hang direkt oberhalb des Refugi schräg hinaufzuziehen. Die folgenden 250 Hm sind im Blockwerk zurückzulegen, das aber plattig und relativ gut zu begehen ist. Nach einer Rechtsquerung und einer schottrigen Steilstufe erreichen wir einen Absatz. Ein schönes Wegstück im bewachsenen Südhang einer Moräne führt uns mitten in den wilden engen Talkessel unter dem Pic de Comapedrosa, unter gezackte Grate, schroffe Felswände und steile Schutthänge. Am Ende unserer Moräne müssen wir grobes Blockwerk leicht links haltend überqueren. Wir gelangen damit an den Fuß der nordseitigen Schutthänge unseres Gipfels, können noch ein kleines Stück flach in Richtung des felsigen Nachbarbergs, des Pic de Baiau, 2886 m, weitergehen und müssen dann 130 Hm im Schutt zu der Scharte links des Pic de Baiau hinaufqueren. Trotz der Steilheit geht das relativ einfach und auch gefahrlos.
An der **Scharte** ❸, 2827 m, gehen wir ein paar Meter nach links hinab, um den vom Estany Negre heraufkommenden Weg aufzunehmen (vgl. Variante). Der Gipfelanstieg auf dem breiten Nordwestgrat ist einfach, gut markiert und nur mäßig steil, und so stehen wir nach 20 Min. am **Pic de Comapedrosa** ❹, 2943 m, mit Flagge, Panoramatafel und grandiosem Rundblick.
Der lange Südwestgrat, der uns zum Estany Negre hinunterleitet, enthält mehrere Gratbuckel, die teils überstiegen, teils umgangen werden. Das

Am Comapedrosa-Gipfel ist das Panorama an klaren Tagen überwältigend.

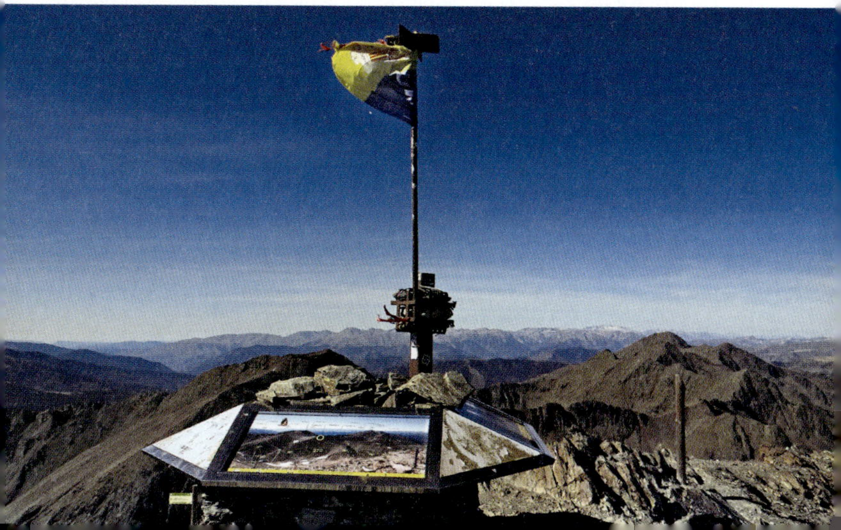

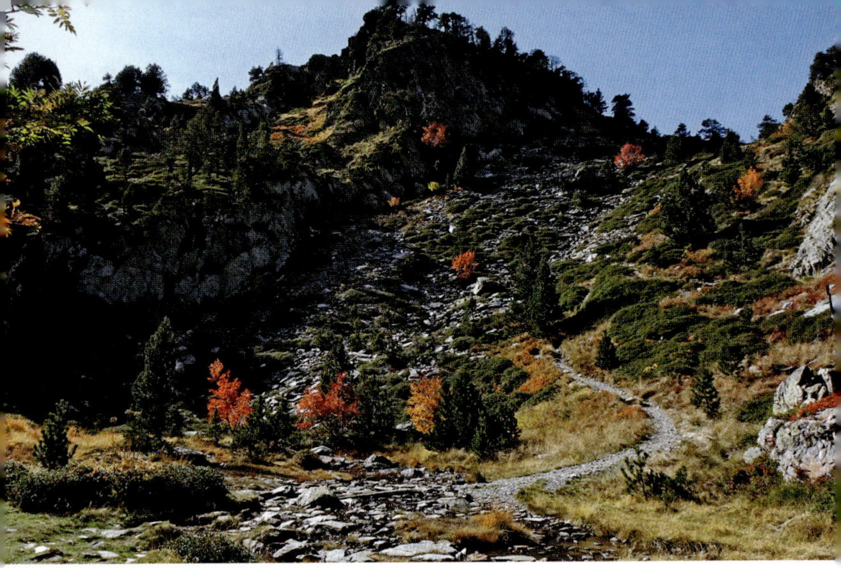

Talabstieg, unterhalb des Refugi de Comapedrosa.

nimmt einige Zeit in Anspruch, ist aber bis auf wenige Kraxelstellen unschwierig. Der klare See leuchtet grünblau zum Grat hinauf und bildet einen wunderbaren Kontrast zu den braunen Felsen in seiner Umgebung. Am **Estany Negre** 5, 2631 m, beginnt ein sehr abwechslungsreicher Talabstieg auf deutlichem, gelb und rot-weiß markiertem Weg. Er führt an Wasserfällen vorbei, durch eine Schwemmebene mit leuchtend rotbraunen Wasserläufen, passiert eine alte Hirtenhütte mit Tonnendach und verläuft dann durch große Azaleengebiete und durch märchenhaften Mischwald. Am Collet de Coma Pedrosa, 2227 m, geht es nach rechts zum nahegelegenen **Refugi de Comapedrosa** 6, 2260 m.

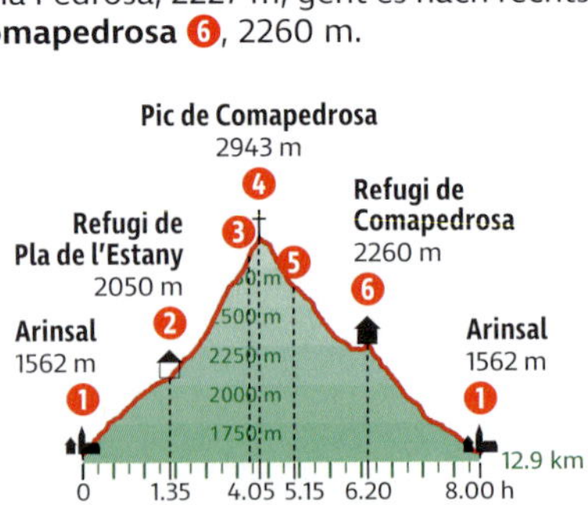

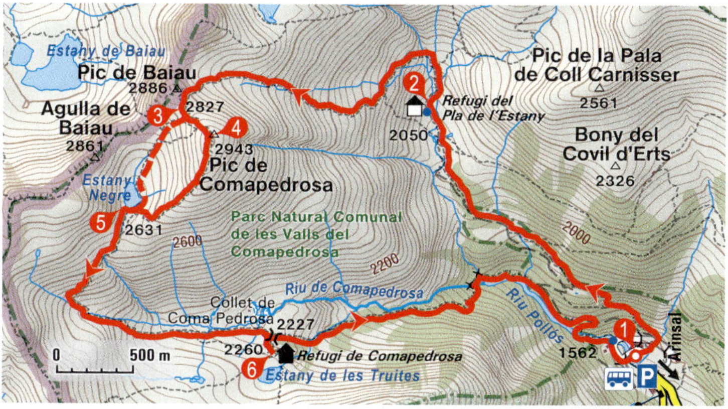

Zurück am Collet wenden wir uns nach rechts und erreichen nach einem langen, steilen Abstieg die Holzbrücken über die beiden Hauptbäche des Tals (Riu Pollós und Riu de Comapedrosa), die sich hier in einem idyllischen, fast urwaldartigen Fleckchen vereinigen. Nach wenigen Hundert Metern treffen wir auf die Schotterstraße, von der wir ganz am Anfang der Tour bereits ein kleines Stück benutzt haben. Wir könnten auf ihr bis zum Parkplatz laufen, wir verlassen sie aber auf halber Strecke nach rechts und steigen zu einem Naturlehrpfad ab (Wegweiser), der uns in Bachnähe nach Arinsal zurückbringt. An seinem Ende befindet sich ein kleiner Picknickplatz mit Brunnen. Der Parkplatz in **Arinsal** ❶ ist keine 200 m entfernt.

Das Tal des Riu Comapedrosa. Rechts die gleichnamige Hütte, hinten der Casamanya.

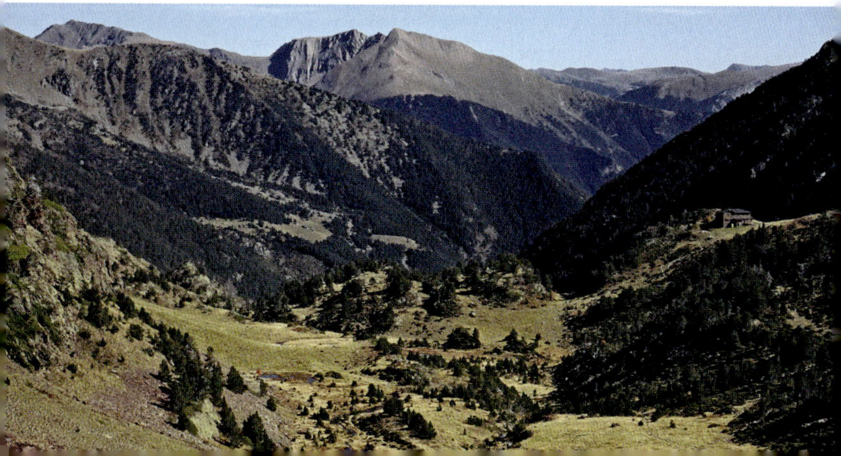

↗ 730 m | ↘ 730 m | 7.6 km

32 Pic de Tristaina, 2878 m

4.15 h

Grenzgipfel mit blendender Aussicht

In dem nach ihm benannten Bergrund ist der Pic de Tristaina der höchste und auch schönste Gipfel. Wegen der Seenlandschaft zu seinen Füßen, des hervorragenden Panoramas und der schnellen Erreichbarkeit ist er ein beliebtes Ziel, vor allem an den Wochenenden. Wanderer, denen der Gipfel zu weit oder der luftige Westgrat mit seinen Kraxelstellen zu schwierig erscheint, kommen dennoch auf ihre Kosten, wenn sie die Seen auf halber Höhe mit immer neuen, spannenden Perspektiven umrunden (Variante).

Ausgangspunkt: Parkplatz an der Straße CS-380 (El Serrat–La Coma), 2203 m. Von Ordino über El Serrat in Richtung Skigebiet Vallnord Ordino Arcalís hinauffahren. Parkmöglichkeit 500 m nach der auffälligen Ringskulptur, 600 m vor der Liftstation La Coma, in der Nähe von Wegweiser und Wandertafel.
Anforderungen: Am Westgrat Kraxelei. Der erste Aufschwung dieses Grates ist ausgesetzt. Schwindelfreiheit dort hilfreich. An Wochenenden Mitnahme eines Helms für die Südflanke anzuraten.
Markierung: Gelb. Ein kurzes Stück nur mit Steinmännern gekennzeichnet.
Einkehr: Im Restaurant bei den Liftanlagen und in El Serrat. Unterwegs keine.
Variante: Komplettierung des Seen-Rundwegs (**Circ de Tristaina**), Auslassen des Pic de Tristaina: Die Tour lässt sich deutlich abkürzen, wenn man am Aussichtsfelsen, 2549 m, den Markierungen des Circ de Tristaina folgt. Nach anfänglich steilem Serpentinenabstieg wird der Weg flacher und mündet beim Abzweig, 2427 m, in die Hauptroute (Ersparnis 1.30 Std., 1,5 km sowie 320 Hm weniger Auf- und Abstieg).

Der Estany del Mig unterhalb des Pic de Tristaina (rechts).

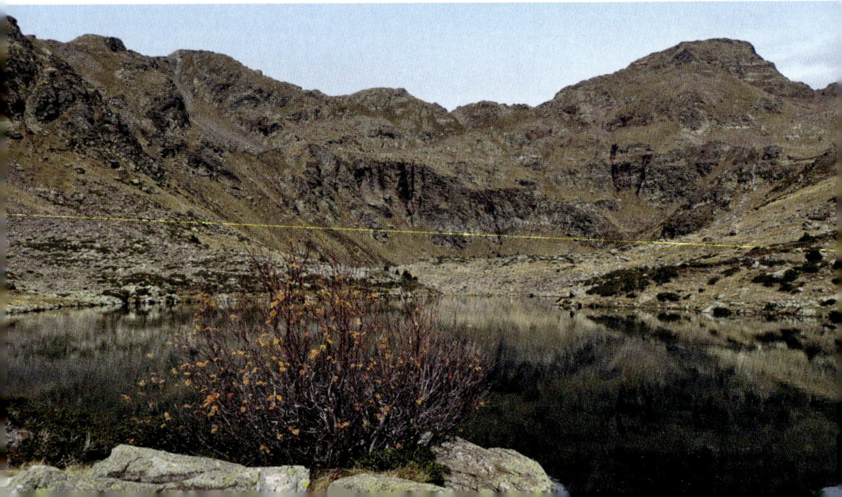

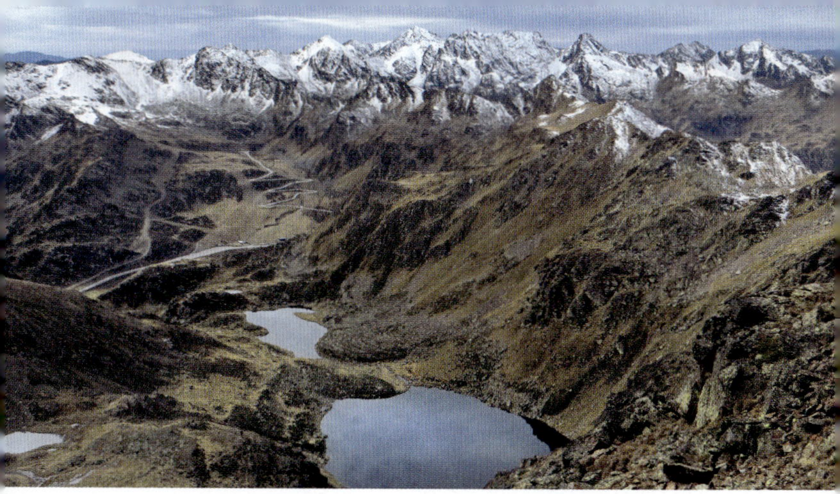

Die Seen des Circ de Tristaina im Herbst. Hinten das Skigebiet Ordino Arcalís.

Vom Parkplatz an der **CS-380** ❶ steigen wir ein paar Meter zur Holzbrücke über den Riu de la Coma de Forat ab und auf der anderen Bachseite im Südhang steil hinauf zum kleinen Sattel Pleta del Ruig, 2276 m. Hier biegen wir nach links (Westen) ab und nehmen einen markierten, aber unbeschilderten Weg hinauf zum **Sattel** ❷, 2335 m. Während des Anstiegs gewinnen wir nach und nach einen schönen Überblick über den Tristaina-Kessel und auch unser markanter Gipfel rückt ins Blickfeld. Der Sattel ist auch von der Liftstation aus auf einem breiten Weg erreichbar, und die meisten Wanderer laufen ab hier hinunter zu den Seen.

Wir aber vermeiden den Höhenverlust, folgen dem Schild »Circ de Tristaina« und gewinnen auf der Westseite der Seen gemütlich weiter an Höhe und Ausblick. Der Weg wird bald mühsamer und verläuft auf und ab durch Blockwerk. An dem Punkt, wo er sich nach einem kurzen Anstieg endgültig nach unten wendet, befindet sich ein schöner **Aussichtsfelsen** ❸, 2549 m, von dem aus die beiden oberen Seen genau hintereinanderliegen. Geradeaus hinab führt der Rundweg »Circ de Tristaina« weiter um den Estany de Més Amunt herum (Variante).

Wir zweigen aber links ab und begeben uns auf eine ca. 300 m lange, nur mit vielen Steinmännern markierte Passage. Steigspuren erleichtern die Routenfindung. Es geht genau in Richtung Gipfel (Nordosten) schräg bergauf. Bald kommt uns von rechts ein markierter Weg entgegen, der uns die letzten steilen Meter bis zum Grenzsattel,

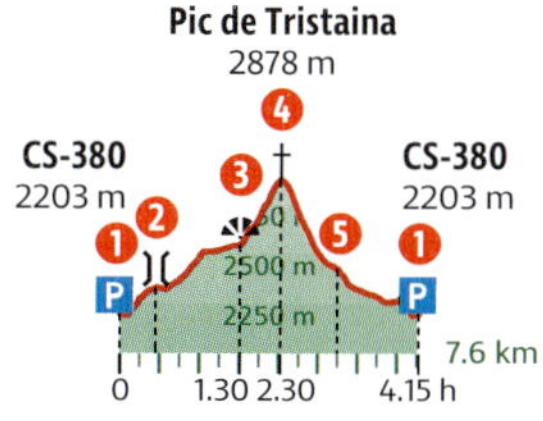

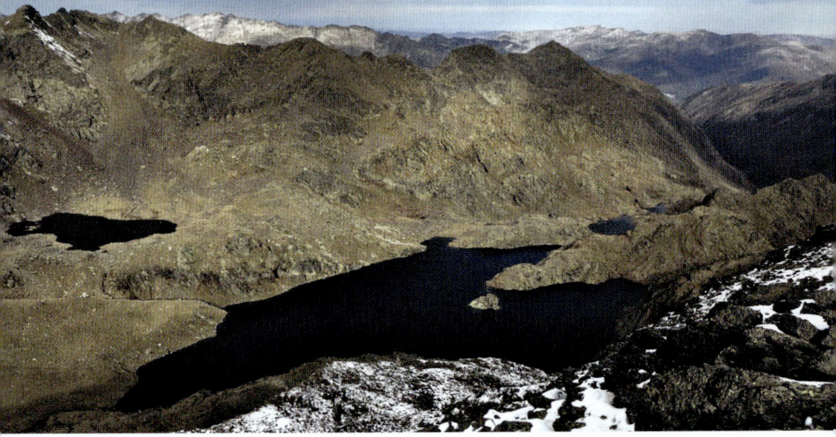

Der Étang Fourcat auf französischer Seite.

2669 m, zwischen Andorra und Frankreich hinaufhilft. Hier beginnt der schöne und anfangs steile Westgrat mit seiner Lustkletterei. Die vielen Markierungen zeigen dabei nicht immer den leichtesten Wegverlauf zum **Pic de Tristaina** ❹, 2878 m, an.

Für den Abstieg gehen wir 100 m am flachen Westgrat zurück und tauchen dann nach links in die steile Südflanke ab. (Achtung: In den Rinnen besteht Steinschlaggefahr – auf andere Wanderer Rücksicht nehmen!) Wie bei einem Landeanflug wird der Abstieg bald immer flacher und wir erreichen den **Abzweig** ❺, 2427 m, an dem der Rundweg »Circ de Tristaina« (Variante) von rechts einmündet. Wir gehen weiter bis zum Ostufer des Estany del Mig hinab. Eine Vielzahl von Trampelpfaden lädt zur Erkundung auch anderer schöner Stellen in der Seenplatte ein. Im Gegensatz zu den meisten Seebesuchern überschreiten wir am Auslauf des Estany del Mig die Holzbrücke nicht, sondern gehen diesseits des Baches hinab zum hübschen Estany Primer. Mit Erreichen der Pleta del Ruig schließt sich der Kreis und wir kehren wenig später zum Parkplatz an der **CS-380** ❶ zurück.

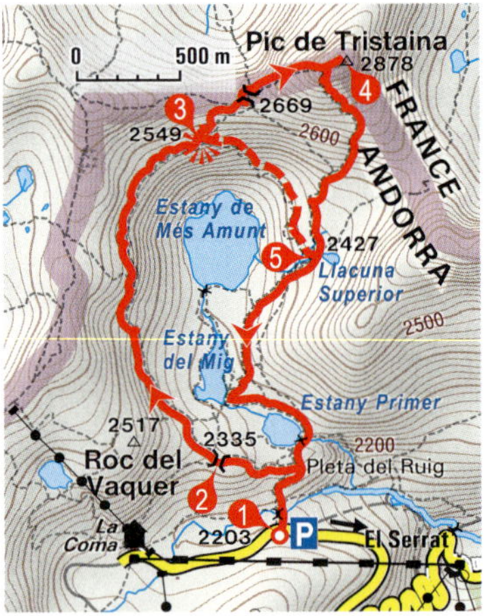

↗ 690 m | ↘ 690 m | 10.2 km

4.30 h

Pòrt de Siguer, 2399 m, und Estany Blau, 2335 m

33

Auf Grenzgang zum französischen »Blauen See«

Der Spaziergang durch das harmonische, naturbelassene Tal des Riu Rialb ist der angenehme Auftakt für diese Genusswanderung. Der Aufstieg zum Siguer-Pass setzt dann ein wenig Anstrengung vor den Ausblick auf den großen ovalen Estany Blau, der je nach Lichteinfall seine blaue Farbe ständig verändert. Auf der zu einer langen Runde ausdehnbaren Variante ergeben sich noch mannigfache weitere Perspektiven auf den See und die Bergwelt. Vom Pic de Pòrt de Siguer, 2638 m, blickt man bis in die französische, aber auch die spanische Tiefebene, am Pic de Thoumasset, 2743 m, steht man weit über dem fein gegliederten, einsamen La-Sabine-Tal.

Ausgangspunkt: Parkplatz La Rabassa, 1785 m, am Naturparkeingang. Ca. 1 km oberhalb von El Serrat in Richtung »P. N. de la Vall de Sorteny« abbiegen.
Anforderungen: Einfache Wege.
Markierung: Durchgehend gelb.
Einkehr: In El Serrat. Unterwegs keine.
Varianten: 1. **Pic de Pòrt de Siguer**, 2638 m (einfache Route, gute Wegspur, aber Orientierungssinn und Trittsicherheit notwendig, leichte Kraxelei. Steinmänner): vom Pòrt de Siguer, 2399 m, zunächst nach Südosten am Rücken aufsteigen. Ab halber Strecke durchgehend in der Nordflanke des Rückens bleiben. Vom Pass vor dem letzten steilen Gipfelaufbau noch ein Stück am Nordwestgrat aufwärts, dann Querung im Wiesengelände nach rechts hinüber zum Südrücken und auf ihm zum Gipfel; von dort auf demselben Weg zurück (hin und zurück 1.30 Std., 3 km sowie 250 Hm im Auf- und Abstieg).
2. Vom Pic de Pòrt de Siguer weiter zum

Auf der Nordseite des Pòrt de Siguer.

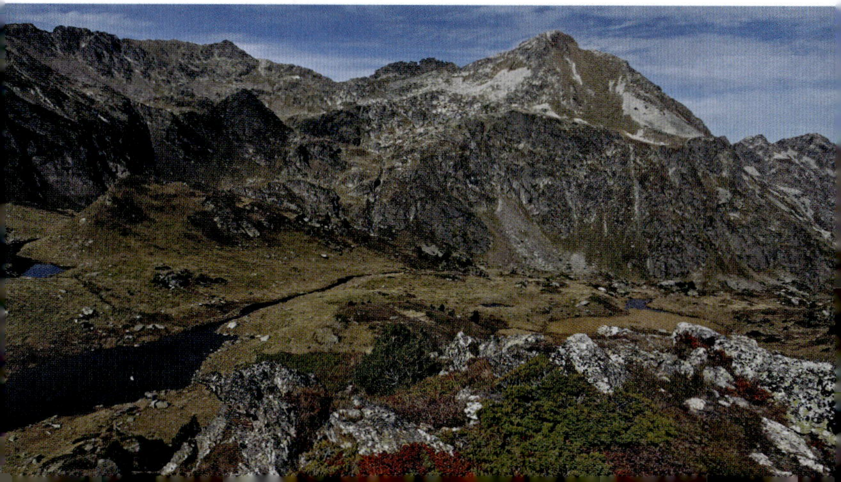

Pic de Thoumasset, 2743 m. Beherrschender Berg über einsamen französischen Tälern (trockenes und nebelfreies Wetter Voraussetzung. Orientierungssinn und Trittsicherheit notwendig. Trittspuren, einzelne Steinmänner; steile Graspassage und Kletterstelle im Schwierigkeitsgrad II): auf dem Bergrücken weiter nach Norden, später Nordosten, über zwei größere Gratkuppen. An der Basis der ersten Gratkuppe Schlüsselstelle mit Kletterei (Schwierigkeitsgrad II). Die felsigen Gratzacken der zweiten Kuppe auf schönen Felsbändern nordseitig umgehen. An der Basis des Gipfelaufbaus auf einem Band nach rechts in den steilen Grashang queren. In dem von Felsen durchsetzten Hang in Falllinie Aufstieg zum Gipfel. Abstieg in leichtem Gelände nach Norden hinab. Vom ersten Sattel nach links zur Nordspitze des Estany Blau, 2335 m; (ab Pòrt de Siguer 2.30 Std., 4 km sowie 410 Hm im Auf- und 470 Hm im Abstieg, ab Pic de Pòrt de Siguer 1.45 Std., 2,5 km sowie 170 Hm im Auf- und 470 Hm im Abstieg). **Hinweis:** Den Verbindungsgrat zwischen Pic de Pòrt de Siguer und Thoumasset keinesfalls in umgekehrter Richtung gehen!

Am unteren Ende des Parkplatzes **La Rabassa** ❶ gehen wir mitten durch einen Schilderwald (u. a. »Vall de Rialb«) in einen prächtigen Mischwald aus knorrigen alten Kiefern und Birken. Immer sanft ansteigend kommen wir in freies Gelände mit Wiesen, Büschen und einzelnen Bäumen, das von einem munteren Bach durchzogen wird. Wir passieren zwei unbewirtschaftete Hütten. Auf Höhe der grün überdachten **Cabana dels Planells de Rialb** ❷, 2080 m, folgen wir an einer Wegteilung der Beschilderung »Pòrt de Siguer«. Ein Serpentinenanstieg führt weiter oben in flacheres Wiesengelände, über das wir bequem den **Pòrt de Siguer** ❸, 2399 m, erreichen. Hier besteht die Möglichkeit, mittels der Varianten eine Gipfeltour anzufügen, bei der man entweder zum Pòrt de Siguer zurückkehrt oder am Nordende des Estany Blau landet.

Der Pòrt de Siguer (Bildmitte). Von dort ist es ein Katzensprung hinab zum Estany Blau.

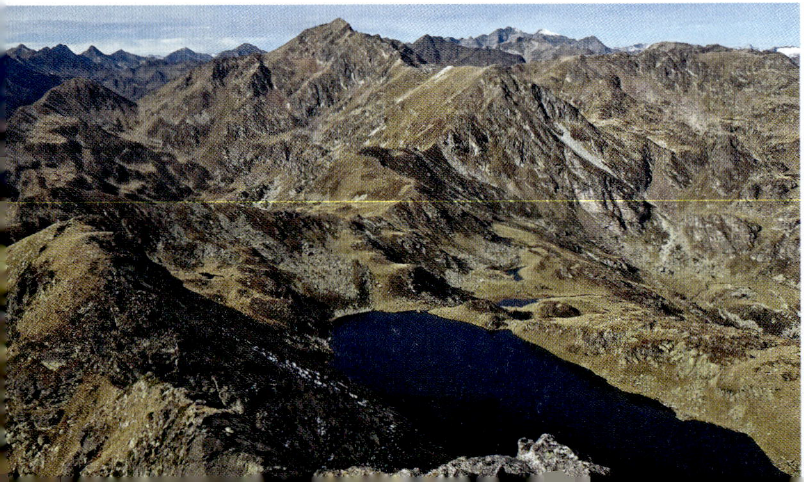

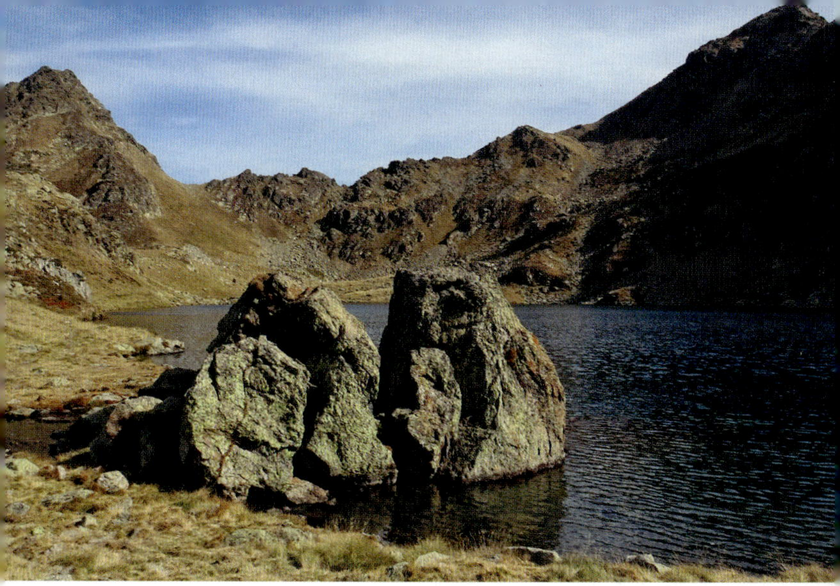

Am Abfluss des Estany Blau.

Der See ist von dem Pass aus nur halb zu sehen. Wir laufen in seine Richtung und nach Überwindung einer kleinen Gegensteigung liegt er in seiner vollen Schönheit vor uns. Wir erreichen seinen Abfluss und schlendern an der linken Seite den Uferweg entlang bis zur Nordspitze des **Estany Blau** ❹, 2335 m.
Der Rückweg zum Parkplatz **La Rabassa** ❶ entspricht dem Hinweg.

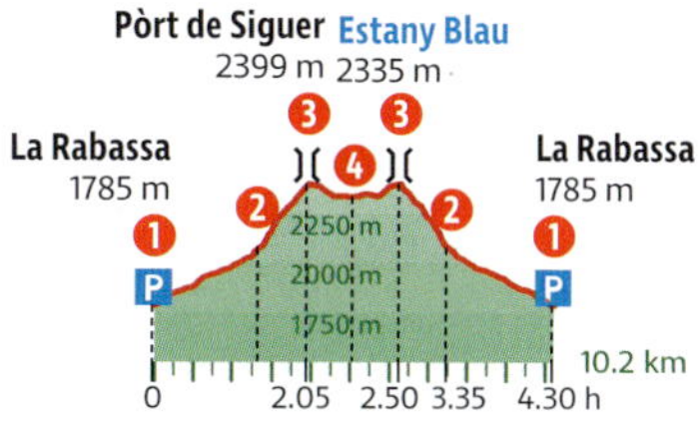

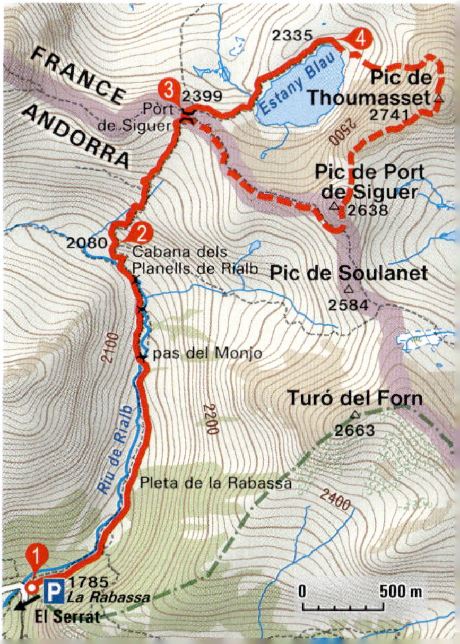

↗ 1240 m | ↘ 1240 m | 14.0 km

7.15 h

34 Pic de l'Estanyó, 2915 m

Lange Rundwanderung vom Blumental Vall de Sorteny über einen abwechslungsreichen Kamm ins Vall de l'Estanyó

Wegen seines einzigartigen Blumenreichtums wurde das Vall de Sorteny 1999 zum Naturpark erklärt. Über das botanische Erlebnis im (Früh-)Sommer hinaus bieten die beiden durchwanderten Täler ganz unterschiedliche, spannende Landschaftseindrücke. Der verlockende, markante Bergklotz des Pic de la Serrera mit seinen bunten Gesteinen muss dabei nicht unbedingt erstiegen werden. Der Gipfelblick vom einsameren Pic de l'Estanyó ist genauso exzellent. Nach überstandenen Gipfelmühen lockt im Sommer noch eine Erfrischung am malerischen, flachen Estany de l'Estanyó.

Ausgangspunkt: Parkplatz La Rabassa, 1785 m, am Naturparkeingang. Ca. 1 km oberhalb von El Serrat in Richtung »P. N. de la Vall de Sorteny« abbiegen. Hinweis: Bis 10 Uhr lässt sich die am Parkplatz beginnende holprige Piste 1,6 km bis zum Portell de Sorteny, 1880 m, mit dem Pkw befahren. Parkplätze sind dort aber begrenzt. Mountainbike ist eine gute Alternative.
Anforderungen: Ausdauer und Kondition. Trittsicherheit, alpine Erfahrung. Am Teilstück zwischen Pic de la Cabaneta und dem Gipfel sollte kein Nebel sein.
Markierung: Durchgehend rot-gelb oder gelb.
Einkehr: In El Serrat, im Ref. de Sorteny.

Unterkunft: **Ref. de Sorteny**, (50 Pl.), Tel. +376 376 846 446, refugisorteny.com.
Variante: Besteigung des **Pic de la Serrera**, 2912 m. Herausragender Aussichtsberg hoch über Frankreich (oben steiler Schotter, keine technischen Schwierigkeiten): von der Collada dels Meners, 2720 m, 10 m nach Osten hinab und nach links um einen Felsen herum. Die folgenden Felszacken mit ihrem bunten Gestein werden entweder überstiegen oder umgangen. Gute Spur und Markierung. Die weitere Aufstiegsroute ist eindeutig. Es geht am Südrücken, erst im Gras, dann im Schotter, immer steiler werdend, direkt zum Gipfelkamm (zusätzlich 1 Std., 1,4 km sowie 200 Hm im Auf- und Abstieg).

Vom Parkplatz **La Rabassa** ❶ gehen wir auf der am Naturpark-Infohäuschen beginnenden Schotterstraße bergan und biegen nach 300 m links auf einen Steig ab, der drei Straßenkehren abkürzt. An den markanten Eisenskulpturen des andorranischen Künstlers Pere Moles nehmen wir die Straße wieder auf und durchschreiten das Gatter am Portell de Sorteny. Wenig später passieren wir den Abzweig zum Estany de l'Estanyó (der spätere Rückweg) und gelangen zum **Refugi de Sorteny** ❷, 1965 m. Oberhalb des Hauses beginnt der rot-gelb und gelb markierte Blumen-Wanderweg. Er zieht sich zunächst über ausgedehntes Weidegelände ein Stück ins Tal des Riu de la Cebollera hinein und steigt dann in einem Rechtsbogen zum kleinen **Pas de la Serrera** ❸, 2225 m, an.
Jetzt sind wir im »richtigen« Tal angekommen, verlieren ein paar Höhenmeter, wandern erst am linken Hang, dann mehr im Talboden in mäßiger Stei-

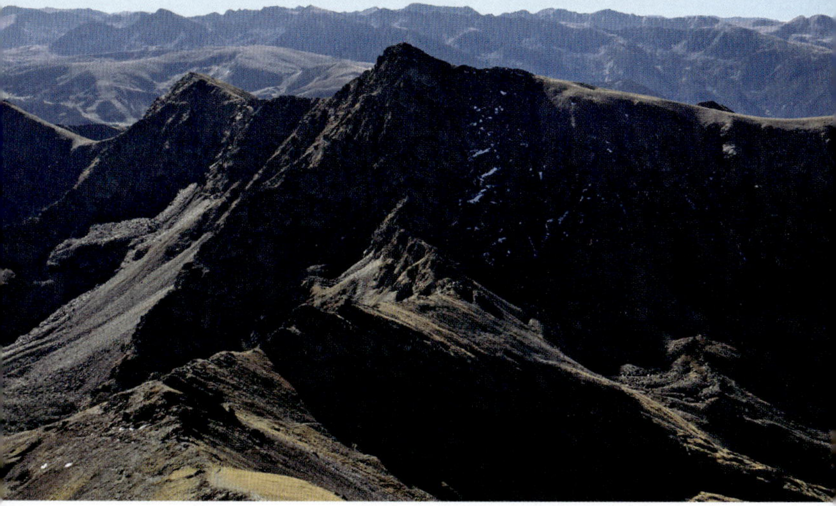

Am Pic de la Serrera (Variante) lässt sich die Hauptroute, von links unten nach rechts oben, gut verfolgen.

gung durch flachhügeliges Almenland. Dann kommen wir an einer kleinen Sumpfebene vorbei (dort auf 2500 m letzte Quelle vor der Kammwanderung) und steuern in einem langen Linksbogen auf den Grashang der **Collada dels Meners** ❹, 2720 m, zu, die in ein paar Serpentinen erklommen wird. Während des Anstiegs lässt sich die eigentümliche, massige Berggestalt des Pic de la Serrera mit ihren teils bewachsenen Schotterflächen und den eingelagerten hellen Felszacken bereits gut in Augenschein nehmen. Der Abstecher dort hinauf lohnt sich vor allem bei guter Fernsicht (Variante).
Wir wenden uns am Pass nach rechts (Süden) und nehmen am Kamm eine gelb markierte Spur auf. Der folgende Verbindungskamm hinüber zum Pic

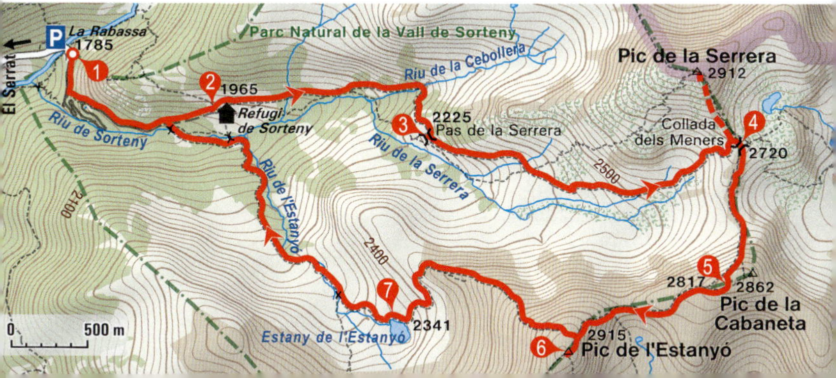

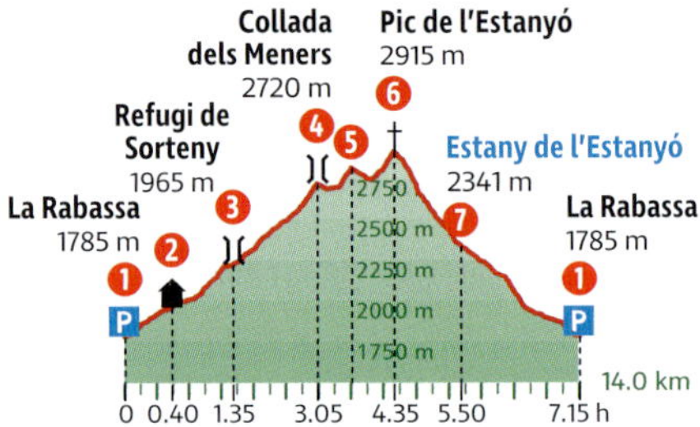

de la Cabaneta ist das spannendste und abwechslungsreichste Teilstück der gesamten Wanderung. Es ist durchgehend gelb markiert und mit einer deutlichen Spur versehen. Wiesenpassagen wechseln mit felsigen Gratköpfen, die überstiegen oder umgangen werden. Bei den Umgehungen sind steile Gras-Fels-Hänge zu queren, in denen Vorsicht geboten ist. Unsere Spur zieht rechts unterhalb eines letzten kleinen Sattels vorbei und quert dann in den großen nordwestseitigen Schutthang des Pic de la Cabaneta hinein. Auch hier ist durchgehend eine, wenn auch oft mühsam zu begehende, Spur angelegt. Man sollte nicht versuchen, weglos durch die Felsblöcke aufzusteigen. Nach 15–20 Min. ist es geschafft: Der grüne, flache und breite **Rücken** 5, 2817 m, zwischen Pic de la Cabaneta und Pic de l'Estanyó ist erreicht, ein Wellness-Intermezzo.

Am Gipfelkamm: Estany Gran de la Vall de Riu und das Casamanya-Massiv.

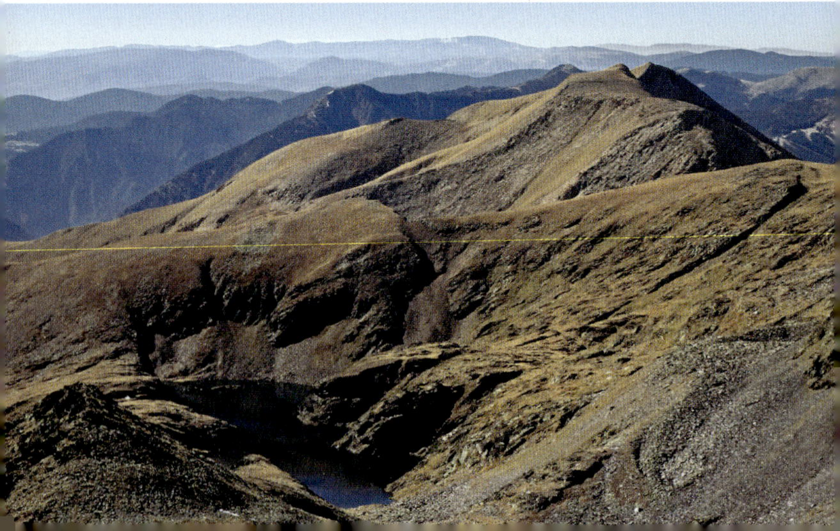

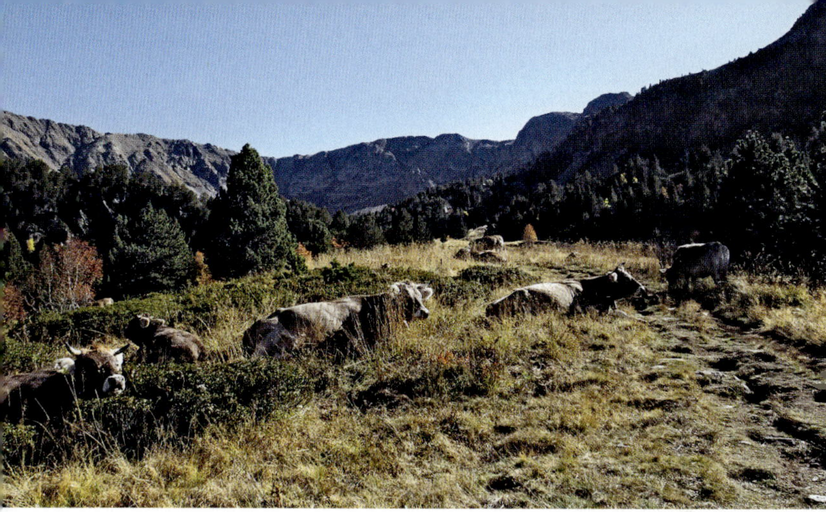

Idylle unterhalb des Estany de l'Estanyó.

Wir halten uns rechts und wandern lustvoll auf dem glatten Wiesenrücken unserem eigentlichen Gipfelziel entgegen. Einen flachen Hügel, der einen kurzen Anstieg erfordern würde, umgehen wir links, wobei wir Markierungen und Weg suchen müssen, die uns wieder zum Kamm zurückbringen. Nach Erreichen eines Sattels steigen wir nach Westen an: Es sind noch einmal fast 200 steile und mühsame Höhenmeter, bis wir auf dem Gipfel des **Pic de l'Estanyó** 6, 2915 m, stehen und eine herrliche Rundsicht genießen können. Blickfang ist u. a. der direkt südlich gelegene Estany Gran de la Vall del Riu mit seinen vielen Ausbuchtungen, Steilufern und einer Insel. Unser nächstes Ziel, den Estany de l'Estanyó, sieht man allerdings nicht.

Wir gehen auf dem Aufstiegsweg ein Stückchen bis zu einem kleinen Plateau hinab und müssen von dort wenige Höhenmeter nach Nordwesten aufsteigen, um auf den langen, leicht geschwungenen Westrücken unseres Berges zu gelangen. Der Abstieg dort geht schnell und einfach, weil der Weg gut gestuft ist. Drei kleine Gratbuckel werden überwunden, bevor ein gelber Pfeil uns nach links in Richtung See hinabschickt. Der fast runde, flache, grüne **Estany de l'Estanyó** 7, 2341 m, liegt malerisch im Zentrum des felsigen und fast schuttlosen Talkessels. Markante Gipfel fehlen allerdings. Vom Auslauf des Sees bringt uns ein bequemer Weg zu den Talwiesen am Riu de Sorteny hinab. Hier wenden wir uns nach links und gehen noch gut 10 Min. diesseits des Bachs entlang (sofern wir nicht einen der zwei Abzweige zum Refugi de Sorteny nehmen wollen), bis uns eine Brücke über den Bach zur Schotterstraße kurz oberhalb des Portell de Sorteny leitet. Von hier kehren wir auf dem Aufstiegsweg zum Parkplatz **La Rabassa** 1 zurück.

↗ 900 m | ↘ 900 m | 9.7 km

5.15 h

35 Pic de Casamanya, 2746 m

Der »magische Berg« Andorras

Im Zentrum des kleinen Landes gelegen und mit Panoramablicken nach allen Seiten – vermutlich würde eine Erhebung wie der Pic de Casamanya auch in vielen anderen Ländern als »magischer Berg« gelten. Jedenfalls gilt die Besteigung dieses Aussichtsberges in Andorra als obligatorisch. Auf unserer Rundtour begehen wir den Casamanya-Kamm von Nordost nach Südwest. Helle Felsformationen stehen dabei in einem wunderbaren Kontrast zu dunklen, erdigen Schiefergesteinen.

Ausgangspunkt: Mirador Roc del Quer, 1953 m, an der Passstraße zwischen Ordino und Canillo, ca. 3,7 km östlich des Coll d'Ordino. Falls alle Parkplätze besetzt sind, gibt es 300 m in Richtung Canillo eine große Parkfläche neben der Straße.

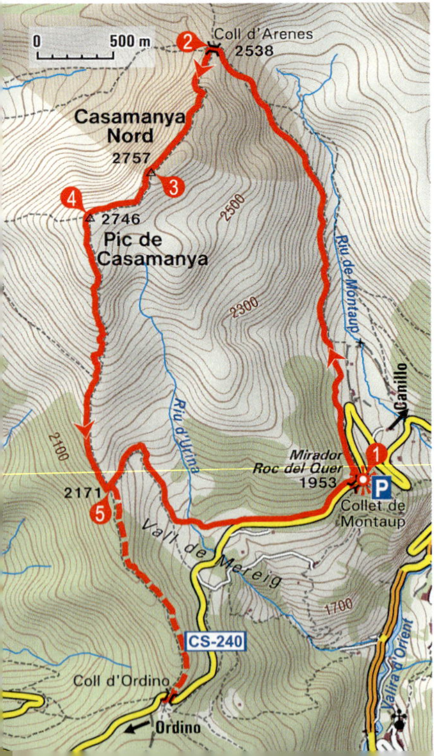

Anforderungen: Kraxelei am Nordostgrat zum Casamanya Nord. Nebelfreies Wetter am Gipfelkamm Voraussetzung.
Markierung: Gelb.
Einkehr: In Ordino und in Canillo. Unterwegs keine.
Variante: Abstieg zum **Coll d'Ordino**, 1980 m (nur empfehlenswert, wenn ein zweites Fahrzeug für die Rückkehr zum Ausgangspunkt zur Verfügung steht): am Schild, 2171 m, »Vall de Mereig« den Casamanya-Südrücken nicht verlassen, sondern auf ihm abwechselnd durch Kiefernwald und über Lichtungen mäßig steil zum Pass absteigen (30 Min., 1,6 km und 200 Hm im Abstieg).
Tipp: Abseits von touristischen Stoßzeiten ist der Besuch des Mirador Roc del Quer mit seinem Skywalk und dem spektakulären Tiefblick auf Canillo lohnenswert (5 Min. Fußweg). Zu dem touristischen Angebot gehören auch mehrere Klettersteige, die zwischen dem Aussichtspunkt und Canillo angelegt sind.

Gegenüber dem Parkplatz am **Mirador Roc del Quer** ❶ steigen wir von der Straße ein paar Treppenstufen hinauf, gehen nach 20 m an einer Wegteilung rechts und folgen einem

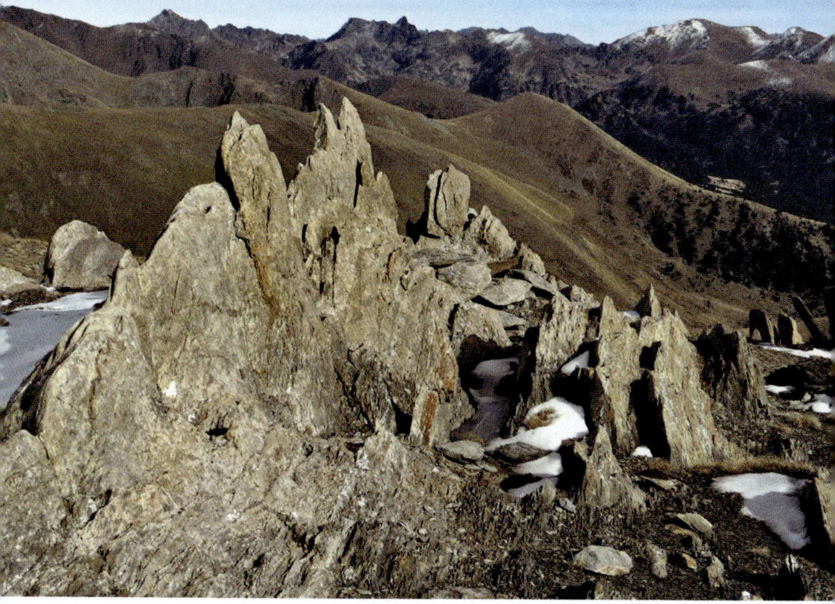

Helle Sägezähne nahe dem Casamanya Nord.

guten Weg, der oberhalb der Asphaltstraße nach Norden bergabführt. In Höhe der Straßenkehre biegen wir nach links ab, um oberhalb einer Steinmauer in das fast baumlose Vall de Montaup hineinzuqueren. Der bequeme Weg zieht im linken Talhang in zunehmender Steigung und einigem Abstand zum Bach bergauf und erreicht ein kleines Plateau, 2405 m. Von hier geht es steil, fast in Falllinie, halblinks hinauf zum **Coll d'Arenes** 2, 2538 m, einem weitläufigen Pass. Weiches schiefriges Gestein hat hier und in den nördlich angrenzenden Bergen eigentümliche abgerundete Formen entstehen lassen. Der dunkle Schiefer steht in schönem Kontrast zum Grün oder Braun der Wiesen.

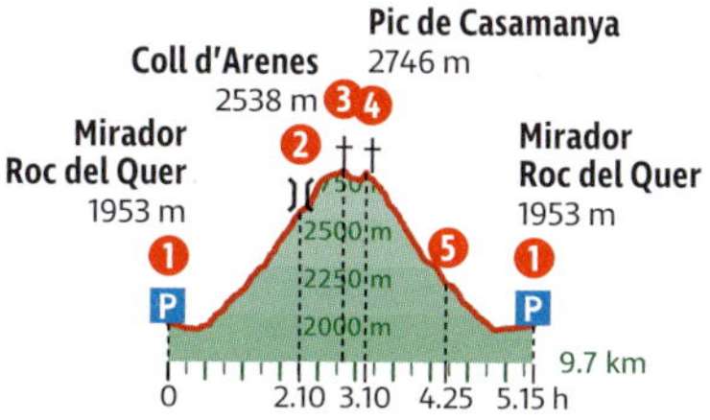

Wir wenden uns am Pass nach links und gehen auf markiertem Weg dem Nordostgrat des Casamanya Nord entgegen, der schwieriger aussieht, als er ist. Der Weg zieht in einem Bogen nach links in die Felsen des Grates hinein, wo einzelne leichte, mit Ketten und Haltegriffen abgesicherte

Kraxelstellen zu überwinden sind. Wir erreichen ein Hochplateau mit interessanten sägezahnartigen Gesteinsformationen, das wir ohne Richtungswechsel überqueren. Nach dem Plateau steigt der Weg nochmals an und steuert direkt auf den **Casamanya Nord** ❸, 2757 m, zu, der noch ein paar Meter höher ist als der vielbesuchte Hauptgipfel. Die Überschreitung zum Hauptgipfel erfordert ca. 50 Hm Abstieg auf steilem, schottrigem Weg. Danach wird der Gratkopf, der zwischen den beiden Casamanya-Gipfeln steht, südlich umgangen und nach 40 Hm Wiederaufstieg ist der Hauptgipfel (Pic Oest) des **Pic de Casamanya** ❹, 2746 m, mit seinem riesigen Steinmann und grandiosem Panorama erreicht.
Für den Abstieg nehmen wir den langen, aussichtsreichen Rücken, der, abwechselnd steiler und flacher, nach Süden in Richtung Coll d'Ordino hinabzieht. An einem Flachstück treffen wir auf ein **Schild** ❺, 2171 m, dem wir nach links in Richtung »Vall de Mereig« folgen (geradeaus: Variante). An einer trockenen Brunnenanlage (Font Picadora) knickt der Weg nach rechts ab und verläuft im hübschen Vall de Mereig bergab in Richtung Passstraße. Wir wenden uns an einem Punkt, der ca. 300 m von der Passstraße entfernt ist, nach links (Osten) und treffen nach etwa 200 weglosen Metern auf eine schwach ausgeprägte Fahrspur, die uns weiter in Richtung Osten zur Straße hinabführt. Auf diese Weise haben wir den Rückmarsch auf Asphalt zum Parkplatz am **Mirador Roc del Quer** ❶ um ein gutes Stück abgekürzt.

Die »Autobahn« am Südrücken des Pic de Casamanya zeigt die Beliebtheit des Berges.

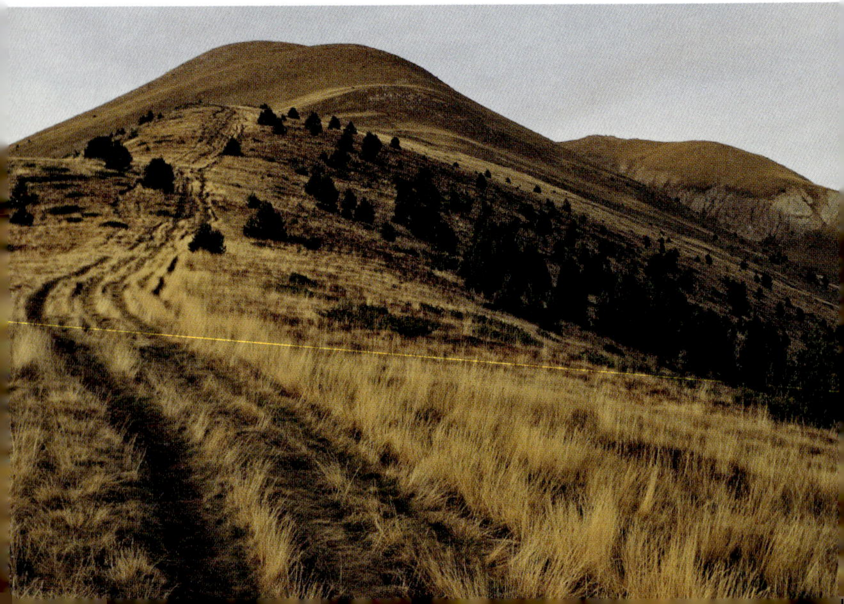

↗ 1000 m | ↘ 1000 m | 13.5 km

7.00 h

Pic d'Escobes, 2781 m **36**

Der markanteste Berg Andorras, mit zwei verschiedenen Seiten

Noch ist das Vall d'Incles die meiste Zeit eine stille Oase im lärmigen Hauptal Andorras. An schönen Wochenenden und in den Ferien wird es allerdings zunehmend lebhaft und auch der Bauboom beginnt, in das Hochtal vorzudringen. Wir schließen uns dem Strom der Wanderer an, die das schöne Seengebiet um das Refugi de Juclar genießen wollen. Viele werden dort vom Anblick der wilden Felsspitze des Pic d'Escobes, die von den Seen aus nahezu unbesteigbar erscheint, abgeschreckt, einige aber auch magisch angezogen. Tatsächlich hat die Spitze keinen ganz einfachen Zustieg. Von Norden her erfordert sie leichte Kletterei, Vorsicht und Geduld. Wer es sich zutraut, kann – aber nur bei trockenem, nebelfreiem Wetter – nach Süden und Westen im steilen Gras absteigen und landet in einer ganz anderen, abgeschiedenen Bergwelt (Variante).

Ausgangspunkt: Pont de la Baladosa, 1833 m. Unterhalb von Soldeu in der großen Straßenkehre der Wegweisung ins »Vall d'Incles« folgen, nach etwa 3 km Parkplatz am Ende der Straße. Bei Überlastung des Parkplatzes wird die Zufahrt ab dem Talanfang gesperrt.
Anforderungen: Trittsicherheit. Kletterei (I–II) im Gipfelanstieg. Hierfür an Wochenenden und in der Ferienzeit Mitnahme eines Helms anzuraten.
Markierung: Gelb. Ab dem Coll de l'Alba keine Farbmarkierung, nur Steinmänner.
Einkehr: Am Ausgangspunkt (saisonal geöffnet) und im Refugi de Juclar. Am Anfahrtsweg in Soldeu.
Unterkunft: **Ref. de Juclar**, (43 Pl.), Tel. +376 376 678 145, refugidejuclar.com.
Variante: Abstieg vom Pic d'Escobes, 2781 m, nach Süden ins liebliche Siscaró-Gebiet (Orientierungssinn und alpine Erfahrung notwendig. Trockenes und nebelfreies Wetter Voraussetzung. Teils unmarkierte Passagen, teils Steinmänner. Ab der Hälfte gelbe Markierung): auf dem Aufstiegsweg ca. 60 Hm hinab. Vom Punkt, wo die Hauptroute nach links abbiegt, nach rechts auf den mäßig steilen Südostrücken absteigen. Auf diesem ca. 50 Hm bergab, bis plötzlich mit Rechtsknick ein Hinabqueren in den Südhang leicht möglich ist. In diesem, von Steinen und schrägen Erdstufen durchsetzten, breiten Hang Querung erst deutlich abwärts, dann mehr horizontal, unter den Felsausläufern des Gipfelstocks hindurch und über ein schräges Geröllfeld nach Westen. Die Höhe haltend Linksbogen im Talkessel. Felspfeiler unterqueren. Danach schräg im Schotter, später Gras nach Südwesten ansteigen. Zunehmend deutlicher (Schafs-)Pfad 70 Hm schräg hinauf zum flachen Gratrücken, 2621 m. Kurzer Grasabstieg und kurzweilige, unschwierige Gratüberschreitung nach Südwesten. Zwei größere Gratköpfe rechts umgehen. Im Südhang des Pic de Siscaró, 2636 m, zum Sattel, 2550 m. Nach rechts (gelb markiert) über Wiesen hinab zur schönen großen Schwemmebene mit dem Refugi del Siscaró, 2145 m (unbewirtschaftet, 10 Plätze). Auf der Brücke über den Riu Siscaró und links des Bachs talwärts bis zu einem Fahrweg. Auf ihm nach links zurück zur Pont de la Baladosa (etwa 15 Min., 0,6 km sowie 50 Hm im Auf- und Abstieg mehr als der Hauptweg).

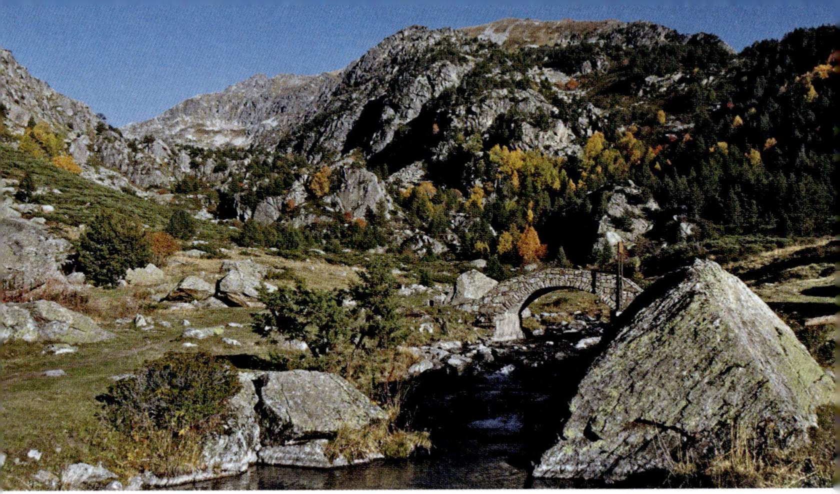

Am Riu de Juclar nahe der Font del Travenc. Es geht links das Tal hinauf.

Vom Parkplatz an der **Pont de la Baladosa** ❶ folgen wir der Beschilderung »Refugi i Estanys de Juclar«, gehen auf der Straße (erst Asphalt, dann Schotter) ca. 250 m taleinwärts und wechseln über zwei Holzbrücken auf die linke Bachseite (Beschilderung im Baumschatten: »Font del Travenc«, »Estanys i Refugi de Juclar«). Wir gelangen auf einen abwechslungsreichen Pfad in Bachnähe und umkurven im Slalom Buschgruppen und große Steine; sumpfige Stellen werden mit vielen kleinen Holzstegen überbrückt. An der **Font del Travenc** ❷, 1928 m, mit Grillplatz und Steinbrücke, gehen wir geradeaus. Der stärker ansteigende Weg windet sich bald durch eine wilde, von Gletschern geformte Felslandschaft, zieht über eine Holzbrücke von

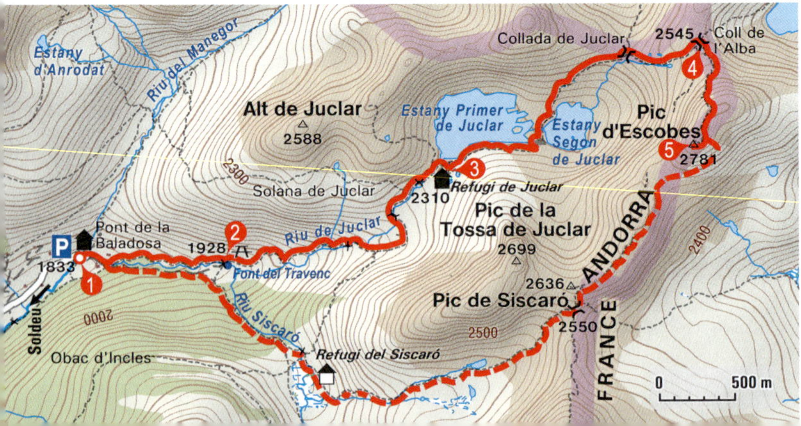

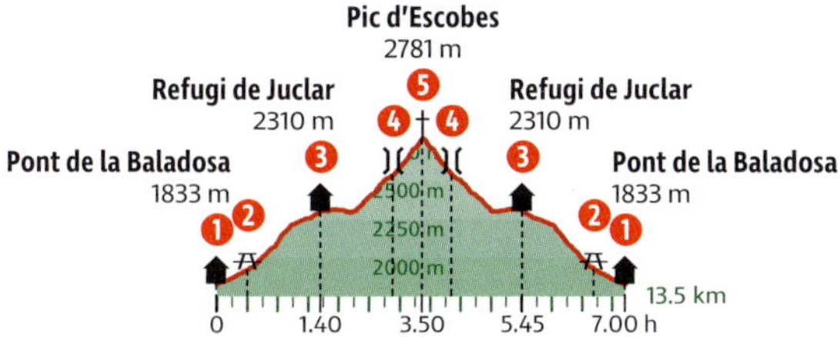

der linken auf die rechte Bachseite und über kleine Ebenen zur Staumauer des Estany Primer de Juclar, 2301 m, hinauf (zwei beschilderte Abzweigungen, erst nach rechts, dann nach links, ignorieren). Bei niedrigem Wasserstand kann man direkt am Südufer des Sees weitergehen. Ansonsten führt der markierte Weg zum **Refugi de Juclar** 3, 2310 m, hinauf. Ab dort (Beschilderung »Pic d'Escobes«) geht es eine Etage höher und mit einigem Auf und Ab zum Auslauf des Estany Segon de Juclar, 2305 m.
Der weitere Aufstieg im Sonnenhang über diesem See ist bequem und wunderschön. Immer wieder werden kleine Sümpfe und Tümpel passiert, oben mehrere kleine Seen. Die Collada de Juclar, 2450 m, (von links ein rotweiß markierter Weg) erlaubt einen ersten Blick hinüber in die französische Berg- und Seenwelt. Am **Coll de l'Alba** 4, 2545 m, erreichen wir erneut die französische Grenze, mit Blick nach Osten in ein anderes Seental. Unsere Route knickt nach rechts (Süden) ab und ist nur noch mit Steinmännern markiert. Über Grasrampen geht es im Zickzack ganz leicht bergauf, bis wir plötzlich unter dem Felsaufbau des Pic de Noé stehen. Hier müssen wir, erst eben, dann ansteigend, nach rechts queren: Durch ein Geröllfeld geht es schräg hinauf und in steiles, gut gestuftes Gras-Fels-Gelände hinein. Wenn wir uns darin immer ein wenig rechts halten, gelangen wir in eine grasig-felsige Rinne, die wir bis zum Grat hinauf verfolgen. Während in der Hauptroute immer ordentliche Trittspuren und viele Steinmänner vorhanden sind, existieren daneben einige weniger begangene, ebenfalls mit Steinmännern markierte Nebenrouten.
Am Verbindungsgrat zwischen Pic de Noè und Pic d'Escobes (Überstiegsstelle für den Abstieg merken!) wechseln wir auf die Südseite und haben jetzt die schöne Felspyramide unseres Gipfels vor Augen. Seine Nordwand lässt sich in überraschend leichter Kletterei direkt überwinden. Alternativ queren wir direkt am Wandfuß nach links und kraxeln über ein schmales Band in die Ostflanke des Gipfels. Dort führt ein gut gestufter Pfad steil hinauf bis zu einer kurzen Kletterstelle, wo der Nordwand-Kletterweg von rechts heraufkommt. Ein kurzes Stück am Nordostgrat und wir stehen auf dem erstaunlich geräumigen Gipfel des **Pic d'Escobes** 5, 2781 m, mit Gipfelsteinmann und wunderbarer Aussicht. Der Abstieg zur **Pont de la Baladosa** 1 erfolgt auf dem Hinweg oder über die Variante.

↗ 810 m | ↘ 810 m | 12.3 km

37 Circ dels Pessons und Pic dels Pessons, 2864 m

5.15 h

Seen – wie Perlen aneinandergereiht

Ein See bezaubernder als der andere! Die Wanderung durch die wunderschöne Granitlandschaft des Circ dels Pessons mit seinen markanten Berggestalten gehört zu den beliebtesten Touren in Andorra. Die Anstrengung dafür hält sich in Grenzen, und auch unser Gipfel mit seinen steilen, zerklüfteten Nord- und Ostwänden ist von hinten ohne Schwierigkeit zu erreichen. Doch hat der Zauber einen Makel: Wir müssen im Skizentrum von Grau Roig starten und auch eine Zeit lang durch das Pistengebiet mit seiner maßlosen Naturzerstörung gehen. Zum Glück wissen die Andorraner Kommerz und Natur ganz strikt räumlich zu trennen. Jenseits des Restaurants Refugi del Llac de Pessons ist es so, als gäbe es keine Skilifte.

Ausgangspunkt: Skizentrum Grau Roig, 2104 m. Von Soldeu kommend am Kreisverkehr (Abfahrt rechts zum Túnel d'Envalira) geradeaus, 700 m weiter rechts nach Grau Roig abbiegen und bis zum Ende der Straße bzw. Parkplatz jenseits der Bachbrücke fahren. In der Nähe der Brücke parken.
Anforderungen: Überwiegend einfache Wege. Eine steile, rutschige Passage im Passanstieg.
Markierung: Rot-weiß (GR 7), gelb.
Einkehr: Am Ausgangspunkt nur im Winter, unterwegs im Restaurant Refugi del Llac de Pessons (am Estany Primer). In Soldeu.
Hinweis: Der Weg zwischen Grau Roig und dem Estany Primer lässt sich sehr gut mit dem Mountainbike auf der vom Refugi herabführenden Piste bewältigen.

Wir gehen vom Parkplatz in **Grau Roig** ❶ über die Bachbrücke zurück, biegen sofort rechts ab, passieren eine Schranke und sind mitten in einem Gewimmel von Liftanlagen. Wanderwegweiser gibt es hier nicht (mehr). Einzig ein kleines Schild weist uns nach rechts zum »Restaurant del Llac dels Pessons«. Es geht also rechts, am Restaurant Tres Estanys vorbei, auf einem Fahrweg die Skipiste hinauf. Etwa 100 m oberhalb des Restaurants biegen wir nach links mit einem Fahrweg auf eine weitere Skipiste ab, auf der wir nach 300 m geradeaus weitergehen. Einen hübscheren Weg gibt es hier leider nicht. Augen zu und durch! Von

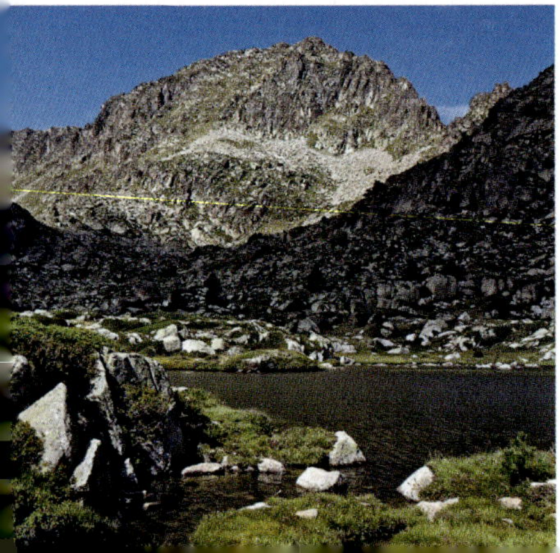

Rückblick: Westlich des Seenkessels steht der Kletterberg Ensagents.

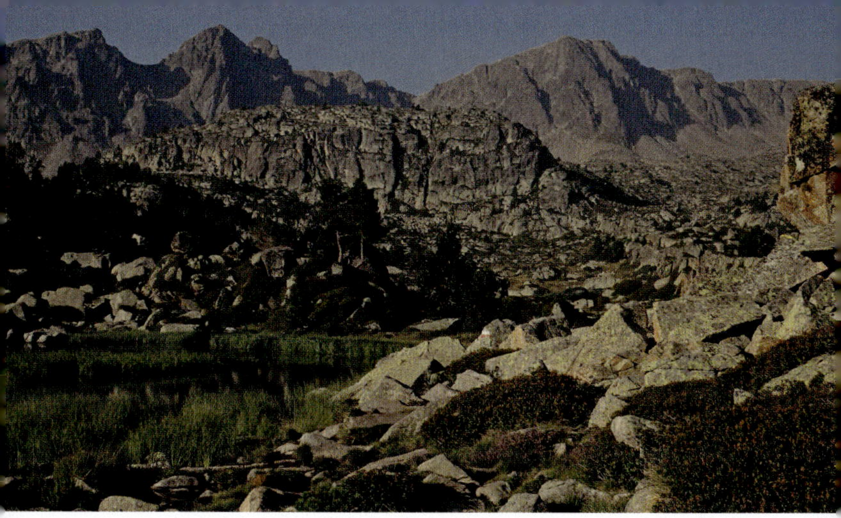

Rechts der Bildmitte thront der Pic dels Pessons über dem Estany de Rodo.

der Piste erlöst uns allerdings bald ein Schild »Llac dels Pessons«, 2210 m, das nach rechts in den Wald weist. Über einen hübschen Wanderweg erreichen wir den **Estany Primer** ❷, 2303 m, in der Mitte seines Ostufers (gut 100 m rechts: Restaurant Refugi del Llac de Pessons).

Ein Stück weiter links beginnt am Wegweiser »Collada dels Pessons« unser Seen-Sammeln. Der rot-weiß markierte Weg (GR 7) ist nicht zu verfehlen, und er führt, mal flach, mal angenehm steigend, zu den verschiedensten Seen: zu flachen, halb verlandeten, mit Wassergras zugewachsenen, zu tiefen, trüben und zu klaren. Alle haben gemeinsam, dass sie in herrlicher Natur liegen, und sie geben zusammen mit der felsigen Umgebung ein wunderschönes Gesamtbild ab.

Vor dem Estany de les Fonts gehen wir am **Wegweiser** ❸, 2489 m, geradeaus (nach rechts: unser späterer Rückweg). Nach etwa 10 Min., kurz vor dem obersten See (Estany del Cap dels Pessons), dem klarsten von allen, verlassen wir den GR 7 und wählen nach links eine Alternativroute (rechts: der spätere

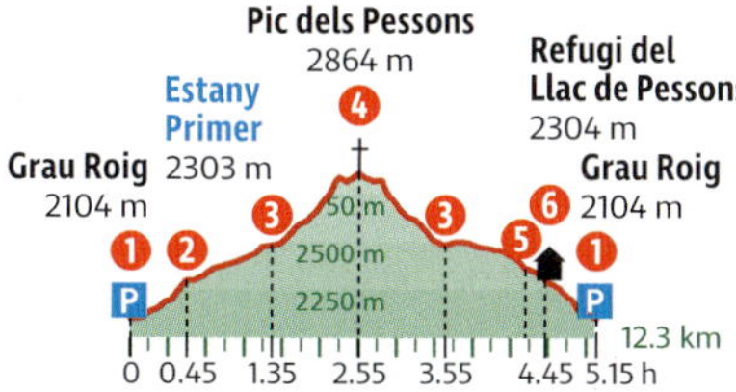

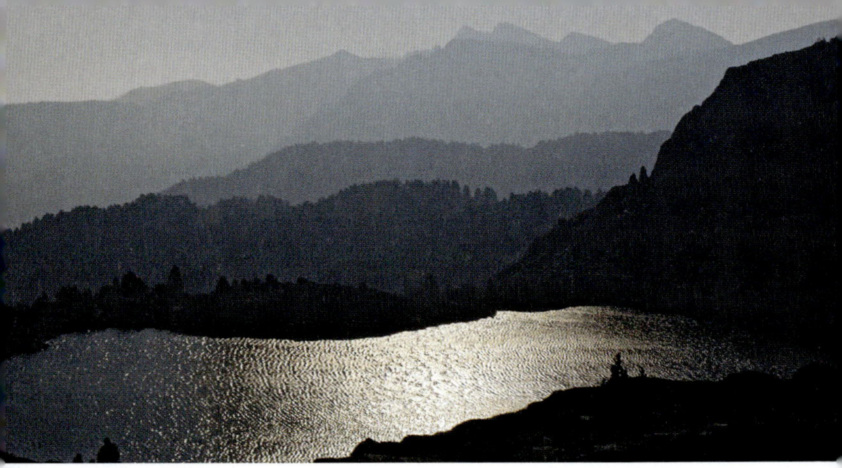

Estany del Meligar.

Rückweg). Sie führt hinab zur Westspitze des Sees und von dort ohne Richtungsänderung zur Hauptroute hinauf. Ab hier beginnt der Gipfelanstieg.
Der Weg steigt zunächst in angenehmen Kehren, dann steil und erodiert zur Collada dels Pessons, 2814 m, hinauf. Hier ist das Gelände unerwartet flach, und entsprechend einfach ist der Gipfelanstieg. Er führt nach links über einen kaum merklichen Vorgipfel, über einen schmalen Sattel und zuletzt steiler in einem Grashang nach Norden zum **Pic dels Pessons** ❹, 2864 m (auch: Pic del Gargantillar). Der Blick auf das Seenensemble ist grandios, an klaren Tagen kommt noch ein umfassendes Gipfelpanorama dazu.
Im Abstieg verlassen wir die in den Ferien und an Wochenenden vielbesuchte Seenroute am **Wegweiser** ❸ nach links und folgen der Beschilderung »Camí del Cercle dels Pessons«. Ein gemütlicher, gelb markierter Pfad bringt uns zu einer weiteren Seenkette, die nördlich parallel zur bekannten Kette liegt. Um zwei zusätzliche Seen einzusammeln, verlassen wir den Pfad nach links, sobald wir einen ersten flachen kleinen See erblicken, der gerne austrocknet. Wir gehen nach Nordwest über einen flachen Wiesensattel und treffen auf zwei malerische einsame Seen, umringt von Sümpfen und Wasserläufen. Dann kehren wir nach rechts (Osten) auf einem unmarkierten Trampelpfad zum gelb markierten Weg zurück. Er verläuft weiter durch das flache Seen- und Bachtal zum letzten einigermaßen einsamen See: Der relativ klare und tiefe Estany de la Solana, 2434 m, lädt zum Baden ein.
Ohne Richtungswechsel steigen wir zum stärker besuchten **Estany Forcat** ❺, 2364 m, hinab, gelangen mit Linksknick zurück ins Bachtal und folgen ihm bis zur Nordspitze des Estany Primer. Plötzlich angekommen am **Refugi del Llac de Pessons** ❻, 2304 m, und auf der Skipiste, zwischen Autos und im Lärm, ist es wie ein abruptes Erwachen aus einem schönen

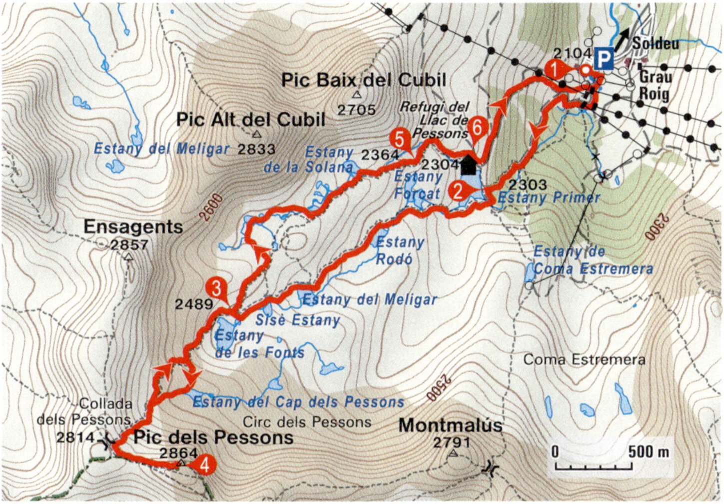

Traum. Der Schnelligkeit halber laufen wir die Skipiste hinunter und stellen fest, dass sich dort so ziemlich alles findet, was Beine oder Räder hat, sogar Reisebusse. Sobald sich freie Sicht auf die Talstationen ergibt, gehen wir nach rechts querfeldein weiter die Skipiste hinunter zur Aufstiegsroute und kehren auf ihr nach **Grau Roig** ❶ zurück.

Estany Forcat. Im Kamm, der vom Pic dels Pessons nach Osten zieht, ragt der Montmalus heraus.

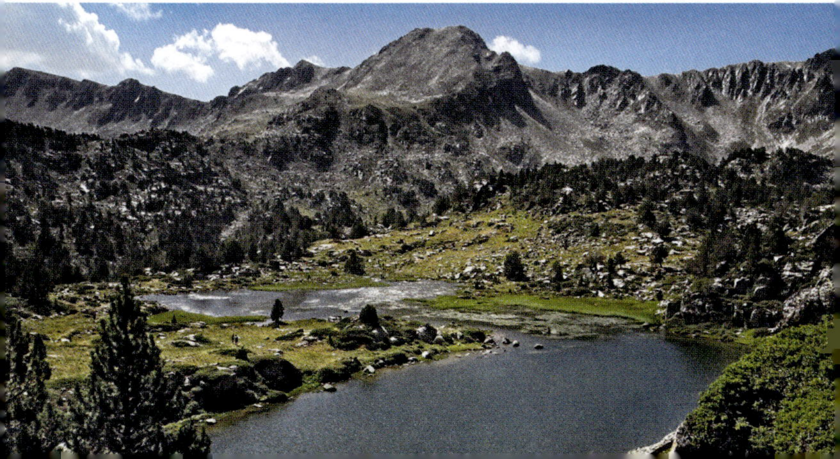

TOP

38 Vall del Madriu und Cabana Estanya, 2425 m

↗ 920 m | ↘ 920 m | 19.1 km

7.00 h

Das ursprünglichste Tal Andorras

Einsamkeit und Ruhe herrschen im Vall de Madriu. Das längste Hochtal Andorras wird nur durch einen wunderschönen Wanderweg erschlossen. Dichte Wälder, unterbrochen von idyllischen Talwiesen, ein zwischen Mäandern und schäumenden Kaskaden wechselnder Bachlauf, die steilen Felsflanken der südlichen Talseite und als Schlusspunkt noch zwei kleine Seen – reichlich zum Schauen und Genießen. Wer aus der langen Talwanderung eine noch längere Rundtour machen möchte, den führt Variante 1 über eine einsame Hochebene mit flachen Seen zum Cap dels Agols, einer eigentümlichen, von großen, hellen, Skulpturen ähnlichen Steinen übersäten ebenen Wiese, die zudem eine prächtige Aussicht bietet.

Ausgangspunkt: Engolasters, 1520 m. Von Les Escaldes in Richtung »Vall de Madriu, Engolasters« auffahren. Am oberen Ortsende von Engolasters in einer Linkskurve rechts abbiegen und am Picknickareal parken.
Anforderungen: Trittsicherheit auf den steinigen Wegen.
Markierung: Rot-weiß, gelb.
Einkehr: In Escaldes. Im Rahmen der Variante im Refugi de l'Illa.
Unterkunft: Zwei unbewirtschaftete Hütten: **Ref. de Fontverd** (14 Pl.), **Ref. del Riu dels Orris** (6 Pl.). **Refugi de l'Illa** (2488 m; 50 Pl.; vom Hauptweg 20 Min./1,1 km, 80 Hm, von Variante 1 ca. 200 m entfernt), Tel. +376 376 775 776, refugidelilla.ad.
Varianten: 1. Über die Hochebene **Cap dels Agols**, 2681 m, zum Estany Blau (einfache Pfade, nur letzter Abschnitt steil. Weite Strecken gelb markiert. Steinmänner. Nebelfreiheit Voraussetzung): von der Cabana Estanya, 2425 m, in Richtung »Refugi de l'Illa«. Unterhalb der Hütte die gelb markierte Pfadspur aufnehmen, die nach links, am Nordufer des Estany Rodó entlang, in Richtung Nordwesten zu einem kleinen Pass hinaufführt. Mit grober Richtung West über die weitläufige Wiesenhochebene mit Seen, Tümpeln, Wasserläufen und Quellsümpfen und 90 Hm hinauf zu einem flachen Pass. Leichter Rechtsknick. In weitem Linksbogen über die Hochebene Cap dels Agols und hinunter zu dem Sattel westlich oberhalb des Estany Blau. Im Hang nördlich des Sees hinunter zu dessen linker Seite und von seinem Ostufer 20 Hm nach Süden hinauf zu einem Wegweiser. Dann abwechslungsreicher, gut markierter Abstieg

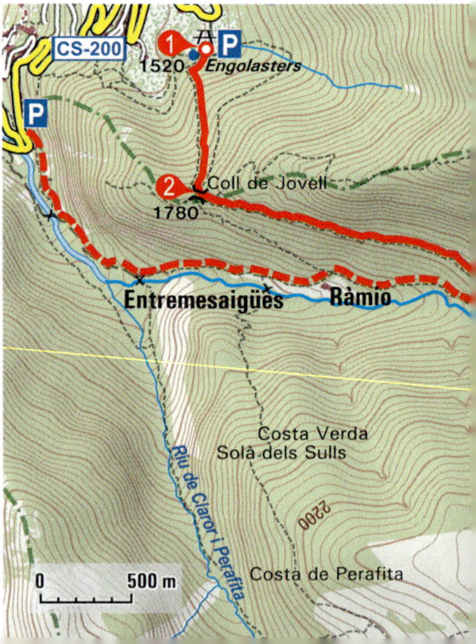

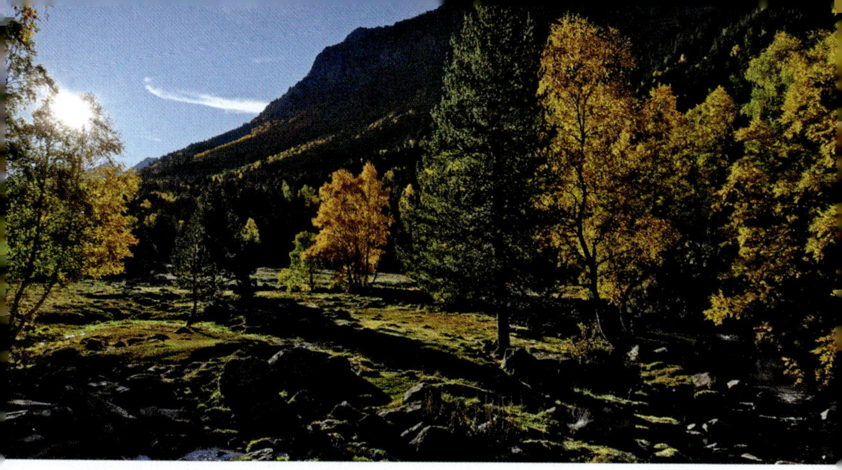

Herbstliche Talwiesen im Vall de Madriu.

zum Abzweig, 2043 m, im Vall de Madriu (1.30 Std., 3,3 km länger sowie 320 Hm mehr Aufstieg als auf dem Hauptweg). 2. Abstieg im Vall de Madriu bis zur CS-200 oberhalb von Escaldes (sinnvoll, wenn eine Möglichkeit besteht, zum am Ausgangspunkt abgestellten Fahrzeug zurückzukommen; breiter, teilweise gepflasterter Weg): ab der Weggabelung, 1843 m, erst flach, ab Ramio steiler, durch eingehegte oder terrassierte Wiesen, an Steinmauern und Haselhecken entlang. Immer rechts des Riu Madriu, zuletzt durch Wald zum »Parking Madriu« an der CS-200. Ab dort 3,6 km/300 Hm hinauf zum Ausgangspunkt.

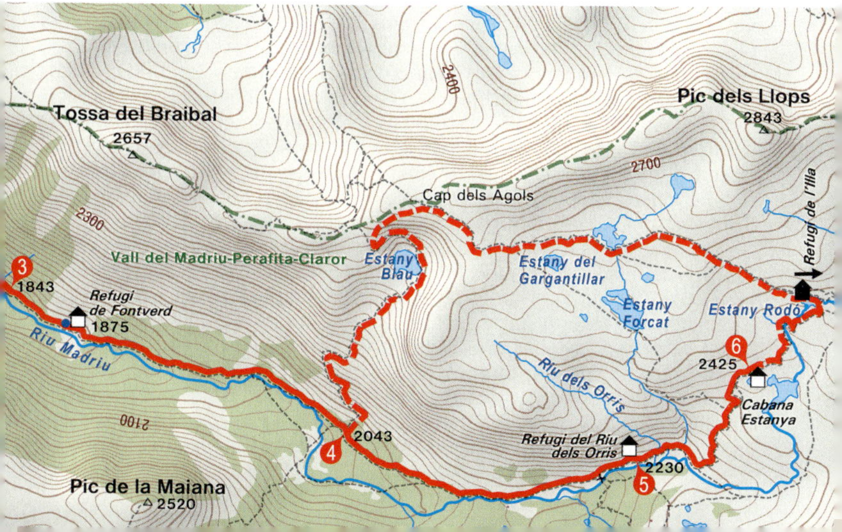

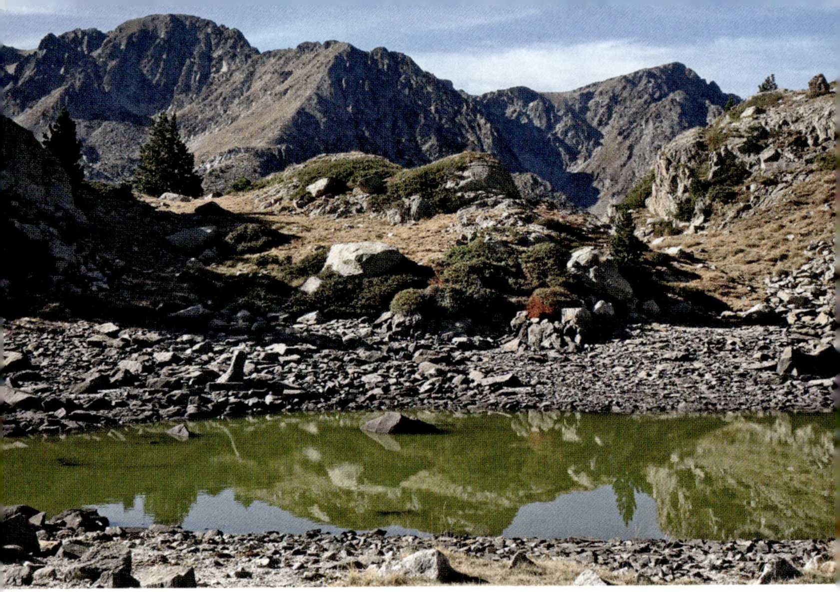

Das Seelein nahe der Cabana Estanya hat schon bessere Tage erlebt.

Am westlichen Ende des Parkplatzes oberhalb von **Engolasters** ❶ zweigt unser Weg (Schild »Coll de Jovell«) spitzwinklig nach links ab. Er führt in angenehmer Steilheit durch großteils dichten Wald hinauf zum **Coll de Jovell** ❷, 1780 m, der bereits frühmorgens in der Sonne liegt, aber wegen der dichten Vegetation nur wenig Aussicht erlaubt. Wir biegen links auf einen Höhenweg ab (am Pass mit »Cabana de la Farga« und »Refugi dels Orris« beschildert) und kommen bald an die ersehnten freien Aussichtsstellen. Der Weg führt durch einen oft felsigen, nach Süden gerichteten Hang mit dichtem Bewuchs und ist mit seinem leichten Auf und Ab angenehm zu gehen. Oft sind große Steine zu einem Pflaster gelegt. Kurz vor Erreichen des Talbodens verläuft unser Weg in einer Art Rutschbahn, die der eiszeitliche Gletscher in den Fels geschliffen hat.

An der **Weggabelung** ❸, 1843 m, nehmen wir den langen und abwechslungsreichen Talweg auf und folgen immer der Beschilderung »Refugi de l'Illa«. Der Weg verläuft mit wechselnder Steigung mal direkt am Bach, mal in einiger Entfernung dazu. Lange Strecken führt er durch Kiefern- und Mischwald, dann wieder über schöne Wiesen. Es gibt viele steinige Abschnitte. Zügig voran kommt man eigentlich nur auf den Wiesen. Wir passieren das **Refugi de Fontverd**, 1875 m, (unbewirtschaftet, 14 Plätze), den **Abzweig** ❹, 2043 m, zum Estany Blau (Endpunkt der Variante) und das **Refugi del Riu dels Orris** ❺, 2230 m (unbewirtschaftet, 6 Plätze).

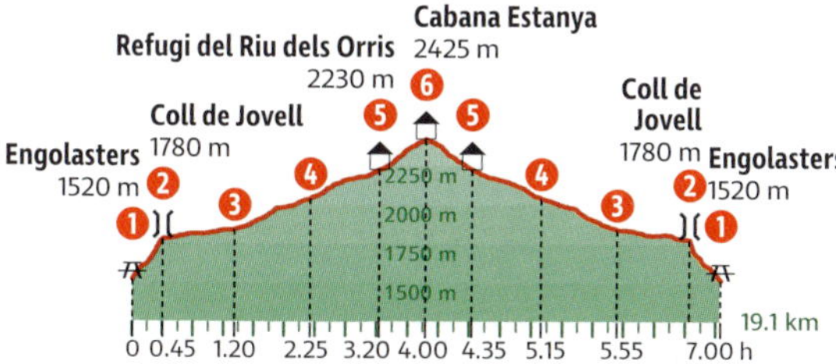

Etwa 500 m danach trennt sich unser Weg vom Riu Madriu und steigt nach links auf einer Moräne deutlich an. Er schlängelt sich um Geländekuppen herum und erreicht an der akkurat gemauerten Schutzhütte **Cabana Estanya** 6, 2425 m, einen stillen Rastplatz in der Umgebung von zwei kleinen Seen in einer wunderbar offenen und weiten Landschaft.
Wer nicht auf dem Aufstiegsweg zurückgehen möchte, dem sei die (anstrengende) Variante 1 vorgeschlagen, mit weiteren großartigen Landschaftseindrücken und Aussichten.

Nahe dem Estany Blau (Variante) überblickt man einen großen Teil des Vall de Madriu.

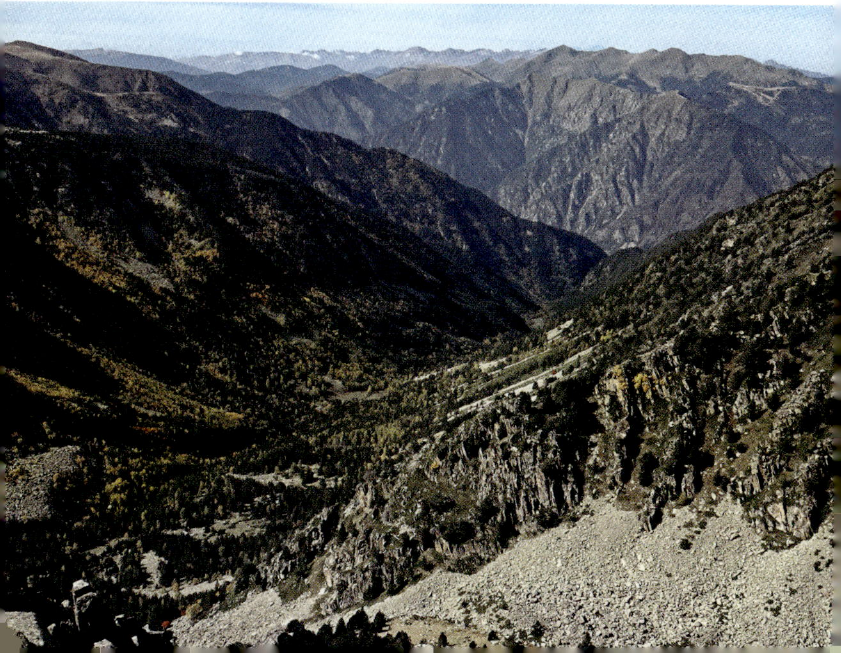

Parc Natural del Cadí-Moixeró und obere Cerdanya

Der südöstlich von Andorra gelegene Naturpark erstreckt sich auf einer Länge von 30 km parallel zum Hauptkamm der Pyrenäen. Geologisch jüngeren Ursprungs, bildet das Kalkmassiv der Serra del Cadí eine fast durchgehende Gebirgsbarriere mit einem auffälligen Gegensatz zwischen den gemäßigt abfallenden Hanglagen im Süden und der abrupt abbrechenden Nordfront. Deren vertikale Felswände erreichen Höhen von bis zu 500 m und geben dem Massiv seine markante Struktur. Landschaftlich im schönsten Kontrast erstrecken sich am Fuß der Kalkburgen ausgedehnte Wälder und grüne Bergwiesen, von denen Prat de Cadí und Prat d'Aguiló am bekanntesten sind.
Vor allem der Mittelteil des Gebirgszugs, östlich und westlich des Vulturó, ist durch fast senkrechte Felspfeiler und dazwischen tiefe Steiltäler gekennzeichnet. Einige dieser »Canals« ermöglichen, technisch mehr oder weniger schwierig, den direkten Zustieg auf die subalpinen Hänge des Gebirgsrückens, dessen »Gipfel« sich mit kaum nennenswerten Höhenunterschieden entlang der Nordkante aneinanderreihen. Wer von Süden durch harmloses, wenig steiles Wiesenland aufsteigt, blickt am Klippenrand plötzlich hinab in die schroffen und faszinierend geformten Felsbastionen. Der gleiche Überraschungseffekt ergibt sich bei der Besteigung von Norden, wenn die steinigen Steilhänge überwunden sind und sich hinter dem Pass plötzlich ein weitläufiges grasiges Hochplateau erstreckt, auf dem sich nach Gusto umherwandern und Ausschau halten lässt.
Nicht erst seit Picasso sich 1906 nach einem Sommeraufenthalt in Gósol an die Überquerung der Serra del Cadí machte, hat die von ihm benutzte »Ruta dels Segadors« Tradition. Die hohe, aber bequeme Traverse über den Pas dels Gosolans ist nach den Wanderarbeitern aus Gósol benannt, die zur Arbeitssuche auf den Feldern und Höfen um Bellver de Cerdanya im Frühsommer aufbrachen. Laut Überlieferung wurde auf dem Pass musiziert, um den Einwohnern von Bellver die Ankunft anzukündigen. In einem Tagesmarsch verbindet die gut gepflegte »Ruta dels Segadors« die landwirtschaftlich nur dürftig nutzbare Sonnenseite der Serra del Cadí mit der fruchtbaren Talsenke des Riu Segre.
Der östliche Teil des Naturparks schließt die durch den Tancalaporta-Pass abgesetzte Serra de Moixeró mit deutlich geringeren Höhen ein. Die Penyes Altes de Moixeró bilden mit 2260 m den höchsten Bergstock mit einer stark bewaldeten und moderat abfallenden Nordseite, während die Südflanke steil abbricht. Die Bergregion um Tosa d'Alp ist durch die Skianlagen von Masella und La Molina geprägt, was den Landschaftseindruck doch sichtlich trübt.
Pedraforca – ein Name und eine charakteristische Berggestalt, die zu den schönsten der Iberischen Halbinsel zählt. Zwei massive Gipfelkuppeln, die durch eine breite und steil abfallende Geröllbresche getrennt sind. Wer

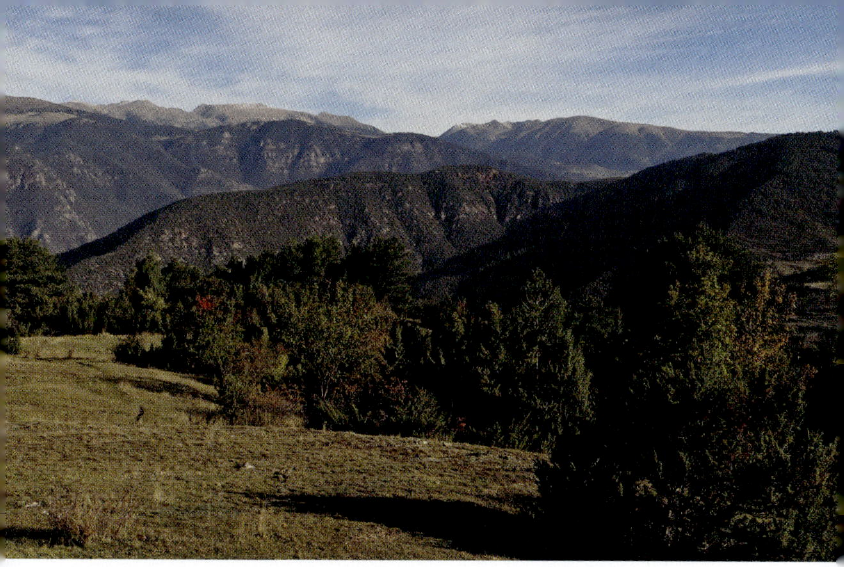

Vom Turó de Boscal (Tour 39) schaut man weit in die Grasberge jenseits des Riu Segre.

von Osten kommend auf Saldes zufährt, hat die – wörtlich übersetzt – »steinerne Gabel« idealtypisch im Blick. Das Massiv wird durch das dicht bewaldete Gresolet-Tal vom Cadí-Gebirge abgetrennt und weist besonders an seiner Nordfront in Form und Gestalt herausragende Wände auf, die für Bergsteiger und Kletterer hochgradige Herausforderungen bereithalten.
Auch wer lieber zu Fuß unterwegs ist, sollte sich eine Fahrt am Südrand des Naturparks gönnen. Neben hervorragenden Bergblicken reizen weitgehend ursprünglich gebliebene Dörfer wie Josa de Cadí, Gósol oder Tuixén. Wer von Tuixén auf einsamer, kurvenreicher Straße über Fornols in Richtung La Seu d'Urgell weiterfährt, kann am Coll de la Trava, versteckt in den steilen bewaldeten Hügeln am westlichen Auslauf des Cadí-Kamms, eine einzigartige Landschaft aus dunkelrotem Schiefer erleben, die von dem sehenswerten geologischen Lehrpfad zum Coll de Creus erschlossen wird.
Nördlich des Naturparks verläuft die sich nach Puigcerdà hin ausweitende Senke des Riu Segre. Aus dem tektonischen Graben, der einst von einem See gefüllt war, steigt der Hauptkamm der Pyrenäen an und gipfelt im Grenzgebirge mit Frankreich und Andorra in Höhen um die 2900 m. Zwar kann man auch hier und da hochalpine Landschaftsszenerien finden, in dem erdgeschichtlich alten Gebirge überwiegen aber die verhalten geneigten und großflächigen Berghänge. Typisch hierfür sind die Tossa Plana de Lles an der Grenze zu Andorra und der zentral gelegene Puigpedrós, wegen seines fantastischen Ausblicks ein gerne angelaufenes Ziel.

↗ 560 m | ↘ 560 m | 11.0 km

39 Am Fuß der Serra del Cadí

4.00 h

Malerische Dörfer, eine romanische Kapelle und großartige Aussichten auf die Cadí-Felswände

Die beschauliche Rundtour führt durch waldreiche Täler, verbindet zwei charakteristische Bergdörfer mit hübsch restaurierten Häusern und erreicht bei der Kapelle »Mare de Déu de Boscalt« einen fantastischen Aussichtsplatz mit Panoramablick auf die steil emporragenden Felsbastionen des Cadí-Gebirges.

Ausgangspunkt: Cava, 1300 m. Parkplatz am Ortseingang. Von Arsèguel auf ausgeschilderter Talstraße nach Cava.
Anforderungen: Einfache Wege.

Markierung: Rot-weiß (GR 150); Steinmännchen.
Einkehr: In El Pont de Arsèguel. Unterwegs keine.

Die Wanderung beginnt am Ortseingang von **Cava** ❶ auf dem links abwärtsführenden Fahrweg. Nach zwei Brunnen in kurzem Abstand und einer Schranke queren wir ein Bächlein, danach kommen wir an einem Schild »Parc Natural« vorbei. Durch lockeren Eichenwald geht es gemütlich hinab zum **Riu de Cadí** ❷, 1230 m, und auf der Brücke über den Bach. Dann flankiert unser Fahrweg mit bequemer Steigung den dicht bewaldeten Puig Rodon und kommt zu einem grasigen kleinen **Sattel** ❸, 1397 m. Wir folgen den Wegweisern nach »Boscalt« und »Ansovell« nun durch dichten Kiefernwald. Unser Weg quert Seitenbäche und verbreitert sich zu einem alten Fahrweg, der langsam auf einen sanften Sattel steigt. Hier erreichen wir das

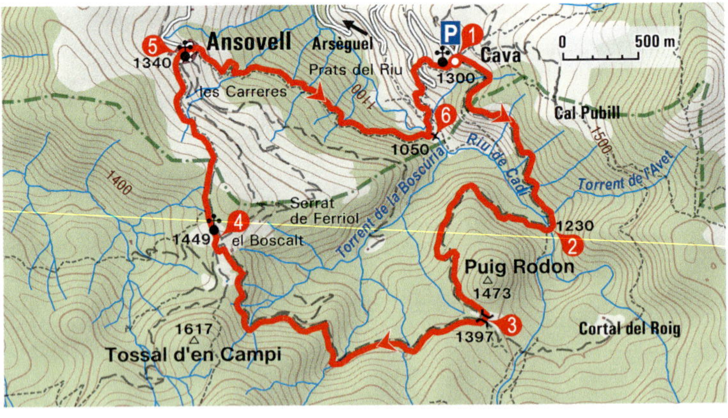

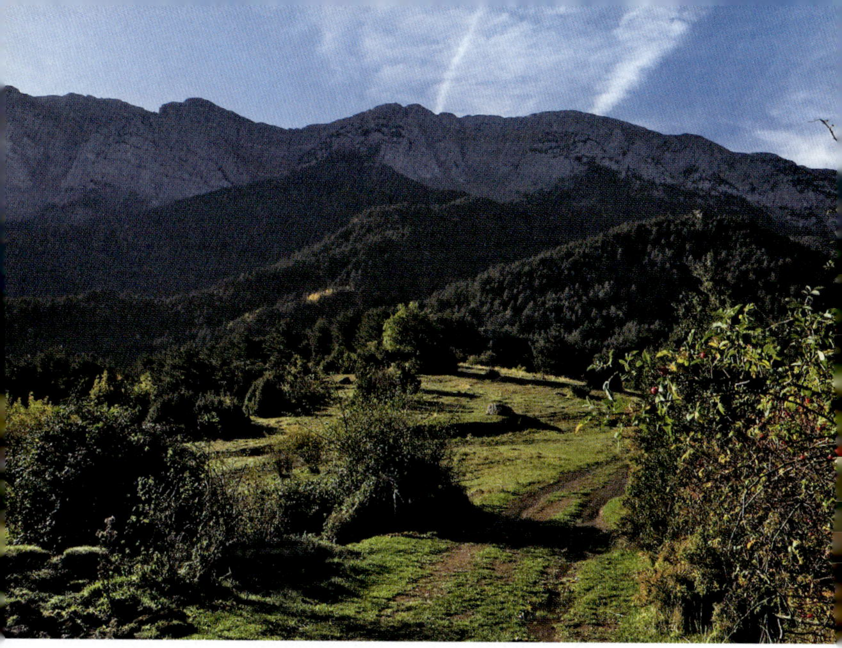

El Boscalt, unter dem westlichen Teil des Cadí-Kammes.

Weidegebiet **el Boscalt** 4, 1449 m, mit der gleichnamigen großen Kapelle am Wegesrand. Wir gehen auf dem GR 150 an der Kapelle vorbei und gelangen nach wenigen Minuten auf einen weiten, von der kleinen Erhebung des Turó de Boscalt herabziehenden Wiesenhang. Der GR oder einer der vielen Viehpfade leiten uns von dort hinunter nach **Ansovell** 5, 1340 m. Hier rechts an der Kirche vorbei und wenige Schritte geradeaus auf dem sich leicht absenkenden Dorfweg bis zur rot-weißen GR-Markierung, bei der wir nach rechts den Dorfweg verlassen und einer zunächst unauffälligen Grasspur folgen. Sie wird alsbald zu einem deutlichen Pfad. Dem Abstieg durch verwilderte Gärten und Wiesen folgt eine längere Querung durch dicht bewaldete Nordhänge; mitunter kaum ausgeprägte Wegabschnitte werden durch häufige Wegmarkierungen ausgeglichen. Bergab durch den Talhang des Riu de Cadí kommen wir bei einer alten **Steinbrücke** 6, 1050 m, wieder an den Bach und steigen an der anderen Seite kräftig hangaufwärts nach **Cava** 1.

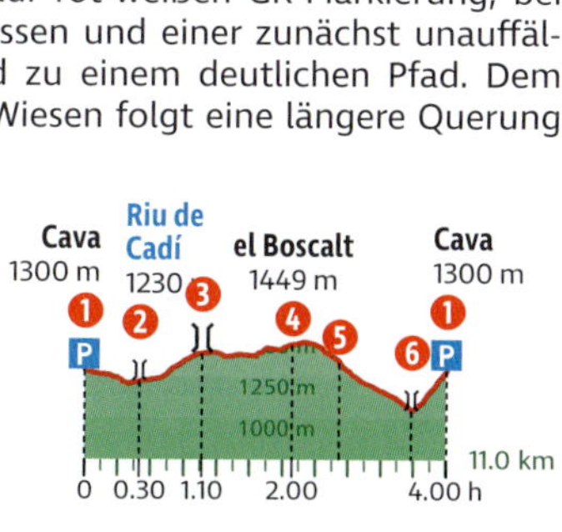

TOP

40 Vulturó, 2649 m

↗ 1440 m | ↘ 1440 m | 16.0 km

9.00 h

Schwierige Rundtour über den höchsten Cadí-Gipfel und durch dessen steile, zerklüftete Nordabbrüche

Diese lange Tour ist nur für erfahrene Bergsteigerinnen und Bergsteiger. Sie ist vermutlich die schwerste dieses Wanderführers, aber auch eine der abwechslungsreichsten und schönsten. Faszinierende Felsformationen, sanfte Gipfelhänge, eine extrem steile Schuttrinne, liebliche Wiesen, ursprüngliche Wälder, ein uraltes Dorf mit Burgfelsen: Das ist das Programm eines ausgefüllten Bergtages. Wem der Weg zu lang ist oder zu schwer wird, der kann bis zum Coll de la Canal Baridana jederzeit umkehren, und es ist immer noch eine schöne Tour, weil allein der Aufstieg zur Prat de Cadí fünf Sterne verdient hat.

Ausgangspunkt: Coll de Pallers, 1501 m, schön gelegener Rast- und Parkplatz 800 m südlich von Estana. Von Martinet aus ist Estana gut ausgeschildert. Zum Parkplatz gelangt man, indem man den Ort auf der einzigen Straße nach Süden verlässt.

Anforderungen: Absolute Trittsicherheit in Fels und Geröll, Schwindelfreiheit. Kletterstellen (bis II-). Für den Abstieg im Canal Baridana Erfahrung in steilem Geröll notwendig. Gute hohe Bergschuhe. Helm anzuraten. Nur bei sicher gutem nebel- und niederschlagsfreiem Wetter angehen. Früh aufbrechen.

Markierung: Am Aufstieg gelb-weiß, gelb. Am Abstieg Steinmänner, ab El Querforadat rot-weiße Markierung.

Einkehr: In El Querforadat (Öffnungszeiten des Restaurants vorher klären) sowie am Anfahrtsweg in Estana und Martinet.

Vom Puig del Quer ist der Einblick in die Nordabstürze am imposantesten.

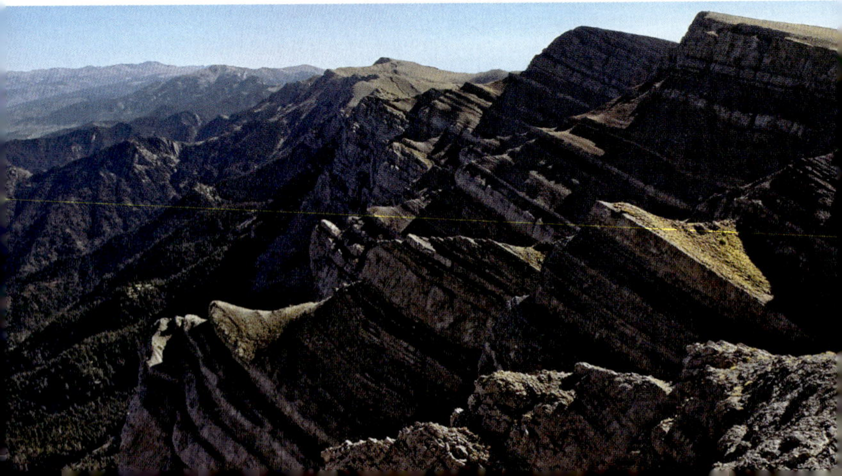

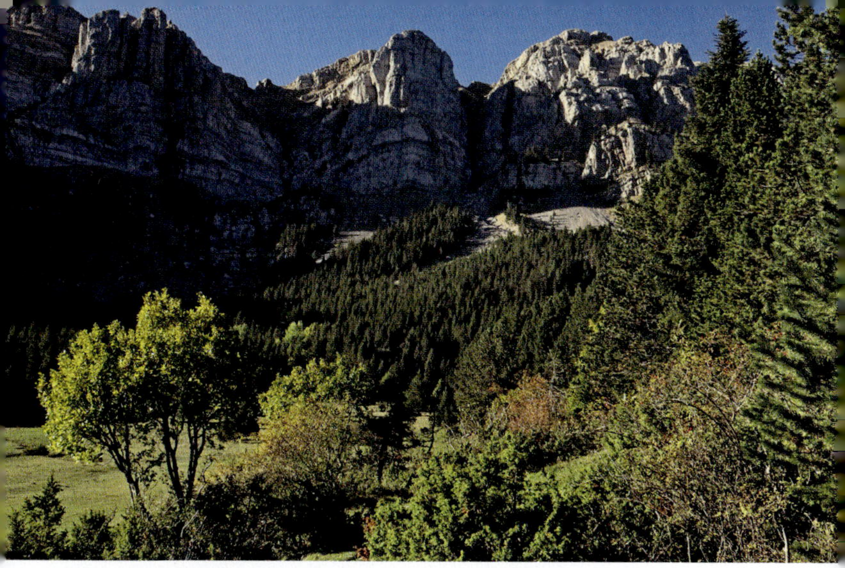

An der Prat del Cadí. Links der Bildmitte der Canal del Cristall.

Am südlichen Ende des Parkplatzes am **Coll de Pallers** ❶ betreten wir den Naturpark »Cadí-Moixeró« und tauchen ein in einen Märchenwald. Der wunderschöne, abwechslungsreiche Steig zur Prat de Cadí verläuft mal rechts, mal links des Bergrückens, mal über Lichtungen, mal über rote Felsen und feinen roten Schotter. Nach einer ebenen Hangquerung erreichen wir die **Prat de Cadí** ❷, 1830 m, die wie ein grüner Teppich vor der imposanten Felsfront des Cadí-Massivs liegt. Die Wiese wird schräg nach rechts, entlang einer kleinen Bachfurche, überquert. Wenig später kann an einer großen Viehtränke im Wald Trinkwasser getankt werden.

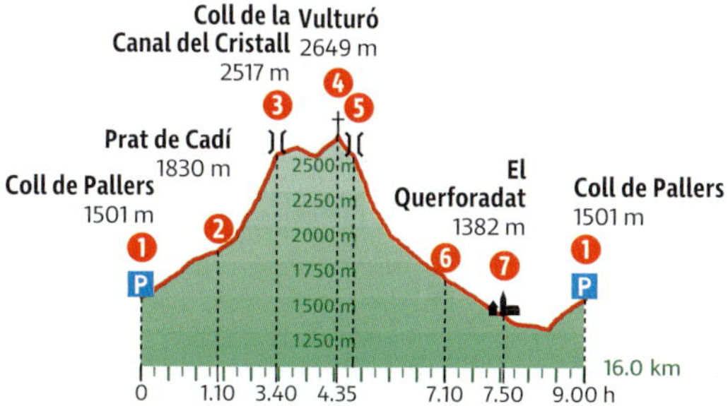

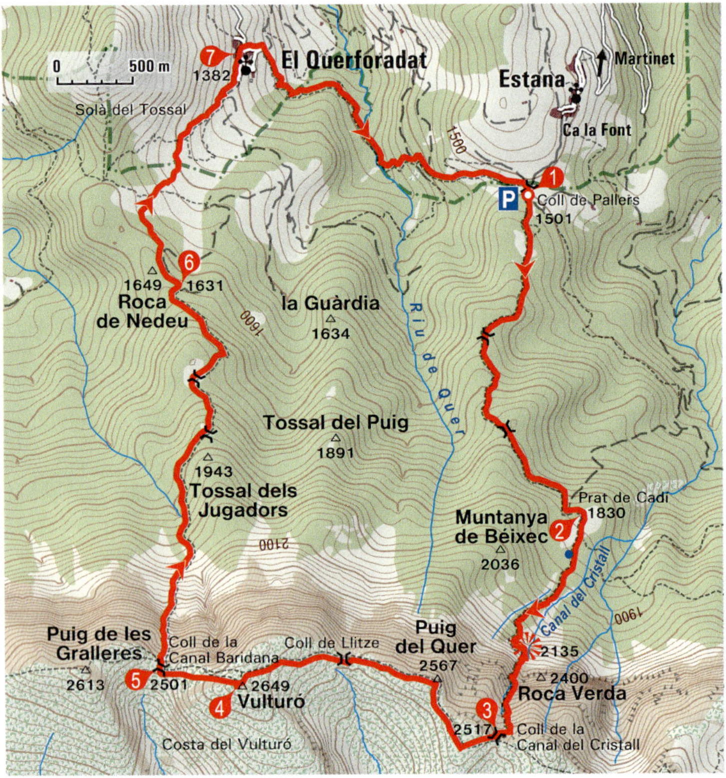

Der folgende Anstieg im Wald ist dank vieler Steinmänner nicht zu verfehlen. Nach Verlassen des Waldes zieht die Wegspur nach links und erklimmt eine schöne Aussichtskanzel, 2135 m, die fast senkrecht unter den gewaltigen nach Norden auskragenden Felspfeilern des Cadí-Kamms liegt. Die Spur steuert auf den zerklüfteten Riss zwischen zwei der Felsnasen zu. Zunächst werden in festem Fels ein paar kurze Kletterstellen (bis II-), dann die steile Rinne des Canal del Cristall erreicht. In ihr kraxeln wir so lange in grobem und auch losem Geröll aufwärts, bis sich der Felskanal weitet. Um in trittfesteres Gelände zu gelangen, verlässt unsere Spur hier die geradeaus weiter hochziehende Rinne nach links (auf Markierungen achten!), indem sie eine Felsrippe überquert. Wir steuern im steilen, aber gut begehbaren, felsdurchsetzten Schutt nach rechts auf eine finale kleine Felsbarriere zu, die leicht zu überwinden ist, und stehen wenig später am **Coll de la Canal del Cristall** ❸, 2517 m, in einem sanften Wiesengelände mit beiden Beinen wieder auf festem Boden.

Wir wenden uns nach rechts und wandern auf sparsam rot-weiß markierter Wegspur in schrägen mageren Wiesen um den Puig de la Canal del Cristall, 2588 m, herum. Danach trennen wir uns von der markierten Spur, um rechts an der Abbruchkante zum Puig del Quer, 2567 m, aufzusteigen. Von diesem kleinen Vorsprung überblickt man den gesamten östlichen Cadí-Kamm mit seinen zerklüfteten, schräg geschichteten Nordabstürzen. Weiter am Kamm nach Westen gehend erreichen wir den Coll de Litze, 2506 m. Anschließend steigen wir in einem Bogen zu einem Plateau direkt unter der länglichen, niedrigen Felsmauer des Gipfels hinauf, die schnell überwunden ist. Der Blick vom **Vulturó** ❹, 2649 m, ist überragend, nur in seine Nordabbrüche sieht man nicht hinein. Wir steigen wieder auf das Plateau nördlich des Gipfels ab und laufen schnell auf Wegspuren nach links zum **Coll de la Canal Baridana** ❺, 2501 m, hinunter. Hier blicken wir von oben in den Canal Baridana, einen anfangs eher schmalen, nach unten breit werdenden Schutthang, der keine Felsstufen aufweist, aber ausgesprochen steil ist. Eine Wegspur hinab ins Geröll lädt uns ein, das Abenteuer zu wagen. Es zeigt sich bald, dass an vielen Stellen die Geröllauflage auf festem Untergrund nur dünn ist, sodass beim »Abfahren« immer wieder ganze Geröllhaufen ins Rutschen kommen und auch Steinschlag ausgelöst werden kann. Große Vorsicht ist also anzuraten. Gruppenmitglieder sollten eng beieinander oder weit auseinander bleiben. Beim »Abfahren« sollte immer wieder abgewartet werden, bis sich das rutschende Geröll beruhigt hat. Der gefährliche Bereich hat glücklicherweise nur eine Höhe von etwa 150 m. Unten wird der Schutt also flacher und an einigen Stellen kann gut »abgefahren« werden. Wir halten uns ein wenig rechts und erblicken Steinmänner und rote Markierungen. Eine gute Wegspur zeigt, dass hier trotz des widrigen Geländes doch einige Wanderer unterwegs sind.

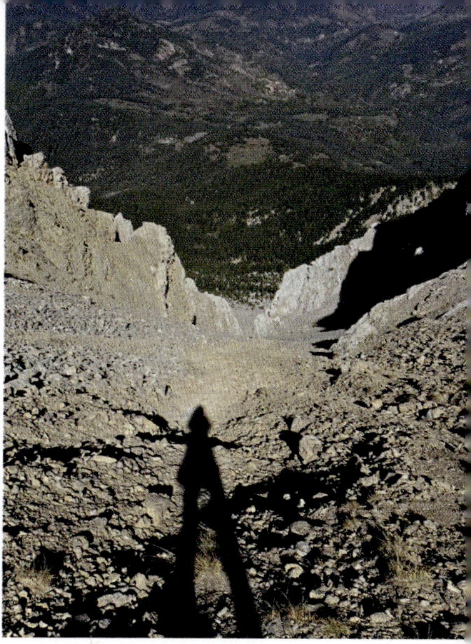

Am Coll de la Canal Baridana.

Der weitere Abstieg in Richtung El Querforadat ist ausgesprochen abwechslungsreich und aufgrund vieler Steinmänner gut zu finden. Wir stoßen auf

zwei schöne Passwiesen, auf denen wir jeweils ein kleines Stück nach rechts (Nordosten) absteigen müssen, um wieder Steinmänner und Wegspuren zu finden. Schließlich erreichen wir eine **Forststraße** ❻, 1631 m, folgen ihr etwa 300 m nach links bis zur ersten Kehre und nehmen dort ohne Richtungsänderung einen Waldpfad auf, der uns nach weiteren 300 m auf das Almwiesengelände oberhalb von El Querforadat führt. Wir steigen über die (weidezaunlosen) Wiesen mit ihren herrlichen Buschhecken und vielen wilden Rosen in Richtung Nordost ab und treffen unweigerlich auf den rot-weiß markierten GR 150, der von Cava herüberkommt. (Die flache Kehre des GR 150 wurde durch eine frisch markierte Abkürzung ersetzt.)
Der GR bringt uns in den kleinen Weiler **El Querforadat** ❼, 1382 m, in dem uralte Steinhäuser neben edel renovierten stehen. Wegen der Aussicht sollte ein Besuch des Burgfelsens nicht versäumt werden: Über dem Örtchen mit seinen Gärten und Weiden erhebt sich die majestätische Felsmauer des Cadí und es lässt sich Rückschau auf den zurückgelegten Weg halten. Am Fuß des Burgfelsens steigen wir auf der Carrer Bach steil nach Osten ab und treffen nach zwei Straßenkehren auf einen Wegweiser, der spitzwinklig nach rechts den Weg nach »Estana« anzeigt. Er ist an den entscheidenden Stellen rot-weiß markiert, führt in leichtem Auf und Ab zum Hauptbach des langen Tals und auf der anderen Seite, eindeutig markiert, in steilen Kehren im Wald bergauf. Der Wald geht in schönes Wiesen-Busch-Gelände über und nach knapp 200 Hm Anstieg ist der **Coll de Pallers** ❶ erreicht.

El Querforadat und das Cadí-Massiv, in dem links die Schuttrinne zu erkennen ist, durch die der Abstieg verläuft.

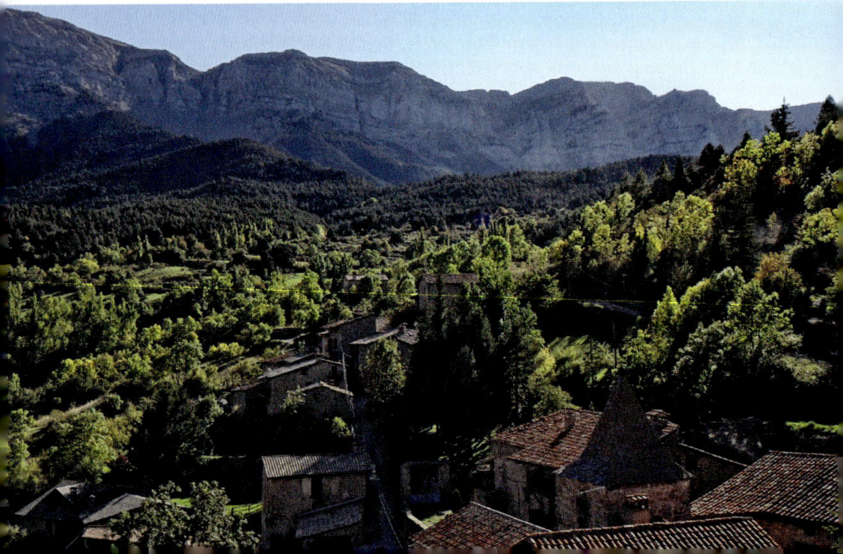

↗ 750 m | ↘ 750 m | 13.1 km

5.00 h

Comabona, 2548 m

41

Gipfelklassiker der Serra del Cadí

Wer vom Mirador de Grisolet durch die wilde Pedraforca-Nordflanke herauffährt, staunt am Coll de les Bassotes über weite glatte Wiesenhänge, deren Gras kürzer geschoren ist als auf dem besten Golfplatz. Es gibt viele Blumen, aber auch die ragen kaum aus dem Gras heraus. Die Comabona lässt sich leicht von Süden und von Norden besteigen. Der nordseitige Zustieg ist der bekanntere und kürzere. Wir wählen den einsameren Südzustieg über die kargen Wiesen, der nach einem ersten Pass in eine wunderschöne wellige Almenlandschaft führt. Dazu in starkem Kontrast stehen die wilden, gebänderten Nordabstürze des Massivs, die wir bei unserer Wanderung entlang einer Abbruchkante aus verschiedenen Blickwinkeln betrachten können. Bei der Kammwanderung werden wir am Pas dels Gosolans schließlich noch daran erinnert, dass früher Landarbeiter von Gósol über den Pass stiegen, um sich in den fruchtbareren Gebieten um Bellver Arbeit zu suchen.

Ausgangspunkt: Coll de les Bassotes, 1872 m, Parkplatz. Von der Straße Saldes–Gósol gut 1 km nach Saldes rechts in Richtung »Mirador de Gresolet« abbiegen und rund 4,5 km auf schmaler Asphaltstraße bis zum Aussichtspunkt, ab dort 5,4 km auf der Schotterpiste weiterfahren. Sie ist kühn angelegt, bei Regen oder Sturm steinschlaggefährdet, aber gut gepflegt und überwiegend gut zu befahren. Nach Unwettern kann sie vorübergehend unpassierbar sein. Am Ziel kleine Parkfläche. Wenn belegt, am Straßenrand parken.
Anforderungen: Einfache Wege und Pfade. Auf der Hochebene nebelfreies Wetter Voraussetzung.
Markierung: Gelb-weiß und orangefarben, Steinmänner.
Einkehr: In Saldes. Unterwegs keine.
Variante: Über den **Pic del Cabirol**, 2457 m, zum **Torrent dels Cortils**. Schöne Aussichten über den Cadí-Kamm und ein wildes einsames Hochtal (unschwierige Route. Trampelpfade. Weglose Passagen. Steinmänner. Nebelfreiheit unbedingte Voraussetzung): ab dem Pas dels Gosolans, 2425 m, am Cadí-Kamm geradeaus (nach Westen) weiter. Dabei die erste Graterhebung südlich umgehen, die weiteren übersteigen. Von der flachen Kuppe des Pic del Cabirol Abstieg erst ein Stück nach Südost, dann nach Südwest über die einfachen Wiesen-Schotter-Hänge hinab zur Font dels Cortils mit Viehtränke. Oberhalb des Bachverlaufs nach Südwesten, später im Bachtal weiter. Hier Wiese und viele Steine. An der Stelle, wo der Bach deutlich nach rechts abbiegt (und eine Steilstufe ansteuert), auf einem guten Pfad im Schotter links hinaufqueren. Spuren zu einem Absatz mit Steinmännern. Leichter Linksknick. Weiter nach Süden auf Spuren (Steinmänner!), teilweise im Geröll, zuletzt nach Südost fast in Falllinie hinauf zu einem Wiesenabsatz. Von hier ist der Hauptweg (Cavalls del Vent) sichtbar. Zwischen Wacholdern hinüberqueren (zusätzlich 30 Min., 0,3 km sowie 100 Hm im Auf- und Abstieg).

Wir ignorieren den wenig hilfreichen Wegweiser am Parkplatz am **Coll de les Bassotes** ❶ und gehen über die Wiese nach Nordwesten. Dann nehmen

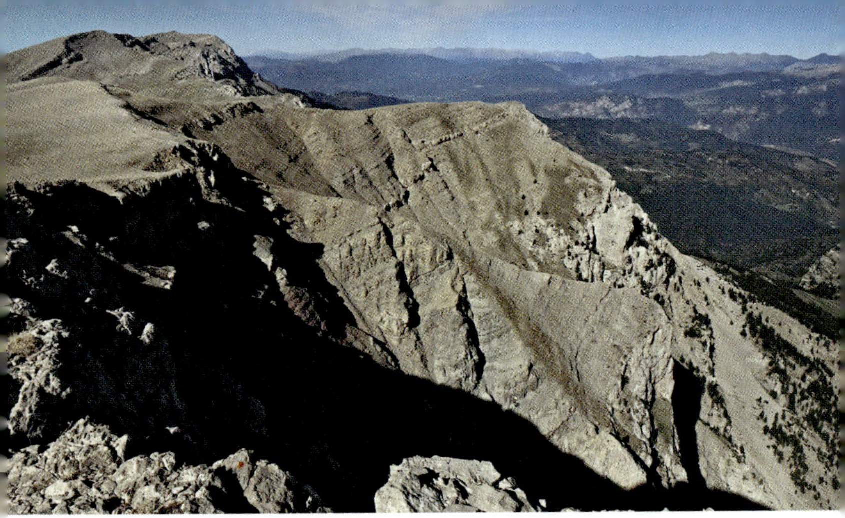

Gipfelblick nach Westen über den Cadí-Kamm, der hier Serra Cabirolera genannt wird.

wir einen guten, unmarkierten Weg auf, der durch Wacholder, Buchsbäume und Kalkstein ansteigt und nach knapp 100 Hm auf einen Teil des katalanischen Hüttenwegs Cavalls del Vent (= Windpferde) trifft. Der Name stammt von den tibetischen Gebetsfahnen, die auch als Windpferde bezeichnet werden. Man kann sich hier tatsächlich gut galoppierende Pferde vorstellen, deren Mähnen von dem Wind zerzaust werden, der ständig über die kargen Hochflächen braust. Das Steigen auf dem grünen, zunächst flachen Weg ist ansonsten etwas eintönig. Darum sind Abkürzungen erlaubt, weiter oben aber nicht mehr nötig, weil der Weg steiler wird. Mit Erreichen der schrägen Hochebene **el Prat Berló** ❷, 2295 m, geht der Cavalls del Vent in einen schottrigen Wanderweg über, der im Hang schräg zu einem felsigen Sattel in der Serra Pedregosa hinaufzieht.
Nach Überschreitung des steinigen Kamms wandern wir auf der anderen Seite auf einem Höhenweg nach Osten weiter. Es geht in eine Senke auf der **Plana de la Font Tordera** ❸, 2391 m, hinab, wo der Weg nach links abknickt (unser späterer Rückweg). Hier gehen wir exakt geradeaus. Steinmänner zeigen die zunächst weglose Route an, die im weiteren Verlauf zu einem deutlichen Pfad wird. Ohne wesentliche Richtungsänderung gelangen wir an den flachen Collet de Comabona,

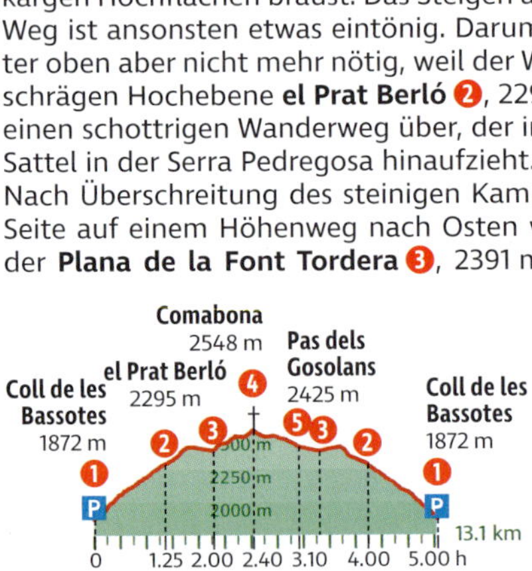

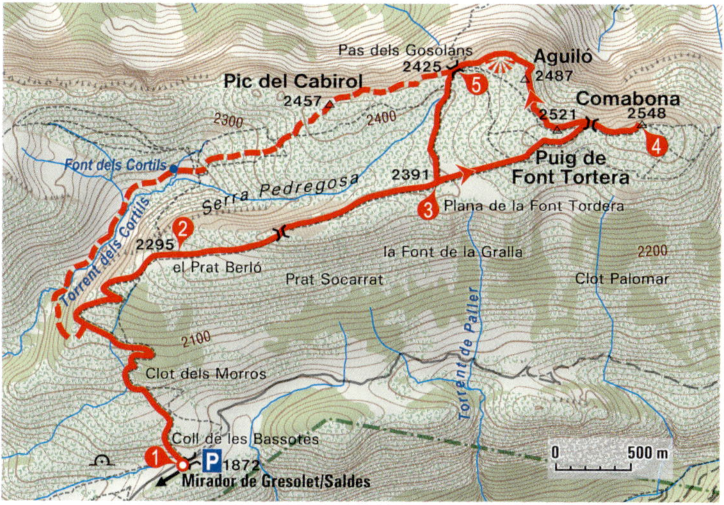

2495 m, und stehen 10 Min. später auf der **Comabona** ❹, 2548 m, mit ihrer extravaganten Gipfelsäule und einem schönen Rundblick.

Danach geht es zum Collet de Comabona zurück, geradeaus über die flache Kuppe des Puig de Font Tortera, 2521 m, und mit Rechtsknick nach Norden bergab. Wir folgen damit weglos der Abbruchkante und können an zwei flachen Kuppen, die die schräge Hochebene nach Norden und Osten begrenzen, grandiose Einblicke in die Nordflanke der Comabona gewinnen. Im Gegensatz zum Vulturó-Gebiet, wo die Nordwände aus orgelpfeifenähnlichen Felspfeilern bestehen, sind sie hier in erster Linie aus steilem, teils grasbewachsenem Schutt gebildet, der von waagerechten Felsbändern unterschiedlicher Höhe durchzogen wird. Wir biegen an der zweiten Kuppe nach links ab, bleiben an der Abbruchkante und erreichen nach 400 m den **Pas dels Gosolans** ❺, 2425 m (geradeaus: Variante). Ab hier steigen wir, den gelb-weißen Markierungen folgend, nach links zur **Plana de la Font Tordera** ❸ ab und kehren auf bekanntem Weg zum **Coll de les Bassotes** ❶ zurück.

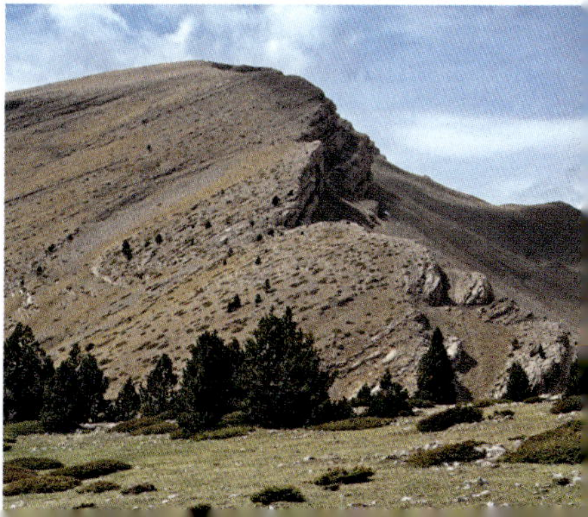

An der Prat Berló.

↗ 1060 m | ↘ 1060 m | 12.5 km

42 Serra de Moixeró

6.15 h

Rundtour in der kaum bekannten wilden Südflanke des Moixeró-Kamms

Im Gegensatz zur Serra del Cadí mit ihrer kilometerlangen, fast senkrechten, nordseitigen Felsmauer sind in der Serra de Moixeró die Südseiten wilder, steiler, felsiger und spannender. Deswegen liegt unser Ausgangspunkt am südlichen Bergfuß. Es sind gut 1000 attraktive und oft schattige Höhenmeter zu meistern. Nach den Aufstiegsmühen überqueren wir genussvoll ein aussichtsreiches Almgebiet, das oben aus den hügeligen Nordhängen des Gebirges herausragt. Für Konditionsstarke bieten sich die Penyes Altes de Moixeró als schöne felsige Aussichtsgipfel an (Variante).

Ausgangspunkt: Torrent de Fontbona, 1000 m, Parkplatz. Von der C-16 (Berga–Puigcerdà) bei Bagà abfahren, in Bagà immer der Beschilderung »Coll de Pal« folgen und auf der kleinen Straße ca. 4,5 km talaufwärts fahren. In einer scharfen Rechtskurve vor der Brücke über den Torrent de Fontbona Wanderwegweiser und gute Parkmöglichkeit.
Anforderungen: Trittsicherheit. Im Abstieg steile steinige und erdige Stellen, eine ausgesetzte Stelle.
Markierung: Gelb, rot-weiß, rot, Steinmänner.
Einkehr: In Bagà. Unterwegs keine.
Variante: **Penyes Altes de Moixeró**, 2276 m (Kraxelstellen, eine Stelle mit Hanfseilen gesichert): der vielbegangene, gut markierte Weg (GR 150.1) zieht vom Coll de Raset, 2048 m, immer an oder nahe dem Rücken nach Nordosten bergan. Unterwegs Kiefernwald, felsige Stellen, Tiefblicke. Am Gipfel speziell bei klarem Wetter vorzügliches Panorama. Einzig nach Osten ist der Blick durch die höhere Serrat Gran verstellt (Skigebiet nicht sichtbar). Interessant sind die tollen Felsformationen in der Südseite der Serrat Gran, die man am besten vom östlichen Nebengipfel aus sieht (zusätzlich 1.30 Std., 2,2 km sowie 230 Hm im Auf- und Abstieg).

Wir gehen vom Parkplatz am **Torrent de Fontbona** ❶ auf der mit »Penyes Altes de Moixeró« beschilderten Schotterstraße am Bach entlang und durch Eichenwald bergauf. Unterwegs kommen wir an Weideland und an der »Finca privada Gréixer« vorbei. Am zweiten der dortigen **Wegweiser** ❷, 1106 m, biegen wir rechts in einen Fahrweg ein (Beschilderung »Camí de la Canal de la Serp«) und wählen damit für den Aufstieg zum Moixeró-Kamm den direkteren und schnelleren Weg. Oberhalb des Anwesens beginnt der (nochmals beschilderte) gelb markierte, viel begangene und dementsprechend deutliche Wanderweg. Er schwenkt links in den Wald hinein, zieht am oder links des Rückens durch Eichenwald und durch ein nur dünn mit Kiefern bewachsenes Gebiet mit rötlichem Schiefer bergauf. Später quert er nach links unter den Canal de la Serp. Wir sind auf einmal von hohen Kalkfelswänden umringt, sehen aber im dichten Wald aus Buchsbaum und großen Buchen nicht viel davon.

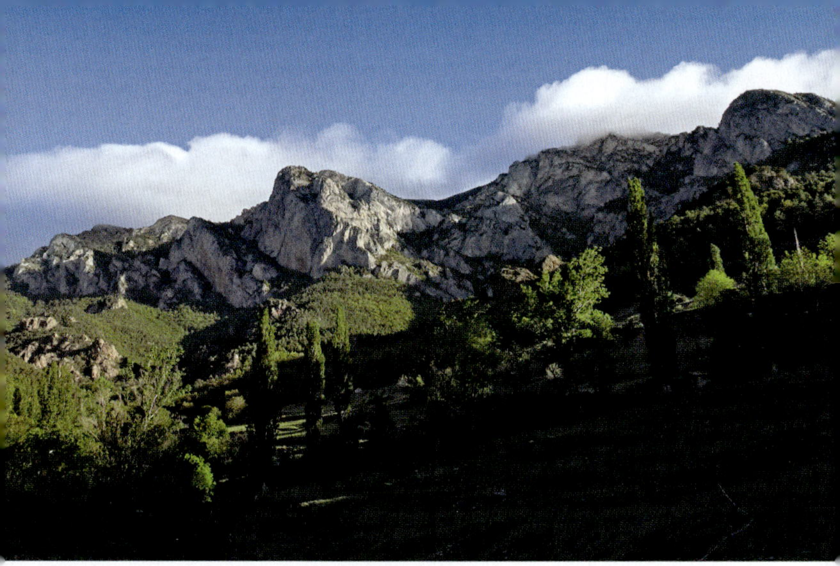

Fels und Wald an der Südflanke der Serra de Moixeró.

Der gut angelegte Weg steigt in Serpentinen an. An der Spitze einer Rechtskehre (gelbes Kreuz) können wir ins Freie auf ein Geröllfeld hinaustreten und von einem **Aussichtsplatz** ❸, 1688 m, die eindrucksvolle Felsszenerie ringsum und das wilde Tal des Riu de Gréixer mit seinen schrägen Schichtungen in Augenschein nehmen. Wir queren weiter oben nach rechts aus dem Wald hinaus. Dann machen wir einen ganz unerwarteten Linksschwenk, gehen unter den senkrechten Felsabbrüchen (mit Felsfenster) hindurch und erreichen einen Wiesenabsatz. Dort zeigt sich überraschend, dass der weitere Anstieg ganz komfortabel über einen Wiesenhang zum **Coll de Raset** ❹, 2048 m, auf der Pla de Moixeró hinaufführt. Hier beginnt der Abstecher zu den Penyes Altes de Moixeró (siehe Variante).

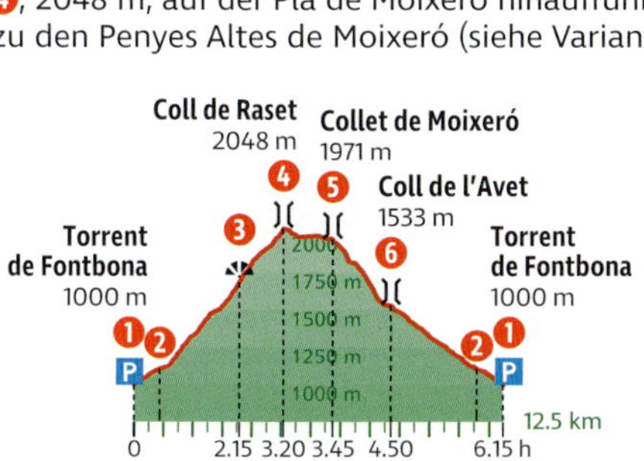

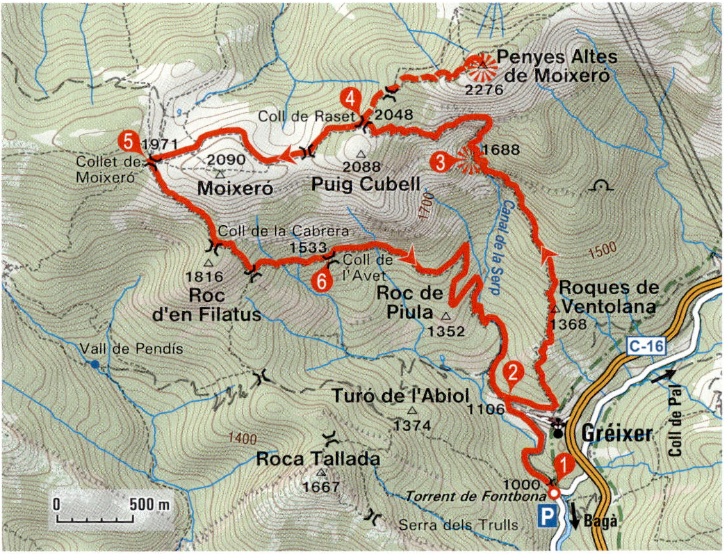

Wir biegen nach links ab in Richtung »Coll de Pendís« und wandern durch ein Kiefernwäldchen ein wenig bergab. Anschließend geht es immer auf einer Höhenlinie über schöne, aussichtsreiche, schräge Wiesen nördlich um den Moixeró, 2090 m, herum zum **Collet de Moixeró** ❺, 1971 m. Hier neh-

In der Nähe des Collet de Moixeró, die Penyes Altes rechts im Bild.

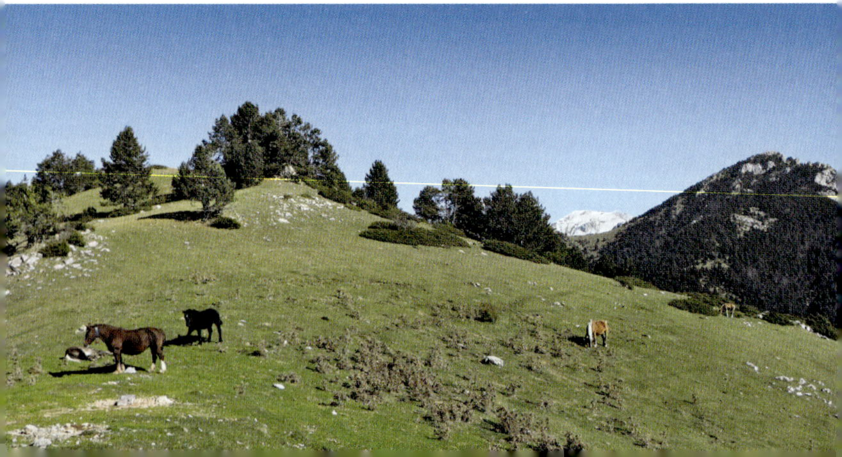

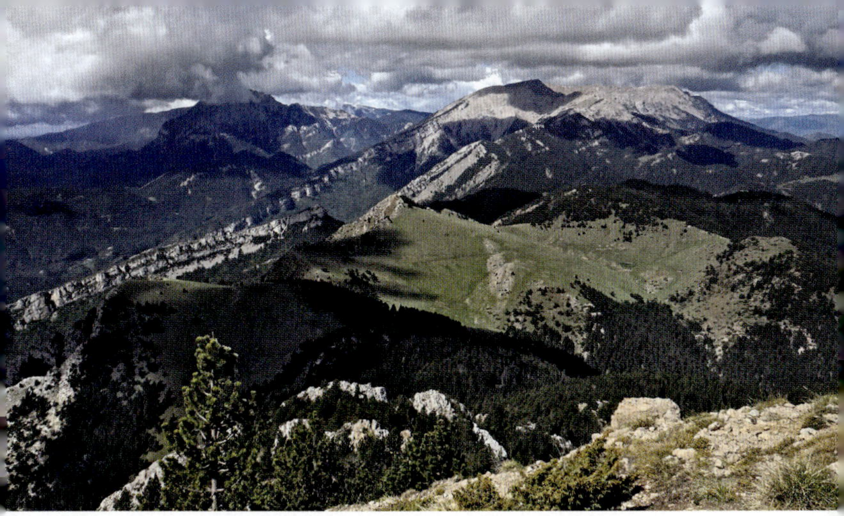

Das Almgelände der Serra de Moixeró vor Pedraforca und Serra del Cadí.

men wir Abschied vom Blick auf die Berge des Pyrenäen-Hauptkamms und in die Weiten der Cerdanya. Den Cadí-Kamm und die Pedraforca sehen wir beim Abstieg noch eine ganze Zeit.

Der Wegweiser am Sattel zeigt mit vielen Namen in verschiedene Richtungen, aber ignoriert unseren Abstiegsweg. Wir steigen trotzdem 30 m nach Süden ab und wenden uns dann nach links. Der Pfad ist deutlich erkennbar, rot markiert und zieht in einer langen Querung über einige kleine und große Sättel nach Südosten hinab. Abgesehen von einer einzigen ausgesetzten Stelle und einigen steilen Erdstufen ist es ein einfacher Weg. Auf Steinmänner achten! Sie helfen oft an unklaren Stellen. Weiter unten, im Buchenwald mit seinem griffigen, federnden Untergrund, kommt man schnell und kraftsparend voran. An Sätteln finden sich oft auf den Vorsprüngen hübsche Aussichtsfelsen.

Vor dem **Coll de l'Avet** 6, 1533 m, trifft unser Pfad auf einen breiten Querweg. Es muss ein alter Almweg gewesen sein, möglicherweise, angesichts der vielen bunten, grünblauen Steine, auch ein Bergwerksweg. Wir folgen ihm nach links. Er zieht unter Felswänden, abschnittsweise durch herabgefallene Steine verschmälert, weiter nach Osten und führt dann in langen Serpentinen in ein Bachtal hinab. Von einer schönen, schrägen Talwiese lässt sich Rückschau auf die zerklüftete Südwand des Moixeró-Massivs und die von rötlichen Felsen durchsetzten Waldhänge halten. Wenig später biegen wir nach links auf einen breiten Fahrweg (GR) ein, treffen am **Wegweiser** 2 auf die Aufstiegsroute und sind nach 10 Min. zurück am Parkplatz am **Torrent de Fontbona** 1.

↗ 1000 m | ↘ 1000 m | 7.8 km

43 Pedraforca (Polegó Superior), 2506 m

5.30 h

Ein Wahrzeichen des katalanischen Bergtourismus

Für viele Bergliebhaber ist die Pedraforca der Inbegriff eines Berges und ein entsprechend begehrtes Gipfelziel. Allein wird man auf dieser Rundtour gewiss nicht sein. Seinen Namen – »Felsgabel« – hat das Kalkmassiv von der unverwechselbaren Gestalt, mit der es sich dem Blick von Osten aus präsentiert: zwei schroffe Gipfel, die durch eine tiefe Einkerbung gespalten sind. Unser Anstieg über das Refugi Lluís Estasen verläuft entlang der imposanten Nordseite und zeigt die vielfältige Schönheit des Massivs.

Ausgangspunkt: Mirador de Gresolet, 1567 m, Parkplatz. Gut 1 km hinter Saldes (in Richtung Gósol) rechts abbiegen und auf ausgeschilderter Straße 4,5 km zum Mirador. Bei belegtem Parkplatz auf der Straße weiter, die in eine Schotterpiste übergeht, und nach etwa 900 m am Rand der sehr breiten Piste parken. Hier ist der kurze Aufstieg zum Refugi Lluís Estasen beschildert.
Anforderungen: Trittsicherheit. Längere Kletterpassagen (I–II) fast ohne Sicherungen. Mitunter glatter Fels. Ein Helm ist für die Kletterpassagen im Aufstieg zu empfehlen! Solides Schuhwerk ist unerlässlich, Wanderstöcke für den Abstieg sehr von Vorteil. Achtung: Bis in den Frühsommer ist mit Restschnee zu rechnen. Im Hochsommer ist der Berg ein Anziehungspunkt für Gewitter! Bei Regen und Nebel gefährlich.
Markierung: PR-C-123 (gelb-weiß); gelb.
Einkehr: Im Refugi Lluís Estasen. In Saldes.
Unterkunft: **Refugi Lluís Estasen**, (87 Pl.), Tel. +34 608 315 312, refugipedraforca.com.
Hinweis: An Wochenenden und in der Ferienzeit empfiehlt sich ein früher Aufbruch, auch wegen der Parkplatzsituation am Ausgangspunkt.

Vom Parkplatz am **Mirador de Gresolet** ❶ gehen wir die Straße ein wenig zurück und schlagen den gelb-weiß markierten PR-C 123 zum **Refugi Lluís Estasen** ❷, 1675 m, ein. An der Hütte geradeaus vorbei gelangen wir auf den nordseitigen Anstieg zur Pedraforca, der anfangs ein bequemer breiter Wurzelweg ist. Er wird bald wilder und kreuzt mehrere Bacheinschnitte. Das ist jedes Mal mit etwas Kraxelei und leichtem Höhenverlust verbunden. Die Bachschneisen bieten beeindruckende Blicke hinauf in die chaoti-

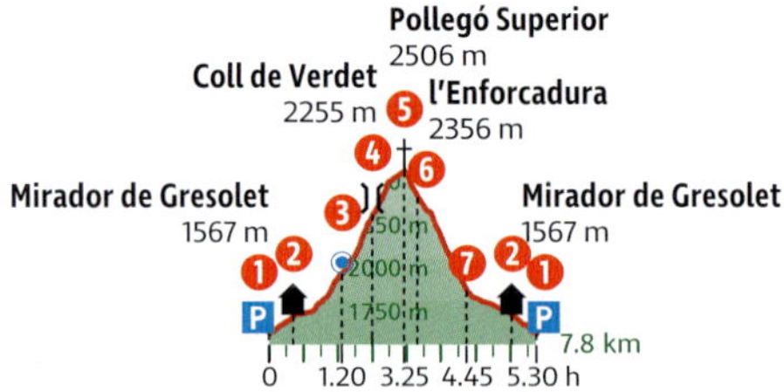

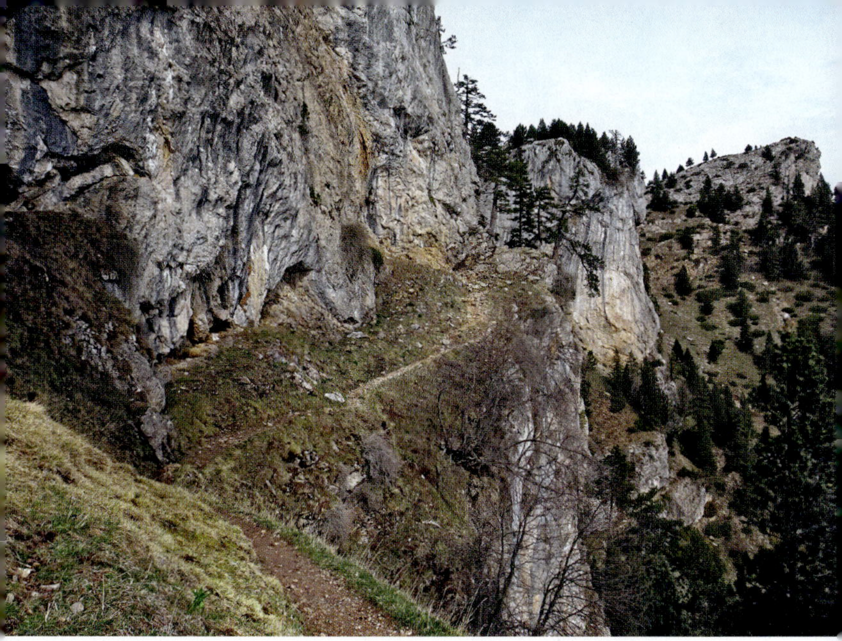

Auf einem Band wird die erste Felsstufe der Nordflanke überwunden.

schen Nordabstürze der Pedraforca. Erst danach gewinnt der Weg deutlich an Höhe. Über einen schönen Gesimsweg oberhalb einer ersten senkrechten Felsstufe gelangen wir in ein Tälchen mit **Quelle** ❸, 1912 m. Der Weg zieht nach links auf einen bewaldeten Rücken, verlässt auf ihm den Wald und erreicht als steiler, oft erdig-rutschiger Steig den grasigen **Coll de Verdet** ❹, 2255 m, wo wir den nach Gósol führenden PR-C 123 verlassen. Vom Pass gehen wir nach links, den vielen Spuren oder gelben Punkten folgend, einen mäßig steilen Rücken hinauf, direkt auf die Felsen zu.

Ein großes blaues »P« zeigt den Einstieg in die erste Kletterpartie durch den Canal del Verdet an. In der nach beiden Seiten »geschützten« Felsrinne und auch darüber geben die gut platzierten gelben Farbmarkierungen die Anstiegsroute vor. Mit dem breiten **Cim Nord**, 2438 m, erreichen wir den ersten Buckel des Pedraforca-Kamms. Er bietet bereits eine prächtige Aussicht und einen guten Überblick über den weiteren Kammverlauf bis hin zum Hauptgipfel: ein idealer Platz zum Schauen und Kraft-Tanken für die nächsten Klettereien.

Zwischen uns und dem Gipfel liegen noch zwei Gratköpfe. Das bedeutet dreimal Kraxelei aufwärts und zweimal abwärts, was einige Zeit in Anspruch nimmt. Große Schwierigkeiten sind nicht enthalten, wenn man sich

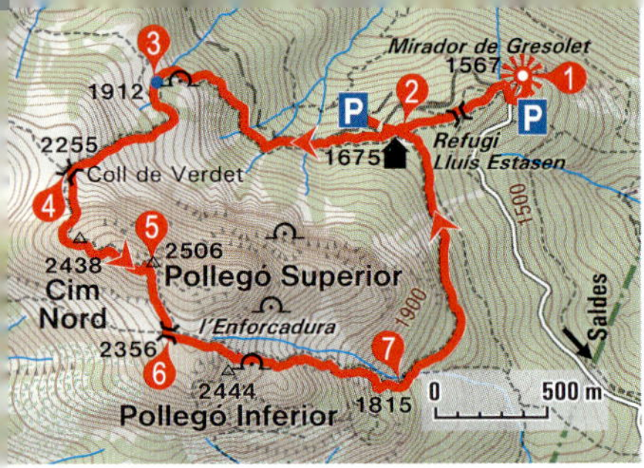

stets die Zeit nimmt, den Markierungen nachzusteigen. Das felsige Gelände ist allerdings so gut gestuft und griffreich, dass geübte Bergwanderer sich ohne Weiteres auch ihre eigene Route über die Gratköpfe suchen können. Kleine Steilaufschwünge lassen sich immer durch Querungen umgehen.

Am Hauptgipfel, dem **Pollegó Superior** ❺, 2506 m, ist nicht nur der Fernblick grandios, auch die Nachbargipfel sind mit ihren zerklüfteten, senkrechten Wänden attraktiv.

Im Abstieg bleibt die erwartete Kletterei aus. Es geht durch teils felsiges, teils gerölliges, nicht zu steiles Gelände direkt nach Südsüdost hinab, in eine breite Rinne hinein und direkt auf **l'Enforcadura** ❻, 2356 m, zu: Die große Furche zwischen den Zwillingsgipfeln bildet das Tor des Massivs.

Rückblick über den Pedraforca-Kamm (Cim Nord) auf die Landschaft um Gósol.

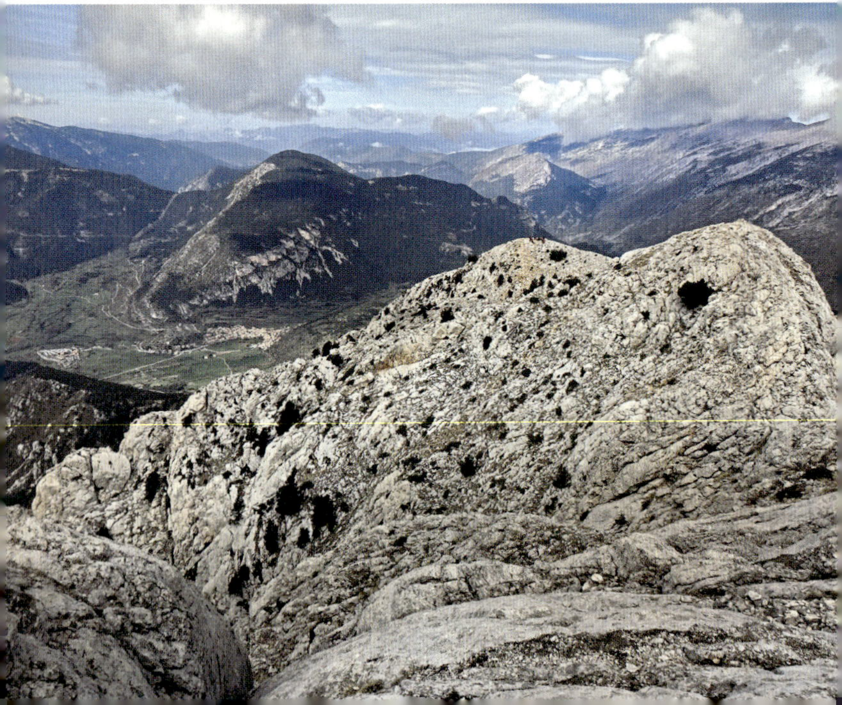

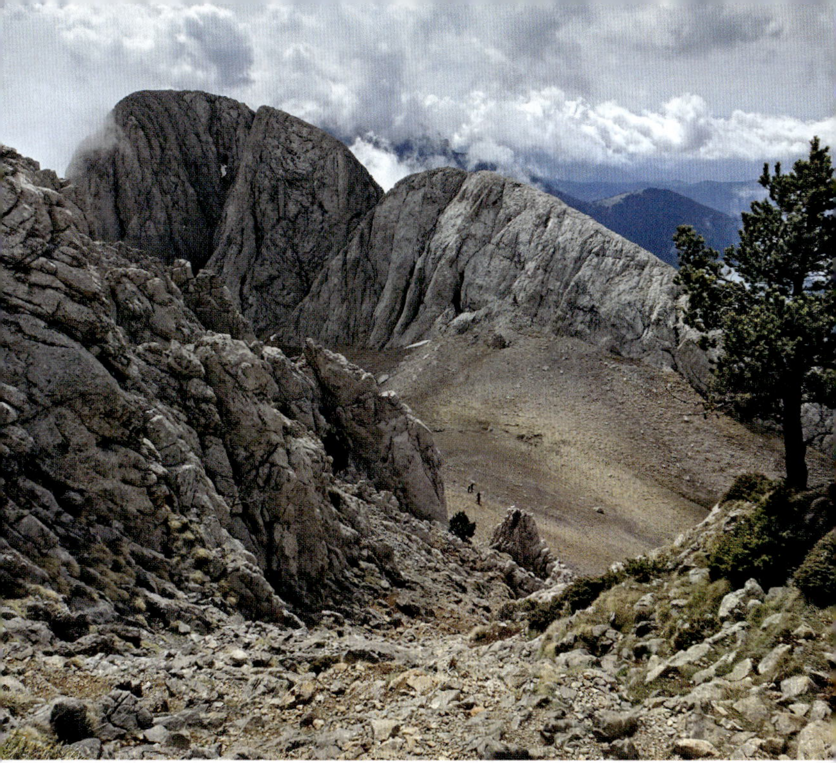

Hinab zum flachen Wiesensattel l'Enforcadura. Jenseits bildet der Pollegó Inferior das südliche Horn des Zwillingsgipfels.

Hier nehmen wir wieder den von Gósol kommenden gelb-weiß markierten PR-C 123 auf und steigen nach links in den Tartera de Pedraforca genannten, breiten und steilen Schutthang ein. Er besteht aus sehr lockerem Material, welches die Erosion begünstigt. Eine Hinweistafel weist auf die Reparaturarbeiten am problematischen Steig hin und empfiehlt, ihn nicht zu verlassen. Die angelegten Holzstufen, die Holzstangen zur Wegbefestigung und die Textilnetze sind aber offensichtlich nicht imstande, den Weg auf Dauer zu sichern. Wer in Geröllrinnen »abfährt«, sollte nicht zu spät, vor dem ersten Wäldchen, zum Weg zurückkehren. Am unteren Ende des Hangs biegen wir an einem **Wegweiser** 7, 1815 m, in Richtung »Refugi Lluís Estasen« nach links ab und kehren auf schönem Höhenweg durch wildes Gelände zum **Refugi Lluís Estasen** 2 und anschließend auf bekanntem Weg zum **Mirador de Gresolet** 1 zurück.

↗ 780 m | ↘ 780m | 8.6 km

4.30 h

44 Puigpedrós, 2914 m

Herausragender Aussichtsberg über der Cerdanya, eine Tour für klares Wetter

Wo sonst kommt man von einem extrem hohen Ausgangspunkt, der zudem leicht zu erreichen ist, so schnell und leicht auf einen Fast-Dreitausender? Wir wählen für den Aufstieg bewusst die einfache und direkte Normalroute, damit wir vor Aufziehen des Mittagsdunstes die Aussicht gebührend genießen können. Wie nicht anders zu erwarten, sind der Puigpedrós, die Estanys de Malniu und das Refugi de Malniu im Sommer und vor allem an den Wochenenden sehr gut besucht. Mit Variante 1 ergibt sich die Möglichkeit, auf weniger begangenem Weg direkt zum Estany de Malniu abzusteigen, und zudem die herrliche Landschaft um und oberhalb des Sees zu erleben. Variante 2 führt in ein einsames Hochtal mit einem See, Tümpel und Sümpfen und auf dem höhenwegartigen GR 102 zurück zum Refugi.

Ausgangspunkt: Refugi de Malniu, 2138 m. Von Meranges, 1530 m, führt eine mit »Als Lacs« beschilderte Asphaltstraße bis auf 1950 m. Für die letzten 2,1 km auf der holprigen, aber nicht steilen Piste zum Refugi wird Maut erhoben. Die Piste ist von Herbst bis Frühling nur zu bestimmten Zeiten offen, wenn auch das Refugi geöffnet ist. (Mitnahme von Schneeketten empfohlen.) Aktuelle Info auf refugimalniu.com. Sollte die Piste geschlossen sein, Auffahrt mit dem Fahrrad oder Aufstieg zum Refugi über Weg Nr. 117 von bezeichneter Stelle 1,4 km vor der Mautstelle (einfache Strecke gut 30 Min., 1,1 km, 200 Hm zusätzlich).
Anforderungen: Einfache Wege und Trampelpfade. Im oberen Teil Nebelfreiheit vorteilhaft.
Markierung: Weiß-rot, gelb, Steinmänner.
Einkehr: Im Refugi de Malniu und in Me-

Idyllisch, aber im Sommer oft gut besucht: der Estany Malniu (Variante).

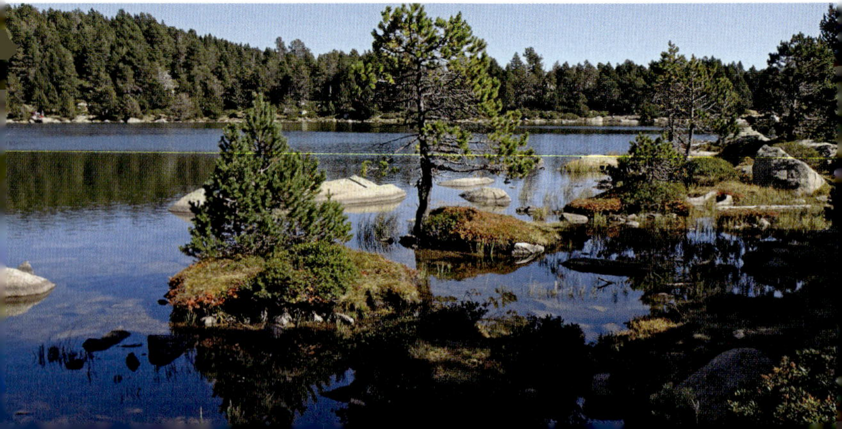

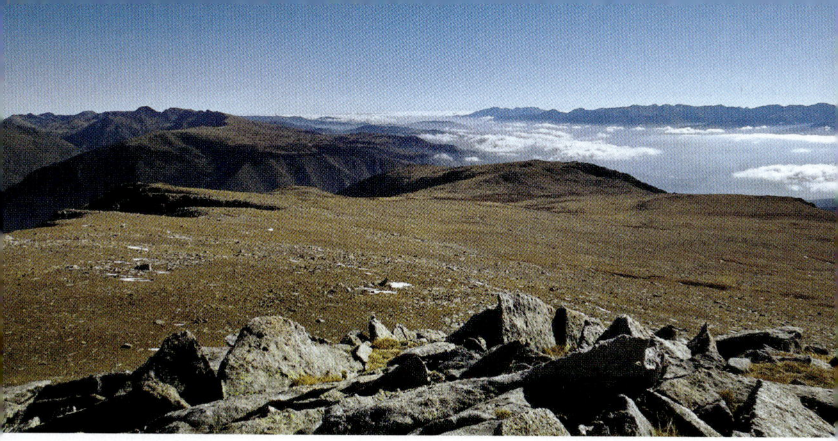

Grandiose Weiten am Gipfel des Puigpedrós.

ranges. Unterwegs keine.
Unterkunft: Refugi de Malniu, (54 Pl.), Tel. +34 616 855 5 35 und 972 197 558, refugimalniu.com.
Varianten: 1. Abstieg über den **Estany de Malniu** (nebelfreies Wetter Voraussetzung, ansonsten unschwierige Route. Einzig in der Steilstufe oberhalb des Sees ist es bei Nässe rutschig. Oben teils weglos, später viele Steinmänner): vom Puigpedrós, 2914 m, in Richtung Südost auf das Plateau, 2728 m, mit drei Steinhaufen zu. Zwischen den beiden linken und dem rechten Steinhaufen hindurch und weiter in Richtung Südost, stets in der Nähe der Geländekante oberhalb des Kessels Clot de Malniu. Wo der Kiefernbewuchs dichter wird, etwa 300 Hm unterhalb der Steinhaufen, mit Linksbogen in den teils steilen Hang genau westlich oberhalb des Sees, dann hinab in die wunderschöne Wiesenebene vor dem Estany de Malniu mit einzelnen Kiefern, Büschen, Bachläufen und Sümpfen (in Gegenrichtung ist der Weg hier nicht leicht zu finden, am besten GPS-Unterstützung nutzen). Nach rechts am flachen See mit seinen vielen Steininseln entlang und ab der Südspitze auf dem viel begangenen Wanderweg zurück zum Refugi de Malniu (30 Min./1,2 km länger als Hauptweg, wie dieser 780 Hm im Abstieg).
2. Abstieg nach Westen ins **Vall d'Engorgs** (nebelfreies Wetter Voraussetzung, ansonsten unschwierig. Trampelpfade mit Steinmännern. Ab dem Ref. d'Engorgs rot-weiße GR-Markierung): vom Puigpedrós, 2914 m, links am Steinmann-Gipfel, 2915 m, vorbei und in weitem Bogen auf den Nordwestrücken. Auf ihm Trampelpfad bis kurz vor die Portella de Meranges, 2645 m, dann nach links weglos zur Sumpflandschaft hinab und rechts an ihr vorbei. In einer breiten Wiesenrinne etwa 30 Hm westwärts hinauf und über einen kleinen Sattel. Querung im Hang und hinab zum Estany Llarg. Vom Seeauslauf auf der linken Bachseite auf einer Pfadspur am verlandeten Seelein La Bassa rechts vorbei. Den Bach queren und unterhalb eines Geröllfeldes vorbei zum unbewirtschafteten Refugi d'Engorgs, 2380 m. Unterhalb der Hütte dem Wegweiser »Refugi de Malniu« folgen. Schöner, im ersten Teil aber mühsamer Höhenweg (ca. 100 Hm Gegenanstiege). Am Wegweiser, 2203 m, 10 Min. vor dem Ref. de Malniu zurück auf den Hauptweg (1.15 Std., 4 km länger sowie 110 Hm mehr als auf dem Hauptweg).

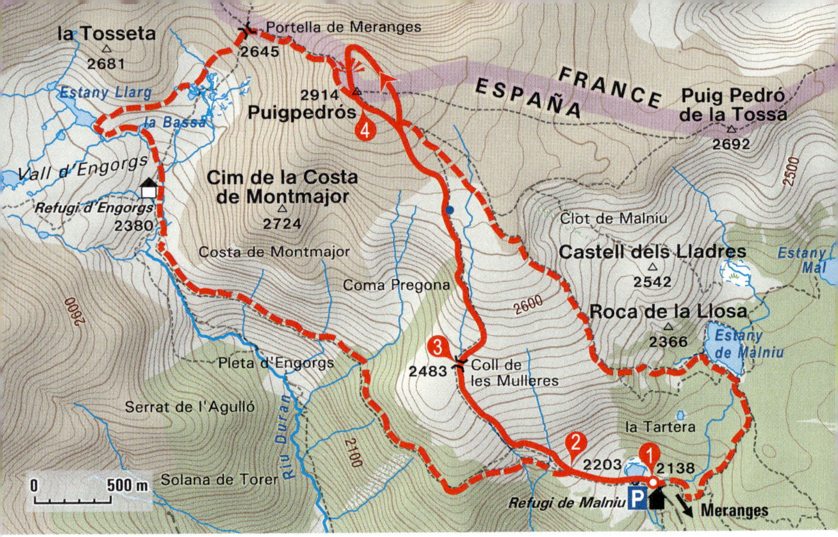

Am **Refugi de Malniu** ❶ folgen wir der Beschilderung »Puigpedrós«. Unser Weg führt uns am kleinen verlandenden Estany Sec vorbei, über die Campingwiese der Hütte und über einen schönen, mäßig ansteigenden Wiesenhang mit verstreuten platten Felsen zu dem am oberen Ende erkennbaren **Wegweiser** ❷, 2203 m. Von links kommt der GR 102 (Variante 2).

Wir gehen rechts und gelangen nach einer Hangquerung zu einem Bach mit Holzbrücken. Dort wenden wir uns nach rechts und steigen auf dem viel begangenen, mit Steinmännern markierten, steileren Pfad bergauf, direkt auf den **Coll de les Mulleres** ❸, 2483 m, und die flache Pyramide unseres Gipfels zu. Am Coll wendet sich die Route nach Nordost in steileres Gras-Fels-Gelände und dreht bald wieder nach Nord, um nach Überwindung der kleinen Steilstufe in schönem, mäßig steilem Wiesengelände direkt auf den Gipfel zuzulaufen. Das Gelände ist so gut begehbar und so ungefährlich, dass sich jeder (bei Nebelfreiheit) seine Route auch selbst suchen kann.

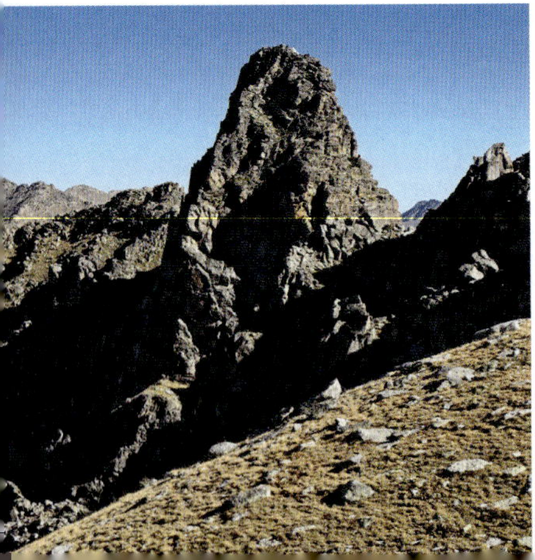

Ein kleines Matterhorn: der Roc Colom nahe der Portella de Meranges (Variante).

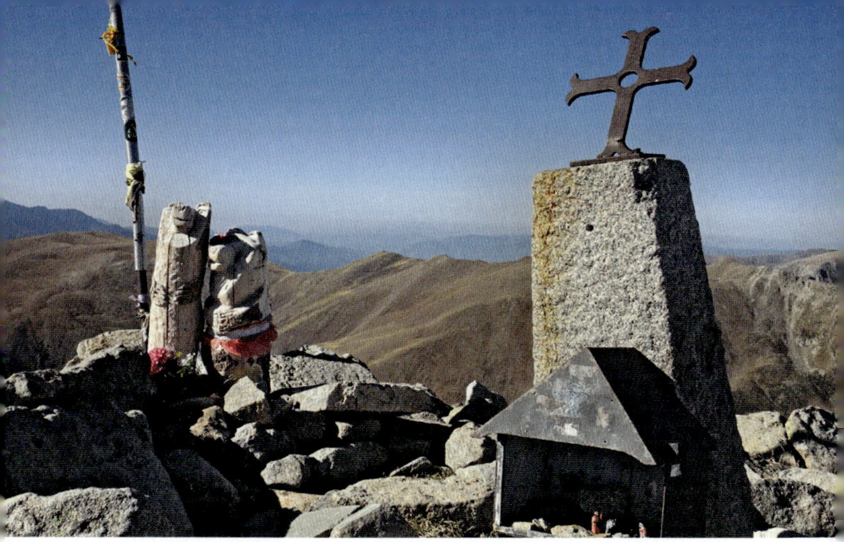

Auf populären Gipfeln wird gern allerlei Krimskrams deponiert.

Spannend kann es sein, die teils unter Gras und Fels verlaufenden Wasserläufe bis zu ihren Quellen hinauf zu verfolgen.
Je näher wir dem Gipfel kommen, umso mehr verdrängen Steine das Gras. Für die letzten 40 Hm zum Gipfel gibt es zwei Möglichkeiten: Entweder wir kraxeln durch Felsblöcke und feinen Schotter direkt hinauf oder gehen rechts am Gipfelsteinhaufen vorbei und gelangen auf ein Hochplateau. Dort sollten wir es nicht versäumen, ganz bis an seine nördliche Begrenzung zu gehen, wo sich ein steiler Tiefblick ins französische Val de Campcardós auftut. Mit Kehrtwendung nach Süden können wir zunächst den offiziellen (Grenz-)Gipfel mit großem Steinmann und danach den etwas niedrigeren, dafür beliebteren inoffiziellen **Puigpedrós** 4, 2914 m, ersteigen, der Gipfelsäule und diverse Utensilien beherbergt.
Für den Abstieg wählen wir den Aufstiegsweg oder eine der Varianten.

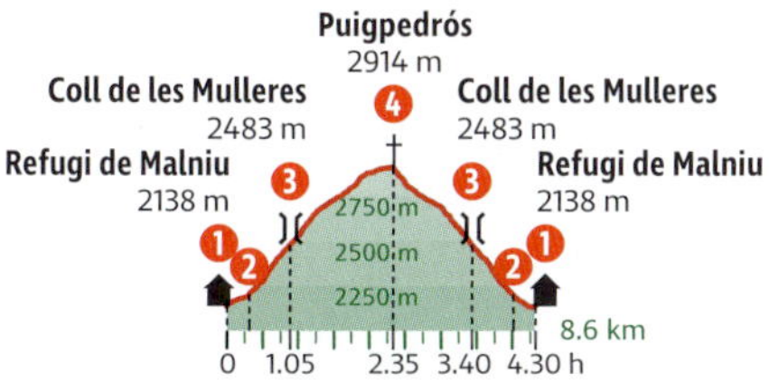

Vall de Núria

Die Bergzüge um das Vall de Núria im Landkreis Ripollès (Provinz Girona) bilden die letzten großen Erhebungen des zentralen Pyrenäenkamms. Östlich davon senken sich die Höhen sukzessive auf Mittelgebirgsniveau ab und erhalten in den Alberas einen ausgeprägt mediterranen Charakter. Höchster Gipfel ist der Puigmal mit 2913 m im Westen des Núria-Tals. Von ihm aus erstreckt sich eine lange Gipfelreihe nach Norden und mit einer Biegung nach Osten entlang der Grenze zu Frankreich mit wenig abweichenden Höhen um die 2800 m.
Zwischen den kaum markant ausgeprägten Gipfeln des Grenzkamms liegen flache und gut begehbare Pässe, die schöne Rundwanderungen zwischen den Nebentälern erlauben. Typisch für die Núria-Berge ist ein Mosaik aus verschiedenen Gesteinen. Schiefer ist für die Berge des Hauptkamms prägend; in Erosionszonen mit verschwundener Grasdecke hinterlässt das Gestein bisweilen einen schuttigen Eindruck. Aus Gneis sind abrupt abbrechende Formationen wie die Roques de Totlomón im Freser-Tal oder die tiefe Schlucht des Riu de Núria aufgebaut. Daneben spielt auch metamorphes Kalkgestein eine Rolle, das für Karst- und Höhlenphänomene verantwortlich ist. In den östlichen Núria-Bergen sind breite Quarzadern anzutreffen, die als helle Streifen bis in die französischen Vorberge ziehen.

Grasberge am obersten Ende des el-Freser-Tals (Tour 48).

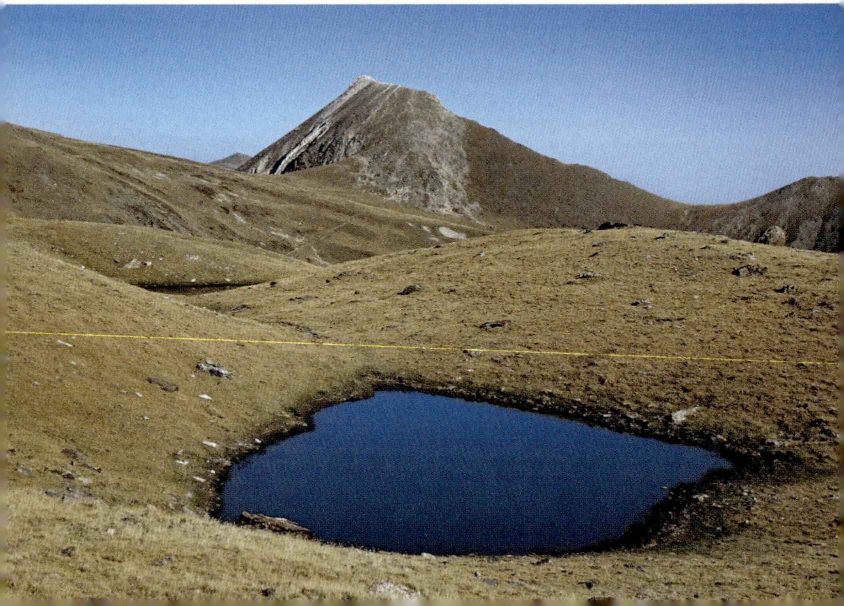

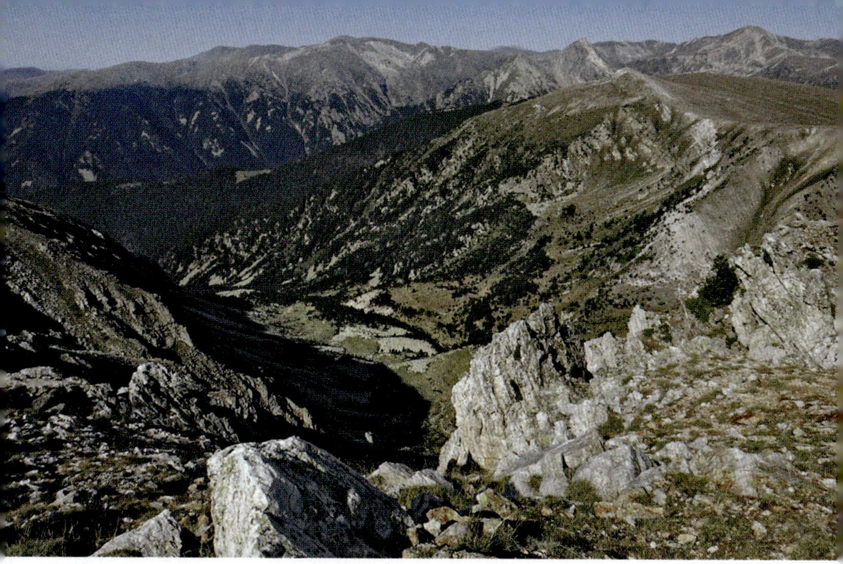

In den östlichen Núria-Bergen: Rückblick vom Roc Colom ins Vall de Concrós (Tour 49).

Auf knapp 2000 m Höhe im Knotenpunkt mehrerer Nebentäler liegt das Santuari de Núria, eine legendäre Pilgerstätte des Katalanismus. Dort wird die Virgen de Núria, Beschützerin der pyrenäischen Schäfer, verehrt. Die Legende erzählt, dass Sant Gil im Jahr 700 in einer Höhle den Grundstein für eine Einsiedelei legte. Sie soll den Anstoß für den späteren Bau der ersten Kapelle gegeben haben, die im 12. Jh. erstmals dokumentarisch erwähnt und über die Jahrhunderte hinweg beständig um- und ausgebaut wurde. Heute wird Núria von einem riesigen Gebäudekomplex dominiert, in dem ein Hotel, Restaurants, Läden, Ausstellungsräume und ein großes Informationszentrum untergebracht sind.
Von Ribes de Freser über das hübsche und »preisgekrönte« Queralbs hinauf zum Santuari verkehrt eine Zahnradbahn – »Cremallera« – auf verwegener Spurführung in den Schluchtwänden des Riu de Núria. Für sich schon eine Attraktion, erleichtert sie mit der Überbrückung von gut 700 Höhenmetern das Wandern im Gebiet um Núria enorm. Die großen Gipfel, ansonsten gewaltige Höhentouren, bleiben so in überschaubarer Reichweite. Den An- oder Abstieg auf dem vielbesuchten, abwechslungsreichen Steig durch die Gorgues de Núria, Teil des klassischen GR 11, sollte man sich dennoch nicht entgehen lassen. Den wilden Wasserfällen und glatt ausgeschliffenen Becken kommt man nur zu Fuß näher, und auch dann bleiben zwei gewaltige Schluchtengen den Augen der Wanderer verborgen und nur erfahrenen Canyonisten vorbehalten.

↗ 840 m | ↘ 40 m | 8.0 km

45 Auf dem »Camí Vell« von Queralbs nach Núria

3.30 h

Der alte Weg durch die Núria-Schlucht

Der Weg durch das tiefe Tal des Riu de Núria war vor der Inbetriebnahme der Zahnradbahn der einzige Zugang zur hoch gelegenen Wallfahrtsstätte. Heute bietet der gut ausgebaute Weg die Gelegenheit, die eindrucksvolle und abwechslungsreiche Schluchtlandschaft und ihre großartige Felsumgebung aus der Nähe kennenzulernen. Die Abfahrt mit der quietschenden und pfeifenden Zahnradbahn ist ebenfalls ein Erlebnis und spart Zeit für einen anschließenden Bummel durch das hübsche Queralbs. Leider kann man bei der Schluchtwanderung nicht über die Beeinträchtigungen der Natur hinwegsehen, die die Bergbahn gebracht hat: vielfältige zusätzliche technische Bauten, ausgedehnte Bahndämme, viele Menschen, Verschmutzung des Wassers von Stausee und Bach.

Ausgangspunkt: Queralbs, 1167 m, Parkplätze vor dem Ort, bei der Zahnradbahn (Cremallera).
Endpunkt: Núria, 1967 m. Rückfahrt nach Queralbs mit der Zahnradbahn, Fahrplan valldenuria.cat. Vgl. »Tipp 1«.
Anforderungen: Feste Schuhe. Der Weg ist nur über kurze Strecken bequem oder gepflastert, ansonsten sehr steinig und vor allem bei Nässe rutschig.8
Markierung: Rot-weiß (GR 11).
Einkehr: In Queralbs und Núria.
Variante: Über den **Roc del Dui** (einfacher Weg, gelb markiert): an der Wegteilung, 1457 m, links abzweigend führt der wenig begangene Weg bis unter eine Felswand, benutzt nach einem kurzen Treppenabstieg etwa 15 Min. die sehr aussichtsreiche Versorgungsstraße der eingetunnelten Zahnradbahn,

Die Cremallera, ein optisches und akustisches Erlebnis.

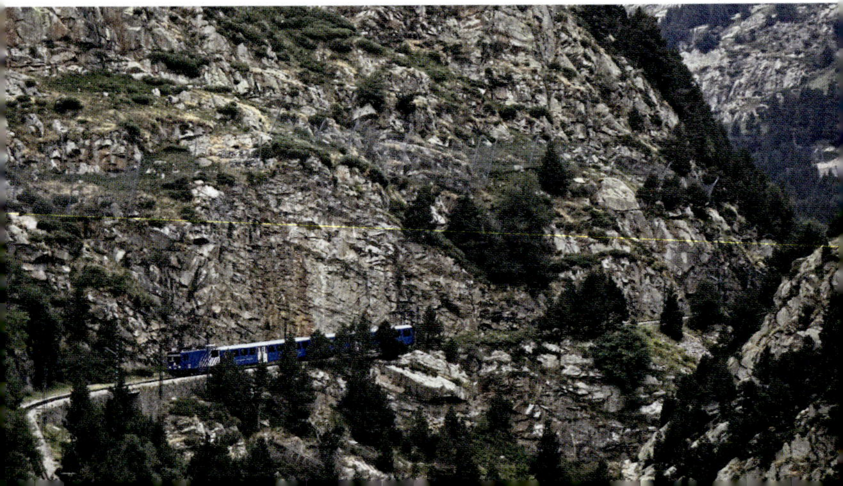

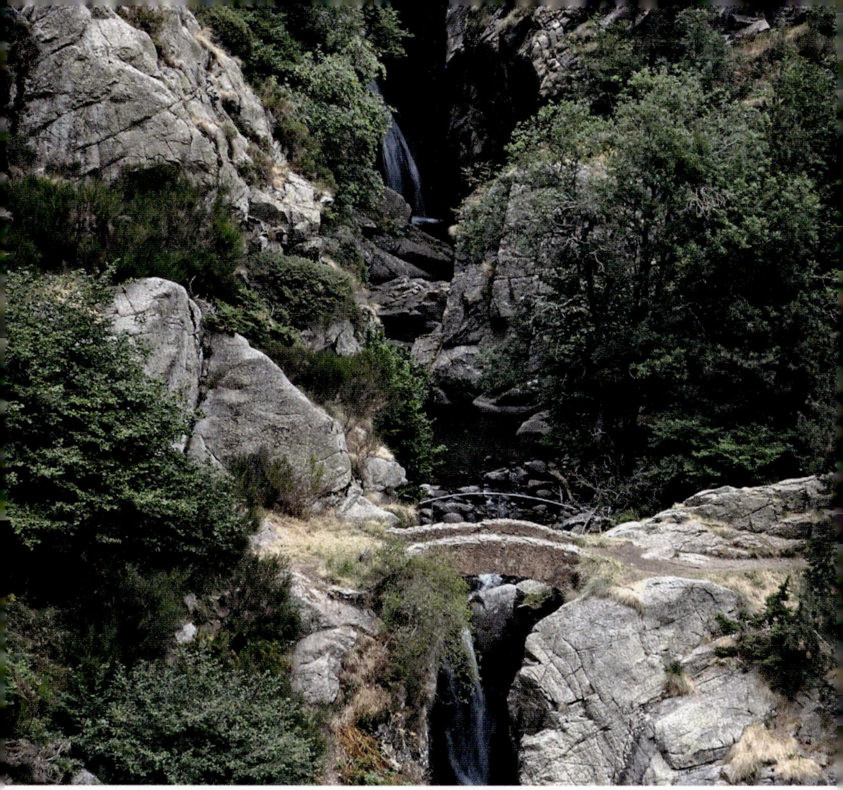

Alte Brücke am unteren Ausgang der Núria-Schlucht.

zieht dann nach rechts hinab, überquert auf einer kleinen Steinbrücke direkt am Schluchtausgang den Riu de Núria und vereint sich wenig oberhalb mit dem Hauptweg (gleiche Gehzeit, Distanz und Hm wie Hauptweg).

Tipps: 1. Mit der Zahnradbahn nach Núria zu fahren und die Tour abwärts zu gehen, wäre für Kinder ideal, denen über 800 Hm Aufstieg noch nicht zugemutet werden können.

2. Wer nicht viel Zeit hat, kann etwas oberhalb von Queralbs starten: am Ortseingang (nach dem Tunnel und vor dem Ortsparkplatz) scharf nach rechts in Richtung »Fontalba« abbiegen. Wo der Camí de Núria die Straße zur Collada de Fontalba kreuzt (1294 m), gibt es am Straßenrand einige kostenlose Parkplätze. Aufstieg von hier bis Salt de Sastre, 1683 m, oder bis zum Wasserfall Cua de Cavall kurz vor dem Holzsteg über den Riu de Núria, 1772 m. Rückweg über Roc del Dui (Variante). So ergibt sich eine verkürzte Rundtour, ohne Fahrt mit der Zahnradbahn, die einen guten Eindruck von der Szenerie vermittelt und kaum Sehenswertes auslässt (insgesamt 2.15 Std., 6 km sowie 320 Hm im Auf- und Abstieg).

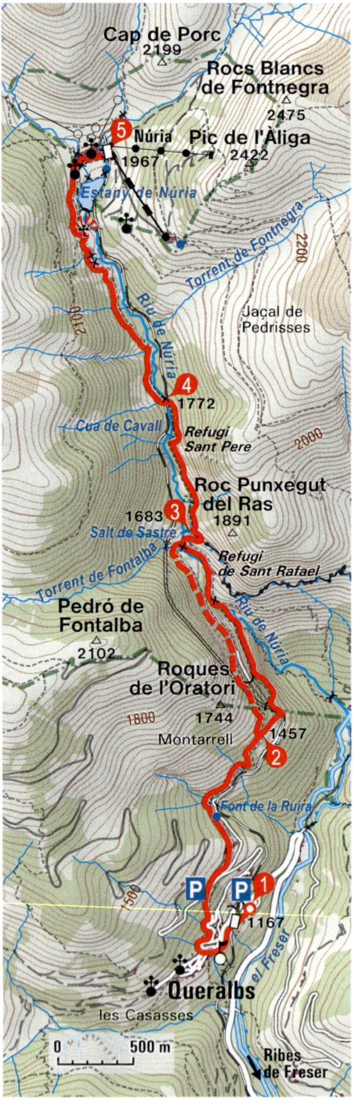

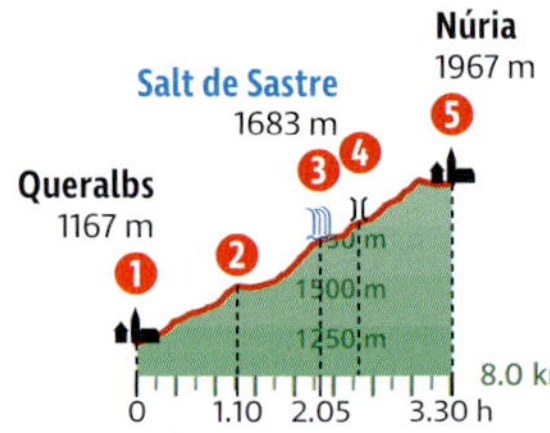

Oberhalb des Parkplatzes der Cremallera-Station bei **Queralbs** ❶ überqueren wir die Bahngleise und gehen auf der Straße in den Ort. Am hinteren Ende des am Ortseingang gelegenen Parkplatzes beginnt mit Wegweiser und Infotafel der Camí de Núria. Er führt um ein paar Ecken im Ort, tritt in den Wald ein und überquert anschließend die zur Collada de Fontalba führende Straße (siehe »Tipp 2«). An einem Wiesenhang, der nach den letzten Häusern flach gequert wird, wird der Blick frei in das wilde Tal des Wildbachs el Freser, mit seinem südseitigen Felschaos. Dicht oberhalb der Zahnradbahn zieht der Weg in den Wald, kommt an der schön eingefassten Font de la Ruira mit Sitzbank vorbei und steigt dann schattig im Südosthang an. Bei einer **Wegteilung** ❷, 1457 m, zweigt die Route »pel Roc del Dui« nach links ab (siehe Variante).

Wir gehen auf dem unteren Weg (»pel Pont de Cremal«) weiter, passieren nach einem steinigen Zwischenabstieg den Felsunterstand »Refugi Sant Pau« und laufen hoch über dem Riu de Núria auf das enger werdende Tal zu. Oberhalb der Pont de Cremal, 1495 m, an der wir auf die andere Seite des Tals wechseln, schließt es sich zu einer tief ein-

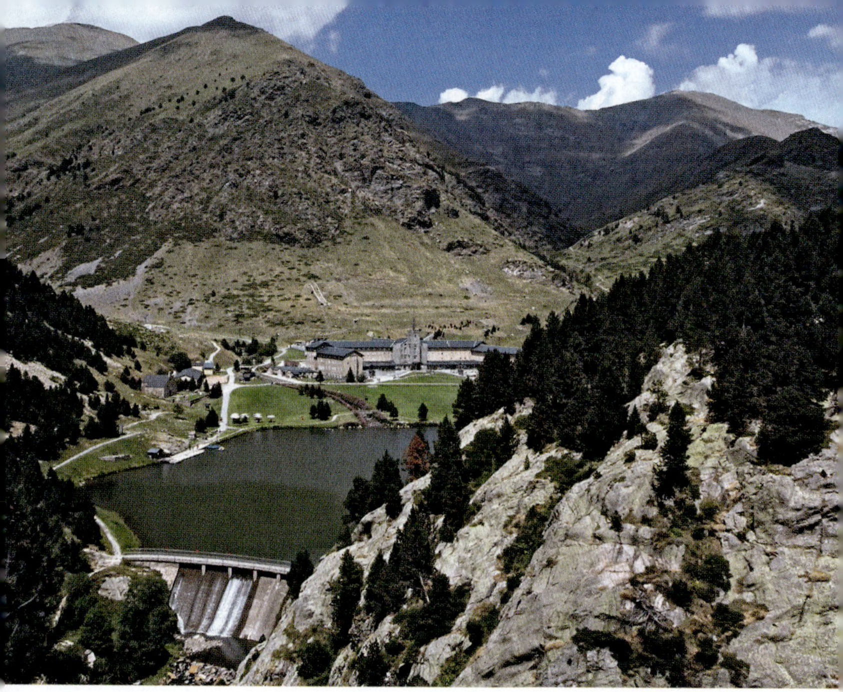

Núria. Im Kultort gibt es fast alles, was das Herz begehrt, aber selten Ruhe.

geschnittenen steilen Schlucht, an deren Ausgang sich schöne Kaskaden und Gumpen befinden. Der Weg passiert einen weiteren Felsunterstand (»Refugi Sant Rafael«) und den Abzweig nach links zur Roc-del-Dui-Route (beschildert mit »Queralbs«, Ende der Variante), bevor er in Serpentinen 90 Hm zum Aussichtspunkt **Salt del Sastre** 3, 1683 m, ansteigt. Von hier ist auch der obere, flachere Teil der Núria-Schlucht gut zu überblicken. Der breite Weg führt an einer weiteren spektakulären Stelle vorbei, dem Felsunterstand »Refugi Sant Pere« mit Sitzbank und freiem Blick auf den Wasserfall Cua de Cavall.

Unter der Brücke der Zahnradbahn wechseln wir auf einem Holzsteg auf die andere Seite des **Riu de Núria** 4, 1772 m, wandern danach gemächlich durch schöne Vegetation, meist ein gutes Stück oberhalb des nicht mehr so wilden Bachs. Schließlich wird die Szenerie aber wieder felsiger und wilder, und wir können uns vom Aussichtsfelsen Creu d'en Riba, 1983 m, einen schönen Überblick verschaffen, auch über das nahe Núria. Ein breiter Weg zieht zuletzt flach hinab nach **Núria** 5, 1967 m. Die Bahnstation der Cremallera befindet sich östlich neben dem Santuari de Núria.

TOP

46

↗ 1150 m | ↘ 1150 m | 17.1 km

Gorgues del Freser und Camí dels Enginyers

7.45 h

Spektakuläre Tour durch Tal und Fels

Die Felsbastion um die Núria-Schlucht setzt sich östlich mit den wild zerklüfteten Felswänden oberhalb des el-Freser-Tals fort. Wir nutzen eine Schwachstelle der Bastion, um auf einem alten Almweg zu dem spektakulären Höhenweg, dem Camí dels Enginyers, aufzusteigen, der mitten durch die wilde Felslandschaft zieht. Wirkliche Kletterei ist dabei nicht gefordert, nur kurzes Kraxeln, Mut und Konzentration. Der el Freser mit seiner Schlucht belohnt uns in der letzten Etappe der Tour noch mit dem einen oder anderen spannenden Tiefblick und vielleicht auch mit einem Bad in einer schönen Gumpe.

Ausgangspunkt: Pont de Daió, 1181 m, Parkplatz 200 m vor dem E-Werk an der Pont de Daió über den el Freser. In der Straßenkehre 1 km vor Queralbs (la Farga) rechts nach Serrat abbiegen und gleich wieder links in eine kleine Betonstraße. Durchfahrt nur bis zum Parkplatz erlaubt.
Anforderungen: Konditionell anspruchsvolle Tour. Trittsicherheit absolut notwendig. Kraxelei und ausgesetzte Stellen, teilweise Seilversicherung.
Markierung: Gelb, rot-weiß (GR 11.7).

Einkehr: Im Refugi de Coma de Vaca. Am Anfahrtsweg in Queralbs.
Unterkunft: Refugi de Coma de Vaca (»Manelic«), (44 Pl.), Tel. +34 649 229 012 und +34 872 987 098, comadevaca.com.
Kombinationsmöglichkeit: Gut mit Tour 45 verbindbar: ab dem Wegweiser, 2094 m, auf dem Camí dels Enginyers (GR 11.7) weiter in Richtung Núria. Wenn man dann durch die Núria-Schlucht absteigt, wird die Tour zur Zwei-Schluchten-Rundtour. Von Queralbs zum Parkplatz Pont de Daió 1,7 km auf der Straße.

Vom Parkplatz vor der **Pont de Daió** ❶ gehen wir auf ebenem Weg zur Brücke, wechseln auf die andere Seite des el Freser und folgen der Beschilderung »Refugi de Coma de Vaca«. Der abwechslungsreiche, anfangs etwas mühsame Talweg steigt bald hoch über den Bach an. Nur gelegentlich bieten sich Tiefblicke auf seine Gumpen und kleinen Kaskaden. Wir passieren den etwas abseits gelegenen hübschen Wasserfall Salt de Grill,

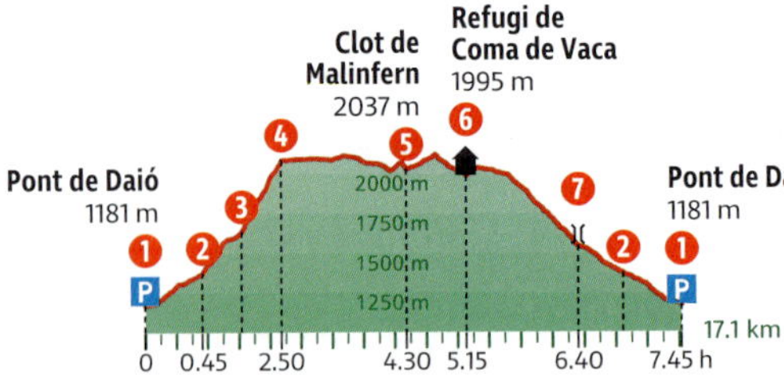

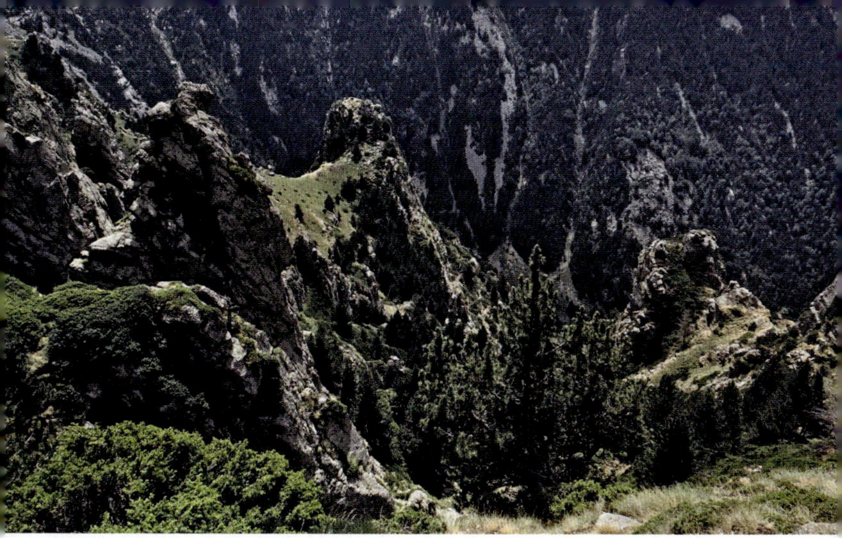

Abgründe unter dem Camí dels Enginyers.

der eigentlich eine steile Wasserrutsche mit Badebecken ist. Etwa 1 km (20 Min.) oberhalb des Wasserfalls müssen wir wachsam sein: An einem **Schild 2**, 1384 m, auf dem ein Transporthubschrauber abgebildet ist, biegen wir links ab und gehen ein Stück spitzwinklig zurück durch eine nasse Stelle. (Wer am Abzweig nach »Serrat, Ribes de Freser« ankommt, ist ca. 200 m zu weit.) Mit Rechtsknick steigen wir steiler über verbuschte Wiesen

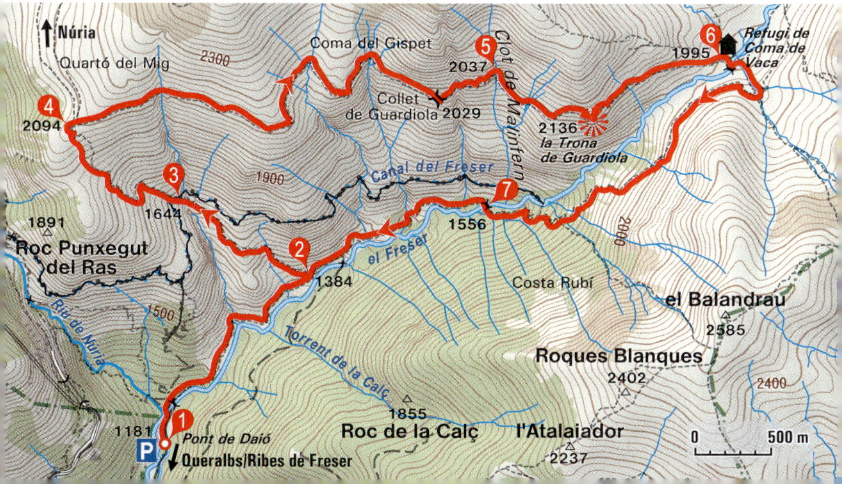

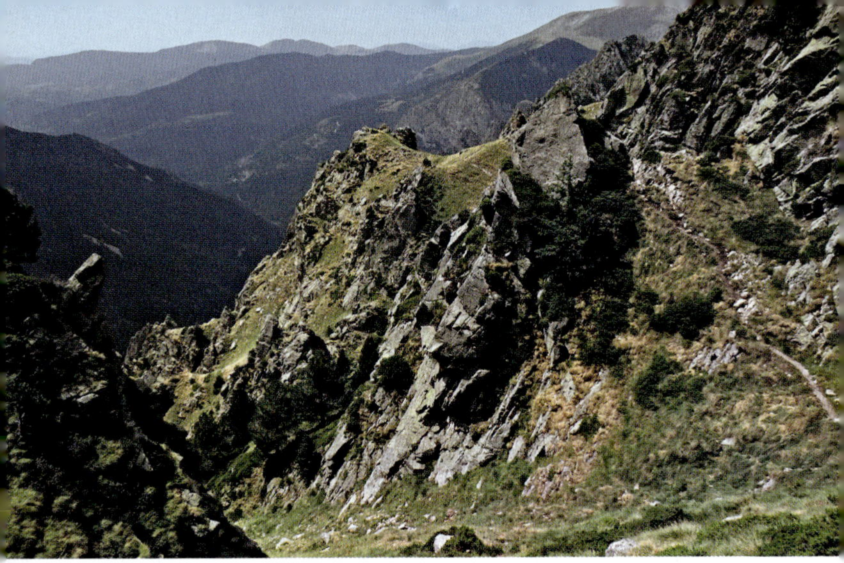

Im wilden Mittelteil des Camí dels Enginyers geht es auf und ab.

bergan und queren dann den teils mit Haseln, teils mit Buschwerk und Farnen bewachsenen Hang nach links oben. Der Weg ist sehr schön und einsam, nicht markiert, aber immer eindeutig zu erkennen und ungefährlich. Da er auch zum Viehauf- und abtrieb verwendet wird, ist er teilweise ramponiert und aufgespalten. Auch wird er vom reichlich vorhandenen Ginster bedrängt. Dornentragende Gebüsche sind aber kein Problem. Auf etwa 1600 m Höhe durchwandern wir wunderschöne Almwiesen, die zum Verweilen und Schauen einladen.

Es folgt eine Hangquerung, dann geht es steiler hinauf zur Kreuzung mit der **Wasserleitung** ❸, 1644 m, die das Wasser des el Freser dem Fallrohr des E-Werks zuleitet. Ohne Richtungswechsel führt der Weg gut 20 Min. in einem von Felsen flankierten Tälchen bergan. Dann knickt er nach links ab, um nach 100 m wieder nach rechts abzubiegen und an der linken Talseite aufzusteigen. Auf Höhe der letzten Wacholder wird die Wegspur undeutlich, aber das Wiesengelände ist auch ohne Pfad gut begehbar. Zur Orientierung dienen einige wenige Steinmänner. Ziel ist der schon von Weitem am Kamm sichtbare **Wegweiser** ❹, 2094 m.

Bei diesem angekommen, werfen wir einen längeren Blick nach Norden in die Núria-Berge, bevor wir uns nach rechts auf den Camí dels Enginyers (GR 11.7) begeben. Dieser Weg ist im ersten und letzten Drittel zahm wie ein normaler Höhenweg, aber der Mittelteil hat es in sich. Er verläuft mit atemberaubenden Tiefblicken durch eine beeindruckende, schnell wech-

selnde Felslandschaft mit unzähligen Türmen und Rückfallkuppen, führt über viele Scharten und durch zwei tiefe, felsige Einschnitte. Kraftzehrend ist das mehrfache Auf und Ab, südseitig, womöglich in der Mittagssonne. Im zweiten der Einschnitte, der Steilschlucht **Clot de Malinfern** 5, 2037 m, sind Kraxelstellen durch Sicherungsseile entschärft. Am letzten kleinen Sattel vor dem Refugi führt eine Pfadspur nach rechts zum nahen Mirador la Trona de Guardiola, 2136 m, der einen aufregenden Tiefblick ins Tal des wilden el Freser bietet. Am bewirtschafteten **Refugi de Coma de Vaca** 6, 1995 m, ist die Landschaft dagegen beruhigend. Man blickt über eine große Schwemmebene und in rundere Berge.
Für den Talabstieg müssen wir den Talbach el Freser unterhalb der Hütte überqueren und steigen dann entlang eines weiteren Bachlaufs ein Stück nach Südosten bergan. An einem Wegweiser knickt der Weg spitzwinklig nach rechts ab und zieht oberhalb einer Felsstufe talauswärts. Er verliert dann in zahlreichen, eintönigen Kehren seine Höhe. Wir werden aber durch die Blicke hinüber zur zerklüfteten Felsmauer, die wir weit oben gequert haben, entschädigt. An der Metallbrücke über den **el Freser** 7, 1556 m, können wir uns noch für ein weiteres kleines Abenteuer entscheiden: Ein 200 m langer Pfad führt links des Bachs hinauf zu einem »Fels-Wasser-Klettergarten«, in dem man herrlich kraxeln und in den Gumpen baden kann. Ganz nach oben, bis zur Wasserleitung, gelangt man nur, wenn man links der abgeschliffenen Felsen im Gras und durch Gebüsch hinaufsteigt, nach rechts quert und sich dann unter einem kurzen, sehr niedrigen Überhang hindurchschiebt. Zurück an der Metallbrücke nehmen wir den Talweg wieder auf, der abwechselnd steil oder flach über schöne Wiesen und durch lichten Mischwald bergabzieht. Vom Bach ist dabei nicht viel zu sehen. Beeindruckender sind die gezackten Felsen rechts über uns. Wir passieren wieder das **Schild** 2. Wer zum Tourabschluss noch eine Badestelle sucht, kann diese am Salt de Grill finden oder weiter unten am el-Freser-Bach, zu dem an mehreren Stellen kleine Pfade hinabführen. Über die Brücke kehren wir zum Parkplatz hinter der **Pont de Daió** 1 zurück.

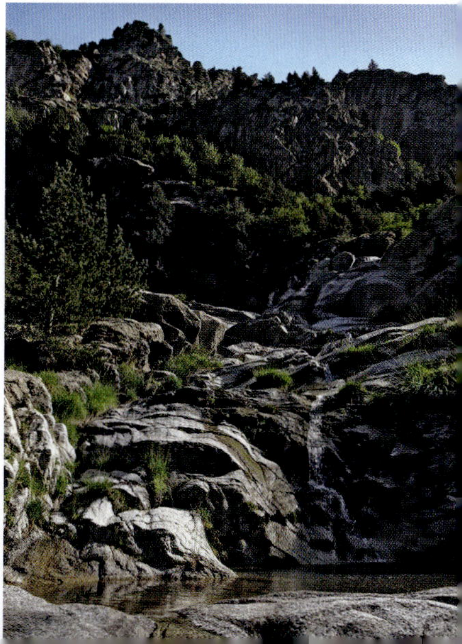

Prädestiniert zum Kraxeln, Rasten und Baden: die Felsen und Gumpen am el Freser.

↗ 1100 m | ↘ 1100 m | 13.6 km

6.15 h

47 Pic de Noufonts, 2861 m

Stille Kamm-Rundwanderung abseits des Trubels um Núria

Wer auf Queralbs zufährt und darüber die wilden, zerklüfteten Felswände um die Núria-Schlucht und die Gorgues del Freser erblickt, kann sich kaum vorstellen, dass es dahinter noch höhere, grasbewachsene Berge mit abgerundeten Formen gibt. Unsere Tour führt nordöstlich von Núria über solche Berge, langweilig oder entspannend, je nach Sichtweise. Eins aber ist gewiss: Wir werden auch wilde und geologisch interessante Stellen finden und sehr viel Aussicht haben.

Ausgangspunkt: Núria, 1967 m, Bergstation der Zahnradbahn (Cremallera). Fahrplan auf valldenuria.cat.
Anforderungen: Vorwiegend einfache Wege. In steinigen Passagen Trittsicherheit erforderlich. Nebelfreiheit im Kammbereich vorteilhaft.
Markierung: Rot-weiß, Steinmänner.
Einkehr: In Núria und in Queralbs. Unterwegs keine.
Variante: Abstieg vom Coll de Noufonts, 2652 m, zum Hauptweg (keine Schwierigkeiten): vom Sattel erst im steilen Schotter bergab, an der Quelle Nou Fonts, 2490 m, vorbei, dann über schöne Wiesen links des Baches zum Wegweiser, 2173 m, (GR 11) und auf dem Hauptweg nach Núria (Ersparnis 1.30 Std., 3,5 km sowie 220 Hm im Auf- und Abstieg).
Hinweis: Ein früher Aufbruch ist angeraten (erste Zahnradbahn nehmen!).
Kombinationsmöglichkeit: Verbindung mit Tour 45 (Camí Vell) im Auf- oder Abstieg ist für Konditionsstarke denkbar.

Coll de Noucreus.

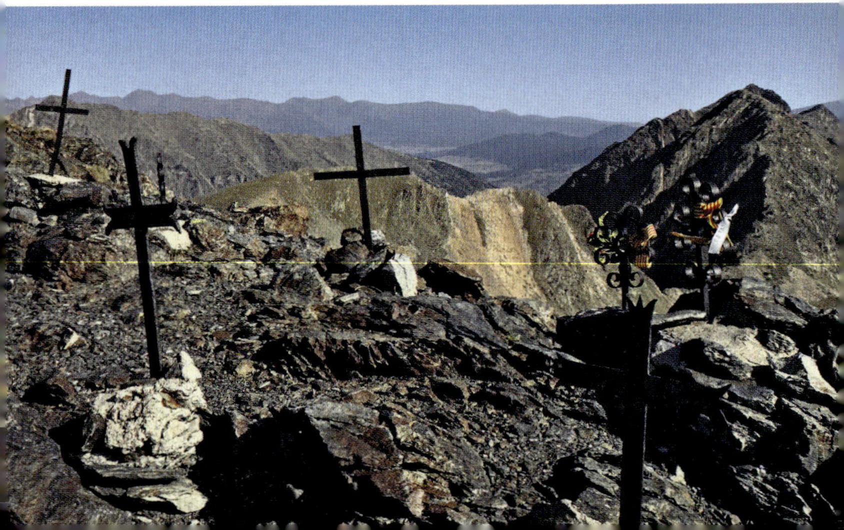

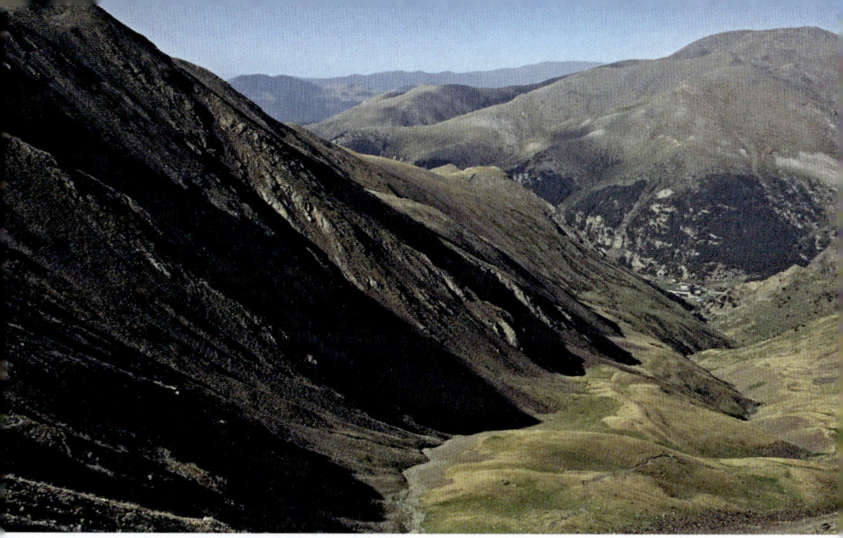

Nach 2.30 Std. Aufstieg noch immer im Blickfeld: Núria unter dem Puigmal (rechts).

Wir verlassen in **Núria** ❶ die Station der Zahnradbahn nach Norden und gehen ein kurzes Stück auf der Straße im Bogen nach rechts hinauf zur Wetterstation mit Infotafel. Hier beginnt der Wanderweg, erkennbar an einer rot-weißen GR-Markierung. Kurz zwischen Bach und Skipiste hindurch, gelangen wir an einen Wegweiser, der uns nach rechts über die Bachbrücke schickt. Hier und bei den nächsten Abzweigungen folgen wir jeweils der Beschilderung »Noufonts« und »Noucreus« (GR 11). Wir gehen über eine Wiese gerade bergauf, auf einen nächsten Wegweiser (ein hoher Baumstumpf) zu und links in ein Waldstück hinein. Danach verläuft der Weg entlang einer schmalen Skipiste und nach ihrem Ende weiter rechts des Baches. Diesen überschreitet er an der Pont de l'Escuder und zieht anschließend nach links direkt hinauf zu einem letzten **Wegweiser** ❷, 2173 m.

Wir wenden uns nach rechts (von links: Variante) und wandern, zunächst gemächlich, dann steiler in das baumlose, von sanften Wiesenhängen geprägte Noucreus-Tal hinauf. Das weiche Schiefergestein neigt zur Erosion und erfreut die Murmeltiere. Der Weg nähert sich dem Torrent de Noucreus, der dort seine Quelle hat (2468 m). Weite Kehren, teilweise durch Geröll, führen uns zu einem ersten kleinen Pass (2748 m), direkt südlich unter dem Pic de la Fossa del Gegant, mitten in seinen bunten Felsabbrüchen. Hier zeigen die glatten Núria-Berge, dass sie auch wild sein können.

Vom Pass ist es nur ein kurzes Stück links hinauf zum **Coll de Noucreus** ❸, 2796 m, mit seinen neun Eisenkreuzen, nach denen der Pass benannt ist, und dem direkt benachbarten Gipfel Pic de la Fossa del Gegant, 2808 m.

Die Aussicht ist prächtig, vor allem in die schroffen östlichen Núria-Berge mit ihren großen Schuttfeldern und in eine zerklüftete Bergkette auf französischer Seite mit auffälligen hellen Gesteinsbändern. Trotz eiszeitlicher Vergletscherung gibt es fast keine Seen, was womöglich mit dem weichen Gestein zusammenhängt.

Am Coll de Noucreus beginnt die etwa zweistündige Kammwanderung. Fast ohne Markierung, aber immer auf gut erkennbarem Weg führt sie mit grober Richtung West bis zum Coll d'Eina. Das Gelände ist sehr gut begehbar, einzig am Nordwestabstieg zum **Coll de Noufonts** ❹, 2652 m, steiler, aber ungefährlich. Vom weitläufigen Pass kann die Tour deutlich abgekürzt werden (siehe Variante). Besser ist es jedoch, die bei der Auffahrt mit der Zahnradbahn gesparte Energie jetzt für die 210 Hm hinauf zu unserem Hauptgipfel, dem **Pic de Noufonts** ❺, 2861 m, einzusetzen, der von der Nordspitze seines kleinen Gipfelplateaus eine umfassende Aussicht bietet. Beim Abstieg sollte ein Tiefblick von der Kammkante hinab in den eigentümlichen Kessel des Eina-Tals mit seinen durch Erosion zerfurchten Hängen nicht versäumt werden. Der Pic d'Eina lässt sich südlich umgehen, wobei 30 Hm eingespart werden. Am flachen, fast wüstenartigen **Coll d'Eina** ❻, 2681 m, wenden wir uns nach links und queren, Markierungspfählen folgend, zum Wiesenrücken hinüber, der vom Puig del Coll d'Eina

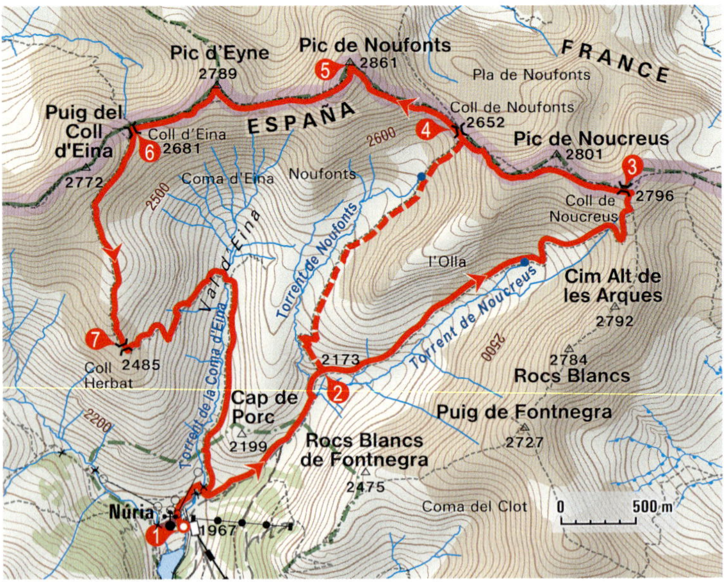

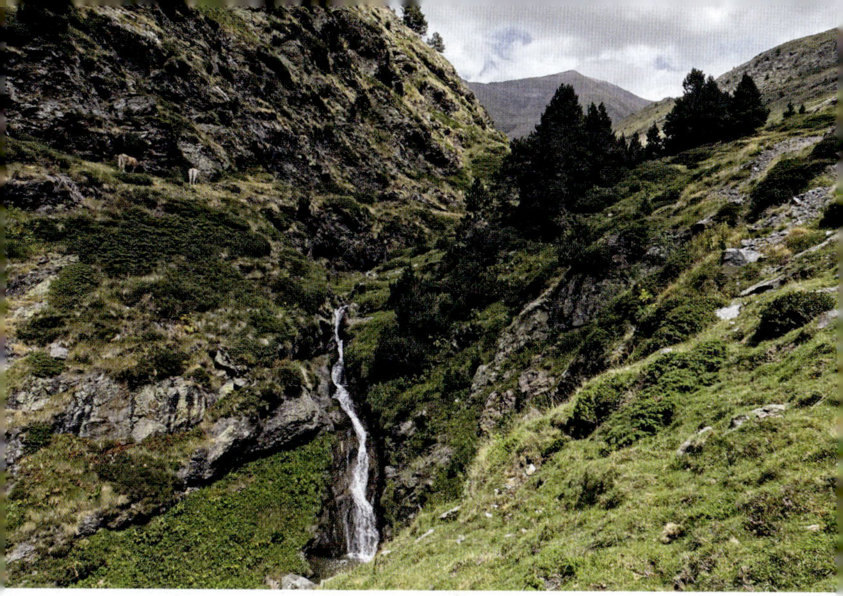

Kurz vor Erreichen des Trubels in Núria: Wasserfall am Torrent de la Coma d'Eina.

nach Süden herabzieht. Wir folgen dem Rücken und gelangen nach einer Steilstufe auf eine Schulter, den **Coll Herbat** ⑦, 2485 m. Von hier kann man Rückschau über fast den gesamten Wegverlauf unserer Tour halten. Danach geht es steil nach links in Serpentinen hinab in den Talboden des Val d'Eina, immer die eindrucksvolle, bunte, von Rinnen durchzogene Südflanke des Pic de Noufonts im Blick. Ein gemütlicher Weg führt uns links des Baches talauswärts. Nach einer kleinen Schlucht und einem Wasserfall kommt plötzlich das nahe Freizeitland von Núria zum Vorschein und die Natur hat ein abruptes Ende. Nun sind es nur noch ein paar Minuten bis zum Santuari und zur Station der Zahnradbahn von **Núria** ①.

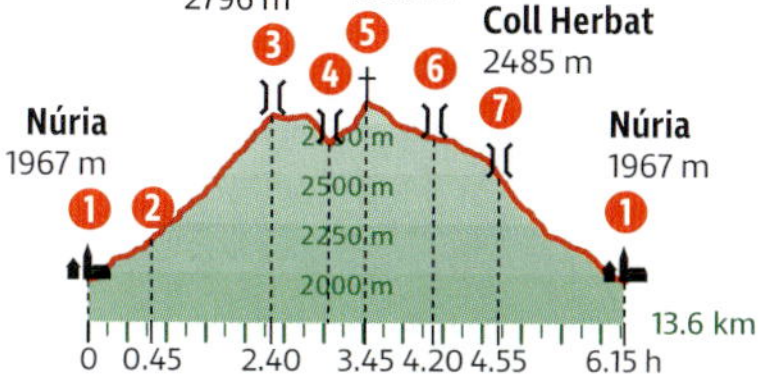

↗ 1130 m | ↘ 1130 m | 12.2 km

48 Bastiments, 2881 m, und Pic de l'Infern, 2870 m

6.15 h

Geologisch spannende Rundtour in den östlichen Núria-Bergen

Das kleine Skigebiet Vallter 2000 gewährt uns einen sehr hohen und trotzdem bequem erreichbaren Touren-Ausgangspunkt. Dafür müssen wir einen milden Kontakt mit einer der Skipisten in Kauf nehmen. Ziel der Tour ist der Grenzkamm zu Frankreich, der sich über das weite, wellige Wiesenland im obersten el-Freser-Tal erhebt und in seinem Westteil in schrägen Bändern und Platten eingestreute, ganz unterschiedliche Gesteine aufweist. Die Farben wechseln vom Weiß des Quarzes über beige zu braun und schwarz. Ein guter und unschwieriger Kammweg erlaubt uns, die geologischen Phänomene aus der Nähe zu betrachten.

Ausgangspunkt: Vallter 2000, 2089 m, Parkplatz an der letzten Kehre der Straße ins Skigebiet. Von Camprodon und Setcases aus ist das Skigebiet gut ausgeschildert.
Anforderungen: Im unteren Bereich einfache Wege. Am Kamm Trittsicherheit für die steinigen Wege und kurzen Kraxelstellen erforderlich.
Markierung: Am Kammweg Steinmänner, sonst rot-weiß (GR 11.7), gelb.
Einkehr: Im Ref. d'Ulldeter. In Setcases.
Unterkunft: **Refugi d'Ulldeter**, (57 Pl.), Tel. +34 619 514 159 oder +34 972 192 004, ulldeter.es.
Varianten: 1. Notabstieg vom Kamm östlich des Pic de l'Infern (wegloses, steiles, aber gut gestuftes und ungefährliches Wiesengelände. Wenige Steinmänner. Nebelfreiheit vorteilhaft): an den hellbraunen Felsplatten unterhalb des Sattels vor dem Pic de l'Infern nach links (Südosten) auf einer Rampe aus Gras und Steinen und anschließend über schräge Wiesen direkt nach Süden absteigen. Weiter unten Knick nach halblinks und flacher, zwischen den beiden weithin sichtbaren Teichen hindurch, hinab zur Hauptroute (Ersparnis 45 Min., 1,2 km sowie 90 Hm weniger Aufstieg).
2. **Pic Inferior de la Vaca**, 2820 m, und **Pic Superior de la Vaca**, 2826 m. Sanftes Kammgelände mit interessanten weißen Quarzformationen (flache, einfache Wege): vom el Portell am Kamm weiter nach Westen und mit Linksknick auf den Pic Inferior. Flach nach Westen an einem Quarz-Zackenkamm vorbei hinüber zum Pic Superior. Rückweg in der Südflanke des Pic Inferior zum Coll de Tirapits, 2784 m. Linkswendung und schräg hinab zum Hauptweg unterhalb des Notunterstands (zusätzlich: 1 Std., 2,2 km sowie

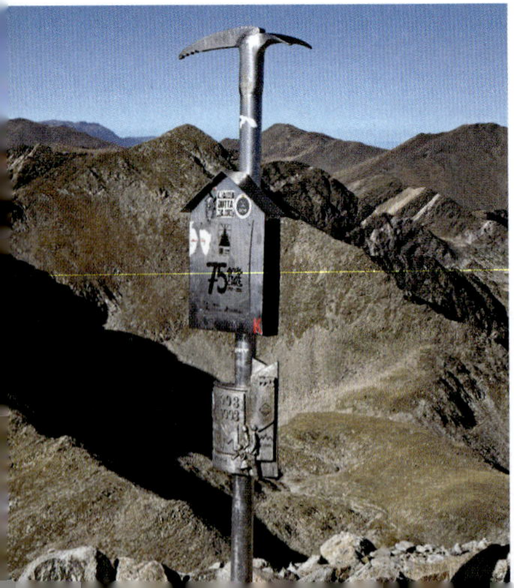

Eigenwilliges Gipfelkreuz am Bastiments.

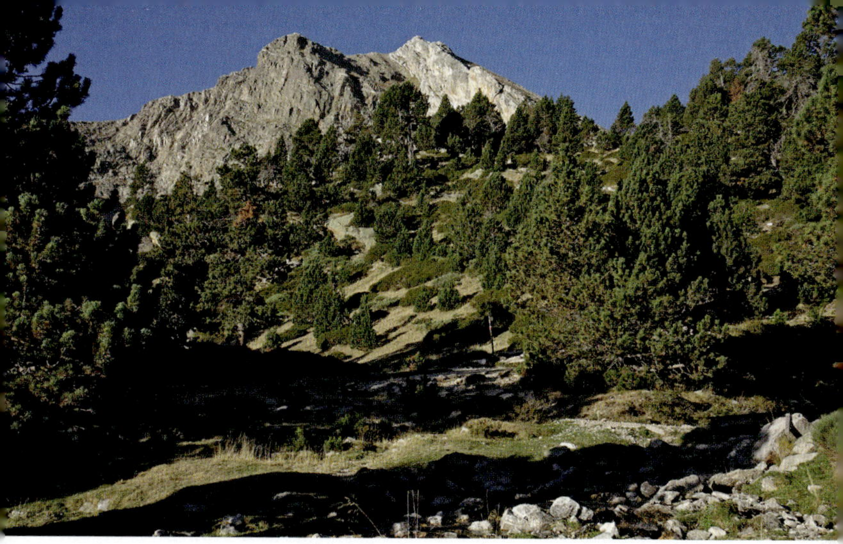

Das Refugi d'Ulldeter kommt bald in Sicht.

100 Hm im Auf- und 150 Hm im Abstieg). **Tipp:** Wer auf den Hauptgipfel Bastiments verzichten und die Tour damit um 45 Min. und 130 Hm abkürzen möchte, folgt der Hauptroute in umgekehrter Richtung bis knapp 1 km nach Überquerung des el Freser, 2427 m. Dort ab einem Steinhaufen mit Wegmarkierung, 2567 m, auf der Variante zum Hauptweg und zum Pic de l'Infern aufsteigen. Zurück über denselben Weg oder mit dem Hauptweg über el Portell.

Am Parkplatz vor **Vallter 2000** ❶ folgen wir der Beschilderung »Refugi d'Ulldeter«. Der teilweise mit Steintreppen versehene Wanderweg steigt kräftig an und führt über eine Holzbrücke und durch Kiefernwald zu dem auf einem Aussichtsfelsen gelegenen **Refugi d'Ulldeter** ❷, 2220 m, das auch während der Skisaison offen ist. Auf der Ostseite sprudelt ein Trinkwasserbrunnen.

Wir wandern in Richtung »Pla de la Calma« und »Coll de la Marrana« weiter, überqueren die Skipiste, die von rechts herunterzieht und am Refugi vor-

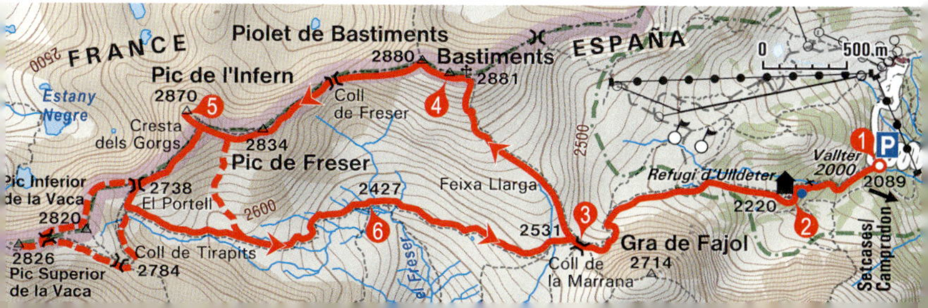

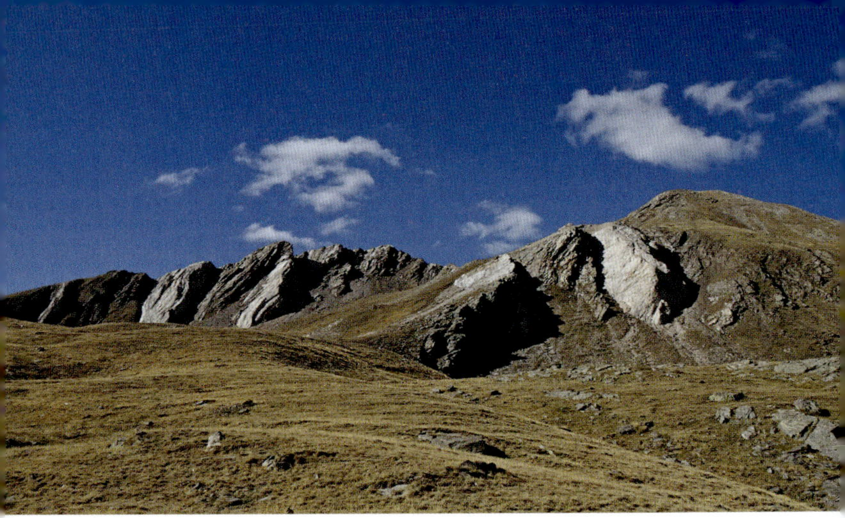

Plattige Felsformationen um den Pic de l'Infern.

bei ins Tal führt, und steigen fortan skipistenfrei auf breitem Weg, zuletzt in einer langen Kehre, hinauf zum **Coll de la Marrana** ❸, 2531 m. Dahinter öffnet sich eine weite Wiesenlandschaft, über der rechts der bullige Bastiments thront und weiter hinten ein zackiger Bergkamm mit interessanten Gesteinsformationen ins Auge fällt.

Um möglichst früh auf einen großartigen Aussichtsposten zu gelangen, steigen wir vom Coll nach rechts (von geradeaus unser späterer Rückweg), erst über Wiesen, dann in Schotterkehren hinauf zum Gipfelkamm des **Bastiments** ❹, 2881 m. Der Weg ist zwar nicht markiert, aber viel begangen und gut angelegt. Der Gipfelkamm ist lang und mit mehreren Kreuzen, Gedenkstellen und einer Gipfelsäule versehen. Bei klarem Wetter ist die Aussicht über die vielen Kämme der Vorpyrenäen grandios.

Leider müssen wir für die folgende Kammüberschreitung fast 180 Hm absteigen. Der gut erkennbare Pfad verläuft manchmal über Steine, meist aber im Schotter oder Gras. Vom Coll de Freser, 2704 m, bis über den Pic de Freser, 2835 m, ändert sich an der Wegqualität wenig. Der Sattel zwischen Pic de Freser und Pic de l'Infern besteht aus schrägen Platten, die auf der Südseite unterquert werden (nach links: Notabstieg, vgl. Variante 1). Bei Wiedererreichen des Kamms erwartet uns eine kurze Kraxelei über schöne, griffige, braune Felsen, bevor uns ein Wiesenpfad zum **Pic de l'Infern** ❺, 2870 m, hinaufleitet. An diesem etwas nach Norden vorgeschobenen Gipfel wird auf einmal der Blick nach Westen frei, wo sich unerwartet wilde, felsige Nordwände mit interessanten Bänderungen über zwei einsamen französischen Seentälern erheben.

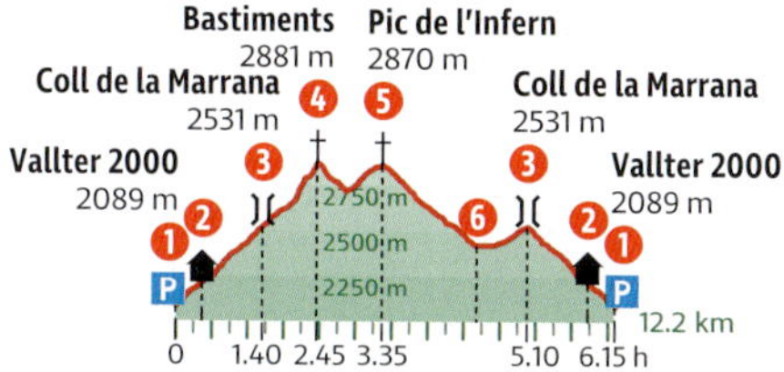

Wir gehen knapp 100 m auf unserer Aufstiegsspur zurück und dann rechts auf gutem Schotterpfad auf der Nordwestseite des Zackenkamms Cresta dels Gorgs entlang. An zwei Stellen sollten wir nach links vom Pfad abweichen, um an Scharten Blicke in die südseitigen Steilrinnen und hellen Plattenwände zu werfen. Am Ende des Zackenkamms muss ein heller Felskopf auf Bändern und schrägen Platten überkraxelt werden (Achtung bei Nässe!), bevor es einfach zum breiten Sattel el Portell, 2738 m, hinabgeht (Beginn Variante 2). Wir steigen nach links zum Notunterstand der Feuerwehr ab und biegen nach links auf den GR 11 ein. Der breite und bequeme Wiesenweg durchschreitet das Tal des **el Freser** ❻, 2427 m, und steigt danach etwa 100 Hm zum **Coll de la Marrana** ❸ an, wo unser Aufstiegsweg erreicht wird. Auf ihm kehren wir zum Parkplatz bei **Vallter 2000** ❶ zurück.

Am Pic de l'Infern, hoch über dem Talschluss des französischen La-Carança-Tals.

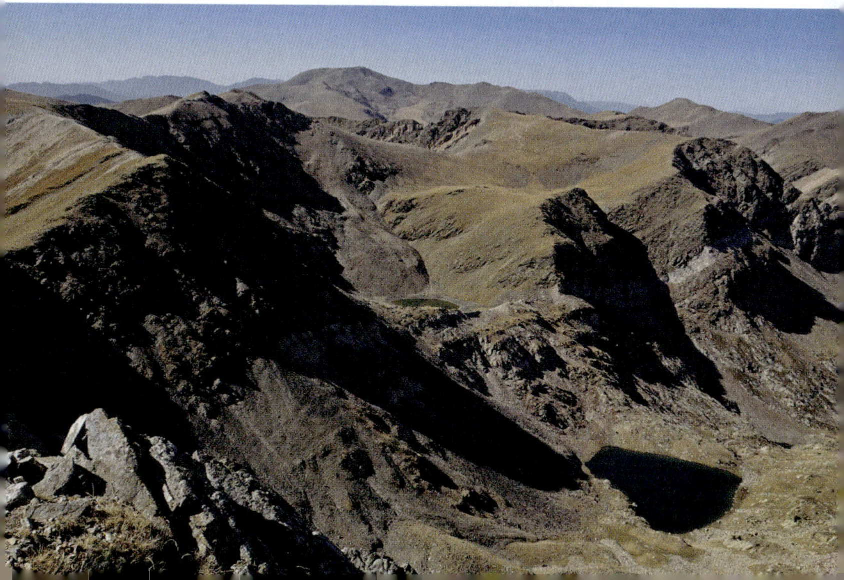

↗ 1070 m | ↘ 1070 m | 14.2 km

49 Roc Colom, 2506 m und Costabona, 2465 m

6.30 h

Aussicht bis zum Mittelmeer

Die östlichen Ausläufer der Núria-Berge sind nicht mehr spektakulär. Sie haben weichere Formen, sind lieblicher und friedlicher als ihre westlichen Nachbarberge. Für die Tour zu Roc Colom und Costabona wäre ein Tag mit guter Fernsicht ideal, vielleicht im Frühjahr oder Herbst. Dann umfasst das Panorama am Aussichtsbalkon der Costabona den Blick bis zum Mittelmeer und bis zum Montserrat bei Barcelona.

Ausgangspunkt: Camí de Setcases a Espinavell, 1594 m. Von Camprodon ins Tal von Setcases fahren. 3 km oberhalb des Kreisverkehrs von Setcases nach rechts in die gute Schotterstraße in Richtung »Espinavell« einbiegen und nach 2,1 km auf dem Grünstreifen neben der Straße parken (Wanderwegweiser). Falls alle Plätze besetzt sind, weiter oben parken (der Abstiegsweg verläuft auf dieser Straße).
Anforderungen: Großteils einfache Wege. Trittsicherheit auf einzelnen steilen, steinigen Passagen erforderlich. Am Gipfelkamm sollte kein Nebel sein.
Markierung: Blau, rot-weiß (GR 11.6), orange, Steinmänner.
Einkehr: In Setcases und in Camprodon. Unterwegs keine.
Unterkunft: Refugi Costabona, unbewirtschaftet, 15 Schlafplätze.
Varianten: 1. Wer an einem klaren Tag möglichst früh an der Costabona sein möchte, kann von Espinavell schnell an den Bergfuß gelangen: kurz vor Espinavell einfach im Tal geradeaus 9 km auf ordentlicher Schotterpiste zur Collada Fonda, 1891 m. Ab dort auf dem GR 11.6 bis zum Gipfel (einfache Strecke knapp 1.45 Std., 2,5 km, 590 Hm Aufstieg).
2. Abkürzung mit Auslassen des Costabona-Gipfels (deutlicher Weg ohne Schwierigkeiten, gelb markiert): am Coll del Pal, 2318 m, der Beschilderung »Refugi de la Balmeta« und den gelben Markierungen folgen. Querung westwärts, später südwestwärts, hinüber zu einem breiten Wiesenrücken und auf ihm hinab zur Collada de Dalt de la Balmeta, wo die Hauptroute erreicht wird (Ersparnis: 1.30 Std., 2,4 km sowie 210 Hm weniger im Aufstieg).

Beim Parkplatz am **Camí de Setcases a Espinavell** ❶ folgen wir einem Minischild in Richtung »Collet dels Eugassers« und blauen Markierungen in ein von Kiefern beschattetes kleines Bachtal. Nach knapp 30 Min. biegt der Pfad plötzlich nach links ab und führt durch flacheren Wald weiter bergan. Er überquert die hübsche Weidefläche Pla de Concròs und zieht dann eben nach links zu einem weiteren Bach, dem **Torrent de Concròs** ❷, 1862 m. Hier der Wegweisung »Refugi Jaume Ferrer« folgen. Sie führt uns kurzzeitig fast in die entgegengesetzte Richtung (die mögliche Abkürzung ist zugewachsen). Nach etwa 150 mverlieren sich die blauen Markierungen und es zeigen sich ältere rote Markierungen an Bäumen. Sie gehören zu einem Pfad, der sich nach links (Norden) wendet und in der Nähe des Torrent de Concròs mäßig steil an Höhe gewinnt und dabei immer deutlicher wird.

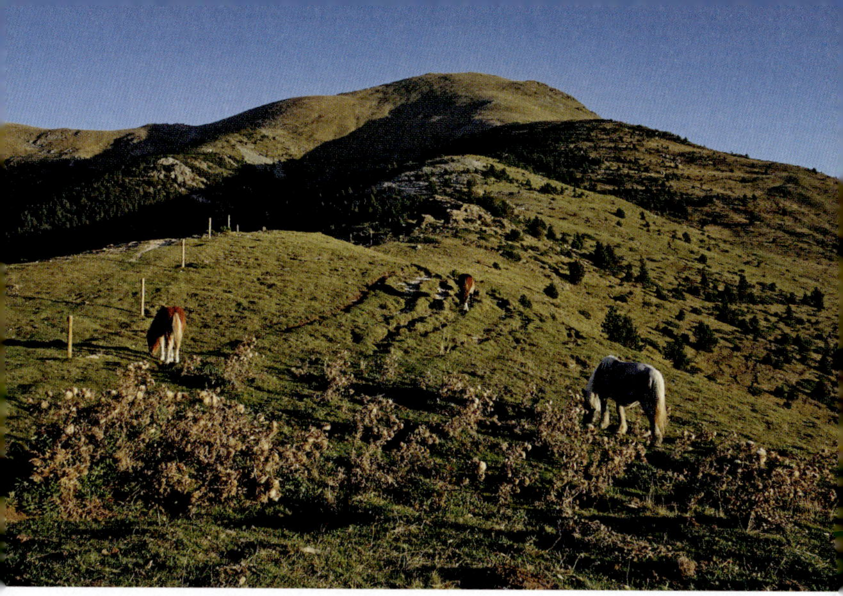

Die runde Costabona in der ersten Morgensonne.

Wir treten in ein schönes einsames Hochtal mit lichter werdender Vegetation und felsigen Flanken ein. Die Farbmarkierungen hören auf und werden von Steinmännern ersetzt. Die Pfadspur bleibt deutlich, und wir erreichen die große **Quelle** ❸, 2187 m, unseres Baches.
Wir gehen zunächst ohne Richtungswechsel, dann im Rechtsbogen steiler bergauf und gelangen auf das Plateau eines Talkessels. Der in den Karten eingezeichnete kleine See Estanyols de Concròs ist im Sommer ausgetrocknet oder bestenfalls ein Sumpf. Wir queren am rechten Kesselrand weglos ansteigend direkt auf den im Norden deutlich erkennbaren Pass (Portella del Callau) zu. Es müssen etwa 100 steile Höhenmeter, ohne Markierungen oder Steinmänner in grasigem, oben sandig-schottrigem Gelände, mit gu-

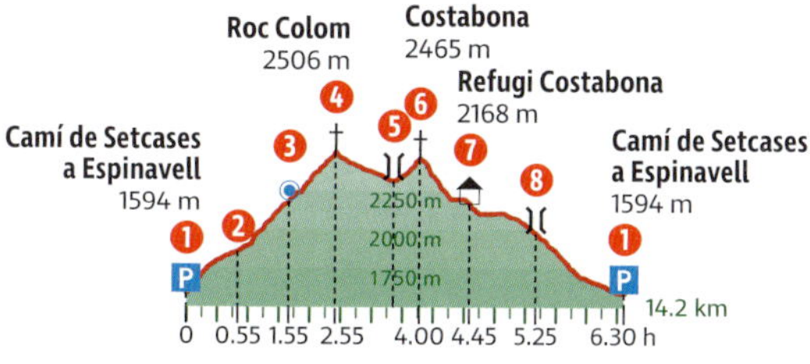

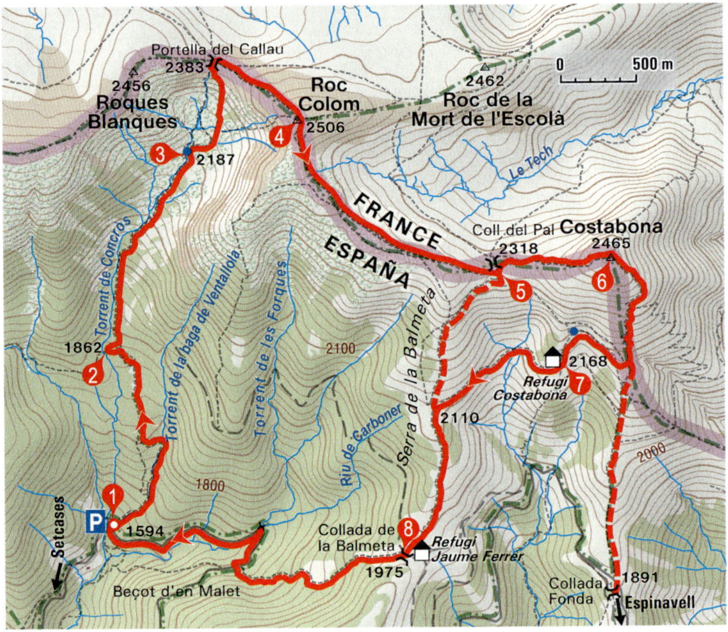

ten Trittstufen, überwunden werden. Die erste Hälfte davon halten wir uns am besten in einer Grasrinne, die von rechts unten nach links oben schräg hinaufzieht. An der Portella del Callau, 2383 m, erwartet uns weitläufiges Wiesengelände, und der gesamte Rest der Tour findet in sanftem, einfachem Gelände statt.

Der rot-weiß markierte Kammweg bringt uns nach rechts zum **Roc Colom** 4, 2506 m, mit seinem großen Gipfelsteinhaufen und schönem Blick in die Núria-Berge und hinüber zum Pic du Canigou. Wir verlassen den Gipfel nach Süden und laufen bequem in einem Bogen hinab zum breiten **Coll del Pal** 5, 2318 m, mit neuem Wegweiser, der in fünf Richtungen zeigt. Vom Coll ist ein abkürzender Abstieg möglich (siehe Variante 2). Wir aber gehen, dem Wegweiser und gelben Markierungen folgend, erst eben nach links um einen Steinbuckel herum. Dann steigen wir über mäßig steile Grashänge nach Osten zur **Costabona** 6, 2465 m, hinauf, um den beeindruckenden Blick über das französische Tech-Tal, die Ketten der Vorpyrenäen und vielleicht bis zum Mittelmeer zu bekommen.

Der Abstieg führt mit gelb markierten Holzpfählen erst nach Südost, dann Süd bis zu einer hellen Steinformation hinab. Von hier steigen wir ein paar

Meter direkt zum GR 11.6 ab und folgen ihm ein Stück nach rechts in Richtung »Coll del Pal«. Etwa 80 m vor der Font del Fra Joan steigt der GR nach rechts an. Hier gehen wir geradeaus, passieren die Quelle und gelangen zum unbewirtschafteten **Refugi Costabona** 7, 2168 m, an dem das Quellwasser aus einem Wasserhahn sprudelt.

Von der Hütte geht es einige Meter nach Südwesten hinab, dann in einem Rechtsbogen nach Nordwesten in die breite Senke eines Bachtals. Der Weg ist nur mit Steinmännern markiert, aber gut ausgetreten, und wird von einigen zusätzlichen Pfaden, die Almtiere getrampelt haben, ergänzt. Aus dem Tälchen ziehen Pfade fast eben nach Südwesten zu einem flachen Wiesensattel (Collada de Dalt de la Balmeta) hinüber, wo wir auf die gelben Markierungen der Variante treffen. Wir wenden uns nach links und wandeln weitgehend weglos durch flaches Almgelände, immer am Rücken der Serra de la Balmeta hinab in Richtung »Refugi forestal Jaume Ferrer«, das wir links liegenlassen.

Das dortige Almsträßchen über die **Collada de la Balmeta** 8, 1975 m, wird an einem Steinhaufen mit blasser Markierung überquert. Hier beginnt ein schöner, in den Wiesenbereichen allerdings kaum erkennbarer, orangefarben markierter Weg, der uns ganz bequem nach Westen zum Camí de Setcases a Espinavell hinableitet. An der Forststraße befinden sich ein paar Autostellplätze, ein Infoschild und in Gegenrichtung die Beschilderung »Refugi Jaume Ferrer«. Wir müssen die Straße nun noch etwa 20 Min. hinunterlaufen, um zum Parkplatz am **Camí de Setcases a Espinavell** 1 zurückzukehren.

Von der Costabona reicht die Aussicht nach Westen weit in die grasbewachsenen Núria-Berge.

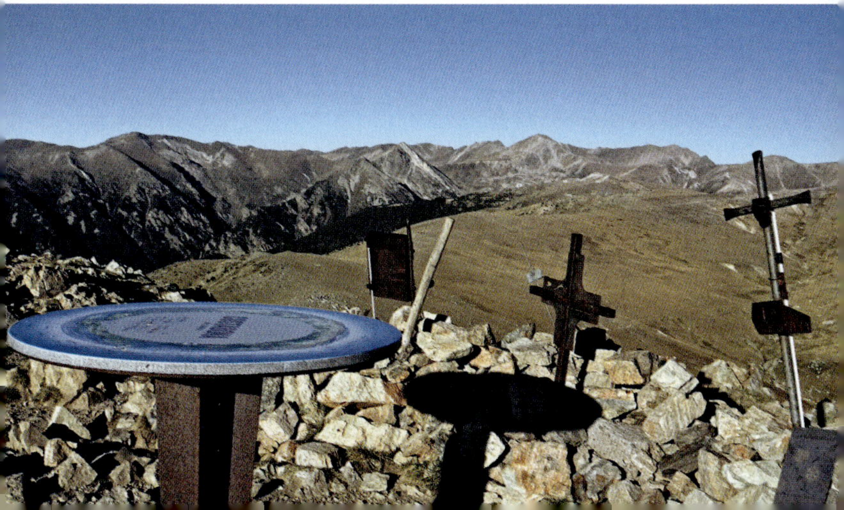

Katalanische Vorpyrenäen

Im Gegensatz zur französischen Seite flachen sich die Pyrenäen auf spanischer Seite nach Süden hin nur allmählich ab und erreichen in diesem großen Gebiet der Vorpyrenäen noch Höhen von 1000 bis 2000 m. Ähnlich wie am Hauptkamm verlaufen die Höhenzüge hier von West nach Ost, was durch die Auffaltungskräfte bedingt ist, die zuletzt vor 50 bis 30 Mio. Jahren beim Aufschieben der Eurasischen Kontinentalplatte auf die Iberische Platte einwirkten. Da Flussverläufe durch die langsamen Auffaltungsvorgänge kaum beeinflusst werden, haben die großen Ströme ihre Richtung von Nord nach Süd beibehalten und sich an mehreren Stellen tief in die sie querenden Höhenzüge eingegraben.

Diese für die Landschaft charakteristischen und für Wanderer so reizvollen Flussdurchbrüche findet man im Westen an der Noguera Ribagorçana bei Sopeira und an der Noguera Pallaresa am Congost de Collegats. Beide Flüsse, die das Wasser aus den Bergen westlich von Andorra abführen, durchbrechen weiter südlich noch die Serra del Montsec. Der große Riu Segre, der sich aus Andorra und dem östlichen Hauptkamm speist, durchbricht nördlich und südlich von Oliana mehrere Gebirgsketten. Die kürzeren Flüsse, die aus dem Naturpark »Cadí-Moixeró« nach Süden fließen, haben ihre von Stauseen gezierten Durchbruchspforten bei Sant Llorenç de Morunys und bei Berga.

Ähnlich wie in den Alpen besteht der Pyrenäenhauptkamm vorwiegend aus Urgestein. Südlich davon überwiegen die Sedimente: Kalkstein, Konglomerat und Schiefergestein. Auffällig ist ein Riegel aus Konglomeratgestein, der von der Grenze nach Aragón über La Pobla de Segur, Oliana, Sant Llorenç de Morunys bis nach Berga zieht. Konglomeratgebirge, wie zum Beispiel die gut erschlossene Serra de Sant Honorat bei Oliana, sind trotz ihrer oft nur geringen absoluten Höhe an ihren Flanken stark zerklüftet, haben steile Wände und große glatte Felsflächen und wirken somit sehr wild und alpin. Ihre Kämme sind dagegen oft flach und gut begehbar. Durch Verkippen der Konglomeratschichten sind an manchen Stellen einzigartige Landschaftsformen entstanden, wie etwa die sägezahnartigen Felsformationen in der Serra de Busa bei Sant Llorenç de Morunys. Weichere Sedimente wie zum Beispiel Schiefer neigen zur Erosion. Hierbei entstehen ebenfalls ganz eigenartige wilde Landschaften, die der Natur und speziell den Pionierpflanzen viel Raum geben. Die roten Schiefer bei Arén oder Malpàs (El Pont de Suert) setzen dabei einen besonderen Akzent.

Die Sonnenseiten der Vorgebirge tragen nur magere, mediterrane Vegetation und sind für Wanderer, die in den Pyrenäen ein südliches Flair, reichlich Natur und viele Ausblicke erwarten, besonders attraktiv. In den unzugänglichen Nordseiten wachsen schöne, oft urwaldartige Mischwälder. Flachere Berge sind – nicht nur in den Pyrenäen – seit über 80 Jahren Ziel von spanischen Aufforstungsprogrammen gewesen. In den Vorpyrenäen wurden, oft auf künstlichen Terrassen, vorwiegend Kiefern angepflanzt, im Hinblick auf die Ökologie sind diese Plantagen jedoch höchst umstritten. Nach Jahrzehnten sind die Wälder, wenn sie denn überhaupt überlebt haben, möglicherweise wieder im Gleichgewicht und verfügen, zum Nutzen der Wanderer, über viele Wirtschaftswege. Junge Kiefernanpflanzungen hingegen, in denen die Bäume noch in Reih und Glied stehen, enthalten viel Totholz und sind oft undurchdringlich. Ein weiteres Problem ist der Kiefernprozessionsspinner, dessen Raupen gerade junge, südseitige Kiefernplantagen, die unter Trockenstress stehen, kahlfressen und zum Absterben bringen. Entlang der großen Flüsse führen vier gut ausgebaute Straßen von Norden in die katalanischen Vorpyrenäen. Die schnelle Nord-Süd-Verbindung von Puigcerdà nach Berga durchquert dabei den mautpflichtigen Túnel del Cadí. Wenn in den Zentralpyrenäen bei einer Nordwest-Wetterlage widrige Wetterverhältnisse herrschen, ermöglichen diese guten Straßenverbindungen motorisierten Wandertouristen einen schnellen Wechsel in ein wärmeres und vom Wetter begünstigtes Gebiet. Längere Schlechtwetterperioden kommen hier nicht vor und auch im Winter sind Schneefälle selten, sodass die niedriger gelegenen Tourengebiete eher in den kalten als in den warmen Monaten Saison haben. Im Winter füllen sich die südlicheren Talbecken allerdings gern mit Nebel oder Hochnebel. Dieser hat nichts mit schlechtem Wetter zu tun, löst sich oft tagsüber auf und kann natürlich auch überstiegen werden.

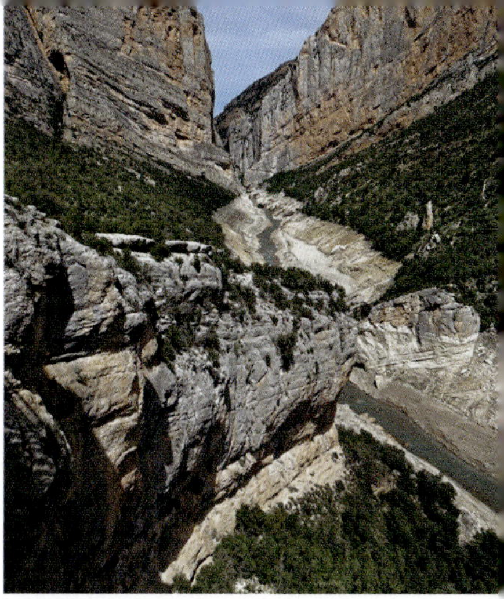
Die Schlucht Mont-rebei (Tour 54).

In den katalanischen Vorpyrenäen gibt es kaum touristische Highlights. Neben vielen alten, mehr oder weniger restaurierten Dörfern und hübschen Städtchen mit mittelalterlichen Kernen (z. B. Solsona, Cardona, Sant Llorenç de Morunys, Organyà, Tremp, Arén) sind unzählige Burgen und romanische Kirchen Anziehungspunkte, sie sind aber teilweise leider verfallen oder verschlossen. Der (sanfte) Tourismus ist vor allem auf die Natur ausgerichtet, und davon gibt es in dem dünn besiedelten, industriearmen, landwirtschaftlich geprägten Gebiet genug. Die Natur und die Landschaft machen die Attraktivität der katalanischen Vorpyrenäen aus. Wer mit dem Auto unterwegs ist, wird von der Unterschiedlichkeit der Landschaften und ihrem schnellen Wechsel überrascht, Wanderer können fast überall nach wenigen Hundert Metern Aufstieg grandiose Weiten genießen.

↗ 420 m | ↘ 420 m | 6.7 km

50 Tossal de Pollerini, 1445 m, und Erillcastell

2.45 h

Ein roter Berg und ein verlassenes Dorf

Unter den südlichen Ausläufern des Parc Nacional d'Aigüestortes liegt, von hohen Grasbergen geschützt, das hübsche Dorf Malpàs auf einer Anhöhe. Von hier aus führt unsere kleine Tour über Wiesen und Felder zu einem wenig besuchten Berg, der wegen seiner dunkelroten Schieferformationen, seines vulkanischen Ursprungs und seiner schönen Aussicht dennoch etwas Besonderes ist. Auf einem Nebenberg thront die Burg- und Dorfanlage von Erillcastell, die im 11. Jh. begründet und in deren Nähe eine Kohlemine betrieben wurde. Die Häuser des kleinen Dorfs sind leider verfallen, aber an manchen Stellen ist die Vornehmheit ihrer Erbauer noch erkennbar.

Ausgangspunkt: Malpàs, 1089 m. Parkmöglichkeit am Platz vor der Kirche. Von der N-260 zwischen El Pont de Suert und Senterada ca. 6 km südöstlich von El Pont de Suert nach Malpàs abbiegen.
Anforderungen: Trittsicherheit. Orientierungsvermögen. Die kurze Gipfelbesteigung erfordert ungefährliche Kraxelei in weglosem, aber übersichtlichem Gelände.
Markierung: Gelb, teilweise Holzpfähle.
Einkehr: In Malpàs und in El Pont de Suert. Unterwegs keine.
Variante: Abstieg zum **Camí de Malpàs a Gotarta** (keine Schwierigkeiten): etwa 40 m westlich unterhalb des Passes, 1376 m, spitzwinklig nach rechts von der Hauptroute abzweigen (kein Hinweis, keine Markierung). Alter Fahrweg, stark ausgewaschen, aber gut gehbar. Er führt in Serpentinen mit angenehmer Steilheit in abwechslungsreicher Landschaft im Nordwesthang bergab und quert unten einen Bach. 500 m weiter Einmündung in die Schotterstraße zwischen Malpàs und Gotarta. Auf ihr nach links in knapp 30 Min. weitgehend eben über Wiesen und Felder nach Malpàs (zusätzlich 15 Min./1 km, wie auf dem Hauptweg 290 Hm im Abstieg).

Vom Parkplatz in **Malpàs** ❶ gehen wir auf der Zufahrtsstraße etwa 200 m nach Norden zurück und am Wanderwegweiser eine Schotterstraße nach links hinauf. Nach 40 m und weiteren 60 m halten wir uns jeweils rechts und wandern nun auf einem Fahrweg in flachen Kehren, durch kleine Waldstücke und über Äcker und Wiesen im Südhang bergauf, wobei wir immer der Beschilderung »Erillcastell« folgen. An den obersten Wiesen geht der Fahrweg in einen Wanderweg über, der durch ein wunderschönes Gebiet mit rotem Gestein, niedrigen Eichen und mediterranem Buschwerk führt. Nach einem Rechtsknick erreichen wir einen Punkt, an dem von rechts zwei auffällige rote Schieferrinnen, 1328 m, herabziehen. Wir steigen in der linken Rinne auf griffigem Schieferkies nach Osten bergan, kommen in flacheres Gelände, machen hier einen

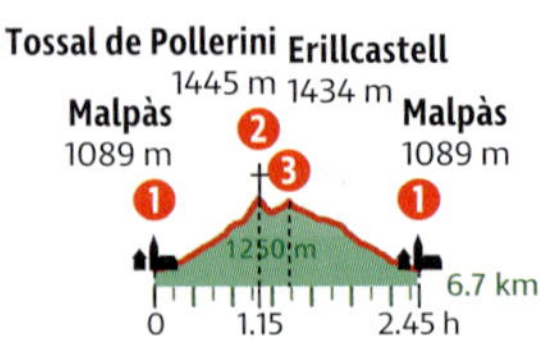

Bogen nach links zu dem wenig ausgeprägten Westgrat unseres Berges hinauf und umgehen damit die steileren Felsstufen seiner Südseite. Am Westgrat finden sich Trittspuren im niedrigen Buschwerk. Wir erreichen einen Vorgipfel und 3 Min. später den flachen Gipfel des **Tossal de Pollerini** ❷, 1445 m, mit seinem malerischen Blick auf Erillcastell.

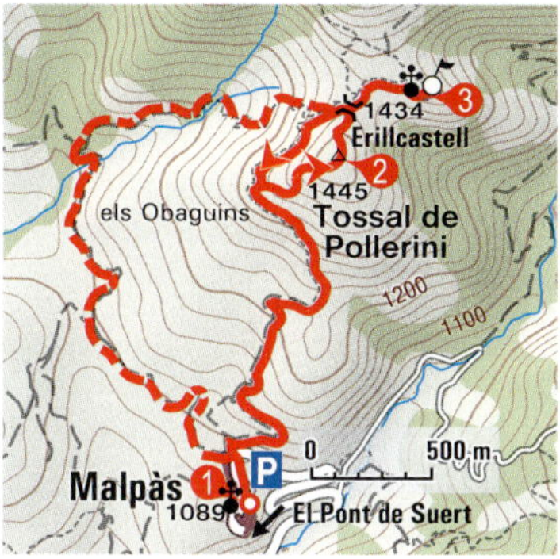

Für den Abstieg gehen wir auf einer Wiese ca. 100 m genau nach Norden bergab. Dort finden wir Steinmänner, queren auf einem schmalen Pfad nach rechts den Nordhang hinab und treffen an dem schwarz-schiefrigen Pass, 1376 m, auf den markierten Wanderweg, der von Malpàs hier heraufzieht. Ab hier führt der Weg über Wiesen und ein eingezäuntes Feld zum verlassenen Dorf **Erillcastell** ❸, 1434 m. Ein Blick in die stark überwachsene Kirche sollte nicht versäumt werden. Das Dach ist im vorderen Teil eingestürzt, aber der Altar steht noch an seinem Platz; eine Szenerie wie in einer Höhlenkirche.

Auf dem Rückweg folgen wir am Pass dem markierten Wanderweg in Richtung »Malpàs« nach Westen hinab (kurz nach dem Pass nach rechts: Variante) und stoßen bei den roten Schieferrinnen auf die Aufstiegsroute. Auf dieser zurück nach **Malpàs** ❶.

Erillcastell in exponierter Lage an der Südabdachung der Hochpyrenäen.

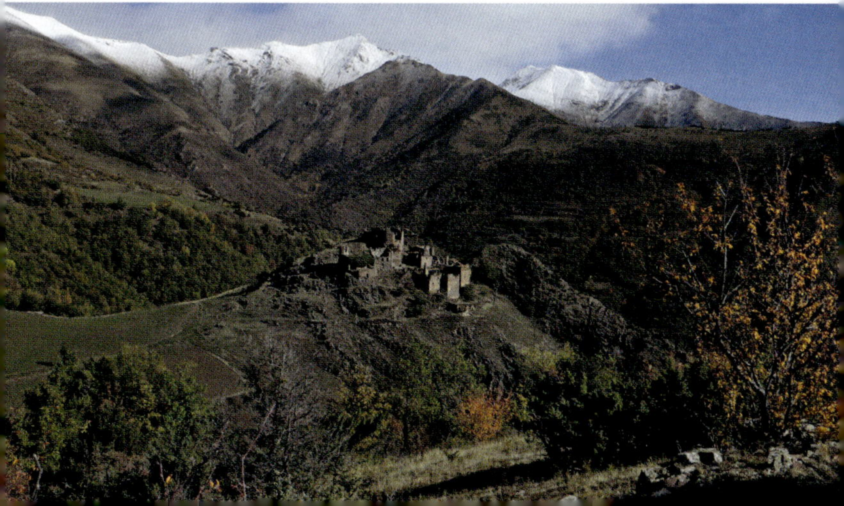

↗ 540 m | ↘ 540 m | 12.2 km

51 Rundtour zum Bergdorf Iscles

4.15 h

Ausflug nach Aragón in eine einsame Erosionslandschaft

Zwei naturbelassene Bäche und die Witterung ließen in einem Gebiet mit ganz verschiedenen, harten, weichen, farbigen, geschichteten Gesteinen eine eigenwillige, herbe Landschaft entstehen. Die beiden Bäche bilden das Grundgerüst unserer Rundwanderung. Wir begehen eines der Bachtäler und besuchen das abgelegene, halbverfallene, aber noch mit Leben gefüllte Dorf Iscles und die Ruine einer mächtigen Kirche. Anschließend kehren wir im zweiten Tal zurück.

Ausgangspunkt: Rivera de Vall, 829 m, Parkplatz am oberen Ortsende an der Kirche. Ca. 6 km südlich von Sopeira von der N-230 nach rechts in Richtung »Sobrecastell« und »Cornudella« abbiegen und 7 km auf der A-2614 bis Rivera de Vall hinauffahren.
Anforderungen: Trittsicherheit in rutschigen (Bach-)Passagen. Aufmerksamkeit in Anbetracht spärlicher Markierung. Für die Bachüberquerungen sind Trekkingstöcke hilfreich. Die Tour nicht direkt nach oder bei Regenfällen einplanen, da die Wege wegen der Bodenbeschaffenheit rutschig werden. Der Bach im Barranc d'Iscles dürfte nur nach sehr starken Regenfällen unpassierbar werden.
Markierung: Gelb und gelb-weiß, teilweise in großem Abstand. Steinmänner.
Einkehr: In Arén. Unterwegs keine.
Variante: Abstecher zur **Casa Bonet**, 1143 m (auch **Iscles Alto** genannt; keine Schwierigkeiten): ca. 700 m nördlich von Iscles am Wegweiser »Coll de Vent« nach rechts zum verfallenden Weiler aufsteigen. Das Haupthaus ist offen, die Treppen sind begehbar. Das Innere erscheint, obwohl restlos verkommen, wie ein kleines Museum. Achtung: Einsturzgefahr der Decken! Von den Wiesen um die Casa Bonet schöne Aussicht (zusätzlich 30 Min., 1 km sowie 90 Hm im Auf- im Abstieg).

Vom Parkplatz an der Kirche in **Rivera de Vall** ❶ gehen wir die Asphaltstraße ein kurzes Stück in Richtung »Puimolar« hinauf. Dort, wo die Leitplanke unterbrochen ist, weist ein Wegweiser zur »Iglesia de Sant Pere« nach links die Böschung hinab. Wir stoßen ein paar Meter unterhalb der Straße auf Markierungen und einen Pfad, der zum Zusammenfluss der Bäche aus dem Barranc del Solà und dem Barranc de Iscles hinabführt. Oberhalb des Zusammenflusses überqueren wir den von rechts kommenden Bach an einer geeigneten Stelle (von links unser Rückweg) und gehen auf den Terrassen

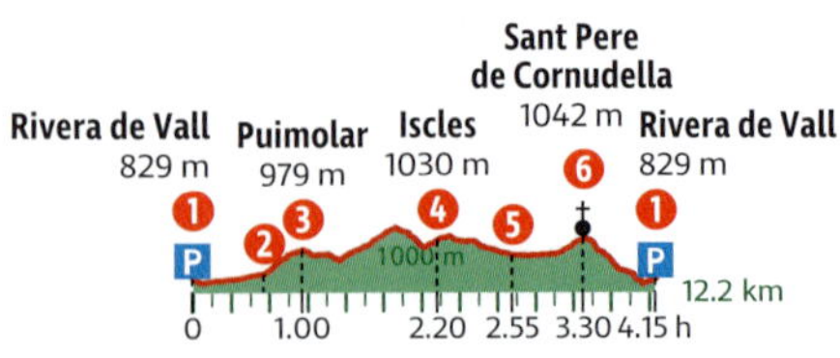

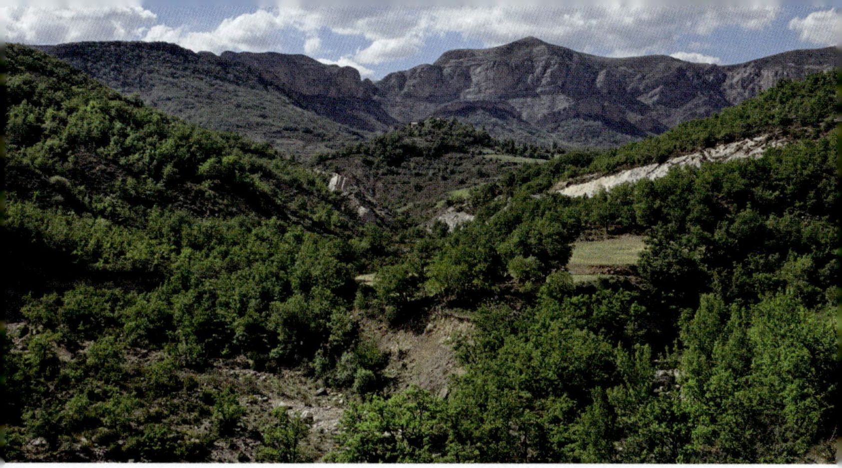

Über dem Barranc d'Iscles, in Bildmitte der Weiler Puimolar, dahinter die Serra de Cis.

oberhalb des Bachbetts etwa 400 m bachaufwärts weiter, bis wir von einer bis bis ins Wasser hinabreichenden erodierenden Geröllwand auf die andere Bachseite gezwungen werden. Je nach den Verhältnissen müssen wir auf unserer abwechslungsreichen Wanderung das mit Steinen durchsetzte Wasser noch mehrmals überschreiten. In der Regel führt der Bach jedoch wenig Wasser, sodass ein Seitenwechsel überall problemlos möglich ist. Vor uns sehen wir während der gesamten Bachwanderung auf einem Hügel den winzigen Ort Puimolar liegen, dessen wenige Häuser halb im Wald versteckt sind.

Vor einem deutlichen Linksknick des **Barranc d'Iscles** ❷, 852 m, direkt unter der Südostseite des Dorfhügels von Puimolar, verlassen wir das Bachbett nach rechts und gehen über eine kurze steile Böschung weglos zu den terrassenartig angelegten Feldern hinauf. An den Feldrändern entlang oder auch abkürzend über die Wiesenböschungen steigen wir direkt auf den Waldgürtel zu, der Puimolar auf seiner Ostseite umgibt. Am Waldrand angekommen, sollte man nicht versuchen, durch den Wald zu den Häusern vorzudringen, sondern auf Pfadspuren solange nach rechts queren, bis eine Asphaltstraße erreicht ist. Auf ihr gelangen wir in in das einladende Örtchen **Puimolar** ❸, 979 m. Der kleine Dorfplatz bietet auf zwei Seiten Aussicht, Häuser und Kirche sind geschmackvoll restauriert.

Wir gehen die Zufahrtsstraße wieder hinab, kürzen eine Kehre ab, und treffen 50 m nach der Abkürzung auf einen Holzpfahl. Hier steigen wir nach links am Wiesenrand ab, durchqueren eine bewaldete Mulde und gehen im Linksbogen, zwischen Wiese und Feld, auf ein Eichenwäldchen zu. Ohne Richtungswechsel zwischen den Bäumen hindurch stoßen wir auf einen Fahrweg. Diesem folgen wir durch ein Bachtal und an einem kleinen Ge-

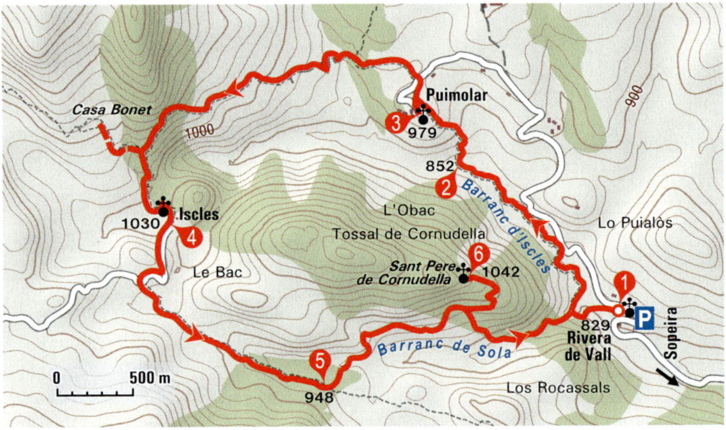

höft vorbei bis oberhalb eines letzten, renovierten Hauses. Dahinter geht der Fahrweg mit Rechtsknick in einen schönen, aber kaum noch begangenen und leicht verwilderten Wanderweg über.

Immer wieder öffnen sich aus dem Eichenwald Ausblicke über die interessant strukturierte, kleinteilige Landschaft um Puimolar. Bald wird auch das kleine Dorf Iscles sichtbar, das idyllisch in den verschiedenfarbigen, geschichteten, erodierenden Hügeln liegt. Dort, wo kurz ein Erosionshang gequert wird, ist der Weg beschädigt, aber gerade noch gehbar. Am Abzweig zur Casa Bonet (Schild »Coll de Vent«, Variante) biegt unser Weg nach Iscles links ab und zieht bergab. Nach der Überquerung eines kleinen Seitenbachs gehen wir über eine hübsche Wiese, durchschreiten den Barranc d'Iscles ein letztes Mal und steigen im Gegenhang nach links zu dem kleinen Dorf hinauf.

In **Iscles** 4, 1030 m, leben im Rahmen eines sozialen Projekts acht Menschen, darunter auch Kinder. Es gibt mehr verfallene als bewohnte Häuser, ein Gewächshaus, zahlreiche Gerätschaften und viele Autos. Obwohl das Dach der Kirche defekt ist und ihr Innenraum zweckentfremdet wurde, kann man sich noch eine gute Vorstellung von ihrem schmucken blau ausgemalten und verzierten Innenraum machen.

Wir verlassen Iscles auf der einzigen Straße und staunen: Was früher ein nach Regen matschiger, bescheidener Fahrweg war, wurde zu einer Monster-Straße ausgebaut, doppelt so breit, mit Begradigungen und hohen Aufböschungen, und so gar nicht zum Wunsch der Bewohner nach einem naturnahen Leben passend. 100 m nach der ersten Rechtskurve, in der zwecks Begradigung der Berg abgetragen wurde, war früher ein Wegabzweig mit einem Holzpfahl gekennzeichnet. Wir müssen nun an dieser

Stelle ohne Wegweiser die aufgeschüttete Straßenböschung nach links hinuntersteigen und gehen anschließend rechts eines Grabens am linken Wiesenrand auf den Einschnitt rechts eines grau geschichteten Hügels zu. Wir gelangen jenseits eines schmalen Gebüschgürtels auf die freien Tonschieferflächen, die den Beginn des Barranc de Solà anzeigen. Der wunderschöne, abwechslungsreiche Weiterweg durch Wiesen und Kiefernwald, über Bäche, an Erosionsflächen und grauen Schichtungen vorbei wird nur wenig begangen, sodass wir uns fortwährend an Markierungspfählen orientieren müssen.

An einem **Abzweig** ❺, 948 m, folgen wir der Beschilderung »Rivera de Vall« nach links und überschreiten wenig später den Hauptbach des Tals. Der Weg durchquert ein Gebiet mit leuchtend rotem Schiefer und zieht am nach Süden geneigten Hang schrittweise hinauf zum Abzweig zur Kirche »Sant Pere de Cornudella«. Wir biegen hier links ab und wandern einen ungepflegten Serpentinenweg hinauf zum Kamm. Dort wenden wir uns scharf nach links und erreichen nach wenigen Minuten die ungewöhnlich große Kirche **Sant Pere de Cornudella** ❻, 1042 m, von der nur die meterdicken Wände und der bröckelnde Turm stehen geblieben sind. Von hier bietet sich noch einmal ein schöner Blick nach Süden über die vielgestaltige und vielfarbige Landschaft.

Wieder zurück auf dem Hauptweg, gehen wir nach links weiter, steigen durch hübschen lichten Eichenwald ab und gelangen nach der Durchquerung einer Felsrippe auf einen schlechten, steilen Wegabschnitt mit Hangrutschungen. Wenig später erreichen wir den Bachzusammenfluss, überschreiten den Barranc d'Iscles an bekannter Stelle und kehren nach **Rivera de Vall** ❶ zurück.

Der Weiler Iscles.

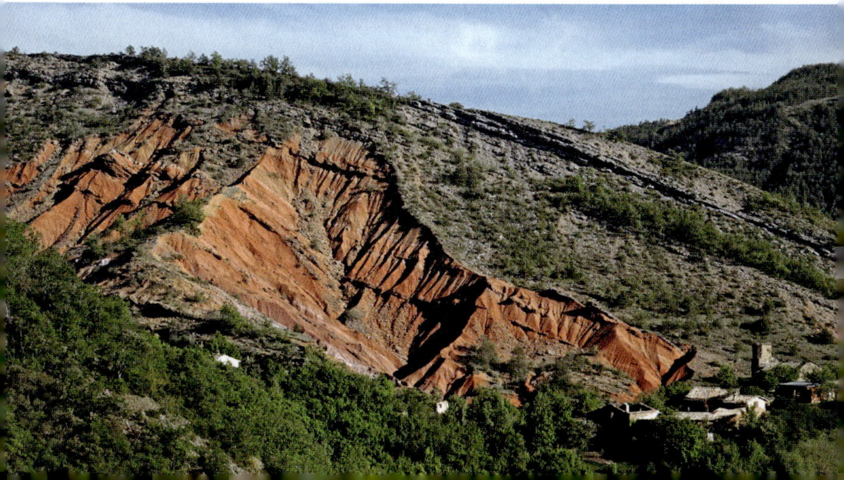

↗ 1320 m | ↘ 1320 m | 17.5 km

52 Pala del Teller, 1889 m

8.15 h

Lange Wanderung auf einen exzellenten Aussichtsberg

Die Noguera Ribagorçana hat beim Durchbruch durch die senkrecht aufgefalteten Kalkschichten bei Sopeira eine grandiose Felslandschaft entstehen lassen. Daran haben auch eine Staumauer und eine Straße nichts geändert. Hier ist man behutsam mit der Natur umgegangen. Die Tour führt uns von der hübschen Klosterkirche Santa María de Alaón in Sopeira durch ein wildes Tal zu einem verlassenen Dorf und auf einen langen Berg mit senkrecht abfallenden Südwänden. Wem der Weg zu diesem Berg zu weit ist, der kann nach halber Wegstrecke auf eine liebliche, aussichtsreiche Hochebene abbiegen. An dessen westlichem Ende lockt ein exponierter Aussichtspunkt, der eine kurze ausgesetzte Kraxelei erfordert und einen fantastischen Tiefblick in das Durchbruchstal ermöglicht (Variante).

Ausgangspunkt: Sopeira, 710 m, Monasterio de Santa María de Alaón. 14 km südlich von El Pont de Suert von der N-230 in den Ort Sopeira abbiegen und der Beschilderung hinab zum Monasterio folgen.
Anforderungen: Trittsicherheit, Orientierungsfähigkeit, Ausdauer. Nur kurze steile Passagen. An einer Stelle Kraxelei. Die Tour nicht bei Nebel oder Nebelgefahr gehen!
Markierung: Im ersten Teil gelb. Steinmänner.
Einkehr: In Sopeira. Unterwegs keine.
Variante: Roc de Sant Cugat, 1328 m. Er ist eine der vielen schmalen Felsrippen, die die Umgebung von Sopeira so spektakulär machen (keine Schwierigkeiten. Nur am Gipfelgrat leichte, aber sehr ausgesetzte Kletterei (II-), Schwindelfreiheit notwendig): ab dem Abzweig, 1298 m, auf dem Wiesengelände oberhalb von Llastarri auf einem Fahrweg über die Pferdeweiden der Pla de Cunco nach Nordwesten bis zum Aussichtspunkt an ihrem hintersten Ende. Der Roc de Sant Cugat ragt mit seiner senkrechten Nordwand über der westlichsten Pferdeweide auf. Der einfachste Aufstieg führt über den flachen, aber sehr schmalen Ostgrat, den man ca. 10 m vor seinem Ende erklimmt. Dort ist ein Durchgang durchs Gestrüpp. Vom Gipfel am Grat vorsichtig noch ein Stück weiter nach Westen (hinab-)gehen. Die Aussicht auf die wilde Fels- und Flusslandschaft wird dabei immer besser (zusätzlich 1.30 Std., 4 km sowie 70 Hm im Auf- und Abstieg).

Vom Kloster Santa María de Alaón in **Sopeira** ❶, 710 m, gehen wir 400 m flussaufwärts, überqueren die alte Brücke, blenden das dortige Umspannwerk aus und spazieren wieder flussabwärts. Bei den Picknickbänken vis-à-vis des Klosters steigen wir nach links zu dem schmalen Fahrweg hinauf, der uns in einem Linksbogen ins Aufstiegstal hineinführt. Der Fahrweg geht in einen gut angelegten, aber wenig begangenen Wanderweg über. Er zieht in einem dünn bewachsenen, von Felswänden umringten Tal bergauf und geht an einem flachen Pass in einen Fahrweg über. Wir folgen diesem etwa 200 m und steigen dann rechts nach **Llastarri** ❷, 1167 m, hinauf. Die

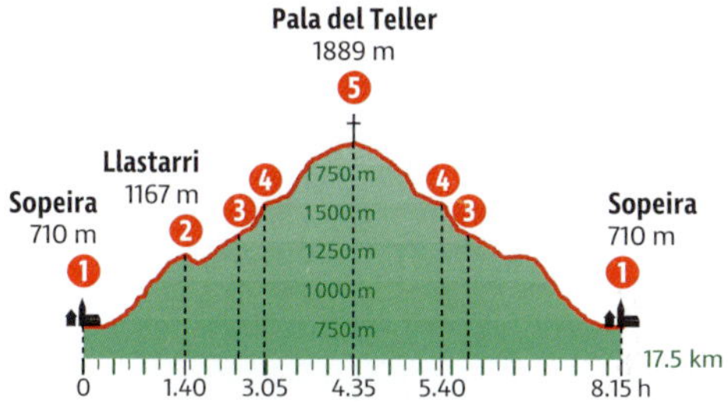

verfallenen Häuser des kleinen Orts haben eine tolle Aussichtslage, sind aber fast vom Dickicht verschluckt. Zurück auf dem Fahrweg kürzen wir seine flache Kehre auf der Wiese ab und folgen ihm dann nach Nordosten bergab. Nach wenigen Minuten treffen wir auf die Schotterstraße, die von Santa María de Miralles heraufzieht, und gehen auf ihr nach links. Nach zwei Kehren im sich abflachenden Wiesengelände gelangen wir an einen **Abzweig** 3, 1298 m. Hier beginnt die Variante auf dem geradeaus verlaufenden Fahrweg.

Wir biegen stattdessen in den spitzwinklig nach rechts abgehenden Fahrweg ein und gelangen auf eine schöne Wiese, an deren linker Seite sich eine seismologische Station befindet. An der Wiese fußt ostseitig ein steiler, steiniger, mit Buchsbaum bewachsener Hang, der oben von einem Felsriegel abgeschlossen wird. Auch wenn er nicht besonders einladend aus-

Blick vom Roc de Sant Cugat (Variante) über den Pantà d'Escales bis in die Hochpyrenäen.

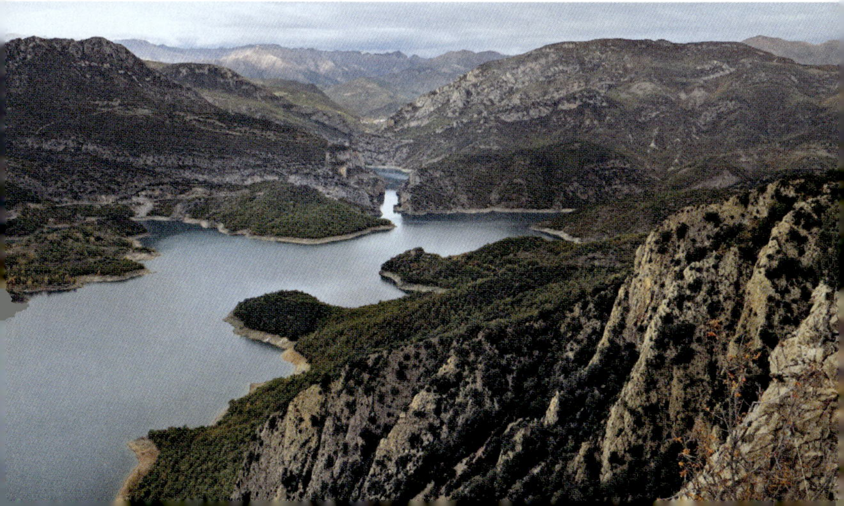

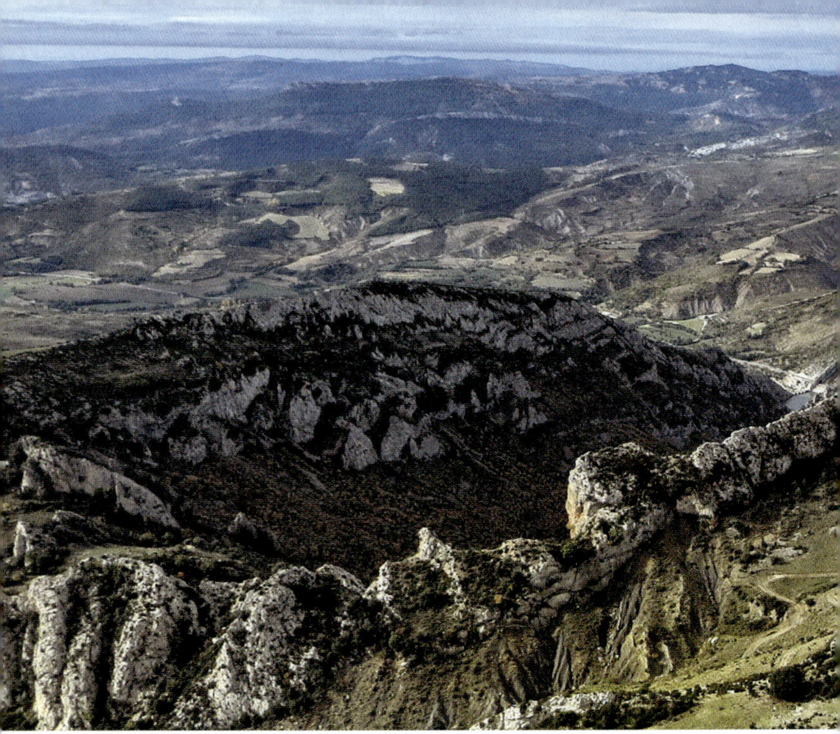

Blick nach Westen über die Noguera Ribagorçana in die Serra de Cis.

sieht, steigen wir in Falllinie nach Osten in Richtung des Felsriegels hinauf. Es gibt keine Markierungen und das Steigen ist anstrengend. Der Bewuchs erweist sich allerdings als kaum hinderlich, und der steinige Boden ist gut begehbar. Der Felsriegel am oberen Ende des Hanges ist an mehreren Stellen in leichter Kletterei passierbar. (Wer dennoch auf eine höhere Felsstufe trifft, sollte soweit nach Süden queren, bis die Felsen niedriger werden.) Es ist ratsam, sich für den Abstieg die Stelle zu merken, an der der Felsriegel gut zu überwinden war.
Wir behalten die Richtung bei und erreichen wenig später ein **Plateau** 4, 1495 m. Wegspuren folgend gehen wir von hier weiter nach Osten und flach ansteigend in einem leichten Rechtsbogen zu der – hier noch niedrigen – Abbruchkante des Kamms der Muntanyeta de Llastarri. Die Kante über der lang gestreckten senkrechten Südwand ist ab jetzt unsere Leitschiene zum Gipfel. Wiesen wechseln mit Buchsbaum-Wacholder-Gebüsch ab, das von Pfaden durchzogen ist. Diese werden aber eher von Ziegen als von Wande-

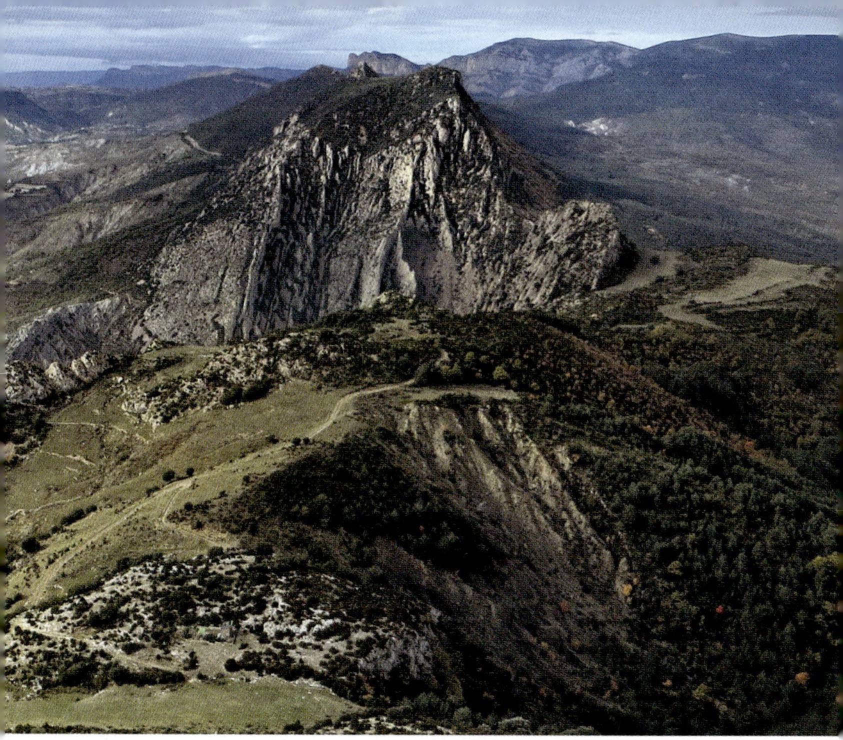

rern getreten. Oft sind Kuppen oder kleine Rücksprünge der Abbruchkante zu umgehen. Es ist kein steiler, aber ein langer Gipfelanstieg, der neben dem Fernblick auch beeindruckende Einblicke in die zerklüftete, höhlenreiche Südwand gewährt. Das großartige Panorama vom frei stehenden Gipfel **Pala del Teller** ❺, 1889 m, umfasst nicht nur die gesamte Kette der östlichen Hochpyrenäen, sondern auch das vielgestaltige südliche Vorland. Der Abstieg nach **Sopeira** ❶ erfolgt auf dem Aufstiegsweg, wobei der kleine Abstecher zu den Ruinen von Llastarri ausgelassen wird.

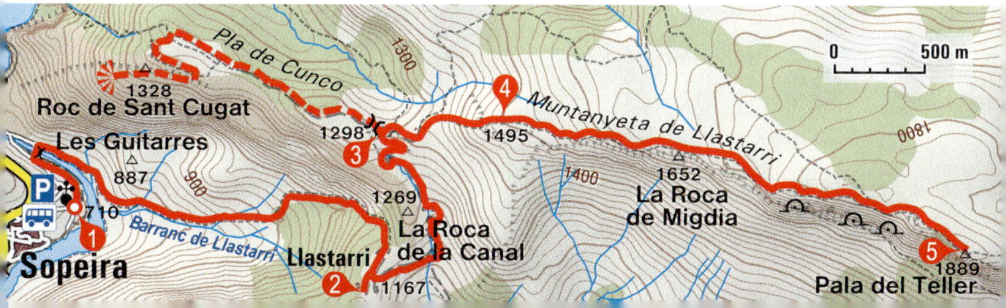

↗ 870 m | ↘ 870 m | 15.4 km

53 Serra del Castellet, 1518 m

6.00 h

Abenteuerliche Tour im Konglomeratfels östlich von Arén

Es ist eine einsame Gegend um Arén herum, mit weit verstreuten kleinen Dörfern, einigen Viehzuchtbetrieben, ganz unterschiedlichen Landschaftsformen, einem Streifen mit roten Schieferbergen, viel Wildnis und nur wenigen Wanderwegen. Dafür gibt es genug natürliche »Wege«, in Trockentälern und -schluchten, auf freien Kämmen und Bändern im Konglomeratfels, die ein zügiges Vorankommen ermöglichen. Für unsere Konzentration und den Einsatz von Kraft und Mut werden wir mit Stille, Einsamkeit, herrlichen Aussichten und Landschaftseindrücken belohnt und müssen nur punktuell mit etwas dichterer Vegetation rechnen.

Ausgangspunkt: Barranc d'Esplugafreda, 739 m. Von der N-230 zwischen Pont de Suert und Benabarre, etwas nördlich des Abzweigs nach Arén bei El Pont d'Orrit nach Sapeira abbiegen. An der ersten Kehre der Asphaltstraße geradeaus in die Schotterstraße in Richtung Esplugafreda fahren. Nach 2 km dort parken, wo die Straße den Barranc d'Esplugafreda erreicht.
Anforderungen: Trittsicherheit. Orientierungsvermögen. GPS-Unterstützung zu empfehlen. Nebelfreies Wetter Voraussetzung.
Markierung: Steinmänner. An wichtigen Stellen gelbe Markierungen.
Einkehr: Am Anfahrtsweg in Arén. Unterwegs keine.

Vom Parkplatz im **Barranc d'Esplugafreda** ❶ gehen wir den großen Schotterstrom nach Nordosten weiter bergauf. Das ist weniger mühsam als zunächst angenommen, weil immer wieder feiner Schotter oder Sand das Gehen erleichtert. Auch wird es bald spannend: Kurven und Engstellen, kleine Steilstufen mit Kraxelstellen, überhängende Wände, riesige Klemmblöcke, Wasserrinnen machen aus der Bachbetttour eine aufregende Sache. Eine unüberwindliche Steilstufe kann man links über den Fels umgehen, soll-

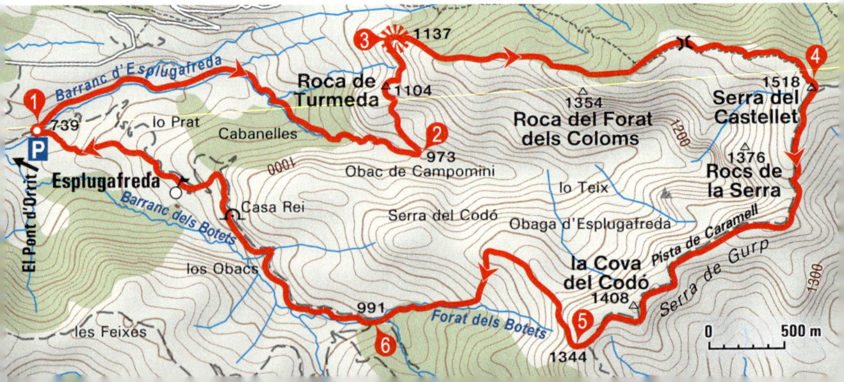

te danach aber wieder ins Bachbett zurückkehren. Etwa 200 m nach der Stelle, wo wir unter einem Klemmblock hindurchkriechen müssen, wird die linke Schluchtseite freier und relativ flach.

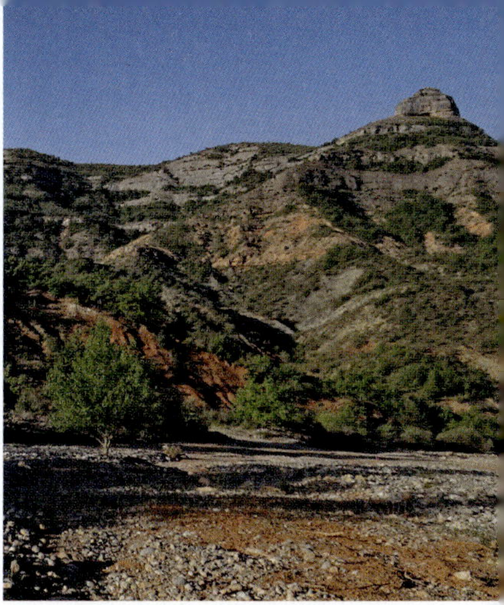

Typisch für die Gegend um Arén: Trockentäler, Erosionen und Konglomeratgestein.

Hier können wir auf einer **Rampe** ❷, 973 m, im Konglomeratfels spitzwinklig in Gegenrichtung aufsteigen (Markierungen). Damit verlassen wir also den Barranc und begeben uns in wegloses Gelände. Grobes Ziel ist der linke Abhang der im Norden über uns sichtbaren Felsmauer. Wir steigen etwa 40 Hm auf einen Absatz hinauf und queren anschließend nach links in ein flaches Bachbett hinab, das nur aus Fels und kaum Geröll besteht. In die flache Wanne des Bachbetts münden von oben zwei Rinnen, von denen wir die linke hinaufsteigen. Manchmal erfordert dichte Vegetation ein Ausweichen, weiter oben auf der freien Fläche geht es rechts der Rinne bergauf. Wenn wir danach im Zickzack, Markierungen folgend, nach Norden aufsteigen, gelangen wir zwangsläufig auf den flachen Vorsprung der Roca de Turmeda, 1104 m, wo sich der Blick nach Norden öffnet.
Wir wenden uns nach rechts, gehen ein Stück am Rücken entlang und müssen an markierter Stelle ein wenig nach links absteigen, um auf ein leicht ansteigendes schönes Felsband zu gelangen, das uns im Bogen zum nächsten **Vorsprung** ❸, 1137 m, bringt, von dem die Aussicht noch besser ist. Wir biegen wieder scharf nach rechts ab und gehen fortan immer am Kamm weiter, mal steiler, mal flacher. Die Vegetation ist kaum ein Hindernis, auch ist mitunter ein Pfad zu erkennen. Der Kamm knickt leicht nach links ab und wird flach. An dieser Stelle stößt von links ein unmarkierter Pfad, der

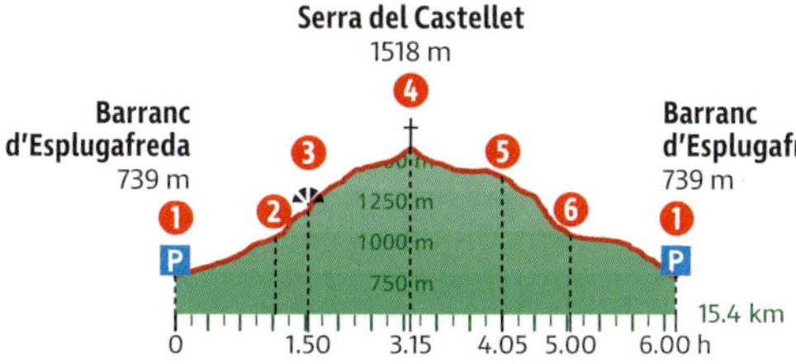

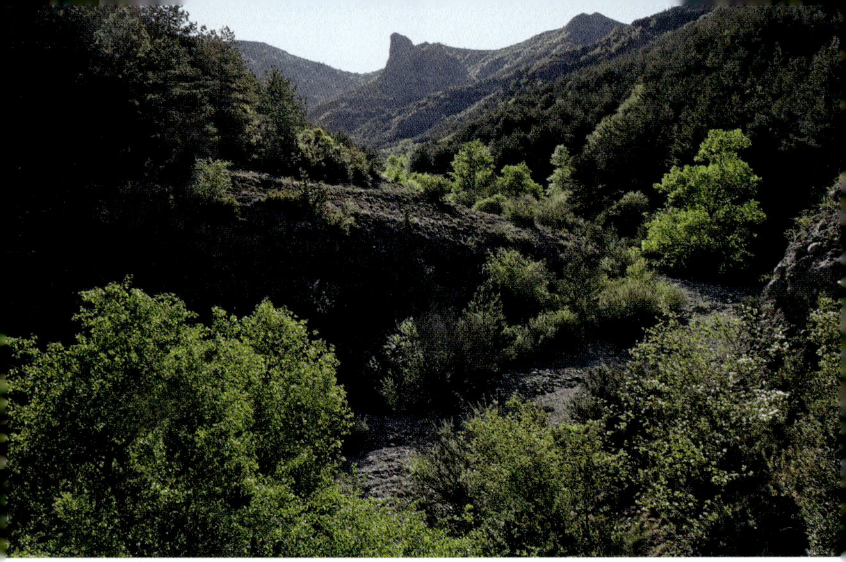

Im Barranc d'Esplugafreda. Die Engstellen sind bereits passiert.

von Sapeira heraufkommt, dazu. Wir folgen weiter dem Kammverlauf und stehen nach einem Schlussanstieg auf grüner Wiese auf dem Gipfel am südlichen Ende der **Serra del Castellet** ❹, 1518 m. Die kleine Sendestation tut dem grandiosen Panorama keinen Abbruch.

Wir lassen den östlich des Gipfels stehenden Wegweiser außer Acht, steigen nach Süden ab und erreichen nach gut 100 m die Pista de Caramell, die von Nordosten kommend noch über einige der im Süden sichtbaren Kuppen der Serra de Gurp zieht. Die Piste verläuft auf und ab, wobei zusätzlich etwa 70 Hm zusammenkommen. Dafür bietet sie aber links und rechts immer wieder neue und interessante Tal- und Bergblicke. Die Anhöhe La Cova del Codó, 1408 m, wird umgangen, ebenso der nächste Felssporn. Danach steuern wir auf den grasigen Sattel zwischen dem Felssporn und dem Picoxic, 1404 m, zu. Dazu verlassen wir die Pista de Caramell nach rechts und queren auf einem schwachen, grün markierten Pfad hinüber in die schöne **Sattelwiese** ❺, 1344 m. Von ihr steigen wir auf deutlicher Spur ein wenig nach rechts ab und gelangen auf ein gut markiertes Fels-Geröll-Band.

Auf diesem queren wir in Richtung Nordwest auf den Rücken hinüber, der von dem steilen Felssporn rechts über uns herunterkommt. Wir steigen auf diesem Rücken unschwierig weiter ab, umgehen die ersten zwei Kuppen rechts, die zwei nächsten links und stoßen auf einen alten Versorgungsweg für die Kiefernplantagen. Dieser Fahrweg ist leider stark zugewachsen, sodass wir ihn knapp 50 m nach einer Linkskurve an markierter Stelle

nach rechts verlassen. Engmaschig angebrachte Markierungen leiten uns über freie Flächen 80 Hm hinab zu einer Rechtskehre des Fahrwegs, den wir noch einmal aufnehmen. Wenn dieser nach 100 m nach rechts in den Kiefernwald abbiegt, gehen wir geradeaus weiter, folgen einer Erosionskante und steigen, sobald es die Steilheit des Geröllmaterials erlaubt, nach links ins Bachbett hinunter. Dort kommen wir im Schotter (Richtung Westen) wieder gut voran. Lustige Felsrinnen mit Stufen zum Hinunterspreizen oder -springen sind das Finale unserer Bachbettabenteuer.
Von links kommen erst ein weiteres Bachbett, dann eine **Schotterstraße** ❻, 991 m, auf die wir nach rechts einbiegen. Wir passieren einen unter einen Überhang gemauerten Viehunterstand und gehen weiter bis zur zweiten aussichtsreichen Rechtskurve über dem weitgehend verfallenen Weiler Esplugafreda. Hier kürzen wir nach links durch Steineichenwald und über eine wilde Wiese zwei Kehren der flachen Schotterstraße ab (man könnte aber auch auf der Straße bleiben). 500 m danach gehen wir vor einer scharfen Rechtskurve nach links in die rote Erosionszone hinein (wer auf der Schotterstraße weitergeht, gelangt auch zum Ausgangspunkt, etwa 10 Min./0,9 km länger). Es gibt Pfade, wenig Vegetation und viel feinkörnigen, sandig-lehmigen Schotter, der ganz locker liegt. Wir laufen auf die zweite der steilen roten Kuppen zu, steigen vor dieser rechts hinunter und gelangen über erodierende Hänge, Grate oder Rinnen direkt zum Parkplatz im **Barranc d'Esplugafreda** ❶. Bitte aber nichts in den schönen Sandformationen unnötig verändern! Warnung: Nach Regen kann der rote Boden matschig werden.

Drei Gesteine, drei Formen. Vorne die Konglomerattürme der Roca de la Pedregó.

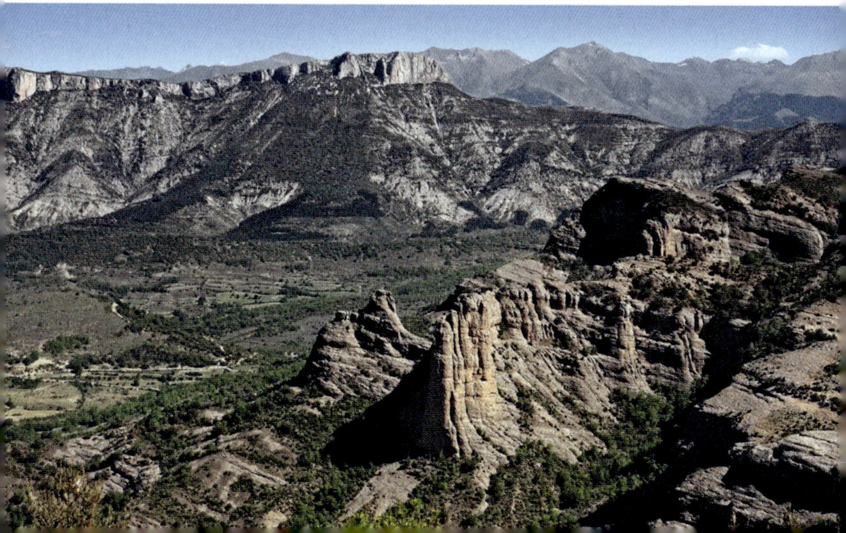

↗ 670 m | ↘ 670 m | 15.7 km

54 Congost de Mont-rebei und Alb. de Montfalcó, 770 m

5.15 h

Beliebte Schluchtroute mit einsamer Erweiterungsmöglichkeit

Was in regenreichen Jahren ein sehr langer Stausee mit vielen Verästelungen ist, der von Paddel- und Ausflugsbooten befahren wird und bis auf die Nordseite der Mont-Rebei-Schlucht reicht, ist in trockenen Jahren ein zwischen steilen Bergflanken eingebetteter Fluss. Viele Felsformationen, bunte Steine und interessante sandige Schwemmebenen liegen dann frei. Von oben auf einen wohlgefüllten blauen See zu schauen, gefällt dem Wirt von Montfalcó und seinen Gästen sicher besser, als auf eine Pfütze inmitten brauner Flächen. Gleichgültig, wie die Verhältnisse sind: Die Schluchtroute ist ein beeindruckendes, spannendes Erlebnis. Bei klarem Wetter besteht die Chance, von dem in der Variante beschriebenen Gipfel alle maßgeblichen Dreitausender der Pyrenäen zu überblicken.

Ausgangspunkt: Aparcament de la Masieta, 529 m. Von der N-230 etwas südlich von Puente de Montañana in Richtung Tremp abbiegen und nach der Brücke rechts nach Castissent und La Clua, später rechts nach Alsamora und St. Esteve de la Sarga. Ca. 1,5 km nach diesem Abzweig ist in einer Linkskurve das Kassenhäuschen des Aparcament de la Masieta erreicht. Wenn der Parkplatz geschlossen ist, in Richtung Alsamora weiterfahren und am Straßenrand parken.

Anforderungen: Trittsicherheit. Schwindelfreiheit für die senkrechten Treppenanlagen. Kinder sollten in der Schlucht an die Hand genommen werden.

Markierung: Rot, weiß-gelb.

Einkehr: In der Albergue de Montfalcó.

Unterkunft: Albergue de Montfalcó, (46 Pl.), Tel. +34 974 562 043, alberguemontfalco.com.

Variante: Besteigung der **Cumbre del Montsec**, 1331 m (auch: Lo Graller). Sensationeller Panoramablick über den Pyrenäenhauptkamm, die Schlucht, den Stausee und ins nordspanische Tiefland (keine technischen Schwierigkeiten. Keine Farbmarkierungen, nur Steinmänner, Orientierungssinn notwendig): an den Pasarelas de Montfalcó, 629 m, nach rechts auf einen mit Steinmännern markierten Pfad und am steinigen Rücken nach Westen bergauf. Übergang in Fahrweg. Kurz nach dessen erstem leichten Linksknick nach rechts (Nordwesten) auf einem wenig begangenen Pfad über eine

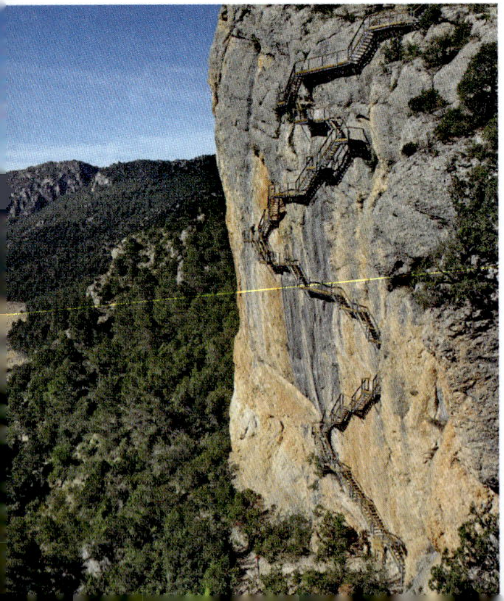

Nichts für Angsthasen oder Pessimisten: die Pasarelas de Montfalcó.

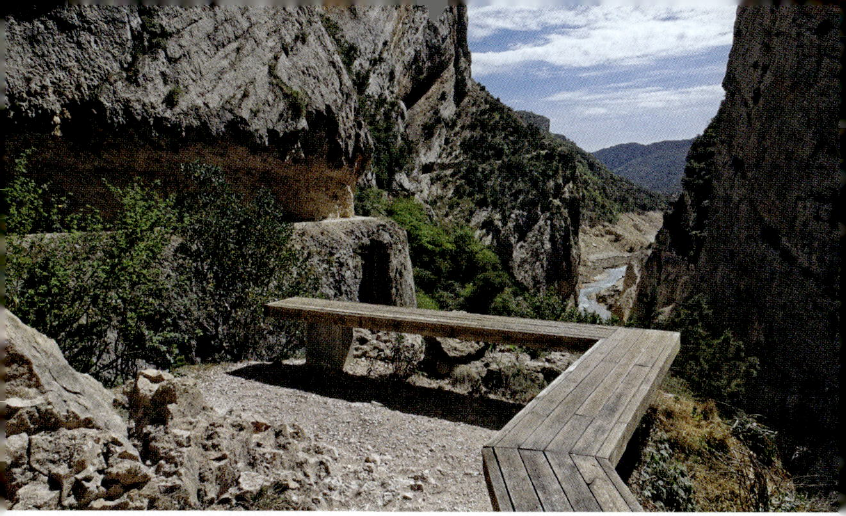

In der Congost de Mont-rebei.

Kuppe, dann im Geröll ein Stück abwärts, am oberen Ende des hier sandigen Barranc del Seguer entlang und ca. 1 km relativ eben in vegetationsarmem gelbem Sand immer nach Nordwesten. An einem auffälligen Steinmann aus zerbrochenen Dachziegeln nach rechts in einen deutlichen Pfad einbiegen und steil bergauf zum bequemen, gelb-weiß markierten Serpentinenweg, der von L'Estall kommt. Auf diesem nach rechts zum Pas de Sant Miquel, 1232 m, und rechts zu unserem Gipfel (zusätzlich 4.45 Std., 11,5 km sowie 740 Hm im Auf- und Abstieg).

Hinweis: Es ist ohne Weiteres möglich, die Tour bei der Albergue de Montfalcó zu beginnen. Anfahrt über Viacamp. Beschilderung nach Montfalcó. 14 km lange schmale, kurvenreiche Asphaltstraße mit vielen Steigungen, zuletzt 1,8 km gute Schotterpiste, die nur an zwei Steilstellen holprig ist. 100 m vor der Herberge großer Parkplatz. Man erspart sich so die 2 km lange, weniger interessante Gehstrecke zwischen dem Aparcament de la Masieta und dem Schluchtbeginn.

Tipp: Von der Albergue de Montfalcó kann in Richtung Osten auf ausgeschildertem Weg in etwa 15 Min. die exponiert auf einem Felsgrat liegende Ermita de Santa Quiteria besucht werden. An- und Ausblick sind grandios, aber auch das Kircheninnere besticht durch strenge Schönheit.

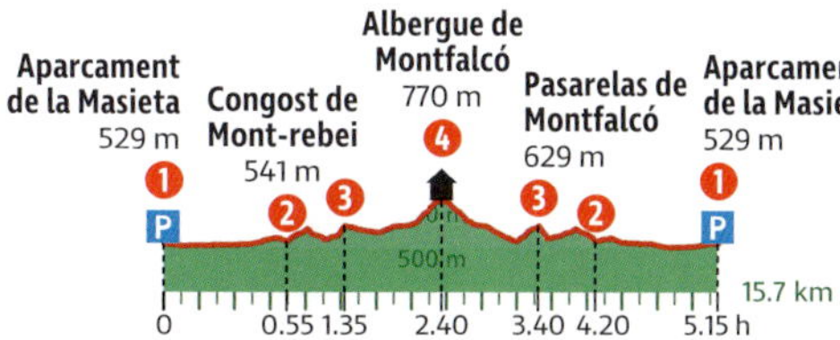

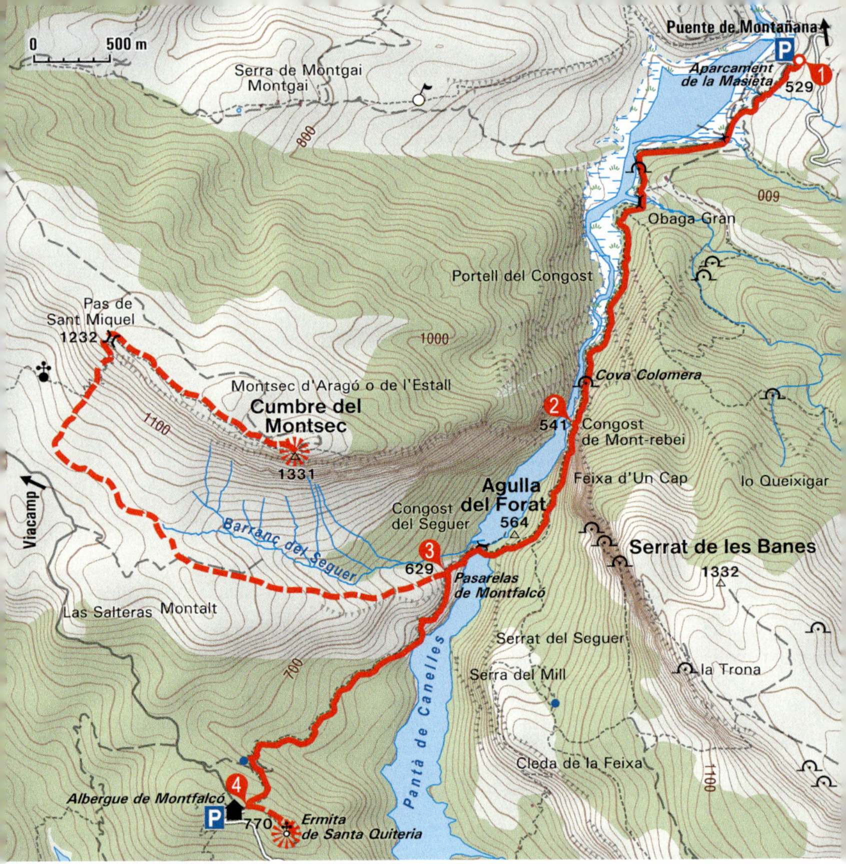

Vom **Aparcament de la Masieta** ❶ gehen wir in Richtung »Congost de Mont-rebei«. Es gibt verschiedene Wege, die sich später wieder vereinigen und alle in die Schlucht führen. Wir wandern etwa 2 km gemütlich auf und ab. Eine Hängebrücke wird überschritten. Die Steilheit der Bergflanken nimmt zu, der Spalt, auf den wir zulaufen, wird enger. In der eigentlichen Schlucht ist der Weg in den Fels gehauen, also quasi mit Dach, Regen- und Steinschlagschutz, und meist so breit, dass man sich gut begegnen kann. Viele Holzbänke laden zum Sitzen oder Liegen ein.

Nach dem südlichen Ausgang der **Congost de Mont-rebei** ❷, 541 m, müssen wir im lichten Wald erst deutlich an-, dann auf einem Treppenweg absteigen, um auf der spektakulären neuen Hängebrücke über die Congost

del Seguer auf die andere See- bzw. Flussseite zu wechseln. Dort geht es auf schrägen Kalkplatten, die durch Holz- und Steintreppen entschärft wurden, gut 100 Hm bergauf, bevor uns die erste von zwei senkrechten Treppenanlagen der **Pasarelas de Montfalcó** 3, 629 m, zur Mutprobe herausfordert (nach rechts: Variante). Die Anlagen sind jeweils etwa 50 Hm hoch, aus Holz und Stahl konstruiert und im Zickzack in den senkrechten Fels geschraubt. Zur Beruhigung: Sie sind noch relativ neu!
Nach Überwindung der ersten Felswand geht es ein Stück auf und ab, dann steht die nächste Felswand im Weg, die überwunden werden muss. Die zweite Treppe bringt uns fast bis auf Seeniveau hinab. Danach geht es auf breitem Weg mit Holzstufen erst gemächlich, dann steiler durch Wald zur **Albergue de Montfalcó** 4, 770 m, hinauf. Die Quelle 70 Hm unterhalb der Herberge spendet Wasser auf Knopfdruck. Das Refugio ist auf einer Straße zu erreichen (siehe »Hinweis«) und hat wegen seiner exponierten, einsamen Lage und der schönen Aussicht nach zwei Seiten eine besondere Anziehungskraft. Eine Mittagsrast sollte hier auf jeden Fall eingeplant werden. Der Rückweg entspricht dem Hinweg.

Auf 20 km die einzige Brücke über die Noguera Ribagorçana.

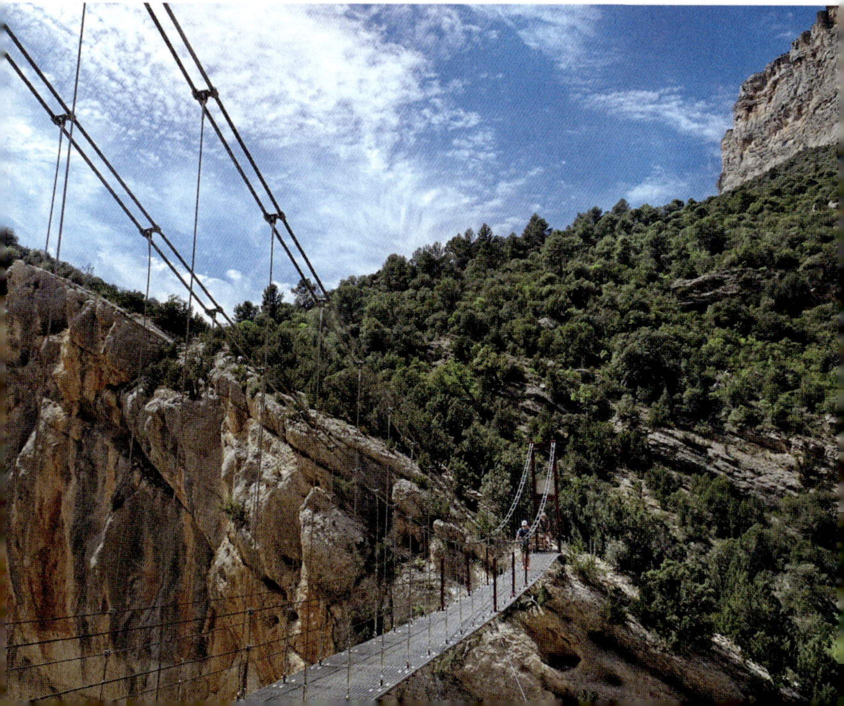

↗ 500 m | ↘ 500 m | 5.7 km

55 Roca Regina, 717 m

2.45 h

Kühner Aussichtsposten über der Schlucht, die das Montsec-Gebirge spaltet

Wer durch die Schlucht fährt, die die Noguera Pallaresa mitten durch die Serra de Montsec gegraben hat, wird bemerken, dass die Berge rechts und links zwei unterschiedliche Gesichter haben: Von Norden gesehen sind sie grün und nur mäßig steil, von Süden betrachtet sind sie in mehreren Stufen schroff und felsig. Das hängt mit der schrägen Auffaltung der Kalkschichten zusammen. Die Roca Regina zeigt den Wanderern, die durch den Barranc del Bosc hinaufsteigen, ihre völlig senkrechte, glatte Südwand, ein paar Hundert Meter weiter lässt sie uns aber doch unschwierig zu sich heraufsteigen.

Ausgangspunkt: Congost de Terradets, 360 m. Die Schlucht liegt an der C-13, auf der Strecke Tremp–Balaguer. Von Norden kommend, direkt am Ausgang des zweiten Tunnels, von Süden kommend direkt vor dem ersten Tunnel in die nicht gesperrte, stillgelegte Straße einbiegen. Neben der Straße großer Platz mit viel Parkmöglichkeit.
Anforderungen: Einfache, steinige Wege. Eine steilere Stelle.
Markierung: Rot, gelb und grün.
Einkehr: In Cellers. Unterwegs keine.
Hinweis: Wer ab dem Pass, 640 m, noch ein Stück oberhalb des Barranc del Bosc weitergehen möchte, folgt dem Wegweiser in Richtung »Pas de l'Arbocera«. Lohnend ist der Weg aber nur bis zum ersten Abzweig nach Cellers (30 Min., 1,8 km und 70 Hm im Auf- und Abstieg). Vom Pas de l'Arbocera gab es früher zwei Wege hinab in die Schlucht. Auch diese sind nicht zu empfehlen, weil stark zugewachsen.

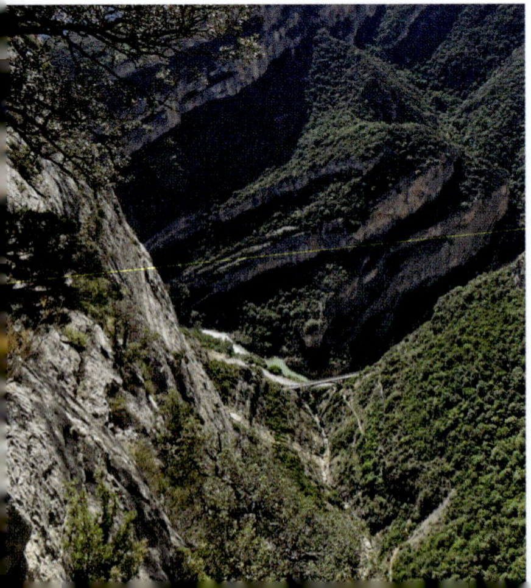

Wir verlassen den Parkplatz in der **Congost de Terradets** ❶ in Richtung C-13, überqueren die vielbefahrene Straße und steigen auf der südlichen Seite des Bachs unter der Eisenbahnbrücke zu einem Wegweiser hinauf. Diesem folgen wir in Richtung »Barranc del Bosc«. Der Weg verläuft erst gemütlich oberhalb des schönen Gumpenbachs, in dem die Frösche quaken, steigt dann deutlich an, wird steiniger und fällt plötzlich ca. 70 Hm in den Einschnitt des **Barranc del Bosc** ❷, 413 m, ab. Die-

Congost de Terradets und Barranc del Bosc.

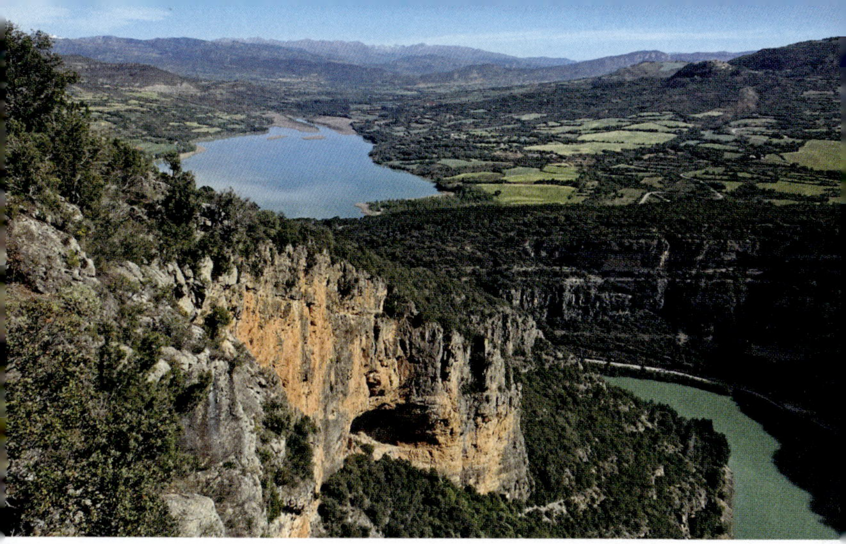

Der Pantà de Terradets am nördlichen Eingang in die gleichnamige Schlucht.

ser enthält schöne ausgeschliffene helle Felsen, einige Wasserlöcher, aber keine Gumpen. Baden bleibt den Fröschen im vorderen Teil der Schlucht vorbehalten. Die Bachüberquerung ist mit Holzpfosten markiert.

Unser Aufstieg zur Roca Regina beginnt ca. 10 m bachabwärts. Er ist gut angelegt, aber auch hier sehr steinig. Wir erreichen einen **Pass** ❸, 640 m, und wenden uns rechts in Richtung »Roca Regina« (nach links: Pas de l'Arbocera, vgl. Hinweis).

Es geht noch einmal ein Stück bergauf. Zwischen den Bäumen können wir immer wieder Blicke nach Norden über die Ebene von Tremp bis zum Pyrenäenhauptkamm erhaschen. Rechts sind an mehreren Plätzen grandiose Tiefblicke in die Schlucht möglich. Vom höchsten Punkt der **Roca Regina** ❹, 717 m, geht es ein kleines Stück hinab zu einer Felsklippe, die senkrecht über der Congost de Terradets aufragt. Wir sind 1.30 Std. gewandert, aber topografisch nur 300 m vom Auto entfernt!

Der Rückweg zur **Congost de Terradets** ❶ entspricht dem Hinweg.

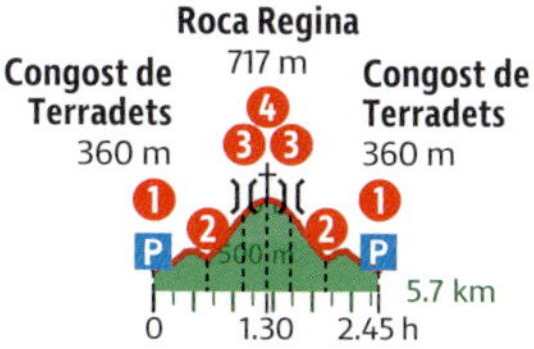

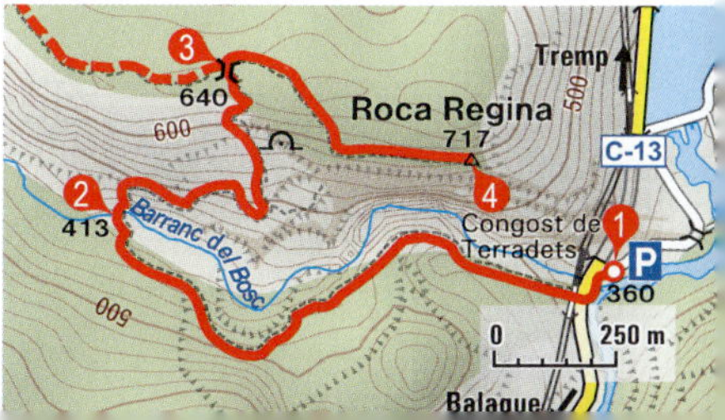

↗ 700 m | ↘ 700 m | 13.2 km

5.30 h

56 Roca Palomera, 1386 m

Eine spannende Kammwanderung in der Serra de Sant Salvador

Die beiden Dörfer Rivert und Toralla, westlich von La Pobla de Segur, haben eine besondere Lage: Rivert ist an steile Felswände gelehnt und hat eine große gefasste Quelle im Zentrum, Toralla klebt wie ein Adlernest auf der Südseite eines Sattels zwischen Felsbergen. Leider gibt es keinen bequemen Wanderweg zwischen den Orten. Bis die Tour in Toralla richtig losgeht, durchwandern wir zwar eine schöne Natur- und Kulturlandschaft, müssen uns aber über eine Stunde lang ganz ordentlich abmühen. Oberhalb von Toralla erwartet uns dann eine äußerst kurzweilige Kammüberschreitung im Konglomeratfels.

Ausgangspunkt: Rivert, 893 m, Parkplatz am Ortseingang. 5 km südlich von La Pobla de Segur nach Salàs de Pallars abbiegen und nach Rivert hinauffahren.
Anforderungen: Trittsicherheit auf den felsigen und gerölligen Passagen.
Markierung: Steinmänner.
Einkehr: In Salàs de Pallars. Unterwegs keine.
Variante: Pic de Lleràs, 1692 m. Umfassendes Gipfelpanorama. Vom Weg tolle Einblicke in den Felskessel von Serradell mit seinen bizarren Felsgebilden. Leider links des Wegs hässliche Forstwirtschaft (keine Schwierigkeiten. Steinmänner): von der Abzweigung an der Roca Espatllada, 1397 m, immer am Kamm oder etwas links davon, erst nach West, dann nach Nordwest bergauf. Die Schutzhütte am Gipfel ist verschlossen (zusätzlich 2 Std., 4,7 km sowie 300 Hm im Auf- und Abstieg).

Die Roca Palomera, der höchste Felsklotz in der Serra de Sant Salvador.

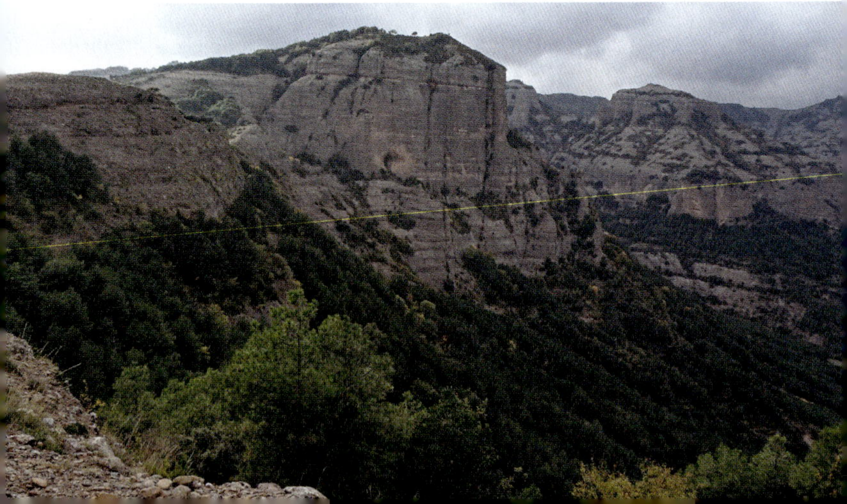

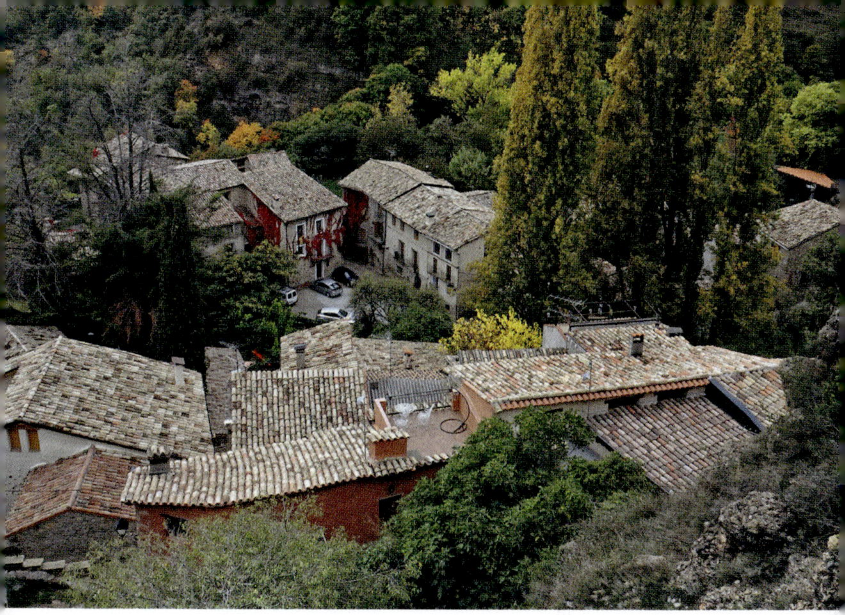

Rivert.

Die Zufahrt nach **Rivert** ❶ endet nach einer scharfen Linkskurve direkt auf dem Dorfparkplatz. Wir steigen die in dieser Kurve beginnende steile Schotterstraße hinauf und verlassen sie nach etwa 600 m in ihrer zweiten Kehre, indem wir geradeaus eine weitere Schotterstraße aufnehmen. Sie führt an einem Bienenstand vorbei und durch Kulturland, macht einen Bogen um den Berg herum nach Norden und wird immer schlechter. Nach Durchschreitung eines Bachgrabens geht sie erst in einen zuwachsenden Fahrweg, später in einen Trampelpfad über. Dieser führt plötzlich in einer ausgewaschenen Rinne steil bergab, biegt nach links (Nordost) ab und trifft nach ca. 150 m auf eine Schotterpiste. Diese steigt deutlich an, fällt nach der Durchquerung eines weiteren Bachgrabens wieder ab und wird

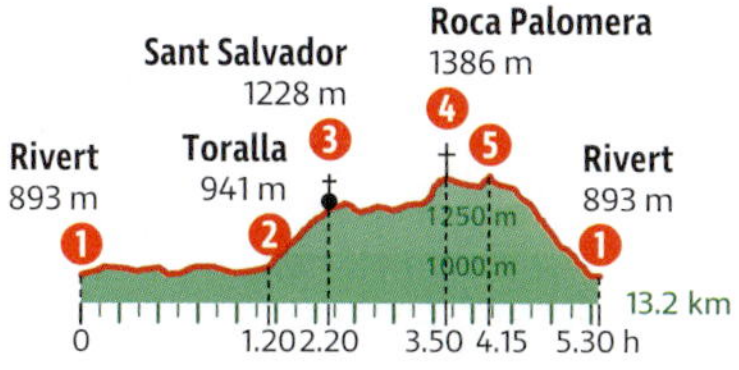

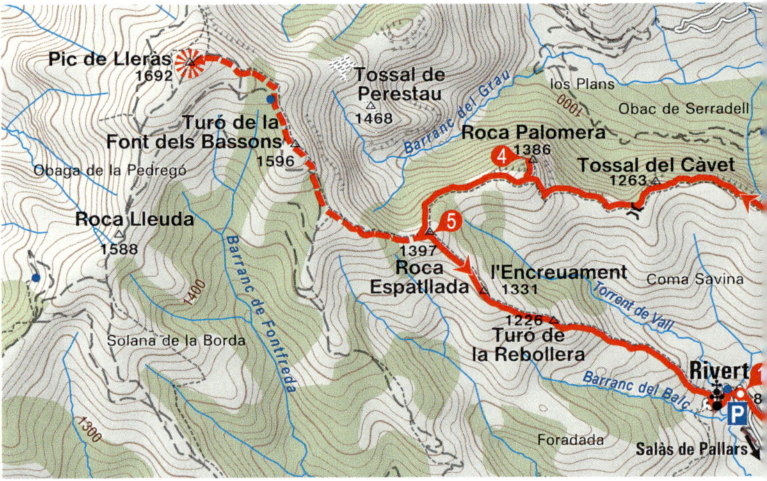

dann aber eben. Nach nochmals gut 1 km erreichen wir das exponiert gelegene kleine Dorf **Toralla** ❷, 941 m. Es besteht aus ein paar Häusern, einer Kirche und einem übermäßig großen Schafstall, der nicht nur ein Problem für die Augen, sondern auch für die Nase ist. Ein Blick auf den lauschigen Ortsplatz und die Kirche ist dennoch lohnend.

Toralla.

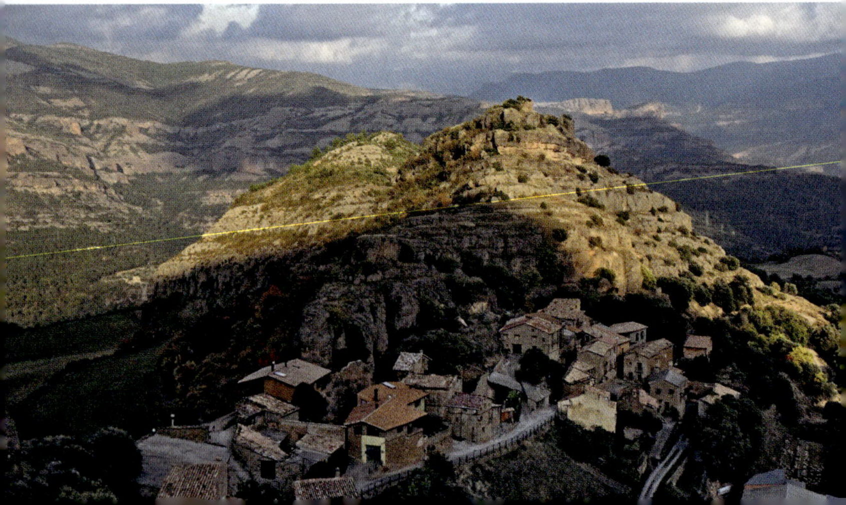

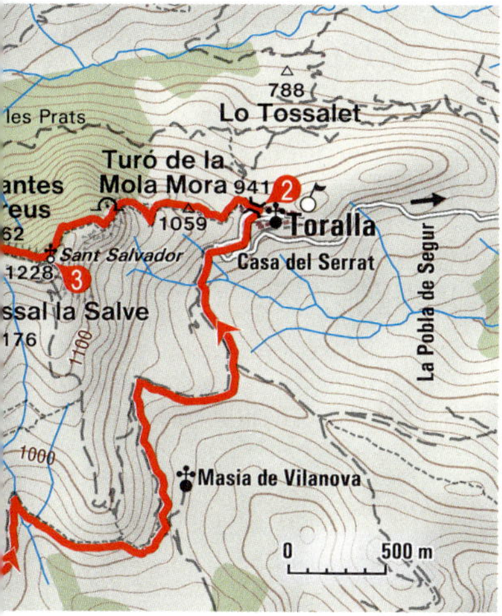

Zurück an der Straßenkuppe am Ortseingang von Toralla, gut 100 m westlich der Kirche, biegen wir nach rechts in ein steiles, grasbewachsenes Sträßchen ein, das rechts an einer Sendestation vorbeiführt und dann zum Wanderweg wird. Dieser ist bis zur Kapelle **Sant Salvador** ❸, 1228 m, meist breit und ausgetreten. Der sich anschließende Kammweg ist dagegen ein Pfad, der sich öfters aufsplittet, aber aufgrund von Steinmännern immer gut zu finden ist. Farbmarkierungen, Wegweiser und Abzweigungen gibt es keine. Viele Kammerhebungen werden südlich umgangen, eine einzige Kuppe quert der Weg nordseitig. Im Zweifelsfall verläuft er in Kammnähe. Wir passieren die Kuppe Santes Creus mit drei Metallkreuzen und wenden uns 150 m weiter, am Turó de la Costa del Clot, scharf nach links, um südöstlich davon eine kleine Felsstufe hinabzukraxeln. Diese Stelle muss unbedingt gefunden werden, denn sie ist die einzige Schwachstelle eines Felsbandes, das den gesamten Südhang des Berges durchzieht.

Die Kammwanderung führt uns weiter nach Westen. Wenn wir dabei der senkrechten Wand eines riesigen Felsklotzes ganz nahekommen, ist unser Gipfel nicht mehr weit. Wir queren eine schräge Konglomeratplatte und steigen nach einem Rechtsknick durch Kiefernwald steil bergan. Nach Verlassen des Kiefernwaldes biegen wir bei einem Steinmann rechts ab und laufen weglos das kurze Stück zum Gipfel. Die **Roca Palomera** ❹, 1386 m, ist ein vorzüglicher Aussichtspunkt, weil ihr der ganze zerklüftete Talkessel von Serradell mit seinen vielen Felsklötzen und -türmen zu Füßen liegt.

Wir kehren zurück zum Kammweg und erreichen nach ca. 15 Min. eine Wegteilung an der flachen **Roca Espatllada** ❺, 1397 m, unweit des kleinen Gras-Felskopfes Turó dels Graus, 1401 m. Hier können wir uns noch auf den (weiten) Abstecher zum Aussichtsgipfel Pic de Lleràs, 1692 m, begeben (Variante). Der Abstiegsweg verläuft in südöstlicher Richtung immer am Rücken, meist durch freies oder locker baumbestandenes Gelände und auf gut sichtbarem Pfad, bis zu der auf einem Vorsprung über Rivert stehenden Kapelle. Von dort führt ein Serpentinenweg in den Ort hinab. Man sollte keinesfalls versäumen, das malerische Ortszentrum mit der Font d'Avall, dem vom Quellwasser durchströmten Dorfteich und den schönen alten Häusern anzuschauen, bevor man zum Parkplatz von **Rivert** ❶ zurückkehrt.

↗ 730 m | ↘ 730 m | 13.0 km

5.00 h

57 Zum verfallenen Bergdorf Montsor

Auf stillen Wegen zu einem ausgestorbenen Bergdorf

La Pobla de Segur und seine Umgebung haben nur wenige Sehenswürdigkeiten, aber viel Natur zu bieten. Das hübsche Städtchen liegt am Zusammenfluss zweier Flüsse, die aus den Hochpyrenäen südwärts ziehen und unser Tourengebiet begrenzen. Die von Sort herabfließende Noguera Pallaresa hat nordöstlich von La Pobla de Segur eine interessante Schluchtenlandschaft geschaffen, die beim Aufstieg unsere Blicke auf sich ziehen wird. Ausgehend von der Ermita de Sant Miquel del Pui führt unsere Tour einmal um den Talkessel eines wilden, einsamen Konglomeratgebirges herum. Wir erleben mediterrane Vegetation, bunte Steine, das dem Verfall preisgegebene Bergdorf Montsor und auf den Bergkämmen die herrliche Weite der Vorpyrenäenlandschaft.

Ausgangspunkt: Kapelle Sant Miquel del Pui, 679 m, großer Parkplatz, Picknickbänke. La Pobla de Segur auf der L-522 nach Norden verlassen. 2 km nach dem Ortsschild führt rechts ein Asphaltsträßchen hinauf zur Kapelle. Auf der L-522 von Norden kommend ist der Abzweig zur Kapelle bei km 3,3.
Anforderungen: Trittsicherheit auf den Felspassagen. Im Abstieg zwei Kraxelstellen, von denen die eine versichert ist, die andere kann umgangen werden.
Markierung: Gelb, Steinmännchen.
Einkehr: In La Pobla de Segur.

Der Felskessel Vallcarga. Rechts der Mitte das festungsartige Montsor.

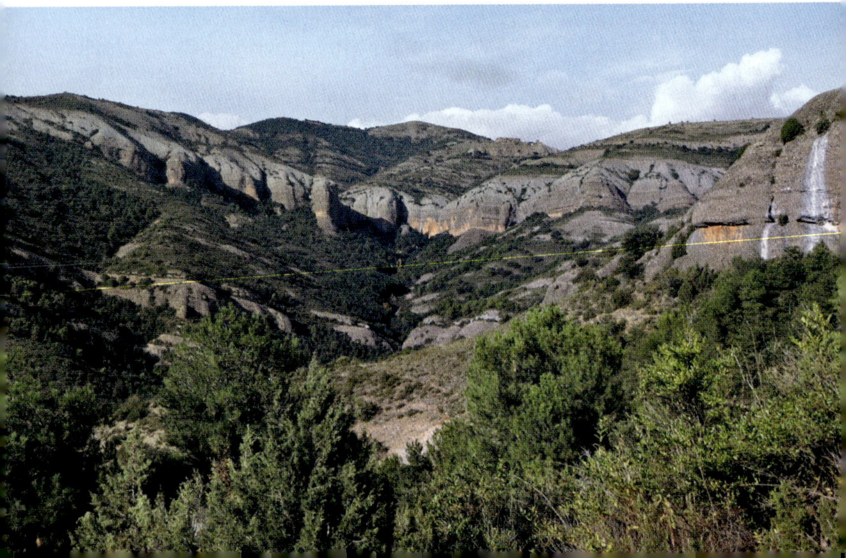

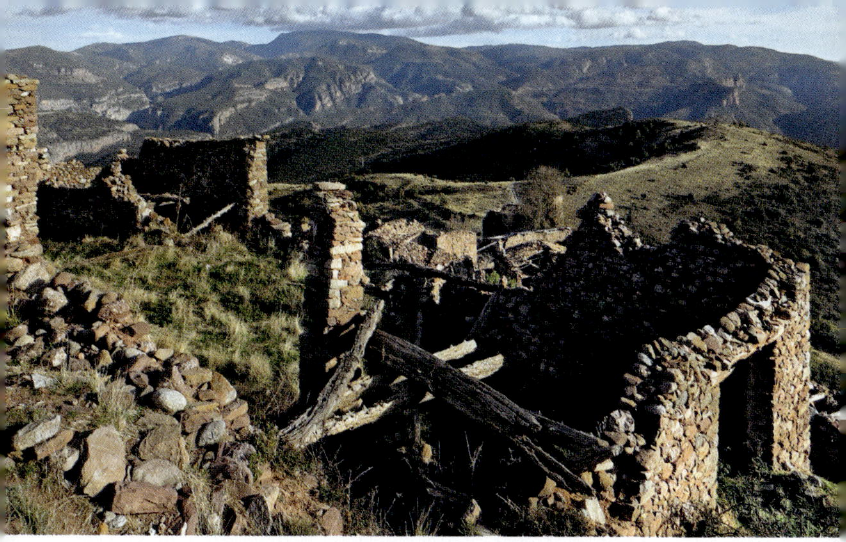

Die Reste von Montsor. Dahinter die zerklüftete Landschaft um Hortoneda.

Vom Parkplatz an der Kapelle **Sant Miquel del Pui** ❶ steigen wir die Treppen hinauf zur dachlosen alten Kapelle Sant Miquel aus dem 12. Jh. mit ihrer schönen Apsis. Oberhalb des Gebäudes schließt sich ein nur mit Steinmännchen gekennzeichneter, guter Weg an. Er führt an zwei Strommasten vorbei, biegt etwa 400 m weiter nach rechts ab und erreicht nach einer kurzen felsigen Passage eine baumfreie Geländestufe mit **Wegteilung** ❷, 849 m. Hier steht ein größerer Steinmann, und es finden sich gelbe Markierungen. Die Umgebung dieses Punktes sollten wir uns einprägen, damit wir beim Abstieg, wenn wir von links kommend hierher zurückkehren, den unbeschilderten Weg zur Kapelle Sant Miquel del Pui problemlos wiederfinden. Wir folgen den gelben Markierungen an der Geländestufe entlang 400 m nach rechts, kommen absteigend zu einem Absatz und treffen wenig später spitzwinklig auf den Weg, der von La Pobla de Segur nach Montsor hinaufzieht. Auf diesem gehen wir in Richtung Nordosten in den Talkessel hinein. (Der spitze Winkel lässt sich leicht über die freie Schotterfläche des Absatzes in Richtung Osten abkürzen.) Nach etwa 10 Min., an einem verfallenen Steinhaus, wendet sich der Weg mit einem deutlichen Rechtsknick talwärts und zieht zu einem Trockenbach. Weiter absteigend, an interessanten Felsformationen vorbei, gelangen wir zum Hauptbach des Bergkessels, dem **Barranc de Vallcarga** ❸, 698 m. Seine glatten Steinplatten und die hübschen kleinen Gumpen laden zu einer Pause ein.
Mit der Überquerung des Bacheinschnitts vollzieht unser Weg einen scharfen Rechtsknick und erklimmt den östlichen Begrenzungsrücken des Tal-

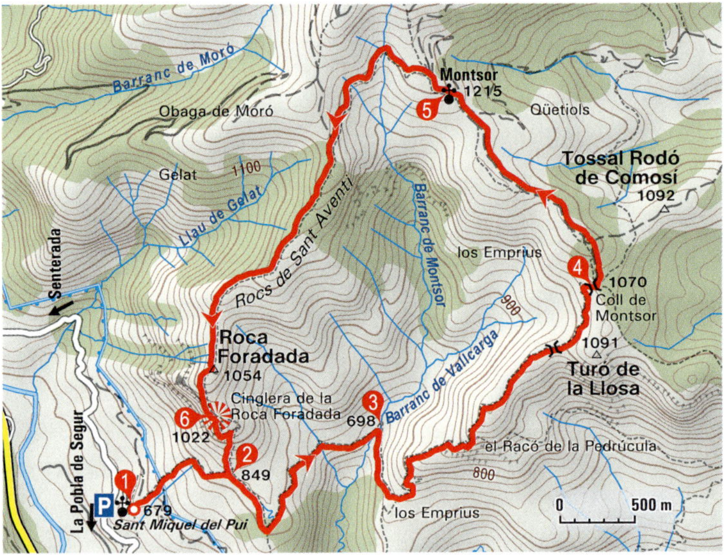

kessels. Dort wendet er sich nach links und bleibt danach bis Montsor stets in der Nähe des Rückens. Es wechseln flache mit steilen Stellen, buschbestandene mit felsigen. Teilweise wurde der Weg in den Fels gehauen. Der Fernblick, aber auch die Einblicke in den Kessel mit seinen gebänderten Felswänden werden mit zunehmender Höhe immer beeindruckender. Nach einer Hangquerung unter den Rocs de Queralt ersteigen wir den **Coll de Montsor** ❹, 1070 m, wo sich ein prächtiger Blick nach Osten auf einsame Hochebenen mit felsigen Kämmen und Schluchten öffnet.

Ein Fahrweg bringt uns von hier am flachen Kamm entlang bequem nach **Montsor** ❺, 1215 m, wobei der steile, felsige Schlussanstieg auf einem Serpentinenpfad gemeistert wird. Das von Weitem festungsartig wirkende Dorf wurde 1970 verlassen und ist nun leider nur noch eine Ansammlung von verfallenen Häusern. Steine, Holzbalken, Fensterstöcke und andere Baumaterialien liegen wild durcheinander. Die Kirche Santa Maria aus dem 17. Jh. wurde zum Ziegenstall umfunktioniert.

Unser Abstieg ist an der Straßenkehre am oberen Ende von Montsor mit »La Pobla de Segur« ausgeschildert. Der Wegweiser zeigt in die richtige Richtung, doch unser Weg beginnt etwa 30 m weiter südlich. Wir folgen ihm gut 100 m, steigen 20 m über eine Schotterfläche ab und nehmen einen jetzt gut erkennbaren, markierten Hangweg auf. Dieser quert drei (trockene) Bachgräben und zieht dann leicht ansteigend hinüber auf den

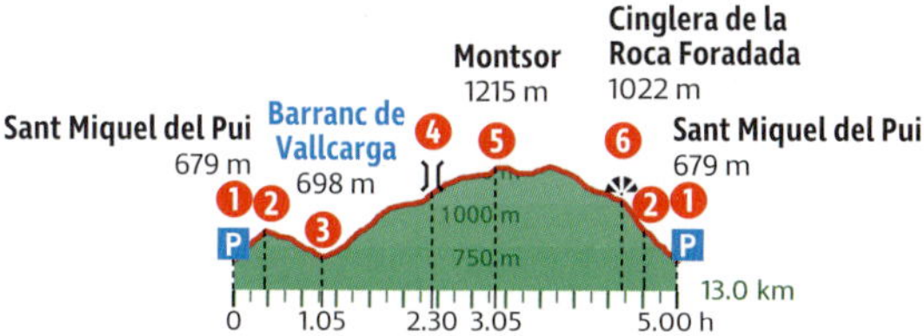

aussichtsreichen westlichen Begrenzungsrücken des Talkessels, den wir über die Rocs de Sant Aventí nach Südwesten weiterverfolgen und bis zur Cinglera de la Roca Foradada nicht mehr verlassen.
An der Roca Foradada, 1054 m, stellt sich uns eine kleine Felsstufe in den Weg. Wir müssen gut 20 m nach links ausweichen und dort durch einen kurzen Kamin abklettern, der mit Ketten und Trittbügeln abgesichert ist. Es folgt ein Quergang unter der Felsstufe nach rechts und wenig später eine ungesicherte Kraxelstelle, die aber südlich umgangen werden kann. Wir gehen auf dem felsigen Kamm weiter und erreichen die **Cinglera de la Roca Foradada** 6, 1022 m. Diese Felsnase trägt eine weithin sichtbare katalanische Flagge und ist der letzte Aussichtspunkt unserer Rundtour. Von hier geht es ohne Änderung der groben Richtung steil, aber unschwierig durch die rötlich-bunten Konglomeratfelsen zur **Wegteilung** 2 hinab und zur Kapelle **Sant Miquel del Pui** 1 zurück.

An der Cinglera de la Roca Foradada.

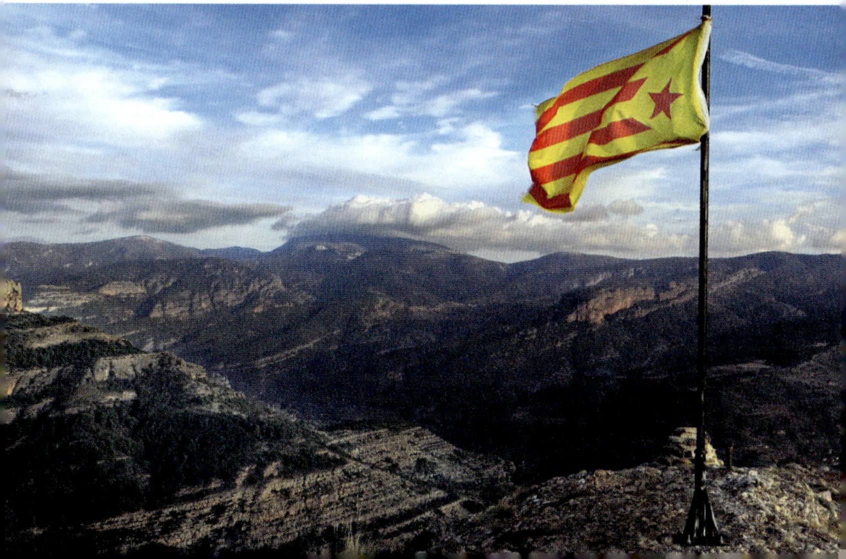

↗ 520 m | ↘ 520 m | 10.9 km

58 Sant Pere des les Maleses und Tossal Gros, 1082 m

4.15 h

Abenteuerliche Wanderung in und um die Konglomeratschluchten bei La Pobla de Segur

Wer von La Pobla de Segur in Richtung der wilden Schluchtenlandschaft Congost de Collegats fährt, den ziehen linker Hand die in mehreren Schichten angeordneten roten Felswände in ihren Bann. Auf einem der luftigen Felspfeiler zu stehen, in die steilen Wände und Klüfte hinabzublicken und dem majestätischen Segelflug der vielen Gänsegeier zuzuschauen, ist ein besonderes Vergnügen. Unsere Tour bringt uns zu dem verfallenen Schluchtenkloster Sant Pere de les Maleses und auf einen einsamen Aussichtsfelsen.

Ausgangspunkt: Camí de Gramuntill, 680 m, Parkplatz an der Straße zur Casa rural Gramuntill. Von La Pobla de Segur auf der N-260 gut 6 km in Richtung Sort fahren. Kurz vor einem Rastplatz zweigt links die Zufahrt zur Casa rural Gramuntill ab (Achtung: am Abzweig lediglich Wanderwegweiser; Linksabbiegen ist hier nicht erlaubt, daher an der nächsten Wendemöglichkeit umkehren). 2 km schlechte Asphaltstraße bis zum Parkplatz 850 m vor der Casa rural, unter einem Strommast. Absperrung.

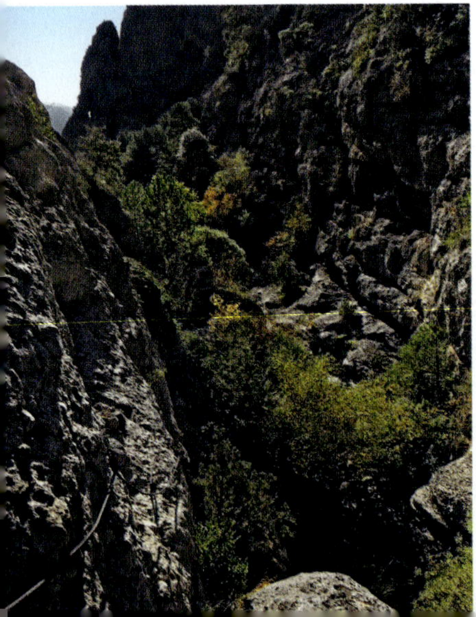

Anforderungen: Trittsicherheit, Kraxelei und abgesicherte Kletterstellen (Seile, Ketten, Tritte). Kleinere Kinder zusätzlich sichern!

Markierung: Gelb.

Einkehr: In La Pobla de Segur. Unterwegs keine.

Variante: Wer sich den Kletterabstieg von La Canalissa, 989 m, nicht zutraut, kann von dort einfach und bequem am Kamm nach Osten absteigen und erreicht den Aufstiegsweg ca. 1,2 km östlich von Gramuntill (ca. 15 Min.,/1,5 km länger als Hauptweg).

Hinweis: Die Tour kann gegen und im Uhrzeigersinn begangen werden. In der beschriebenen Richtung liegt die Schlucht von Sant Pere zwar vormittags in der Sonne, aber die Kletterstelle unterhalb von La Canalissa, 989 m, muss rückwärts – Hände an Seil oder Kette – abgeklettert werden. Das ist nicht jedermanns Sache. Aufwärtsklettern erfordert dagegen mehr Kraft. Wer die Tour daher im Uhrzeigersinn gehen möchte, steigt die an der Casa rural beginnende Schotter(serpentinen)straße solange hinauf, bis sie ohne Richtungswechsel in den Wanderweg übergeht.

Sieht gefährlicher aus als er ist: der seilgesicherte Pfad in der Schlucht von Sant Pere.

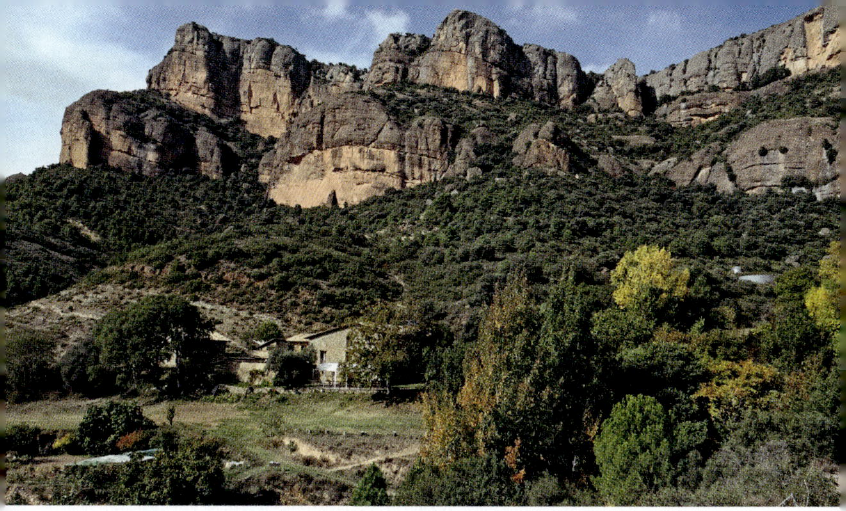

Die Casa rural Gramuntill steht an einem beneidenswert schönen Platz.

Vom Parkplatz am **Camí de Gramuntill** ❶ gehen wir auf der Sandpiste durch Oliven- und Mandelplantagen in Richtung Casa rural. Direkt vor dem Häuserkomplex mit seiner einladenden Umgebung beginnt eine Schotterstraße, die nach rechts hinaufzieht. Kurz vor der ersten Kehre dieser Straße biegen wir an einem Steinmann nach rechts in einen grasbewachsenen Fahrweg ein, der gelb markiert ist. Von diesem zweigt nach gut 100 m unser Wanderweg ab, den wir bis in die Schlucht verfolgen. Er verläuft aus-

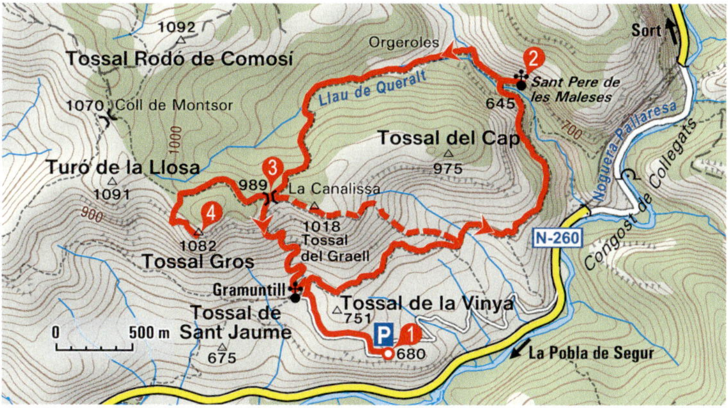

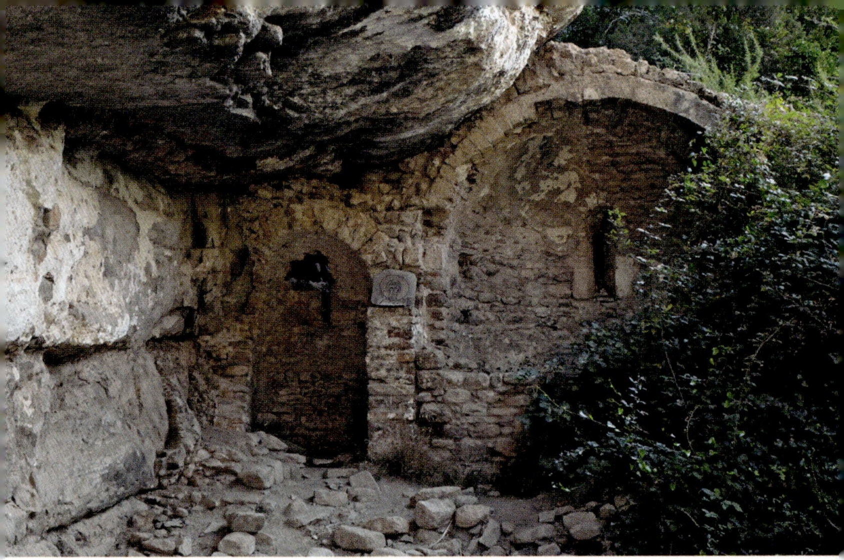

Die restaurierten Teile der Klosterkirche von Sant Pere.

sichtsreich und ohne größere Steigungen durch offenes Buschgelände mit einzelnen Kiefern. (Abzweige nach rechts ignorieren; nach gut 1 km von links Variante.) Wir biegen in das waldige, immer enger werdende Tal des Barranc de Sant Pere ein und steigen hinab in den Dschungel des Schluchtgrundes.

Kurz nach Überquerung des dünnen Schluchtbaches teilt sich der Weg. Wir wollen das verfallene Benediktinerkloster **Sant Pere de les Maleses** ❷, 645 m, besuchen und gehen rechts. Unter einem lang gestreckten Felsüberhang sind eine Menge Mauerreste und die Apsis der Klosterkirche erhalten. Wir gehen wieder 150 m zurück und dringen dann weiter in die spannende Schlucht vor. Nach einer ersten kleinen Kletterstelle geht es im trockenen Bachbett weiter. Es folgen ein Felsenlabyrinth und wenig später ein Wasserfall. Wir müssen rechts hinaufklettern, ein Stück oberhalb der Felsen entlanglaufen und wieder ein paar Meter ins Bachbett absteigen. Das Ganze ist gut mit Nylonseilen und Eisenklammern abgesichert. Es geht nochmals an Seilen aus der Schlucht von Sant Pere hinaus und dann nach links in ein nur anfangs schluchtartiges Waldtal, das nach Westen hinaufzieht.

Nach fast 300 wohltuend eintönigen Höhenmetern erreichen wir am Pass **La Canalissa** ❸, 989 m, die senkrechte Felskante, die bei Tourenbeginn bereits Blickfang war und die eine herrliche Aussicht bietet. Diese lässt sich aber noch steigern: Wir gehen auf dem gelb markierten Weg etwa 700 m (knapp 10 Min.) nach rechts, steigen dann in einer leichten Mulde im Kie-

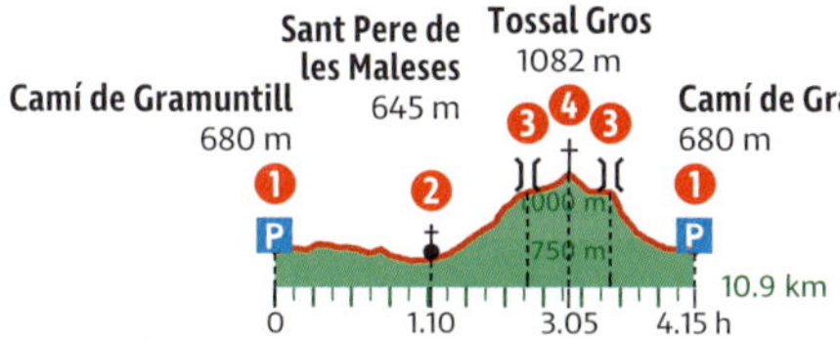

fernwald (Steinmann) nach links (Südwesten) weglos bergauf, kommen ins Freie und wieder an die Kante. Hier wenden wir uns nach links und erklimmen auf Trittspuren durch Gestrüpp, über Fels und Geröll den **Tossal Gros** ❹, 1082 m, einen wahrlich grandiosen Aussichtspunkt.

Zurück am Pass **La Canalissa** ❸, stürzen wir uns in das letzte Abenteuer der Tour (oder wählen geradeaus die leichtere Variante): Gelben Markierungen folgend geht es erst noch ein paar Meter im Geröll nach rechts (Süden) hinab. Dann müssen wir in einer Felsrinne abklettern. Es sind ca. 30 Hm, die gut mit Nylonseil, Ketten und Eisenklammern abgesichert sind. Der Konglomeratfels bietet dabei aufgrund seiner Struktur gute Tritte. Es folgt ein Geröllabstieg in deutlicher Spur. Eine schräge Konglomeratplatte kann links umgangen werden. Schließlich treffen wir auf einen zuwachsenden Serpentinenfahrweg, der uns gemütlich zur Casa rural und zum Parkplatz am **Camí de Gramuntill** ❶ zurückbringt.

Gipfelblick vom Tossal Gros nach Westen bis in die Berge um Rivert und Serradell.

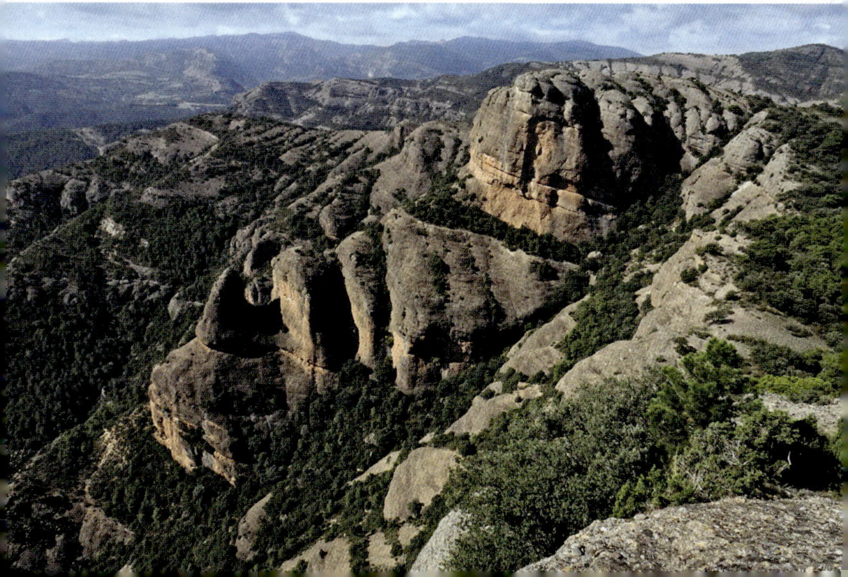

TOP

↗ 650 m | ↘ 650 m | 14.6 km

59 Serra de Sant Honorat, 1061 m

5.15 h

Wilder Konglomerat-Felsklotz mit spektakulären Aussichtspunkten

Das Gebirgsmassiv von Sant Honorat ist weder hoch noch groß, bietet aber eine beeindruckende Felsszenerie mit extremen Steilwänden und Klüften. Wir nähern uns dem Gebirge quasi von hinten an, besuchen zunächst die wehrhafte Kirche der verschwundenen Burganlage Castell-llebre, erleben grandiose Aussichtspunkte am Gipfelplateau und gehen dann einen ganz besonderen Höhenweg: kaum zu glauben, dass man den unnahbaren Gebirgsstock auf einem Felsband queren kann, mit Vorsicht ohne wirkliche Gefahr. Das kleinere Nachbarmassiv des Roca del Corb, das wir auf dem Rückweg passieren, bietet Möglichkeiten für kurze Abstecher zu weiteren schönen Aussichtspunkten (Variante 2 und Kapelle Sant Salvador del Corb).

Ausgangspunkt: Hotel Can Boix, 583 m. Nördlich von Oliana von der C-14 in Richtung Peramola abbiegen und nach 3 km rechts zum Hotelkomplex hinauffahren. Dort Parkmöglichkeit.
Anforderungen: Trittsicherheit, Schwindelfreiheit. Trekkingstöcke sind hilfreich.
Markierung: Gelb, gelb-blau, Steinmänner.
Einkehr: In Oliana und in Peramola. Unterwegs keine.
Varianten: 1. Abkürzender Direktanstieg zum Coll de Sant Honorat, 969 m. Der abwechslungsreiche, einfache Anstieg ist ab dem Ausgangspunkt gut ausgeschildert (Ersparnis 1.45 Std., 6,3 km sowie 120 Hm weniger Auf- und Abstieg).
2. **Roca del Corb**, 995 m (leichte Kletterei. Steinmänner): Abzweig, 884 m, auf der Hauptroute von Westen kommend ca. 80 m nach einem stark ausgewaschenen Wegbereich. Am Steinmann nach rechts auf Pfadspuren steil in den Wald hinauf und durch eine flache Rinne zu einer felsigen Scharte mit Kiefernbaum. Danach folgt eine gut 10 m hohe Felsstufe. Kletterei, teilweise mit Kette abgesichert. Über einen flachen Rücken zunächst an dem sehr lohnenden Gipfel rechts vorbei, dann Schlussanstieg von Norden (zusätzlich 45 Min., 1,2 km sowie 120 Hm im Auf- und Abstieg).

Rechts der Einfahrt zur Hotelanlage **Can Boix** ❶ zieht eine Schotterstraße bergab, der wir gut 2,5 km in Richtung Castell-llebre folgen. Die Straße führt nach dem ersten kleinen Abstieg weitgehend flach unter der senkrechten Südostwand des Roc de Rombau entlang, einem attraktiven Klettergebiet. Nach weniger als 2 km öffnet sich der erste schöne Blick auf den

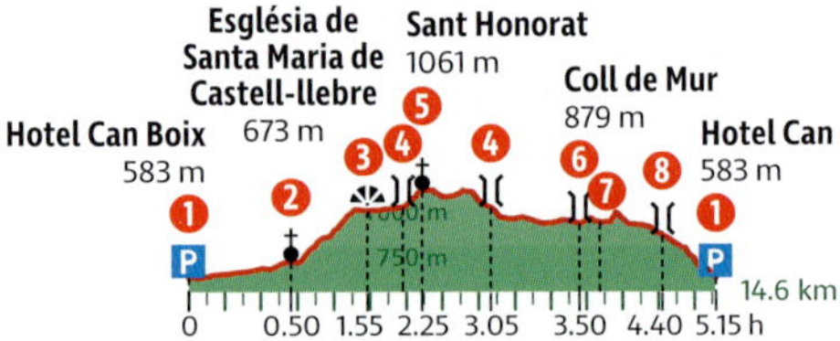

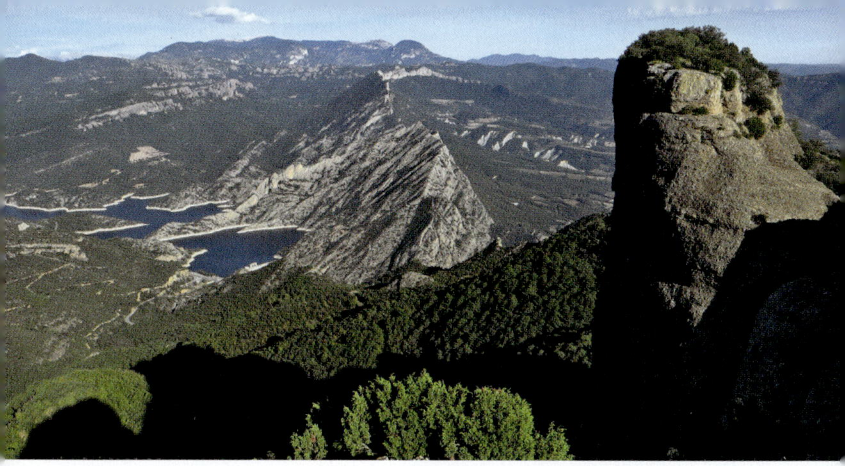

Der verschlungene Pantà d'Oliana und der Roc de Picapoll, die Hingucker am Ende des Aufstiegs.

Stausee von Oliana und die exponiert gelegene Església de Santa Maria de Castell-llebre aus dem 10. Jh. mit ihrem hübschen romanischen Kirchturm. Von der dazugehörenden Burg gibt es praktisch keine Reste.
Wir erreichen einen Sattel, von dem fünf Wege abgehen. Wir folgen der Beschilderung und sind nach einem kurzen Anstieg am zumeist verschlossenen Tor der **Església de Santa Maria de Castell-llebre** ❷, 673 m. Von hier aus ist die Aussicht ordentlich, aber nur nach Norden frei. Für das restliche Panorama kann man rechts um die Festungsmauer herumsteigen und mit etwas Klettergeschick auch einen Blick auf die sehr hübsche Aussichtsterrasse der Kirche erhaschen.
Zurück am Sattel folgen wir der Beschilderung »Roc de Rombau« und einem teilweise sehr steilen und mühsamen Fahrweg bis zu einem weiteren Sattel, 941 m. Von hier führt ein Fahrweg in 5 Min. fast ohne Steigung nach links zum lohnenden Aussichtspunkt **Roc de Rombau** ❸, 950 m. Der gleichnamige eigentliche Gipfel, der aus Kalkstein besteht, ist nicht empfehlenswert (zuwachsender Pfad, Felsgrat).
Wieder am Sattel nehmen wir den Kiesweg in Richtung »Sant Honorat« auf. Er passiert den **Coll de Sant Honorat** ❹, 969 m, an dem der Direktweg von Can Boix (Variante 1) einmündet, und geht nach wenigen Minuten an einer Informationstafel in einen Bergpfad über. Dieser führt über schräge Konglomeratfelder und schließlich in zwei Serpentinenkehren durch Mauerreste auf das Hochplateau der Serra de Sant Honorat, in dessen Mitte die verfallene Kapelle **Sant Honorat** ❺, 1061 m, steht.
Von hier aus lassen sich vier mit Trampelpfaden verbundene grandiose Aussichtspunkte ansteuern, einer in jeder Himmelsrichtung. Unsere stern-

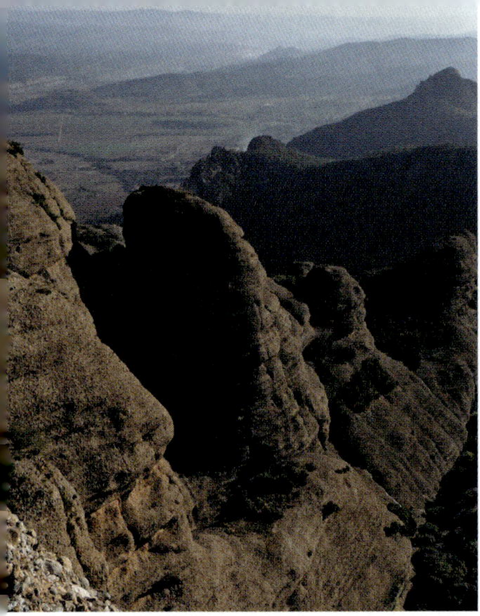

Vom südwestlichen Aussichtspunkt reicht der Blick über das Segre-Tal weit nach Süden.

förmige Wanderung zu den vier Punkten verläuft gegen den Uhrzeigersinn und beginnt am nordöstlichen und endet am südlichen mit seiner Panoramatafel. Die Felsabbrüche sind an der Nordseite des Bergmassivs am steilsten. Von den Aussichtspunkten ist der südwestliche vielleicht der schönste, weil man dort von hoch oben auf den schrägen Vorbau des Bergmassivs mit seinen vielen Rippen, Türmen und Einschnitten hinabblickt.

Für den Abstieg gehen wir von der Panoramatafel des südlichen Aussichtspunkts etwa 150 m am rechten Rand des Plateaus zurück zum Aufstiegsweg und folgen ihm bis zum **Coll de Sant Honorat** 4. Hier und etwa 40 Hm weiter unten müssen wir zweimal nach rechts in Richtung »Ruta del Corb« abbiegen und gelangen auf einen Höhenweg, der uns in seiner ersten, zahmen Hälfte abwechselnd durch freie und bewaldete Abschnitte leitet. An zwei Vorsprüngen macht er jeweils einen scharfen Rechtsknick (und führt an keiner Stelle steil über Felsen hinab!). Die zweite Hälfte ist wild und spektakulär. Der Höhenweg verläuft durch die sehr enge Schlucht des Barranc de Sant Honorat. Anschließend darf man sich nicht dazu verleiten lassen, auf den Felsbändern schräg hinab zu gehen. Der Weg setzt sich weiter oben, unter den senkrechten Felsen entlang, fort.

Ein paar Sicherungsketten helfen schließlich zum **Coll de Mur** 6, 879 m, hinüber, der das Sant-Honorat- mit dem Roca-del-Corb-Massiv verbindet. Auf der anderen Seite dieses Sattels leiten gelb-blaue Markierungen zu einem Fahrweg hinauf. Er ist Teil der Ruta del Corb, eines ca. 2 km langen Höhenwegs, der das Roca-del-Corb-Massiv komplett umrundet. Wir folgen dem schattigen Fahrweg nach links, passieren den **Abzweig** 7, 884 m, zum höchsten Gipfel des kleinen Massivs (Variante 2) und gelangen zum beschilderten Abzweig zur Kapelle Sant Salvador del Corb, 950 m. Ein einfacher Steig führt zur verwegen gelegenen, verfallenden Kapelle und einem tollen Aussichtspunkt. Gut 200 m weiter auf der Hauptroute (Ruta del Corb) ist rechts oben unter einem Felsüberhang eine Abmauerung zu erkennen, die wohl als Ziegenstall diente. Ungewöhnlich daran ist, dass seine Mauer nicht aus flachen horizontalen Steinen, sondern aus großen,

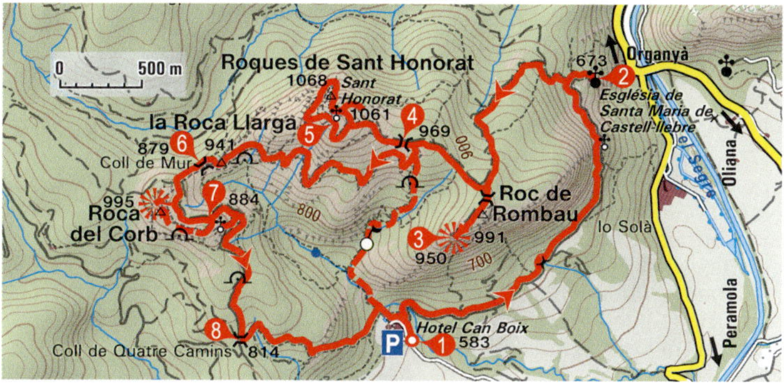

senkrecht aufeinandergestellten Konglomeratplatten besteht, wobei die Konstruktion offenbar stabiler ist, als sie aussieht.

Weiter auf der Ruta del Corb gelangen wir nach wenigen Minuten an den Abzweig zur Casa del Corb. Hierbei handelt es sich um eine uralte Hirtenhütte unter der überhängenden Corb-Südwand, an der ebenfalls der eigenartige Maueraufbau auffällt. Innen stehen weitere Mauern und ein Viehtrog. Unser Fahrweg verlässt am Abzweig zur Casa del Corb die Ruta del Corb, knickt nach links ab und zieht auf einem flachen Bergrücken zum **Coll de Quatre Camins** 8, 814 m, hinab. Hier wenden wir uns nach links und es geht erst sanft, dann felsig-steinig hinab zum **Hotel Can Boix** 1.

Rückblick: links der Bildmitte der Coll de Mur mit dem von rechts kommenden Höhenweg.

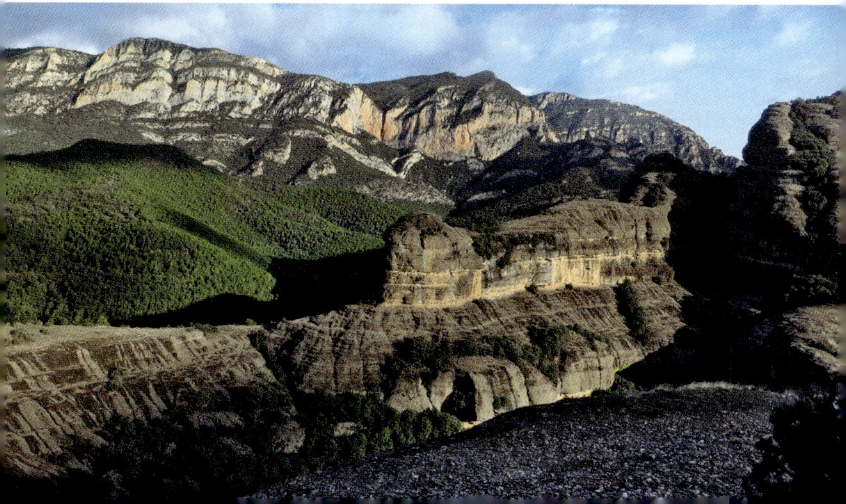

↗ 680 m | ↘ 680 m | 11.1 km

60 Zur Kapelle Santa Fe, 1211 m

4.30 h

Ein markanter Aussichtsfelsen über Organyà

Bei Organyà mischen sich verschiedene Gesteine. Während die höheren Gipfel aus Kalkstein bestehen, finden sich weiter unten schräg geschichtete, erodierende Schieferplatten, die kaum Vegetation zulassen. Wir begeben uns auf eine Tour der Gegensätze: Kaum haben wir den landwirtschaftlichen Gürtel der Kleinstadt mit seinen Viehzuchtbetrieben verlassen, befinden wir uns in wüstenartiger Landschaft. Danach wandern wir über Felder, an Gärten vorbei, durch eine weitere kleine Steinwüste und durch immergrünen Wald zu einer exponiert gelegenen Kapelle. Im Abstieg besuchen wir einen außergewöhnlichen Bach, der ganz und gar nicht zu seiner kargen Umgebung passt.

Ausgangspunkt: Els Vilansats, 560 m, Solarpark gut 1 km südlich von Organyà. Am südlichen Ende des Ortskerns von Organyà die spitzwinklig abzweigende Straße (Beschilderung »Escola Miret i Sans« und »Alberg de Santa Fe«) hinauffahren und in die erste Straße links einbiegen. Diese verlässt die Bebauung, geht in einen Schotterweg über und führt zum Solarpark. Am freien Platz südlich der Anlage Parkmöglichkeit. Busse von La Seu d'Urgell nach Ponts halten im Zentrum von Organyà. Verbindungssuche: rome2rio.com oder alsa.es. Ab dort 1,4 km zu Fuß zum Ausgangspunkt.
Anforderungen: Vorwiegend einfache Wege. Trittsicherheit auf kurzen steinigen Passagen erforderlich.
Markierung: Gelb oder rot, kurze unmarkierte Passagen.
Einkehr: In Organyà. Unterwegs keine.
Tipp: In den warmen Monaten an Badesachen denken.

Vom Parkplatz im Gebiet **Els Vilansats** 1 steigen wir an der Einzäunung des Solarparks ein kurzes Stück einen Feldweg bergan. An der oberen (südwestlichen) Ecke der Solaranlage erklimmen wir auf Trittspuren eine kleine Steilstufe, wenden uns nach rechts, folgen dem Kammverlauf und erreichen nach wenigen Minuten einen dünn bestandenen Olivenhain. An dessen oberer linker Ecke beginnt ein kurzer Pfad, der uns auf eine Schotterstraße leitet. Diese führt nach links durch ein pittoreskes Erosionsgebiet, in dem in den Mulden zwischen den Erosionshügeln kleine Felder eingebettet sind. Ganz kurz vor einem großen runden **Wasserspeicher** 2, 626 m, verlassen wir die Schotterstraße nach rechts.

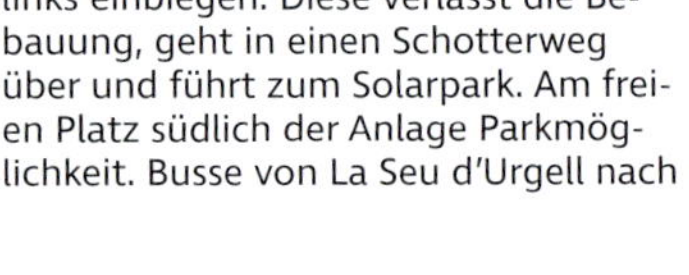

Ein rot markierter Pfad zieht, die Bänderungen des Schiefergesteins ausnutzend, schräg bergauf, quert zweimal einen Bewässerungskanal, verbreitert sich und endet auf der **Asphaltstraße** 3, 719 m, die von Or-

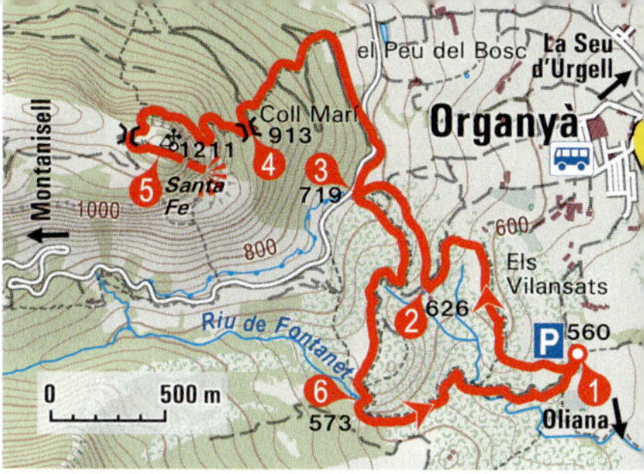

ganyà nach Montanisell hinaufführt (kurz davor nach links: unser späterer Rückweg). Wir gehen die Straße 200 m nach rechts hinab und biegen dann links in eine hohlwegartig beginnende Forststraße ein. Nach 500 m folgen wir der Wegweisung »Ruta de Santa Fe« nach links, und der eigentliche Gipfelanstieg beginnt. Der viel begangene, schattige Weg quert zweimal die Forststraße und lässt uns schnell an Höhe gewinnen. Die letzten 100 m zum kleinen Sattel **Coll Marí ❹**, 913 m, gehen wir noch einmal auf der Forststraße. Auf einem Felsen neben dem Coll Marí genießt eine Statue aus Blech und Stein des lokalen Künstlers Pep Cervilla die Aussicht. Sie ist dem katalanischen Schriftsteller Jacint Verdaguer gewidmet und trägt den Titel »Blick auf mein Dorf«. Unser Wanderweg zieht in Kehren weiter den Hang hinauf, wendet sich unter Felsabbrüchen nach rechts und biegt am Collet dels Prats, 1145 m, scharf nach links ab. Nach 10 Min. erreichen wir am Gipfel die baufällige Kapelle **Santa Fe ❺**, 1211 m, mit Aussichtsterrasse. Das Gipfelkreuz steht etwas unterhalb am Kamm. Wer am Kreuz vorbei noch ein Stück weiter absteigt, kann an der Abbruchkante den kompletten Talblick genießen.

Beim Abstieg folgen wir der Aufstiegsroute bis unterhalb der **Asphaltstraße ❸**. Dort überqueren wir den Kanal nicht, sondern gehen halb rechts den dünn bewachsenen Hügel hinauf und immer am aussichtsreichen Kamm entlang. Nach kurzem Abstieg über schräge Schieferplatten stoßen wir oberhalb des auf dem Hinweg passierten Wasserspeichers auf die bekannte Schotterstraße, folgen ihr aufwärts bis zu ihrem Ende an einem Acker und gehen links neben diesem einen Pfad hinunter. Am unteren Ende des Ackers wird aus dem Pfad ein markierter Weg. Die Szenerie wechselt schlagartig, und wir tauchen in die malerische Bachlandschaft des **Riu de Fontanet ❻**, 573 m, ein. Gelbe Sinterungen an den Kaskaden und in den Gumpen ergeben einen wunderbaren Kontrast zum Blau-grün des Wassers und dem Grau des Gesteins. Ein gut markierter Weg führt bachabwärts zur Straße; auf dieser zurück zum Solarpark im Gebiet **Els Vilansats ❶**.

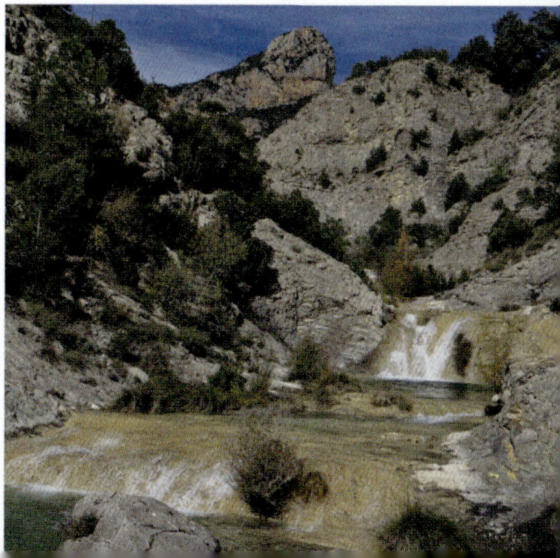

Auffällige Felsnase: Santa Fe.

↗ 360 m | ↘ 360 m | 8.7 km

61 Clot de Vilamala

3.00 h

Oberhalb der Konglomeratschluchten im Val de Lord

Der Clot de Vilamala ist Teil einer der großartigsten Schluchtenlandschaften Kataloniens. Wir durchwandern mediterrane Trockenvegetation und Weidelandschaft, besuchen eine rätselhafte Alm und erleben den Clot de Vilamala aus einer Aussichtsperspektive. Das ist beeindruckend genug. Dennoch möchte sicher manch einer auch den in urwaldartige Vegetation eingebetteten Schluchtgrund erkunden. Es ist möglich und es lohnt sich (siehe Variante!). Der untere Teil des meist trockenen Clot de Vilamala kann durchgehend begangen werden, im oberen, extremen Abschnitt führen die Wege aus dem unzugänglichen Grund hinaus und schlängeln sich durch eine spektakuläre Felslandschaft.

Ausgangspunkt: Camí del Santuari de Lord, 1078 m, kleiner Parkplatz am südlichen Tunnelausgang an der Straße zum Santuari de Lord. Von Sant Llorenç de Morunys in Richtung »Pòrt del Comte« auffahren und am westlichen Ortsrand links in Richtung Santuari abbiegen. Wenn der Parkplatz nach dem Tunnel belegt ist, die Parkmöglichkeiten an der Straße weiter südlich nutzen.

Anforderungen: Bis auf eine ausgesetzte Stelle (Seilsicherung) einfache Tour auf teils steinigen Wegen.
Markierung: Teilweise rot.
Einkehr: In Sant Llorenç de Morunys. Unterwegs keine.
Variante: Durch den **Clot de Vilamala**. Gut begehbarer, abwechslungsreicher, zumeist trockener Schluchtgrund. Kleine Wasserbecken, aber keine Badegumpen.

Clot de Vilamala: meist eng, mal schottrig, mal felsig, mal überwachsen, hier frei und trocken-heiß.

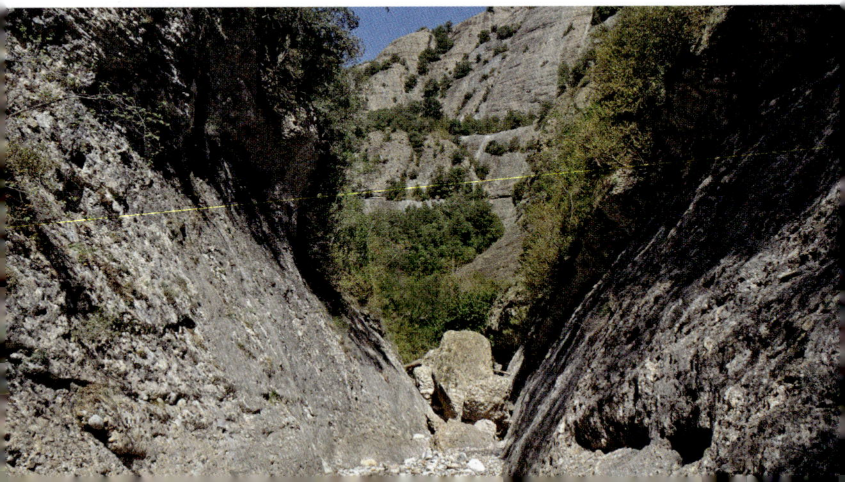

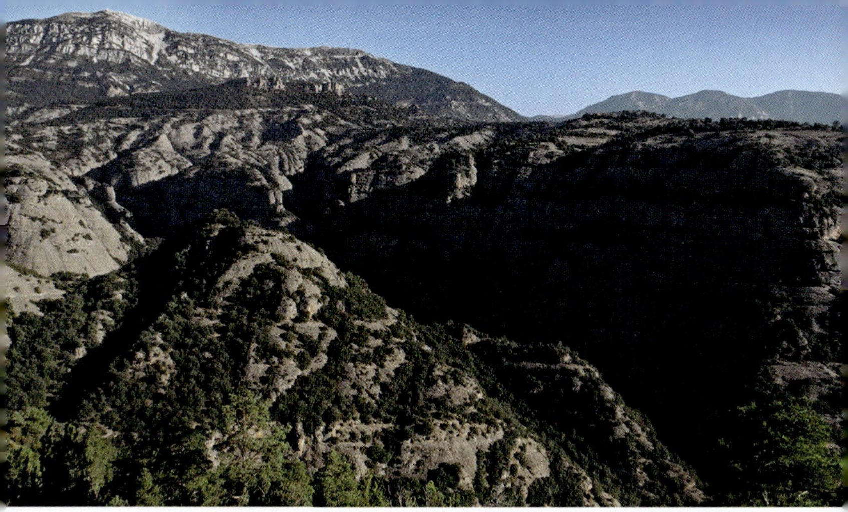

Clot de Vilamala. Ansicht von Süden, in der Nähe des Hostal del Vent an der LV-4241.

Im oberen Teil wilde Felslandschaft mit höhlenreichen Steilwänden und Türmen Els Encantats = die Verzauberten; (sicheres, unwetterfreies Wetter Voraussetzung. Gute Wege. Gelb und grün-weiß markiert, Steinmänner. Stellenweise Kraxelei. Einzelne Seilsicherungen): am Abzweig, 1057 m, links abbiegen, nach 50 m auf einem Absatz scharfer Knick nach links und Querung in den Südhang. Dort erst steil bergab, dann Abwärtsquerung nach rechts auf den teils freien und felsigen Südwestrücken. Nach etwa 200 m an gut markierter Stelle vom Rücken rechts hinab und durch wechselndes Gelände und teilweise steil mit grober Richtung West in die Schlucht hinab (in Gegenrichtung ist die finale Kletterstelle mit zwei schwarzen Pfeilen und Steinmann markiert). Schluchtaufwärts nach ca. 1,8 km an der Teilung links. Nach weiteren gut 100 m markierter Ausstieg nach links. Deutlicher, grün-weiß markierter Weg mit viel Auf und Ab, meist in den Schluchtflanken nordwärts, nach scharfem Rechtsknick Querung bergan nach Süden aus der Schlucht hinaus. Nach starker Linkswendung auf felsigem Rücken nach Norden und Nordosten zum Fahrweg auf der Serra Llarga. Auf dem GR 7 nach Osten hinab zur Hauptroute (zusätzlich 1.45 Std., 2,7 km sowie 200 Hm im Auf- und Abstieg).

Hinweise: 1. Genügend Trinkwasser mitnehmen. Keine Quellen unterwegs!
2. Im Zentralgebiet der Schluchten zieht ein Pfad im Bacheinschnitt Els Encantats hinab und um einen Felssporn südlich herum. Er ist locker markiert, wenig begangen und wächst stellenweise leicht zu, ist aber spannend und wunderschön. Kraxelstellen, teilweise mit Kette oder Seil.

Vom Parkplatz am **Camí del Santuari de Lord** ❶ gehen wir auf der kaum befahrenen Straße etwa 600 m in Richtung »Santuari de Lord«, bis rechts eine Wandermarkierung sichtbar wird. Direkt am Strommast zweigt hier unser Wanderweg nach rechts ab (kein Wegweiser). Er ist gut freigeschnit-

ten, mit Steinmännern markiert und führt in angenehmer Steilheit zum Bachbett der Rasa de la Torroella hinab. Steigungen wechseln sich danach mit ebenen Abschnitten ab. Kurz nach einer weiteren Bachquerung kommt von rechts ein Pfad hinzu, den wir ignorieren. Nach einem deutlichen Rechtsknick steigen wir hinauf zu einem ehemaligen Forstweg, der nur noch als Wanderweg mit breiter, grasbewachsener Schneise genutzt wird. An zwei Stellen zweigt ein Wanderweg rechts von dem Forstweg ab und führt wieder auf ihn zurück. Man kann also getrost auf dem Forstweg bleiben, sodass es zügig vorangeht. Wir erreichen eine Alm mit Teppichen von wilden Iris, die im Frühjahr blühen. Direkt westlich oberhalb der Iriswiesen stoßen wir auf die Reste des Häuserkomplexes **Torroella** ❷, 944 m, der Rätsel aufgibt. Südlich der Häuser befindet sich ein ebener Platz, der schiffsbugähnlich von einer niedrigen Mauer (bzw. deren Resten) aus großen Steinquadern eingefasst ist. Hat hier eine Kirche gestanden, deren Areal später als Alm genutzt wurde? Wir genießen den stillen Ort und die Ausblicke auf ein Stückchen Stausee und den Felsklotz des Santuari de Lord.
Von den Häuserruinen gehen wir ein Stück auf einem Fahrweg nach Nordwest hinauf (Steinmänner), biegen links ab auf ein Wiesenpodest und wenden uns von ihm, gut erkennbar, gleich rechts hinauf in den Wald. Der anfangs steile, gute Weg wird bald flacher und erreicht an einer Rechtskehre den **Abzweig** ❸, 1057 m, des Wegs hinab in die Schlucht (vgl. Variante). Wir steigen rechts bis unter einen Überhang aus buntem Gestein und kommen wenig später an das ausgesetzte Felsband el Mal Pas, das nach Heimwerkerart seilgesichert ist. Hier bietet sich eine herrliche Aussicht auf die Schluchtlandschaft. Ein abwechslungsreiches Wegstück bringt uns auf die

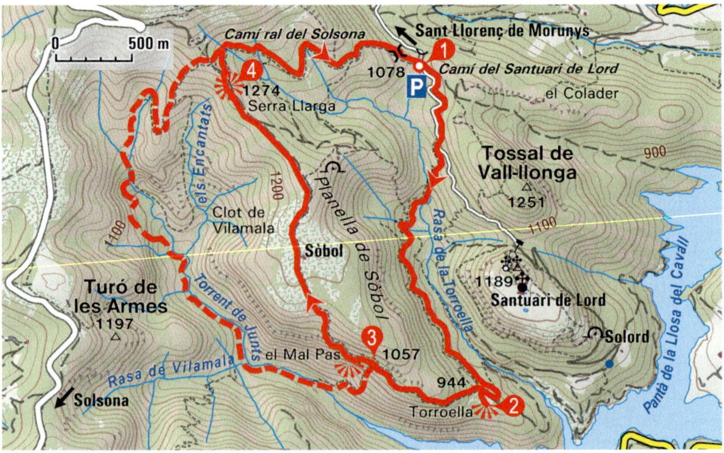

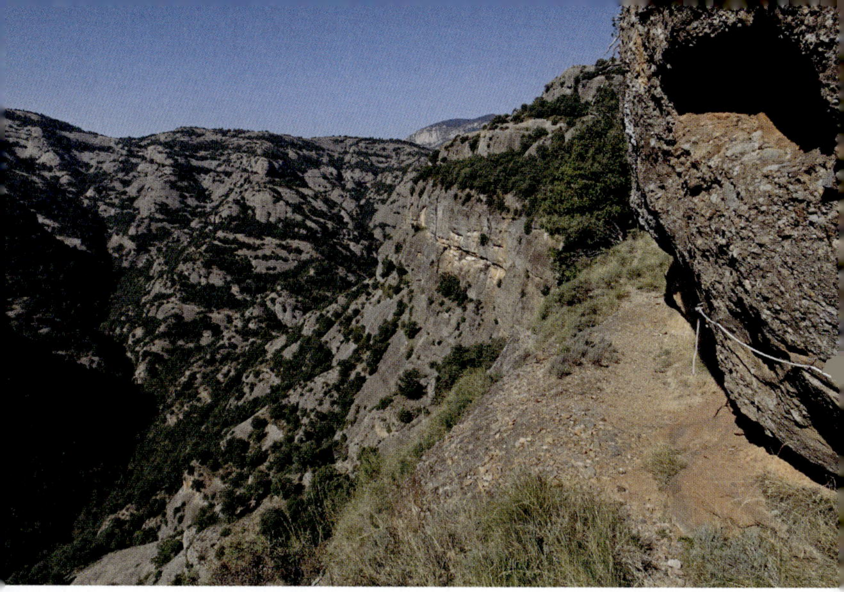

El Mal Pas, die einzige ausgesetzte Stelle. Die Aussicht etwas später genießen!

leicht schräge Planella de Sòbol. Verwunderlich, dass es inmitten der von Vertikalen geprägten Landschaft solch eine große Ebene gibt.
Der Wanderweg geht an zwei Häuserruinen in einen Fahrweg über, der über den aussichtsreichen Höhenrücken der Serra Llarga nach Norden und Nordwesten zieht. Nach 1,4 km wird er links von einem schmalen **Felsrücken** 4, 1274 m, flankiert, der ein letztes grandioses Schluchtenpanorama bietet. Ein kleines Stückchen nördlich des Rückens zweigt rechts ein mit Steinmann markierter Pfad ab, der uns bald auf den GR 7 (Camí ral de Solsona) bringt. Dieser steinige Höhenweg zieht im Zickzack leicht bergab. Bei einem Wegweiser gehen wir in Richtung »Sant Llorenç de Morunys« weiter. Der Weg wird steiler, felsiger und aussichtsreicher. Nach einem weiteren Wegweiser, bei dem wir der Beschilderung »Santuari de Lord« folgen, ist es nur noch ein kurzes Stück steinigen Wegs zum **Camí del Santuari de Lord** 1.

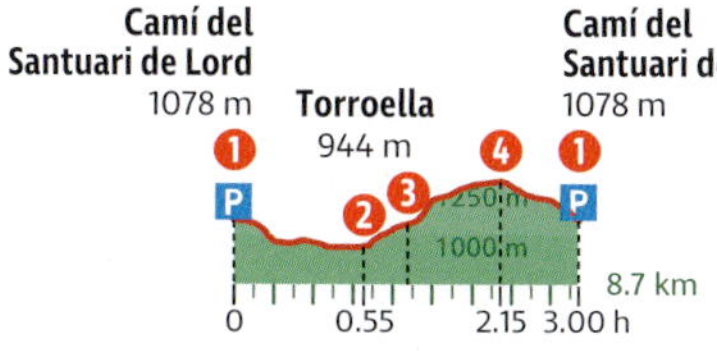

↗ 860 m | ↘ 860 m | 10.0 km

5.00 h

62 Tossal de les Viudes, 1379 m

Rundtour durch die Wildnis der Serra de Busa

Das Vall de Lord hat viel Gegensätzliches zu bieten: in seinem Hauptort Sant Llorenç de Morunys einen hübschen ummauerten mittelalterlichen Ortskern mit romanischer Kirche, einen Tafelberg mit dem Heiligtum Mare de Déu de Lord, die südlichsten 2000er der Pyrenäen mitsamt Skigebiet, einen stark verästelten Stausee und eine große Gipsfabrik. Aber auch eine weitgehend naturbelassene, von gestaffelten Zackenkämmen durchzogene Felswildnis mit vielen großen alten Laubbäumen. Wir durchwandern dieses Gebiet nördlich des Hauptgipfelkamms einmal von Ost nach West und besteigen einen der wenigen Gipfel, die auch für Wanderer erreichbar sind.

Ausgangspunkt: Aiguaviva, 845 m. An der Straße Sant Llorenç de Morunys–Berga führt kurz nach der Brücke über die Aigua de Valls und 100 m nach dem Abzweig nach La Corriu und Valls eine kleine Asphaltstraße rechts hinunter. Diese endet nach ca. 800 m an der Wohn-/Ferienanlage Aiguaviva. Das Parken dort wird nicht gerne gesehen. Deshalb vorher an der Straße parken oder auf die parallel verlaufende Schotterstraße fahren und an deren Ende parken. Ggf. mit Bewohnern absprechen.
Anforderungen: Trittsicherheit auf teils steilen, steinigen Wegen. Kraxelstellen.
Markierung: Rot, grün, gelb, Steinmänner.
Einkehr: In Sant Llorenç de Morunys. Unterwegs keine.
Varianten: 1. Hauptgipfel **El Cogul**, 1526 m. Einzigartiges Panorama (unschwierig, nur gelegentliche Kraxelei):

Am Tossal de les Viudes. Der Gipfel ist nicht mehr weit! Links der El Cogul (Variante).

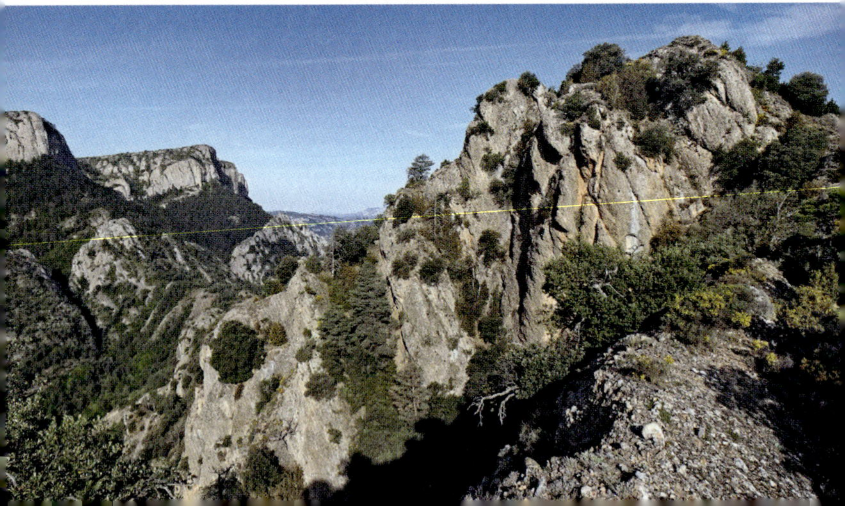

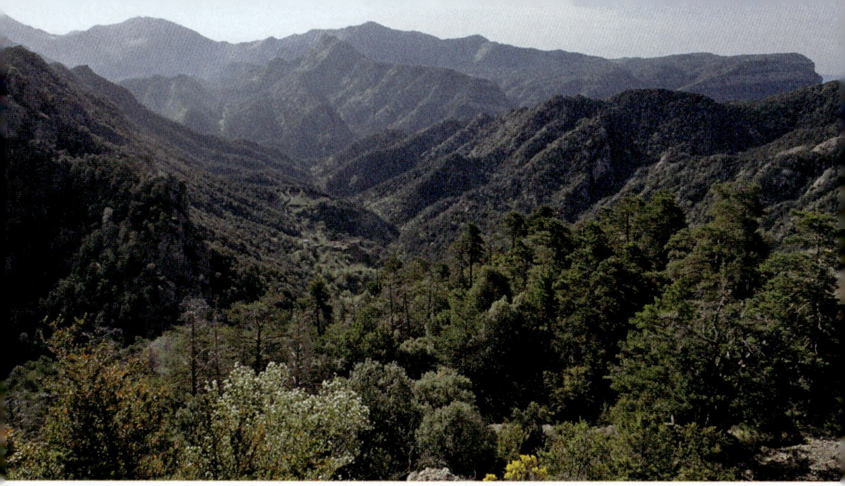

Das liebliche Tal der Rasa de Valielles mit dem abgeschiedenen Weiler Valielles de Busa.

von der S-Kurve, 1011 m, steil und abwechslungsreich zu einem Wiesen-Wald-Plateau hinauf. Dort kurze Abkürzung weglos nach links (Südosten) hinauf zu einem Fahrweg und diesem nach links über zwei kleine Sättel folgen. Übergang in Wanderweg und 20 Hm bergab. Danach Achtung: an spitzwinkliger Wegteilung rechts zurückgehen. Am Kamm flach nach rechts zum Gipfel des El Cogul. Abstieg nach Westen zur Panoramatafel am Mirador del Capolat. Auf Felsband in die Nordseite, dann steil nach Nordosten hinab (Abzweige rechts und links ignorieren). Im Bogen nach Westen hinunter auf einen Höhenweg. Auf diesem nach rechts bis zu einem Fahrweg, der ostwärts zum bekannten Wiesen-Wald-Plateau führt (zusätzlich 3 Std., 5,8 km sowie 530 Hm im Auf- und Abstieg).
2. Ab **Mirador de Capolat** weiter zum auseinanderbrechenden Felsstock **Presó de Busa**. Attraktionen des viel besuchten Naturdenkmals sind die Metallbrücke, ein Netz aus tiefen Felsrissen und -abgründen, ein Mini-Klettersteig für gelenkige Personen und das Versteck des Teufels (einfache, vielbegangene Wege, gelb markiert. Zusätzlich 45 Min., 1,8 km sowie 50 Hm im Auf- und Abstieg).
Hinweise: 1. Ausreichend Trinkwasser mitnehmen. Es gibt im bewanderten Gebiet keine Quellen!
2. Falls einzig die Besteigung des Tossal de les Viudes (mit Abstieg auf dem Aufstiegsweg) geplant ist, ist die Tour auch für Kinder geeignet und spannend.

Von **Aiguaviva** ❶ steigen wir den an der Südseite der Ferienanlage beginnenden steilen Fahrweg hinauf. Wo dieser an einem Wasserreservoir endet, gehen wir rechts auf einem gut erkennbaren Pfad steil bergauf. Achtung: Nach 200 m knickt unser Weg nach links ab und führt aus dem Bachtal hinaus. Es geht fortan in stark wechselnder Steilheit, gelegentlich sogar sehr steil, im Wald hinauf zum Sattel **Grauet de Valielles** ❷, 1172 m. Von hier besteigen wir den Tossal de les Viudes an seinem abwechslungsreichen

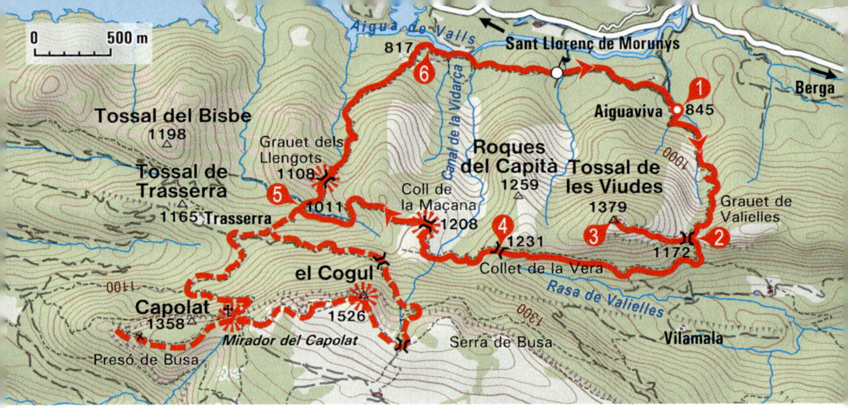

Ostrücken. Der Pfad zweigt direkt am Sattel nach rechts ab. Er ist leicht zu finden, oft rot markiert. Eine erdige Steilstelle ist durch eine Kette abgesichert. Der Gipfel des **Tossal de les Viudes** ❸, 1379 m, ist sehr lohnend, weil er einen wundervollen Blick auf die einzigartige Felsszenerie rundherum bietet: unzählige zackige Grate aus steilgestellten Konglomeratplatten inmitten schöner Mischwälder, überragt vom Kamm des El Cogul mit seiner langen orgelpfeifenähnlichen Nordwand.

Wir gehen auf demselben Weg zum **Grauet de Valielles** ❷ zurück, wenden uns nach rechts und kraxeln eine Rinne hinab. Dann queren wir 40 m nach links und laufen anschließend mit Rechtsknick gut 100 m steil nach Süden bergab. Hier ist die Wegführung etwas unübersichtlich (Steinmänner beachten!). Wir treffen auf einen deutlichen, erst angenehm flach, dann steiler ansteigenden Querweg, der uns nach rechts zu dem flachen **Collet de la Vera** ❹, 1231 m, hinaufbringt. Der Weg führt am Pass ohne Richtungsänderung weiter (rote Markierung) und steigt in Serpentinen in einen Bacheinschnitt hinab. Danach geht der Weg in einen ehemaligen Forstfahrweg über. Am nächsten Sattel, dem Coll de la Maçana, 1208 m, mit Thymian- und Iriswiese können wir nach rechts eine hübsche Aussichtskuppe besteigen. Wir bleiben auf dem Fahrweg, der in einen steinigen bergab führenden Pfad übergeht. Weiter unten wandelt er sich wieder in einen Fahrweg. Wo dieser eine **S-Kurve** ❺, 1011 m, vollzieht, müssen wir achtgeben: In der Rechtsbiegung zweigt an einem kleinen Steinmann nach links der Gipfelanstieg zum El Cogul ab (Variante).

In der Linksbiegung kurz danach beginnt nach rechts der undeutliche, aber mit Steinmännern gekennzeichnete Aufstieg zu unserem letzten Sattel, dem Grauet dels Llengots, 1108 m. Der Pfad ist steil und steinig, aber dank Steinmännern gut zu finden. Am bewaldeten Sattel sollten wir keinesfalls den Aussichtsfelsen, etwa 30 m links gelegen, verpassen. Von dort können wir die große überhängende Nase am Felsturm links über uns bewundern.

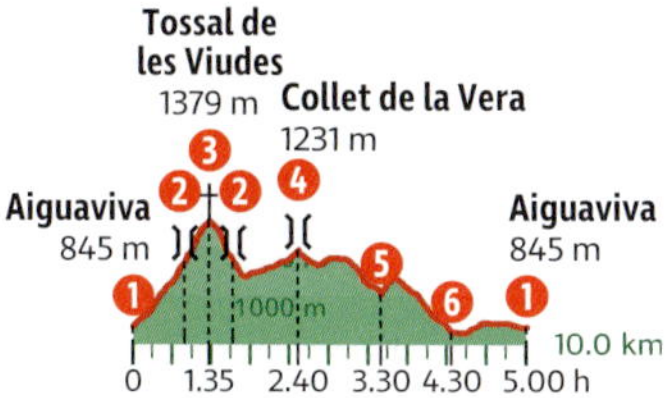

Wenige Meter östlich des Sattels teilt sich der Weg. Wir nehmen den (unscheinbaren) linken Pfad, der nach 50 m plötzlich steil nach links in einen Talkessel hinabzieht. Er verlässt den Talgrund aber bald nach rechts, steigt sogar zwischenzeitlich an und quert die östlichen Hänge des Talkessels. Unterwegs bietet er mehrere hübsche Aussichtsplätze, übersteigt immer wieder, oft nur unmerklich, querverlaufende Felsrippen und zieht dann schräg ins Tal des (aufgestauten) Aigua de Valls hinab. Dabei durchqueren wir ein herrlich wildes Gebiet mit gelbem Sand, Erosionen und Krüppelkiefern. Hier ist der Wegverlauf etwas chaotisch (Steinmänner beachten!).

Am **Aigua de Valls** 6, 817 m, gehen wir etwa 150 m am Ufer flussaufwärts und sollten hier zumindest den müden Füßen eine Erfrischung gönnen. An einem Durchschlupf mit Bächlein biegen wir anschließend rechts ab und stoßen auf einen Fahrweg. Dieser verläuft etwa 150 m parallel zum Steilufer und endet vor einem Bachlauf mit Dickicht. Wir gehen etwa 50 m am Bachlauf nach Süden, an einer weniger zugewachsenen Stelle nach links über den Bach und fortan längere Zeit auf Pfadspuren immer am linken Rand eines hübschen Tälchens nach Osten bis zu einem Sattel. Hier halten wir die Richtung bei und laufen schnell auf einem Holzweg hinab zu einer Wiese. Auch hier bleiben wir unserer Richtung treu, überqueren eine Bachbrücke und nehmen eine anfangs steile Fahrstraße auf, die uns über eine hübsche Anhöhe nach **Aiguaviva** 1 zurückbringt.

Vom El Cogul (Variante) ist die Aussicht auf die Felsrippen vor Sant Llorenç am spektakulärsten.

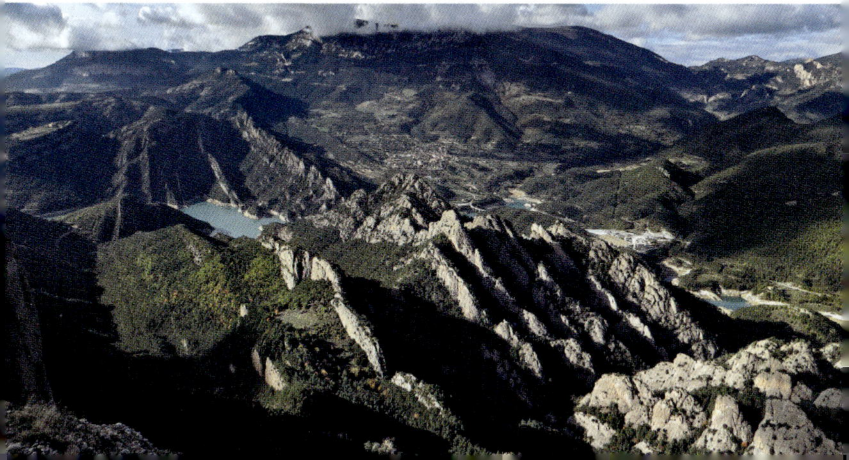

↗ 360 m | ↘ 360 m | 6.2 km

63 Cap de Tartaneda, 1430 m

2.30 h

Grandioser Aussichtspunkt hoch über Berga und dem Heiligtum Mare de Déu de Queralt

Das Santuari de Queralt aus dem 18. Jh., in dem ein uraltes Heiligenbild der Muttergottes verehrt wird, liegt wie ein Adlernest in der Serra de Queralt. Mit seiner Aussichtsterrasse und der Möglichkeit, im Winterhalbjahr hier vielleicht einen spektakulären Sonnenaufgang zu erleben, ist es ein ganz besonderer Ausgangspunkt. Die kleine Wanderung nutzt den Panoramaweg des Heiligtums und führt auf einen Aussichtsgipfel der Extraklasse.

Ausgangspunkt: Santuari Mare de Déu de Queralt, 1120 m. Von Berga aus mehrere Zufahrtsmöglichkeiten. Am einfachsten von der Schnellstraße C-16 bei Berga Nord abfahren und nach ca. 500 m rechts zum Santuari Mare de Déu de Queralt abbiegen. Parkplatz östlich unterhalb des Heiligtums. Der Parkplatz kann auch vom obersten Ortsteil von Berga ab der BV-4242 (am Straßenrand parken) zu Fuß auf dem Kreuzweg, beschildert mit »Camí de Queralt«, erreicht werden (45 Min., 1,2 km, 270 Hm).
Anforderungen: Einfache Wege. Kurze steile Passagen. Schmaler Pfad zum Gipfel.
Markierung: Rot-weiß, gelb-weiß.
Einkehr: Am Heiligtum und in Berga. Unterwegs keine.

Wir steigen vom Parkplatz am **Santuari Mare de Déu de Queralt** ❶ die Treppen zur Kirche hinauf, bummeln über die schönen Aussichtsterrassen und gehen hinter einem alten Toilettengebäude einige Treppenstufen hinab. Damit gelangen wir auf den zunächst rot-weiß markierten Promenadenweg, der an der Nordseite des Castell Berguedà entlangführt. An einer Gabelung nehmen wir den linken Weg (Beschilderung »Castellar del Riu«) und gelangen über einige Treppenstufen hinauf zur Kapelle **Sant Joan** ❷, 1173 m. Hier folgen wir wieder der Beschilderung »Castellar del Riu« (nach links: der spätere Rückweg) und steigen in herrlicher Landschaft und Vegetation zu einem markanten Aussichtsfelsen auf, der sich genau unter der Südwand unseres Gipfelziels befindet. Von hier geht es etwa 40 Hm hinab und 20 Hm hinauf zu einem kleinen Sattel, 1373 m, wo der Weg auf die Nordseite wechselt. Genau 10 m nach diesem Sattel führt eine zunächst unscheinbare, dann deutliche Spur nach rechts in den Kiefernwald hinein und zum **Cap de Tartaneda** ❸, 1430 m, hinauf. (Der Überstieg durch Buchsbaumgestrüpp zum gleich hohen Ostgipfel lohnt sich nicht.)

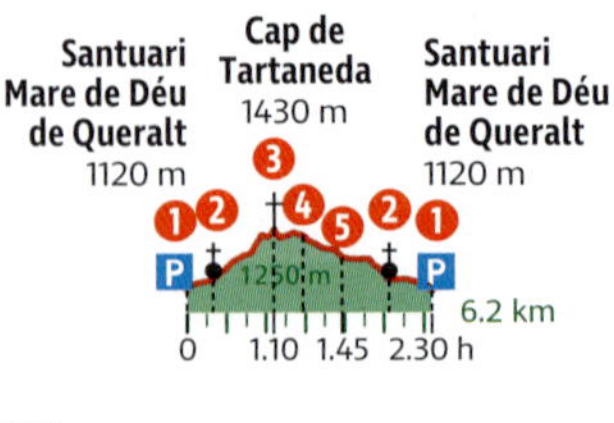

Für den Rückweg wählen wir eine schattige nordseitige Route. Wir kehren zum kleinen Sattel zurück und wandern auf dem schönen Kammweg nach Westen

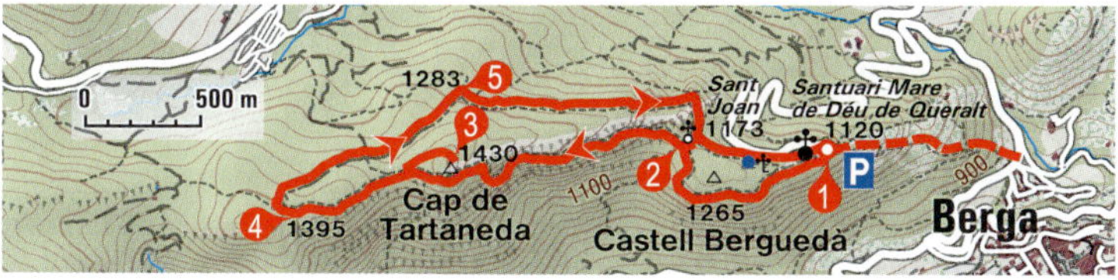

bis zu einem **Wegweiser ④**, 1395 m. Wir biegen hier nach rechts in Richtung »Queralt, 2,8 km« ab, steigen steil in die Nordflanke hinab und gelangen auf eine Forstpiste, die weitgehend flach nach Nordosten zieht. An einer Wegkreuzung gehen wir geradeaus und und treffen nach einem kurzen Abstieg auf eine **Wegteilung ⑤**, 1283 m. Hier folgen wir nochmals der Beschilderung »Queralt«, gehen ein Stück auf einem ebenen Wasserleitungsweg und anschließend über eine steile Treppenanlage zur Kapelle **Sant Joan ②** hinab. Hier wandern wir nun nach Süden weiter und sind damit auf dem sonnenseitigen Panoramaweg, der mit seinen gemauerten Aussichtsterrassen und aufgrund seines bequemen Verlaufs viele Spaziergänger und Genießer anzieht. Kurz vor der Rückkehr zum Heiligtum bietet sich noch die Besichtigung der Rundkapelle Cova de la Troballa an. Ein paar Treppen führen hinauf zu dem skurrilen Gebäude mit seinem verschnörkelten Runddach. Von hier sind es nur wenige Minuten an der Kirche vorbei zum Parkplatz am **Santuari Mare de Déu de Queralt ①**.

Am Cap de Tartaneda, hoch über Berga und den Hügel- und Gebirgsketten im Südosten.

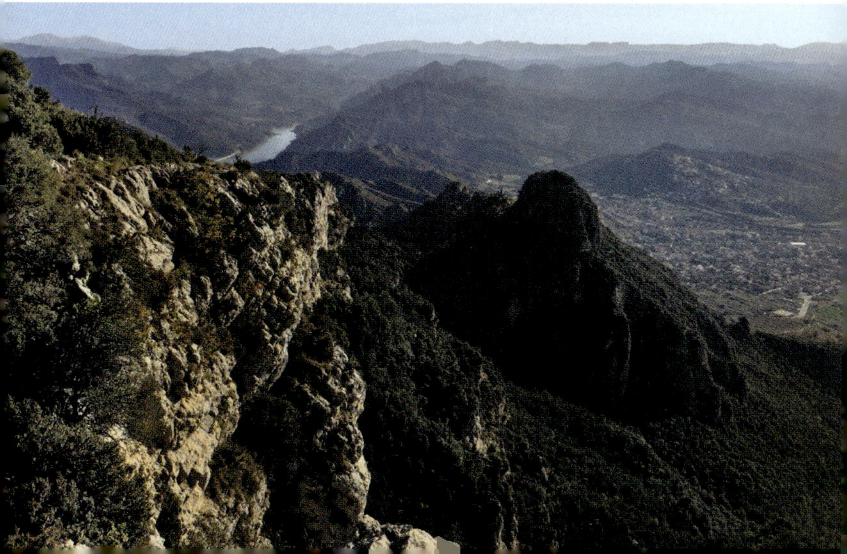

TOP

↗ 960 m | ↘ 960 m | 14.6 km

5.30 h

64 Salga Aguda, 1172 m

Auf den höchsten und kühnsten Gipfel der Serra de Picancel

Der zackige, felsige und sehr abwechslungsreiche östliche Hauptkamm des Konglomeratgebirges bei Berga ist auf seiner ganzen Länge begehbar. Unsere Tour umfasst den schönen Mittelteil mit seinen zwei Gipfeln. Der Zustieg zu den Felsabenteuern führt durch die wilde schattige Nordseite. Sie wird von tiefen Tälern und von einem Wirrwarr schluchtartiger Bachläufe durchzogen, die unter urwaldartigem Bewuchs versteckt sind. Als Kontrastprogramm besuchen wir im Mittelteil unserer Wanderung einen exponiert gelegenen Wallfahrtsort und die schöne, uralte Kirche San Pere de Portella, die im Zentrum des Gebirgsstocks steht. Wem die aussichtsreiche und spannende Kraxelei über Grate und Felskuppen noch nicht genug ist, der kommt in zwei Tourenerweiterungen (Varianten) auf seine Kosten.

Ausgangspunkt: Pont del Climent, 663 m, Schotterstraße kurz vor der Brücke. Von der Straße C-26 (Berga–Ripoll) zwischen km 160 und 161 südöstlich von Vilada rechts in Richtung »Canals de Sant Miquel« abbiegen. Nach 200 m gute Parkmöglichkeit an der flachen Kehre oberhalb der Brücke.
Anforderungen: Trittsicherheit an den Felsen. Einige Kraxelstellen. Trekkingstock oder -stöcke dringend zu empfehlen. Trockenes Wetter vorteilhaft.
Markierung: Meist gelbe oder grünblaue Markierungen, Steinmänner.
Einkehr: In Vilada. Unterwegs keine.
Varianten: 1. **Les Tallades**, 1151 m. Erweiterung des Kammwegs nach Osten. Schattige Gipfelplätze (Kraxelstellen. Rot und weiß-grün markiert): vom Coll de la Creu de Salga, 1013 m, 30 m nach

Sant Pere de la Portella.

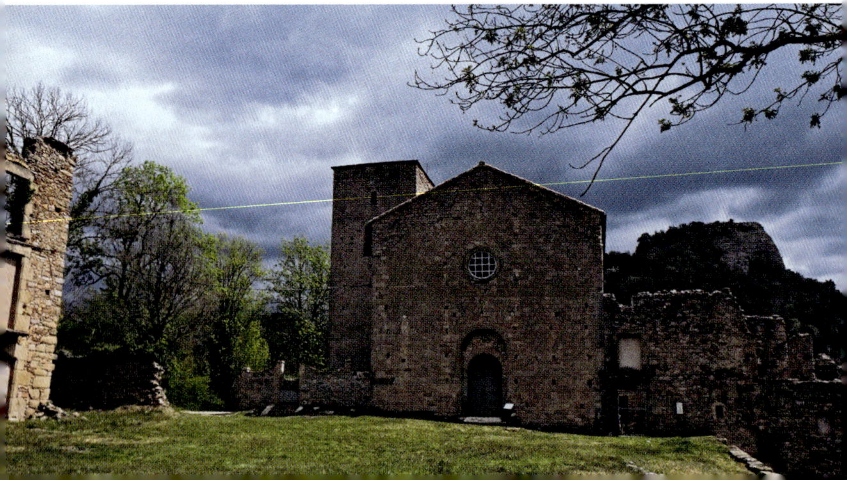

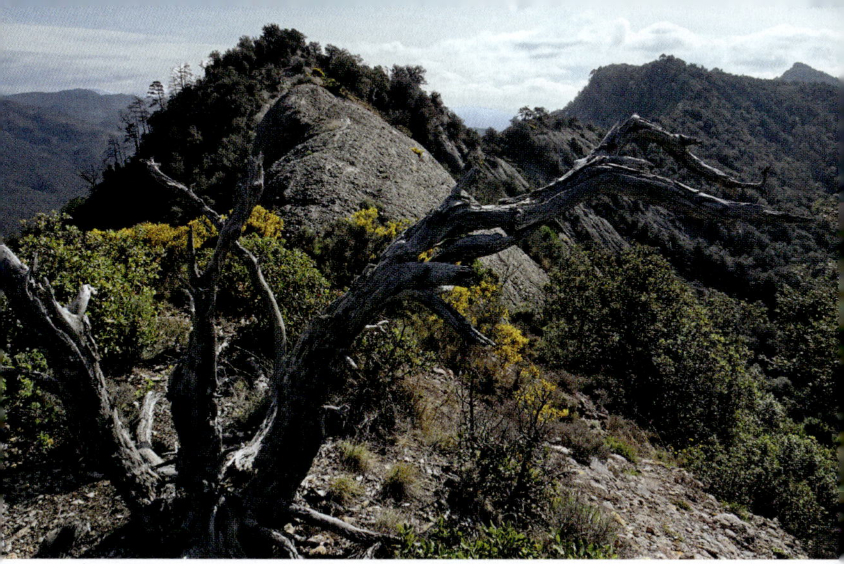

Am Gipfelkamm der Serra de Picancel. Vor uns der Serrat dels Teixons, oft felsig, aber unschwierig.

links (Südost) aufsteigen, dann rechts hinab, um eine Felswand herum. Nach kurzer Querung links hinauf zum kaum bewachsenen unschwierigen Kamm und zum Gipfel Les Tallades. Abstieg vom Gipfel südwärts, um auf den langen Südwestrücken zu gelangen. Dort anfangs schönes Almgelände. Immer am Kamm, teils im Steineichenwald, auf meist gut sichtbarem Pfad hinab zur Wegkreuzung, 978 m, mit dem Hauptweg (zusätzlich 45 Min., 0,7 km sowie 100 Hm im Auf- und Abstieg).
2. **Gira-Sols**, 1067 m, und **Pic de Perris**, 1046 m. Schwierige Erweiterung des Kammwegs nach Westen (Kraxelei, seilgesicherte Stellen. In der Nordwand des Pic de Perris 20 Hm fast senkrechter Aufstieg mit gutem Stahlseil und weit auseinanderliegenden Eisenbügeln (für unerfahrene Wanderer Klettersteigausrüstung zu empfehlen. Nur mit Steinmännern markiert. Meist gut erkennbarer Pfad. Im Mittelteil leicht zuwachsend): ab dem Collet del Tell, 986 m, nach links immer am Kamm entlang nach Nordwesten hinauf auf den Gira-Sols. Achtung: Im Abstieg vom Gira-Sols sind zwei Schlüsselstellen seilversichert. Die Seile beginnen jeweils etwas versteckt am Fuß von Felsvorsprüngen. Keinesfalls versuchen, die steilen Konglomeratflächen nach Südwesten hinabzusteigen! Vom Collet de Pic de Perris, 973 m, in schrägem Fels nach Nordwesten direkt zum Grat nordöstlich des Pic de Perris aufsteigen. Den Felshöcker in diesem Grat am besten überklettern (II-). Vom Gipfel des Pic de Perris kammnah flach absteigend nach Südwesten, erst in freiem Gelände, dann im Wald unter die Nordseite einer großen Felsmauer. Dort bei einem Holzwegweiser (»Camí de Torrentfred«; links am Baum) nach rechts steil bergab, dann nach rechts ansteigend aus dem Tal hinaus und über einen Sattel aussichtsreich zum Hauptweg, 730 m, hinab (zusätzlich 1.30 Std., 1,8 km sowie 130 Hm im Auf- und Abstieg).

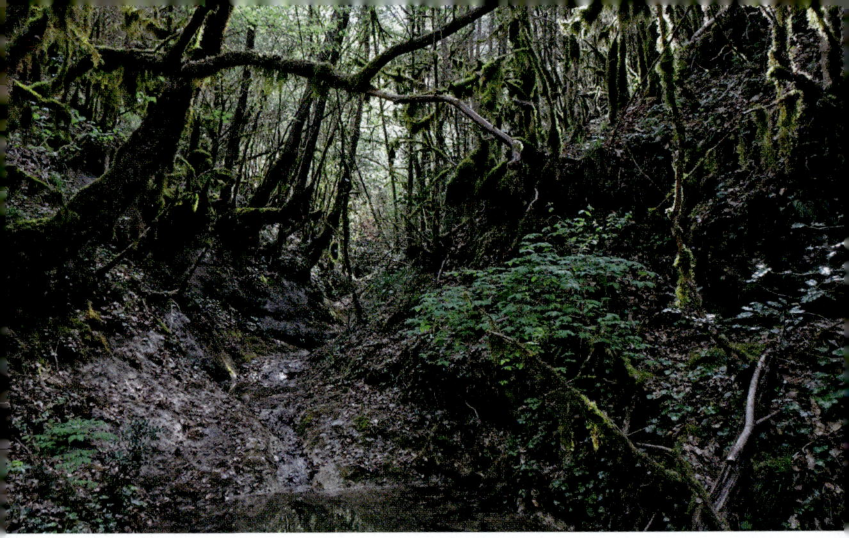

Urwaldromantik auf der Nordseite des Gebirges.

Vom Parkplatz an der **Pont del Climent** ❶ gehen wir die Schotterstraße weiter hinab, überqueren die Schlucht des kleinen Gumpenflusses el Merdançol und folgen direkt nach der Brücke der Beschilderung »La Portella« und »San Quirze de Pedret«. (Etwa 40 m weiter einen rechts abzweigenden Weg ignorieren; gelbes Kreuz.) Es geht erst steil, dann in einem Bachtal flacher bergauf und nach einem Sattel mit Felskorridor, 752 m, 40 Hm hinab ins nächste Bachtal. Ein Stück bachaufwärts trifft an der **Wegteilung** ❷, 730 m, von rechts Variante 2 ein. Direkt unterhalb der Teilungsstelle befindet sich eine wildromantische kleine Bachschlucht mit vielen bemoosten Stämmen und Ästen.
Wir gehen geradeaus in Richtung »Serrat de Salga« und gewinnen in angenehmer Steilheit schnell an Höhe. Einige waldfreie Stellen erlauben schöne Ausblicke. Bei der nächsten Wegteilung nehmen wir den linken Weg zur

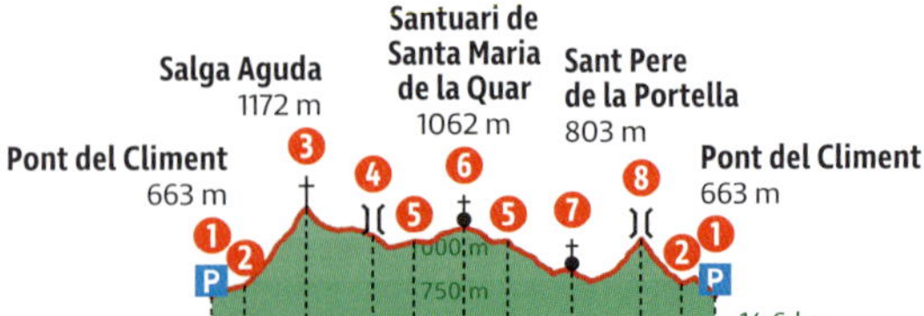

Salga Aguda und erreichen wenig später ihren freien, felsigen Westgrat. Er erfordert Konzentration, ist aber nie zu steil oder gefährlich. Der Gipfelfelsen der **Salga Aguda ❸**, 1172 m, bietet eine prächtige Aussicht. Der Blick nach Süden ist frei und das gesamte wildzerklüftete Picancel-Gebirge mit seinen vielen Felskuppen und -rippen liegt einem zu Füßen. Stolz auf einem Felsen stehend grüßt bereits die Wallfahrtskirche des Santuari de Santa Maria de la Quar herüber, unser nächstes Ziel.

Für den Abstieg gehen wir ca. 20 m nach Osten und steigen dann steil auf Erdstufen in die Nordflanke unseres Gipfels. Der weitere Kammweg am Ostrücken hinab und über den Serrat dels Teixons, 1057 m, ist gut zu finden, enthält einzelne Kraxelstellen (ein kurzes Nylonseil) und zwei Gegenanstiege. Nach dem zweiten Anstieg verflacht der Weg überraschend, überquert ein Wiesenplateau, führt links an verfallenen Häusern vorbei und steigt dann zur Wegkreuzung am **Coll de la Creu de Salga ❹**, 1013 m, ab. Hier beginnt im Gegenhang Variante 1.

Wir wenden uns nach rechts, steigen in Serpentinen zu einem Fahrweg ab und folgen ihm nach links. Die Straße hat einen kurvigen Verlauf, hält aber dafür die Höhe. Sie zieht nach deutlicher Linkskurve mit **Wegkreuzung ❺**, 978 m, in den Südhang und erreicht wenig später den Coll de Gavatx, 964 m. Wir nehmen den dort nach rechts abzweigenden grasbewachsenen Fahrweg und biegen nach 120 m, bevor der Fahrweg bergabzuführen be-

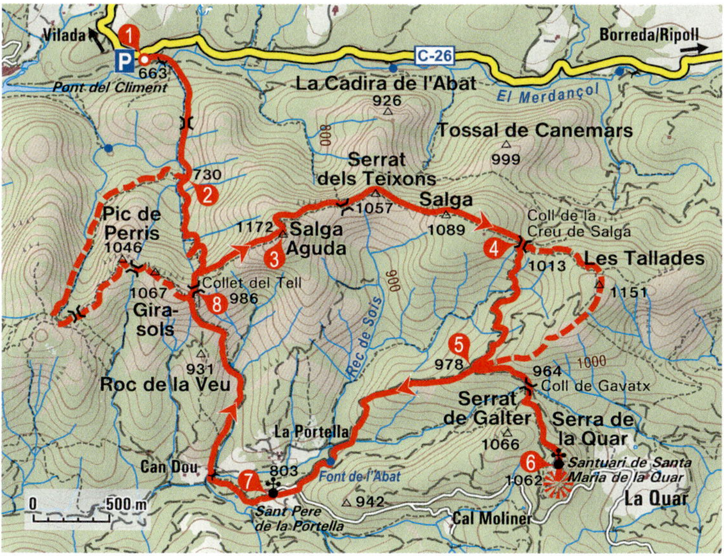

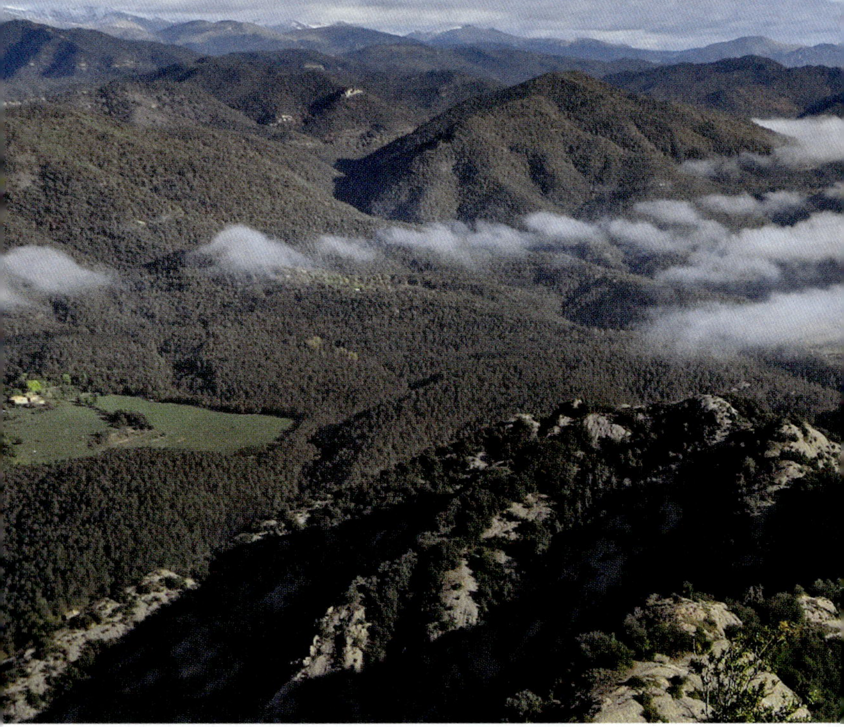

Von der Salga Aguda geht der Blick weit nach Osten ins hügelige Vorland.

ginnt, bei einem deutlichen Steinmann nach links in einen Waldpfad ab. Er bringt uns in ein Gebiet mit rotem Sand. Wir queren nach rechts oben und erreichen auf gutem Hangweg (Steinmänner) die Straße zum **Santuari de Santa Maria de la Quar** ❻, 1062 m. Durch Neu- und Zubauten ist der Komplex nicht wirklich attraktiv, aber angesichts seiner Lage und der schönen Aussichtsterrassen sieht man gerne darüber hinweg.

Wir gehen auf demselben Weg über den Coll de Gavatx zur **Wegkreuzung** ❺ zurück und biegen nun links in einen kaum mehr benutzbaren Fahrweg ein. Er zieht nach Westen am teils freien Rücken bergab und knickt später nach links ab. In einer steilen Kehre verlassen wir ihn geradeaus und erreichen auf einem steilen Weg über Felsplatten die Talwiese und eine breite Schotterpiste. Wir folgen ihr links bergan und sollten (nach 100 m) bei warmem Wetter keinesfalls die linker Hand im Wald versteckte Quellanlage Font de l'Abat mit ihrem hübschen Picknickplatz unter steiler Felswand verpassen. Wieder auf der Schotterpiste, ist nach wenigen Minu-

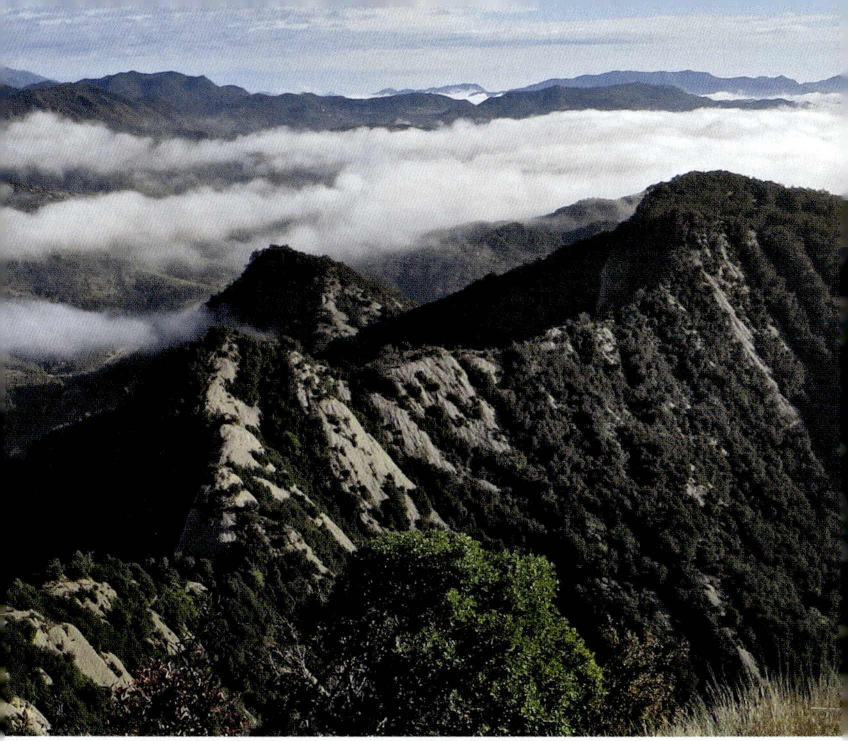

ten die schöne uralte, leider verschlossene romanische Kirche **Sant Pere de la Portella** 7, 803 m, erreicht. Der Kreuzgang und die Nebengebäude des 1834 aufgegebenen Klosters sind verfallen.

Wir verlassen die Wiese vor dem Kirchenportal an ihrem linken (südlichen) Rand und steigen auf dem gelb markierten Weg an der Stromleitung entlang ganz ins Tal hinab. Unten überqueren wir die Talstraße, passieren im Gegenhang eine alte Brücke und erreichen direkt darüber an einem Fahrweg einen Wegweiser. Hier folgen wir der Beschilderung nach »Vilada« in ein hübsches Tälchen hinein, geradewegs auf die imposante Salga Aguda mit ihrer markanten Felskappe zu. Nach einem Rechtsknick verlassen wir den Fahrweg oberhalb einer kleinen sumpfigen Ebene. Ein Steinmann und viele gelbe Markierungen weisen uns den Weg nach links hinauf über Felsen und durch waldige Abschnitte zum **Collet del Tell** 8, 986 m, an dem Variante 2 beginnt. Nach einem Abstieg von wenigen Minuten in der Nordseite nehmen wir unseren Aufstiegsweg auf, der uns an der **Wegteilung** 2 vorbei zur **Pont del Climent** 1 zurückbringt.

STICHWORTVERZEICHNIS

KATALANISCHES VOKABULAR FÜR WANDERER

Katalanisch	Deutsch	Katalanisch	Deutsch
aigüestortes	windungsreiche Wasser	glaçat	gefroren
		gorga, gorgues	Schlucht
arriu	Fluss	lac, llac	See
banhs	Bäder	mas	Gehöft
barranc	Wildbach, Schlucht	mirador	Aussichtsbalkon
		montanha	Gebirge
cabana	Schäferhütte, Unterstand	pas	Pass
		pic	Gipfel, Spitze
cal, can	Gehöft	plá, plan, planell	Ebene, Fläche
camí, Camín	Weg	pleta	Pferch
cap	höchste Erhebung i.e. Gelände, Vorberg	pont, pontet	Brücke
		port, portarró	Sattel, Pass
		prado, prat	Wiese
cascada	Wasserfall	puig	Berg, Anhöhe
castell	Burg	rec	Bach
cim	Gipfel	refugì	Schutzhütte
circ	Bergkessel	restanca	Wasserstau
clot	Graben, Schlucht	ribèra	Tallandschaft
coll, collada	Hügel, Passhöhe	riu	Bach, Fluss
coma	Sattel, Pass	roc	Felsen
coret	Pass	santuari	(Wallfahrts-) Kapelle
embassada	Stausee		
escales	Stufen	serra, serrat	Gebirge
estanh, estany	See	torrent	Bergbach
estret	Stausee	tuc	hoher Gipfel
font	Quelle	turó	Gipfel
Foradada	durchlöchert	vall	Tal

ABKÜRZUNGEN FÜR WEGE

GR	Sendero de Gran Recorrido	Weitwanderweg; Markierung rot-weiß
TRF	Sendero transfronterizo	grenzüberschreitender Weitwanderweg (Variante des GR)
ARP (HRP	Alta Ruta Pirenaica Haute-Route-Pyrénées in Frankreich)	Pyrenäen-Höhenwanderweg; Markierung rot-weiß-rot (teils mit Umriss einer Gämse)
PR-C	Sendero de Pequeño Recorrido de Catalunya	Kleiner Wanderweg (Katalonien); Markierung gelb-weiß oder gelb
SL-C	Sendero local de Catalunya	Lokaler Wanderweg (Katalonien) Markierung grün-weiß

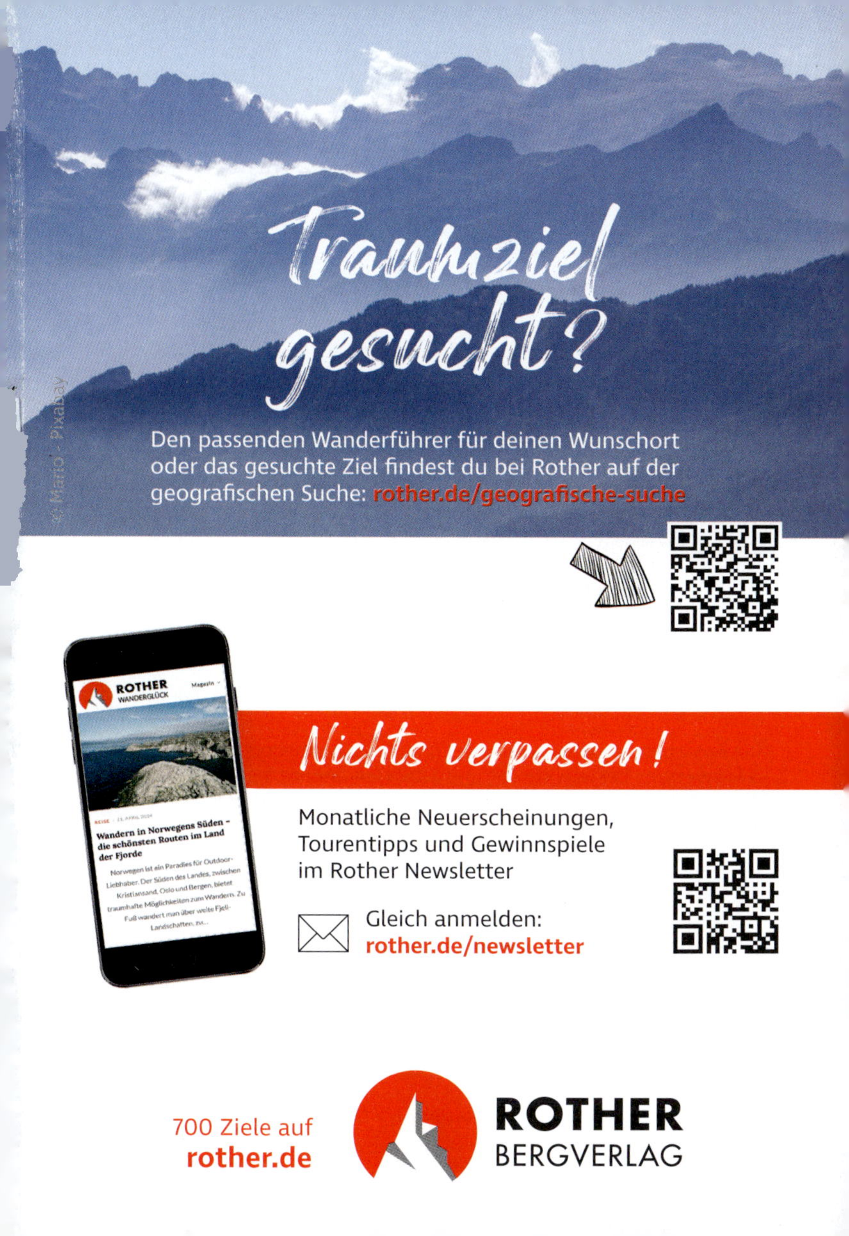

Traumziel gesucht?
© Mario - Pixabay
Den passenden Wanderführer für deinen Wunschort oder das gesuchte Ziel findest du bei Rother auf der geografischen Suche: rother.de/geografische-suche
ROTHER WANDERGLÜCK
Magazin
Wandern in Norwegens Süden – die schönsten Routen im Land der Fjorde
Norwegen ist ein Paradies für Outdoor-Liebhaber. Der Süden des Landes, zwischen Kristiansand, Oslo und Bergen, bietet traumhafte Möglichkeiten zum Wandern. Zu Fuß wandert man über weite Fjell-Landschaften, zu...
Nichts verpassen!
Monatliche Neuerscheinungen, Tourentipps und Gewinnspiele im Rother Newsletter
Gleich anmelden:
rother.de/newsletter
700 Ziele auf
rother.de
ROTHER
BERGVERLAG

Umschlagbild: Lac Tòrt de Rius mit Montardo (links hinten) und Tossau de Mar (rechts) (Tour 11).

Bild im Innentitel: Blick vom Pic d'Amitges auf den Pic de Bassiero (rechts) (Tour 16, Variante 2).

Foto S. 34/35: Der Estany de Sant Maurici im Herzen des Nationalparks.

Alle 217 Fotos vom Autor.

Kartografie:
65 Wanderkärtchen im Maßstab 1:25.000 / 1:50.000 / 1:100.000
Geodaten © OpenStreetMap und Mitwirkende, kartografisches Design: SHOCart (CZ), shocart.cz
sowie 2 Übersichtskärtchen im Maßstab 1:700.000 und 1:2.000.000
© Freytag & Berndt, Wien

Werk-Nr.: 4309

6., vollständig überarbeitete Auflage 2024

ISBN 978-3-7633-4781-0

FSC www.fsc.org MIX Papier | Fördert gute Waldnutzung FSC® C147178

Wir freuen uns über jeden Korrekturhinweis zu diesem Wanderführer!
Bitte per E-Mail an: leserzuschrift@rother.de

ROTHER BERGVERLAG · Keltenring 17 · D-82041 Oberhaching
Tel. +49 89 608669-0 · rother.de